职业院校汽车类“十三五”
微课版创新教材

汽车
电气系统检修

微课版

陈玲玲 宋鹏超 / 主编
杨宏旻 矫龙 赵海清 姜莹 徐海峰 / 副主编
朱利 / 主审

人民邮电出版社
北京

图书在版编目（C I P）数据

汽车电气系统检修 ：微课版 / 陈玲玲，宋鹏超主编
. -- 北京 ：人民邮电出版社，2017.2（2018.4重印）
职业院校汽车类“十三五”微课版创新教材
ISBN 978-7-115-42989-6

Ⅰ. ①汽… Ⅱ. ①陈… ②宋… Ⅲ. ①汽车－电气系统－检修－高等职业教育－教材 Ⅳ. ①U472.41

中国版本图书馆CIP数据核字(2016)第291968号

内 容 提 要

本书通过校企合作的形式编写，采用任务驱动及理论与实践一体化的教学模式，结合汽车维修工作岗位所需的相关职业能力来设置本课程内容，并遴选企业的典型案例，形成实际作业项目。

本书共10个项目，主要介绍了汽车电路系统的相关知识，包括蓄电池、交流发电机、起动系统、点火系统的故障诊断，汽车照明与信号系统、汽车仪表与报警系统、电动车窗及座椅、电动刮水器、汽车空调系统的结构和工作原理与维护，以及故障诊断与排除方法。

本书可作为中、高等职业院校汽车检测与维修、汽车电子技术、汽车运用技术等汽车类专业的教学用书，也可供相关技术人员参考、学习、培训之用。

◆ 主　　编　陈玲玲　宋鹏超
副 主 编　杨宏旻　矫　龙　赵海清　姜　莹　徐海峰
主　　审　朱　利
责任编辑　刘盛平
执行编辑　王丽美
责任印制　焦志炜

◆ 人民邮电出版社出版发行　　北京市丰台区成寿寺路11号
邮编　100164　　电子邮件　315@ptpress.com.cn
网址　http://www.ptpress.com.cn
大厂聚鑫印刷有限责任公司印刷

◆ 开本：787×1092　1/16
印张：14　　　　2017年2月第1版
字数：357千字　　　　2018年4月河北第2次印刷

定价：45.00元

读者服务热线：(010)81055256　印装质量热线：(010)81055316
反盗版热线：(010)81055315

前　言

汽车电气系统检修是职业院校汽车类专业的核心课程。本书是作者在多年从事汽车电气系统检修课程教学及大量社会调研的基础上，充分考虑了目前国内职业教育的特点，紧密结合汽车新知识、新技术，以理实一体的教学方法来组织编写的，有较强的针对性和实用性，符合职业教育教学的特点。

本书采用“项目引领、任务驱动”的模式编写，共有10个项目，每个项目包含学习导航、相关知识、项目实施等栏目。学习导航以结构框图的形式呈现本项目所学知识、技能；相关知识是完成实训任务所必需的理论基础；项目实施，结合岗位工作实际，分为若干个技能实训任务。

本书在编写中体现以下特色。

1．本书结合汽车维修工作岗位所需的相关职业能力来设置本课程内容，并遴选企业的典型案例，形成实际作业项目。

2．在内容的编排上，力求知识体系清晰完整、循序渐进，语言规范、通俗易懂，书中尽量采用三维动画和实物照片对基础知识和操作步骤进行直观分析。

3．根据目前汽车修理行业中电气维修的实际情况，书中的每个检修任务都制定严谨的检修工艺。

4．本书是一本体现“互联网+教育”理念的教材。在书中对应位置以二维码的形式插入动画、视频等教学辅助资源，通过手机等终端设备的“扫一扫”功能，即可实现播放，大大方便了读者，实现了随时随地移动学习。读者还可以扫描封底二维码或者直接登录“微课云课堂”（www.ryweike.com）→用手机号码注册→在用户中心输入本书激活码（8e55456d），将本书包含的微课资源添加到个人账户，永久在线观看本课程微课视频。

5．根据理论和操作知识的学习需要，本书还提供了与书中典型任务配套的任务工单、评估考核表和测试题库，使教师的课堂设计更加方便，学生对知识技能的学习更有针对性。这些配套资源可登录人邮教育社区（www.ryjiaoyu.com）免费下载使用。

本书的参考学时为98～114学时，各部分的参考学时见下面的学时分配表。

项　目	课程内容	学　时
项目一	汽车电路系统	12～14
项目二	汽车蓄电池	8～10
项目三	汽车交流发电机	12～14
项目四	汽车起动系统	10～12
项目五	汽车点火系统	8～10
项目六	汽车照明与信号系统	8～10
项目七	汽车仪表与报警系统	6～8

续表

项　目	课 程 内 容	学　时
项目八	电动车窗及座椅	8～10
项目九	电动刮水器	6～8
项目十	汽车空调系统	16～18
	课程考评	4
课时总计		98～114

本书由陈玲玲、宋鹏超任主编，杨宏旻、矫龙、赵海清、姜莹、徐海峰任副主编。项目一由烟台工程职业技术学院杨宏旻编写；项目二和项目九由烟台工程职业技术学院矫龙编写；项目三由烟台工程职业技术学院赵海清编写；项目四由烟台工程职业技术学院姜莹编写；项目五和项目七由烟台工程职业技术学院徐海峰编写；项目六和项目八由烟台工程职业技术学院宋鹏超编写；项目十由烟台工程职业技术学院陈玲玲编写；全书由陈玲玲、宋鹏超统稿。烟台工程职业技术学院朱利审定了全书。

另外，本书在编写过程中，得到了校外企业专家的帮助。对在编写过程中给予大力支持的上海通用培训中心技师王立志、烟台阳光检修中心经理陈大众、烟台军杰汽车电气服务部经理唐与恕，表示感谢。

由于编者水平有限，书中难免存在错漏之处，敬请广大读者批评指正。

编者

2016 年 9 月

目　录

项目一 汽车电路系统

汽车上电器装置种类多、数量大，线路密集交错。诊断电路故障、检修电气设备需要读懂电路图、掌握电路原理。初学者要学习识读汽车电路图的方法。

汽车电路的特点是：单线制，两个电源，负极搭铁，用电设备并联。

学习导航

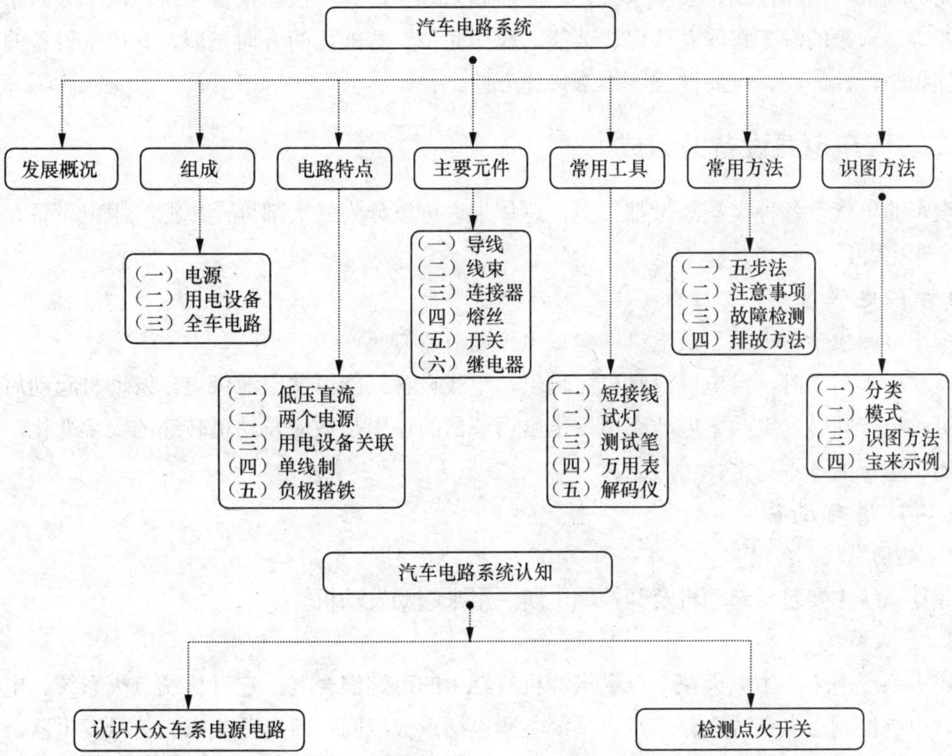

相关知识

汽车的出现给人类生活带来巨大变化，汽车技术本身也在不断进步。电气设备是汽车的重要组成部分，其性能变化对汽车发展有较大影响。汽车电子产品，在节能降耗、提高安全性、减少污染排放等方面发挥着关键作用。

一、汽车电气设备的发展概况

早期的汽车主要依靠机械装备，辅之以必要的电气设备。1885 年德国的罗伯特·博世（Robert Bosch）对马库斯（Marcus）的点火装置改良后，生产出低压电磁点火器，这是较早应用的汽车电气设备。此后在较长的一段时间内，汽车电气设备的发展仍相对滞后。直到 20 世纪 50 年代以后，汽车电子技术才开始迅速发展，其历程大致可分为四个阶段。

微课视频：汽车电气设备发展、组成和特点

1965 年～1975 年，开发由分立元件和集成电路 IC 组成的汽车电子产品（如晶体管收音机、集成电路调节器等），逐步代替传统的机械部件。

1975 年～1985 年，主要发展以微控制器为核心的专用系统，如电子控制汽油喷射、防抱死制动装置等相互独立的控制装置。

1985 年～1995 年，发展了可完成多种功能的综合系统及车辆整体系统的集中控制，这个时代称为汽车的电子时代。

1995 年以后，以 CAN 总线为基础的分散控制模式得到了广泛的发展。

目前，汽车用微控制器重点应用于以下几个方面：最佳点火时刻控制、最佳空燃比控制、怠速控制、废气再循环控制、安全系统、减震控制系统、信息交换和报警系统、汽车导航系统、语音系统等。未来的汽车将朝着环保、节能、操作简单、智能化的方向发展，其电气设备的发展方向是体积小、性能高、可靠性强、维修快捷方便。

二、汽车电气设备的组成

汽车的电气设备种类和数量都很多，总体来说可以分为三大部分：电源、用电设备、配电装置及全车电路。

（一）电源

汽车电源包括蓄电池和发电机（包括电压调节器）。

发动机未起动时，发电机没有电流输出，车载设备只能由蓄电池供电。发动机起动后，转由发电机供电，同时，也给蓄电池充电。电压调节器的作用是适应发动机转速的大幅变化，保持发电机输出电压的基本稳定。

（二）用电设备

1. 起动系统

起动系统主要包括起动机及其控制电路，用来起动发动机。

2. 点火系统

点火系统用来产生电火花，点燃汽油机气缸中的可燃混合气。它有传统点火系统、电子点火系统、电脑控制点火系统之分。点火系统主要包括点火线圈、断电器或点火信号发生器、分电器总成、火花塞等。

3. 照明系统

照明系统包括车外和车内的照明灯具，提供车辆夜间安全行驶必要的照明。

4. 信号装置

信号装置包括音响信号和灯光信号两类，提供安全行车所必需的信号。有时也将照明和信号两个系统合并在一起。

5. 仪表及报警装置

用来监测发动机及汽车的工作情况，使驾驶员能够通过仪表及报警装置，及时发现发动机及汽车运行的各种参数及异常情况，确保汽车正常运行。它主要包括车速里程表、发动机转速表、水温表、燃油表、电压（电流）表、机油压力表、气压表及各种报警灯等。

6. 辅助电器

辅助电器包括电动风窗刮水器、风窗洗涤器、空调器、低温起动预热装置、汽车音响、点烟器、车窗玻璃电动升降器、坐椅电动调节器、防盗装置等。辅助电气设备有日益增多的趋势，主要向舒适、娱乐、保障安全等方面发展。车辆的豪华程度越高，辅助电气设备就越多。

7. 汽车电子控制系统

汽车电子控制系统主要指利用微机控制的各个系统，包括电控燃油喷射系统、电控点火系统、电控自动变速器、制动防抱死装置、电控悬架系统、自动空调等。电控系统的采用可以使汽车上的各个系统均处于最佳工作状态，达到提高汽车动力性、经济性、安全性、舒适性，降低汽车排放污染的目的。

（三）全车电路及配电装置

全车电路及配电装置包括中央接线盒、保险熔断装置、继电器、导线（线束）及插接件、电路开关等，使全车电路构成统一的整体。

三、汽车电气设备的特点

1. 低压直流

汽车电气设备采用低压直流供电，柴油车大多采用 24V 直流电压供电，汽油车大都采用 12V 直流电压供电。

2. 两个电源

两个电源指蓄电池和发电机两个供电电源。蓄电池是辅助电源，发电机是主电源，两者互补可以使车载设备在不同的情况下都能正常地工作，同时也延长了蓄电池的供电时间。

3. 用电设备并联

汽车上的各种用电设备都采用并联方式与电源连接，每个用电设备都由串联在电流支路中的开关来控制，互不干扰。

4. 单线制

将发动机、底盘、车身等金属部件作为所有电气设备的公用低电位连接线（俗称搭铁线），而每个电气设备仅用一根导线来连接到电源的高电位。任何一个电路中的电流都是从电源的正极出发，经导线流入到用电设备后，通过金属车架流回电源负极而形成回路。

采用单线制可以节省导线材料，简化电路，而且便于安装和检修，降低故障率。但一些特殊的电气回路或需要精确电子信号的回路，仍保留双线连接。

5. 负极搭铁

采用单线制时，将蓄电池的一个电极用导线连接到发动机或底盘等金属车体上。若蓄电池的负极连接到金属车体上，称为负极搭铁；反之，若蓄电池的正极连接到金属车体上，称为正极搭铁。我国标准中规定汽车电器必须采用负极搭铁。目前，世界各国生产的汽车也大多采用负极搭铁方式。

四、汽车电路上的主要元件

任何电气设备和电控装置要想获得电源供电，中间装置的连接必不可少。常见的连接装置有汽车线束、开关装置、保险装置、继电器、连接端子和连接器等，这些中间装置的选用和装配直接影响到用电设备的运行状况。

1. 导线

电路是通过导线连接起来的，多根导线又组成线束，电路原理图上标上导线的颜色代码和以 mm^2 为单位的截面值。如图 1-1 所示，各线分别为红色 16mm^2、红色 2.5mm^2、棕色 0.5mm^2、红/蓝色 2.5mm^2、灰色/红色 0.5mm^2、红色/黄色 0.5mm^2。

微课视频：电路基础元件

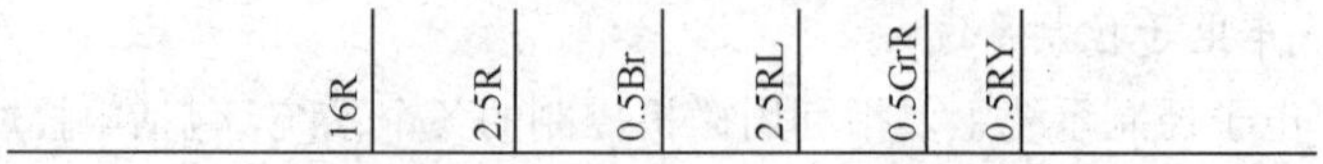

图 1-1　电路原理图上带有线径和颜色标注的导线

按导线承受电压的高低，可分为高压导线和低压导线两种。发动机的点火线圈至各气缸火花塞之间使用特制的高压点火线，其他位置和设备一律使用低压导线。老式汽车在点火线圈和火花塞之间设置了分电器，分电器的前后两端都要使用高压点火线。

汽车用导线的负载电流差异较大，需要合理选择导线的截面积。通常将不同功能的导线用不同的颜色加以标识。因导线数量较多，通常采用双色线标识，主色为基础色，辅色为条纹色带或螺旋色带。

电路图上标注时，主色在前，辅色在后。例如，红/黄导线，主色为红色，辅色为黄色。

大众系列电路上较多采用黑白两种颜色为主色，其颜色标识为两个小写字母。中国自主品牌的汽车，导线颜色大多标为一个大写字母，遇到字母相近容易混淆时，就补加一个小写字母。

国内几个典型品牌汽车的导线颜色标识见表 1-1，大多数颜色的字母缩写类似，但棕、黄、紫、灰、粉等颜色在不同车型之间有较大的差异。

表 1-1　导线颜色的不同标识字母

颜色	英文词汇	大众车系	奇瑞	荣威
棕	Brown	br	Br	N
红	Red	ro	R	R
橙	Orange	or	O	O
黄	Yellow	ge	Y	Y
绿	Green	gn	G	G
蓝	Blue	bl	L	U
紫	Purple	li	V	P
灰	Slate（Grey）	gr	Gr	S
白	White	ws	W	W
黑	Black	sw	B	B
粉	Pink	rs	P	K
褐	Tan			T
深蓝	Dark Blue			Du

续表

颜色	英文词汇	大众车系	奇瑞	荣威
深绿	Dark Green			Dg
浅蓝	Light Blue			Lu
浅绿	Light Green		Lg	

2. 汽车线束

汽车上使用的导线数量极多，为保护导线的绝缘、保持线路规整，将同区域布置的导线用包扎材料缠绕成束，称之为线束。线束的包扎材料传统上使用棉纱或薄聚氯乙烯带，近年多改用开口的塑料螺纹管。高压导线、蓄电池电缆、起动机供电电缆单独布线，不纳入线束内。图 1-2 所示为日系尼桑轿车的整车线束一部分。

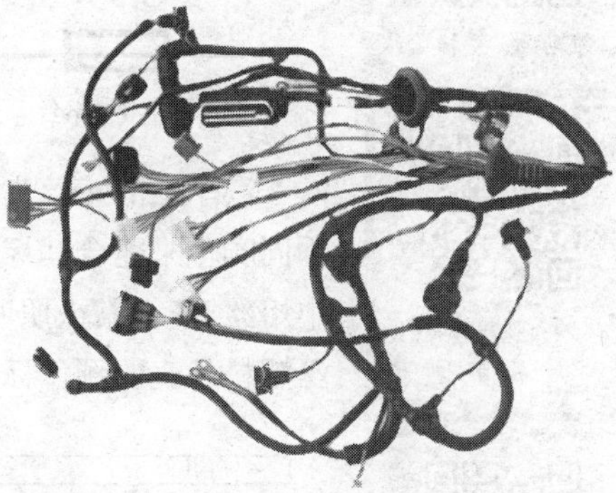

图 1-2 汽车线束

3. 连接器

连接器又叫插接器，是导线与电气设备的接口，由塑料外壳与多个金属冷压端子组成。冷压端子直接压接在导线末端，依靠端子的弹性元件与设备接口的插针相配合，在汽车行驶中过于颠簸易造成脱落，故塑料外壳上设有多重闭锁装置。图 1-3 所示为连接器的实物和符号。

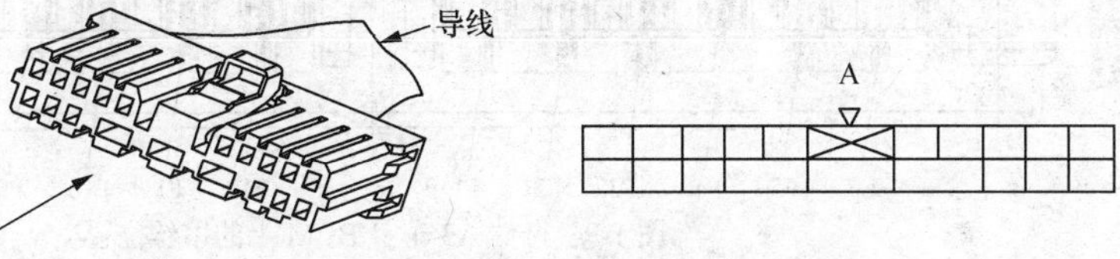

图 1-3 导线插接器实物图与原理图符号

有时在汽车线束上成对地使用插接器，实现相邻车辆总成零件之间线束的连接，如车门与车体之间，发动机舱与乘客舱之间等。此时两个插接器外壳直接配合，内部端子一个是插针，另一个是插孔。图 1-4 所示为针脚插头（a）和针孔插头（b）的图形符号，图中分别使用黑、白标记来表达插头与插座。

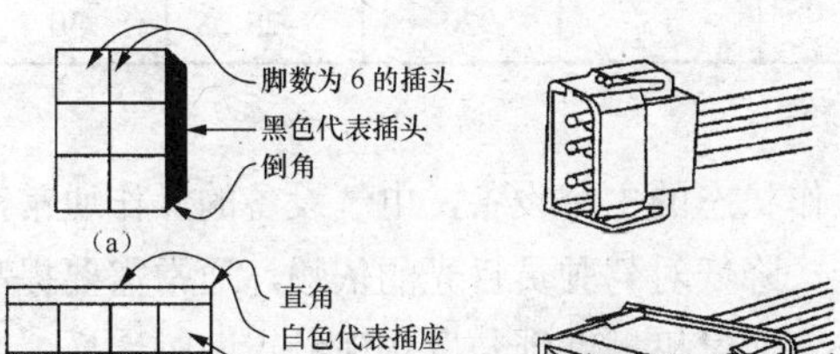

图 1-4 导线连接器的插针端与插孔端

如图 1-5 所示，成对配合使用的插接器上，同一根导线对应的孔和针要使用同一个引脚号码，但在序号定位上存在着左右镜像关系。

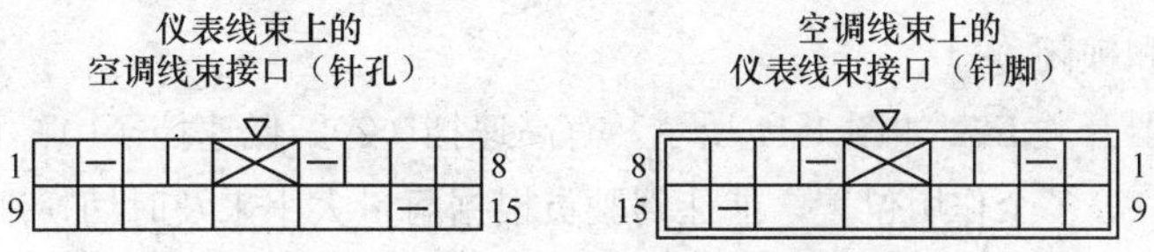

图 1-5 插针端与插孔端的原理符号

4. 保险装置

当电流超过规定值时，保险装置能够及时切断电路，防止烧坏连接线和电路设备，将故障限

视频：熔丝的就车检测

三维动画：更换熔丝

视频：熔丝的离车检测

三维动画：15A 熔丝

制在较小的范围内。汽车上的保险装置主要有熔丝（见图 1-6）、易熔线（见图 1-7）和断路器（见图 1-8）。

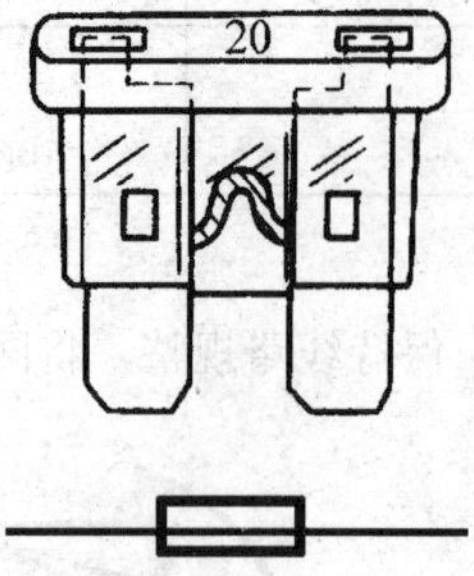

图 1-6 熔丝

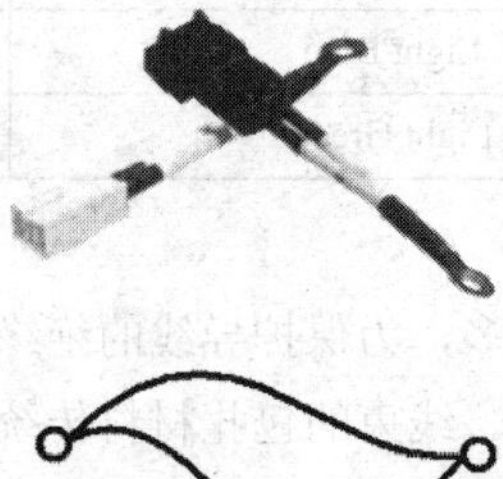

图 1-7 易熔线

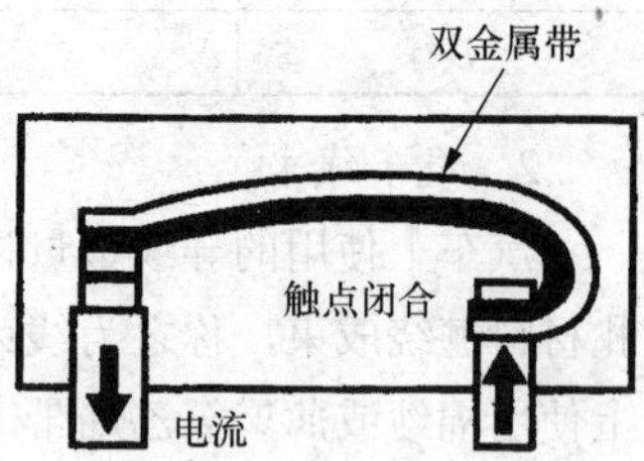

图 1-8 断路器

汽车上的熔丝集中布置在发动机舱和乘客舱的几个保险丝盒上，通常采用不同颜色来配合其标称值。图 1-9 所示为奇瑞 A3 车身 BCM 上的熔丝分布，其中熔丝 F5 为常火照明，电流为 10A，颜色是红色的塑料外壳。表 1-2 显示了熔丝塑料外壳的颜色标识。

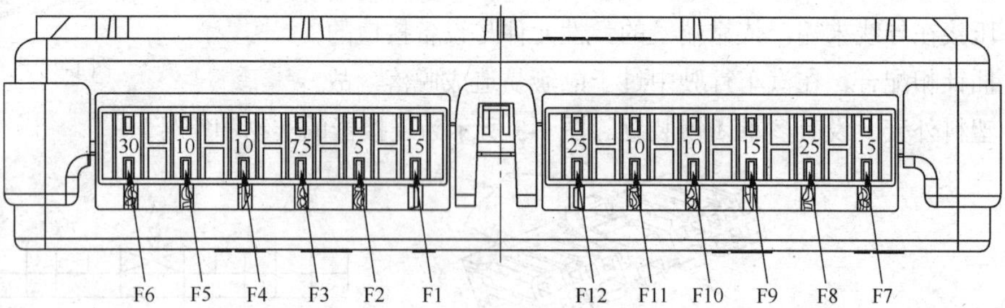

图 1-9 奇瑞 A3 车身 BCM 上的熔丝位置

表 1-2 熔丝塑料外壳的颜色标识

熔丝颜色	紫	粉	棕	红	蓝	黄	白	绿
电流值/A	3	5	7.5	10	15	20	25	30

5. 车用开关

车用开关具有较高的集成度。开关是切换电路工作状态的主令设备，电气设备的操作通常需要在行驶中完成，为了提高操作效率、保证驾驶安全，降低对驾驶员目光的依赖，通常需要提高车用开关内部的集成度。每个开关内会设置多对触点，通过机械联锁装置实现触点同时切换，其作用位置（挡位）也往往在两个以上，属于多刀多位开关。

宝来的电动车窗总控开关如图 1-10 所示，在一个壳体内集中设置了六个三位开关和一个两位开关，可以使驾驶员仅使用左手就能迅速实现各门车窗玻璃的升降动作（包括对分控开关的锁闭），以及对车门的解锁和锁闭。

宝来车窗刮水器开关 E22 如图 1-11 所示，有高速挡（2）、低速挡（1）、间歇挡（J）、关闭挡（O）和单次挡（T）等多个作用位置，能让驾驶员根据雨量大小来及时切换刮水片的动作快慢。

有时将几个相近电路的开关集中在一起，由同一个拨杆通过不同方向上的动作来控制。如图 1-12 所示，宝来车灯开关 E1 和雾灯开关 E7、E18 安装在同一个壳体内，由同一个旋钮开关来控制。右旋一位打开小灯，右旋两位打开大灯；拨出一格打开前雾灯，拨出两格打开后雾灯。

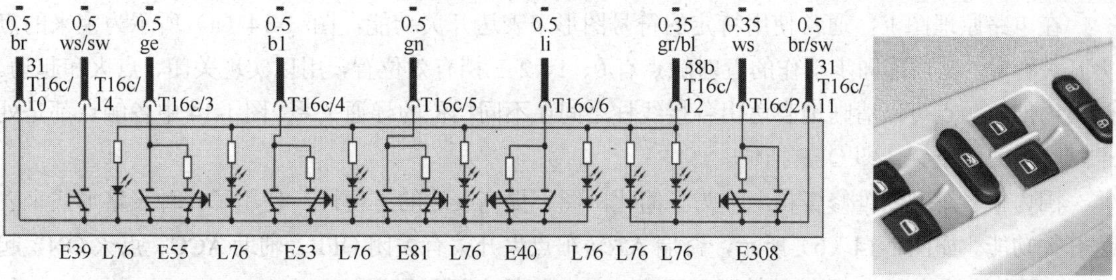

图 1-10 宝来车窗总控开关

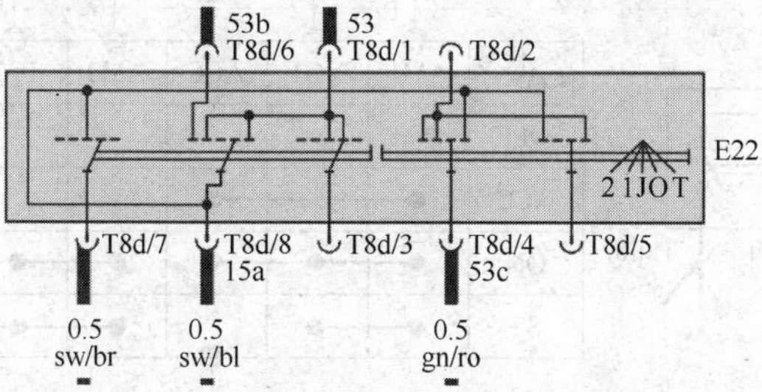

图 1-11 宝来车风窗刮水器开关 E22

视频：检查刮水器开关

视频：检查车灯开关

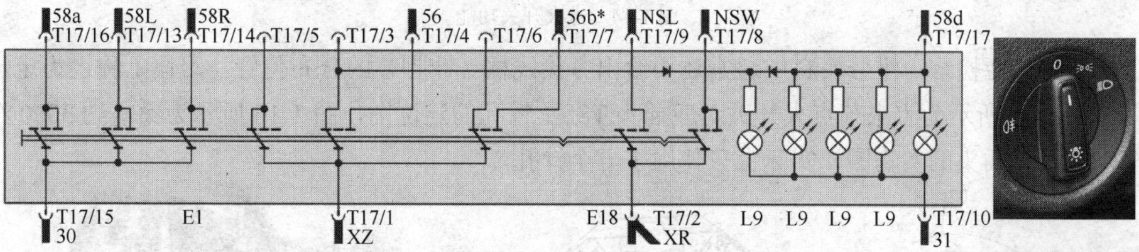

图 1-12 宝来车灯开关 E1 和雾灯开关 E7、E18

三维动画：点火开关插针

点火开关是汽车电路中最重要的开关之一，是各条电路分支的控制枢纽。其主要功能是：锁住转向盘转轴（LOCK 或 S）、点火（ON、IG 或 D）挡、起动（START 或 Q）挡、附件（ACC）挡，如果用于柴油车则增加预热（Y）挡。其中起动挡、预热挡因为工作电流很大，开关不宜接通过久，所以内部不设自锁，在操作时必须用力扳住钥匙，克服弹簧力；松手后就自动弹回点火挡。其他挡均可自行定位（自锁）。

三维动画：点火开关的外形

三维动画：点火开关解锁

如图 1-13 所示，点火开关挡位切换时，内部的金属接触板改变位置，实现了各接线柱之间的连通关系，其中 1 柱为火线输入端，2～5 柱为火线输出端，为各功能火线供电。

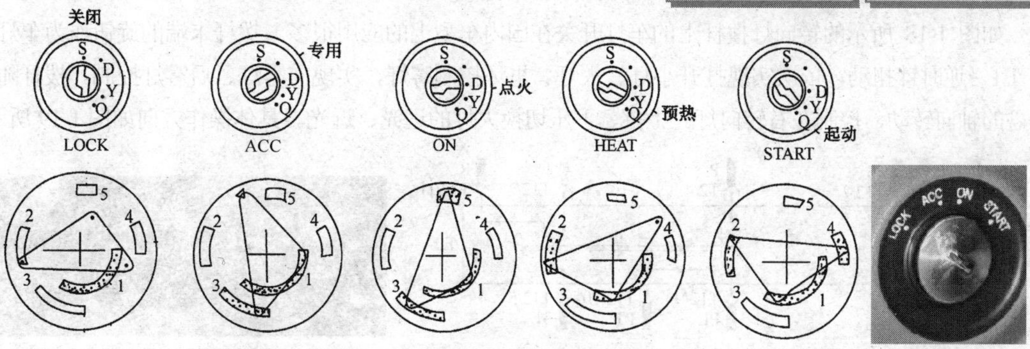

图 1-13 图形显示的点火开关挡位图

在电路原理图上，通常使用特定的符号图形来表达开关功能，图 1-14（a）所示为宝来的点火开关符号，其内部同步动作的五对触点有 0、1、2 三挡有效位置，用以实现关闭、点火和起动。画出内部的触点可以清晰地表达出各接线柱之间在不同挡位的导通关系。图 1-14 中各触点都是处于默认的关闭位置，即 OFF 挡位。

国内很多车型的维修资料上，为了简化画图、提高表达的方便性，使用了一种表格形式来表达开关功能。如图 1-14（b）所示，奇瑞 A3 轿车点火开关有关闭 OFF、辅助 ACC、点火 ON、起动 ST 四个挡位，在 ACC 辅助挡时，只有 3 柱与 1 柱之间是导通的。

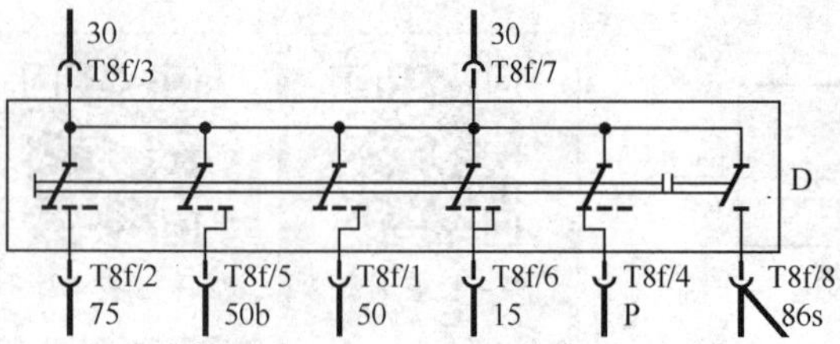

（a）宝来车图形表达

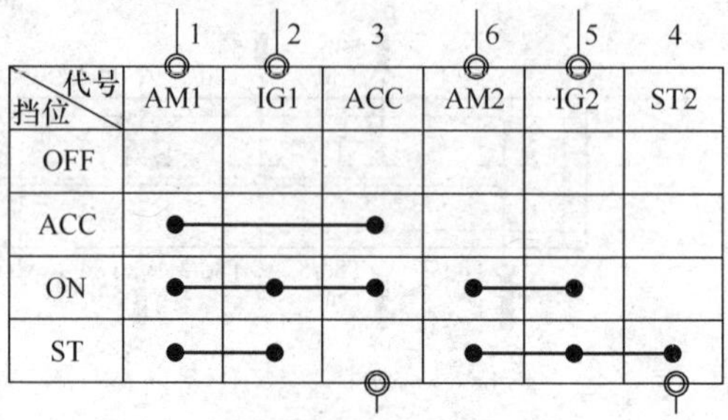

（b）奇瑞车表格表达

图 1-14　点火开关功能

为了方便检修，维修资料中通常还要给出各接线柱（针脚）的分布位置，习惯上称之为定位图。图 1-15 所示为宝来车点火开关对应插头 T8f 上针孔的定位图，图 1-16 所示为桑塔纳 3000 汽车点火开关插头的实物图，实际上只使用了五个针孔。

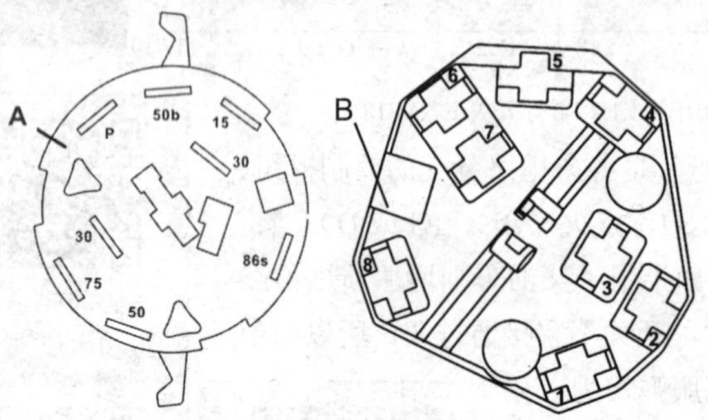

图 1-15　宝来车点火开关 T8f 插头

A—点动开关　B—8 芯黑色插头连接（T8f）

图 1-16　桑塔纳 3000 点火开关插头

为提高驾车过程中的操作效率，通常将照明开关（前照灯开关、变光开关）、信号（转向、危险警告、超车）开关、刮水器/清洗器开关等组合为一体，安装在便于操纵的转向柱上，称为组合开关。图 1-17 宝来车变光开关 E4 和转向开关 E2 组合关系。

如图 1-18 所示的转向灯拨杆上的车灯开关在国内车型上的应用很多。拨杆末端的旋钮作为车灯开关 E1，逆时针扭动，依次实现打开小灯、大灯。里环控制雾灯，实现前雾灯、后雾灯控制。拨杆随方向盘的轴向转动，控制左右转向灯。上挑、下压切换大灯的远光、近光。具体操作方向如图 1-19 所示。

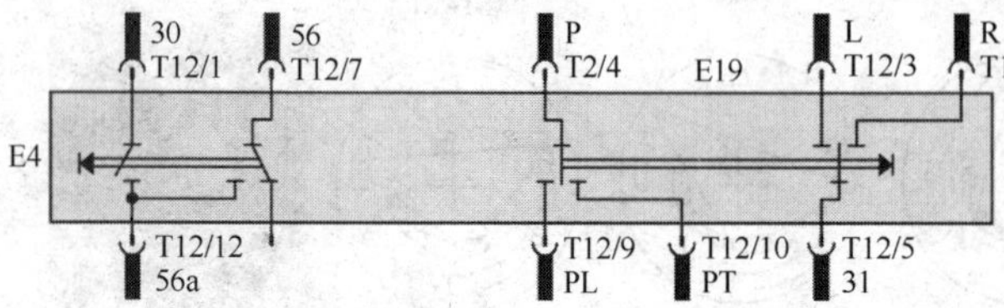

图 1-17　宝来车变光开关 E4 和转向开关 E2

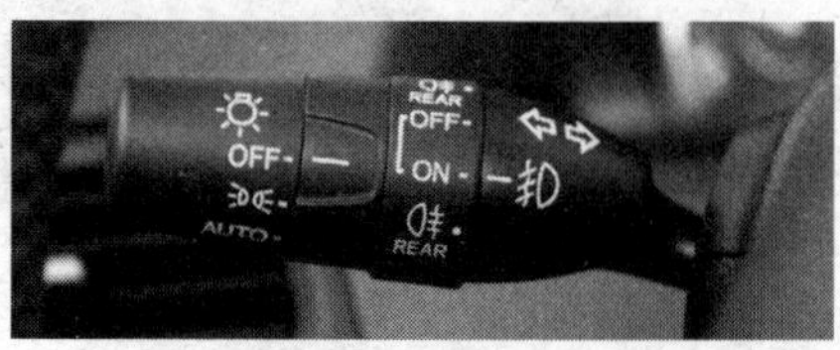

图 1-18　转向灯拨杆上的车灯开关

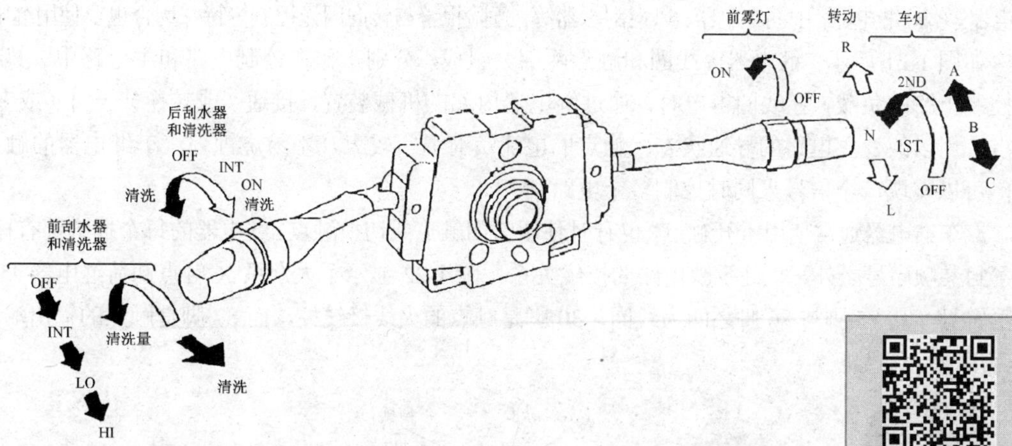

图 1-19　日产轿车车灯、雨刮组合开关的动作示意

视频：汽车电气系统认知

图 1-20 所示为日产轿车组合开关的各插针在不同挡位的导通关系。

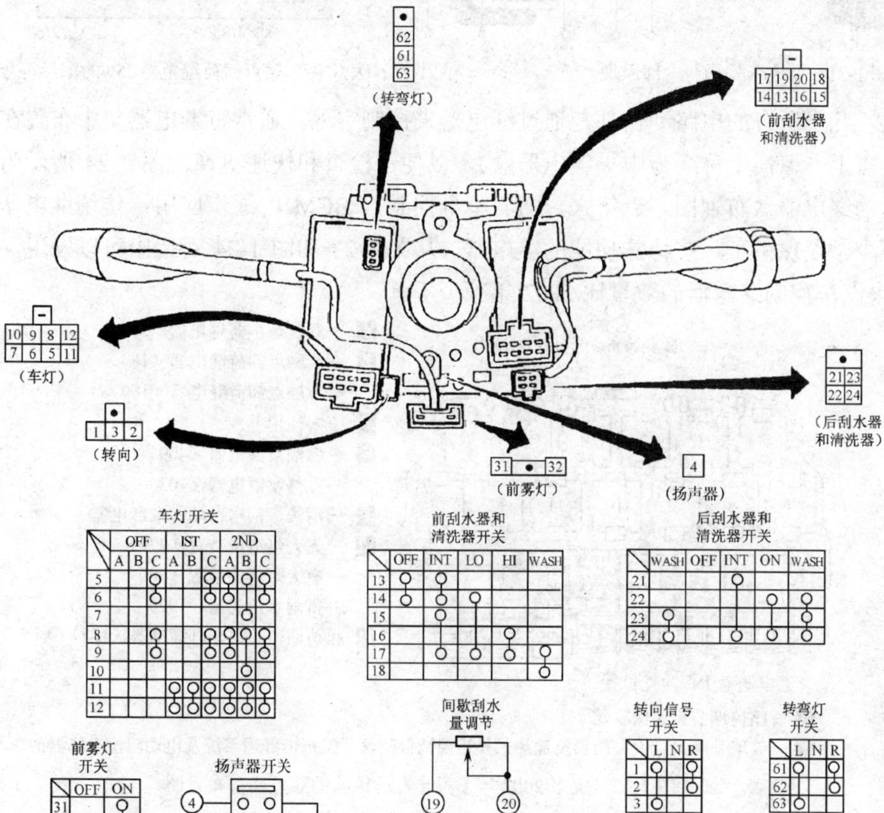

图 1-20　日产轿车组合开关的挡位关系

三维动画：中央接线盒

视频：继电器的功能检测

6. 继电器

汽车采用 12V 的低压直流电源，需要消耗的电流较大，电路通断时对开关触点有较大的电流冲击，有些场合会使用同一个开关的信号来控制多个电气，所以很多用电设备要借助于继电器来供电。如进气预热继电器、空调继电器、扬声器

继电器、雾灯继电器、中间继电器、风窗刮水器等。危险报警与转向闪光控制等特殊场合也要使用继电器。

如图 1-21 所示，继电器由线圈和触点两部分组成，分别工作在控制电路和主电路中。其线圈是控制电路的负载，在线圈得电时，通过继电器内部的机械装置，接通（或转换）一对（或多对）触点，用以改变主电路的导通状态。触点的电流负荷通常较大，不易烧蚀。汽车继电器的触点较多，可以实现一个信号来同时控制多个电路。

汽车继电器通常使用常开触点，也有时使用常闭触点或切换触点。继电器的每个插脚都有标号，除了封装顺序号之外，也能反映电路的接线关系。图 1-22 显示了大众系 X 触点卸荷继电器 J59 的图形符号，其 85 脚与 86 脚之间为线圈，30 脚是触点的火线接线柱，而 87 脚是触点的输出端，负责为用电设备供电。

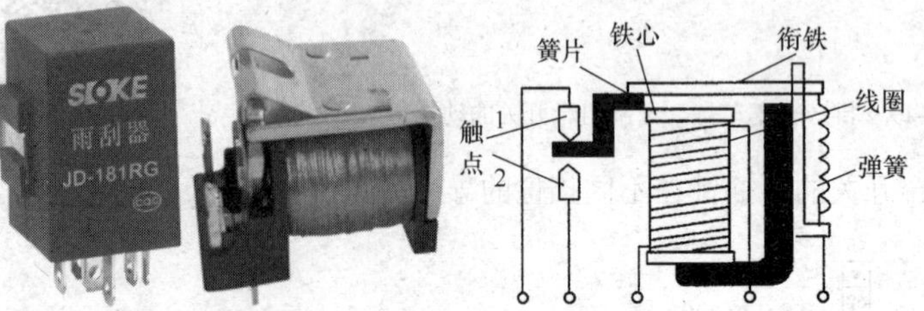

图 1-21　继电器外形与内部原理

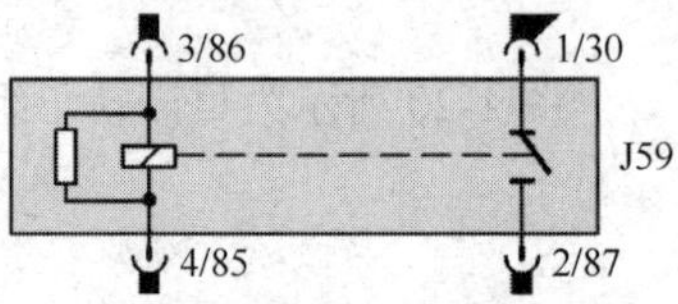

图 1-22　大众系 X 触点卸荷继电器 J59 的图形符号

早期的汽车上，几乎所有的电路动作都是通过继电器来控制实现，通常将继电器集中布置在发动机舱的保险丝盒上（习惯上称之为中央继电器盒），以便于检查和快速更换。图 1-24 所示为宝来汽车发动机舱的继电器盒布置图。近年来，随着车身控制器 BCM 的逐步应用，传统继电器的使用数量有所减少，仅保留了一些特殊功能的继电器。从图 1-23 和图 1-24 对比中可以发现，在 2008 年以后宝来汽车控制继电器的数量比 2002 年减少了。

三维动画：继电器的外形

三维动画：继电器的结构

基本装备，Golf 和 Bora

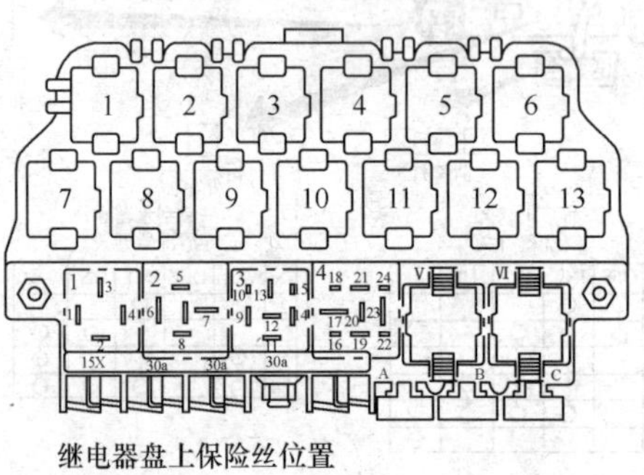

继电器盘上保险丝位置

A —座椅调节装置保险丝

C —玻璃升降器、中央门锁及加热式外后视镜保险丝（仅指带舒适系统及电动门窗升降器的车）

1 —双音扬声器继电器（53）

2 —X 触点卸荷继电器（18）

　—X 触点卸荷继电器（100）

3 —未使用

4 —燃油泵继电器（409）

　—预热塞继电器（103）

V —清洗—刮水自动间歇继电器

VI —无大灯清洗装置（377）

　—有大灯清洗装置（389）

　—带雨水传感器（192）

11 起动锁止及倒车灯继电器（175）

图 1-23　宝来 2002 年 1 月起发动机舱的继电器盒布置图

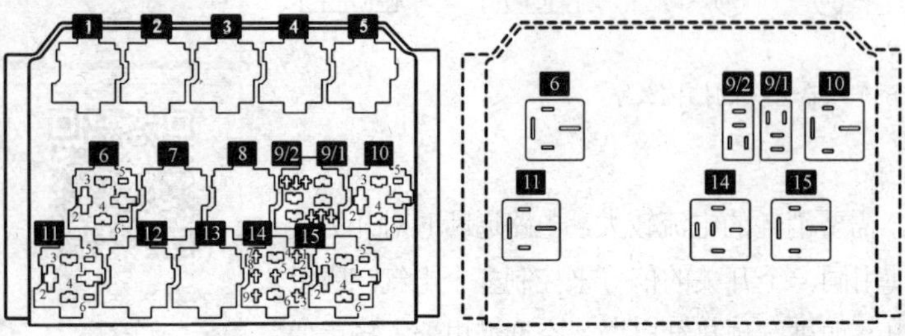

继电器位置分配

6 —总线端 30 供电继电器 -J317（458 继电器）

9/1 —电动燃油泵 2 继电器 -J49（449 继电器）2)3)1)

9/2 —燃油泵继电器 -J17（449 继电器）1)3)

10 —接线端 50 供电继电器 -J682（100 继电器）

11 —二次空气泵继电器 -J299（100 继电器）1)

14 —空调继电器 -J32（126 继电器）

15 —X 触点卸载继电器 -J59（100 继电器）

图 1-24　宝来 2008 年 9 月起发动机舱的继电器盒

五、汽车电气设备检修的常用工具

（一）短接线

微课视频：维修检测工具

短接线又称为跨接导线，是一种简单、有效的测试工具，它可以使电流“绕过”被怀疑是开路或断路的电路部分，从而使电路形成回路，进行通导性测试。如果连接跨接导线后电路正常工作，则表示所跨过的部位存在开路（断路）故障。图 1-25 显示了短接线的两端的不同形式和短接线的使用方法。

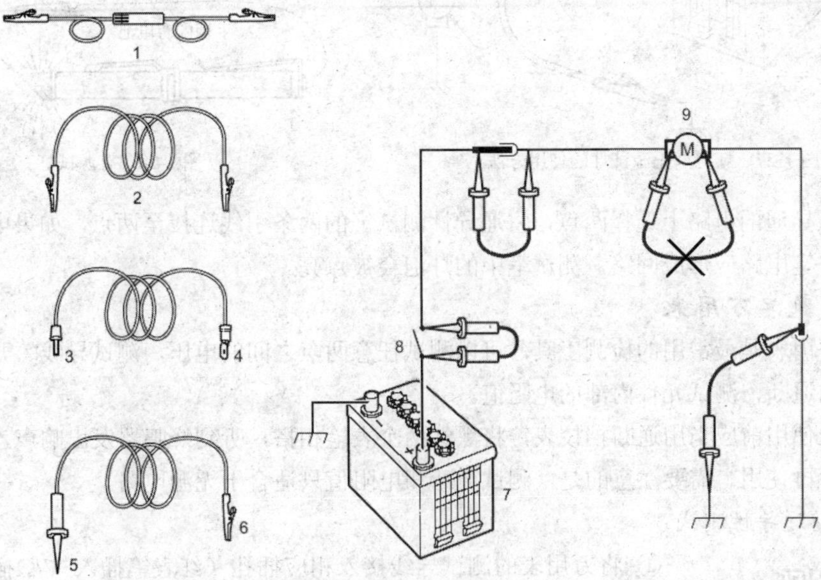

图 1-25 短接线的形式与使用方法

从图 1-25 中可以看出，跨接导线只能用于旁通电路的非电阻性部件，如开关、连接器和导线段等，切勿将跨接导线直接跨接在用电设备（电机或灯泡等负载）的两端，否则会造成短路，烧坏熔丝、导线等电路元件。

（二）试灯

试灯分无源试灯与有源试灯，发光源分为灯泡型与发光二极管型，如图 1-26 所示。

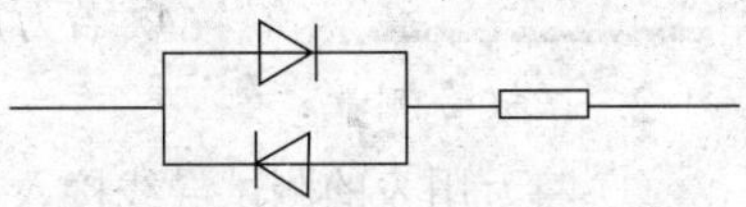

图 1-26 发光二极管型试灯的电路原理

无源试灯用于测试两点之间是否有电压。使用方法：将试灯的一条端子接地作为参考点，用另一条端子沿电路去接触不同的测试点，检测其是否为高电位。如果试灯点亮，表明被检测点与参考点之间有电压，是高电位。

发光二极管对电流有选择性，只有阳极高电位、阴极低电位时，才会发光。有的试灯设置了正反两个发光二极管并联，可以做到有电压即发光。二极管发光时消耗的电流极小，不适合于闪光继电器之类特殊的电路检测。

图 1-27 所示为灯泡型无源试灯的使用方法，灯泡型试灯在两个检测点之间存在电压时被点亮，对电流的方向没有要求，通常电流值需求较大，不适合检测 ECU、气囊之类的敏感元件。

（三）通导性测试笔

通导性测试笔（即有源试灯，见图 1-28）用于无源电路的通导性检查，使用前需要断开蓄电池或拆卸所测电路的熔断器，将其从原有的带电状态中脱离出来。

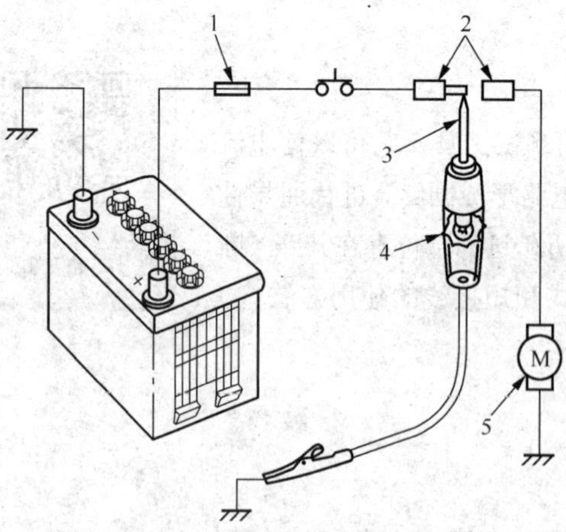

图 1-27　灯泡型无源试灯的使用方法

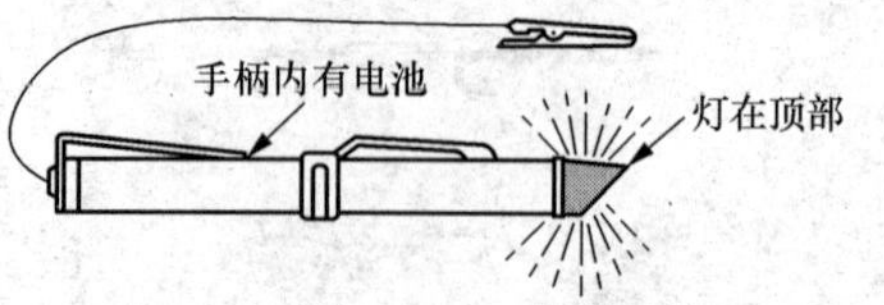

图 1-28　有源试灯

在应该导通的电路上选择两点，将通导性测试笔的两条引线连接至两点，如果电路导通，则通导性测试笔电路应形成回路，测试笔中的灯泡会被点亮。

（四）数字万用表

数字万用表是最常用的检测工具，可以测试任意两点之间的电压，测试导线、开关、继电器触点之间的通断，测试元件内部的电阻值。

万用表使用前应当用通断挡校表，将黑红两个表笔相搭，听到蜂鸣器发出响声，确定万用表状态良好后再使用。需要注意的是，测试通断和电阻值只适合于无源电路。

1. 电路通导性测试

视频：万用表校表

① 将万用表的测试导线接入相应插孔（红表笔插入 V/Ω插孔，黑表笔插入 COM 插孔）。

② 将万用表的功能选择开关置于电路通导/二极管测试挡位。

③ 将万用表的两测试导线接入被测试电路。

④ 若万用表的蜂鸣器发出警报声，表明所测电路没有断路情况。

2. 二极管测量

① 将万用表的测试导线接入相应插孔（红表笔插入 V/Ω插孔，黑表笔插入 COM 插孔）。

② 将万用表的功能选择开关置于电路导通/二极管测试挡位。

③ 将万用表的红黑表笔分别接被测试二极管的两个管脚，观察显示值，然后将两个表笔交换位置，再测一次。

若一次显示“OL”，另一次显示某个数值（1.××或者 0.××），表明二极管状态良好，其中显示“OL”时，红表笔所连的管脚为二极管的阴极；若两次都显示“OL”，表明二极管内部已经断路；若两次都显示一个很小的数值，表明二极管内部已经被击穿。

3. 电压的测量

① 将万用表的测试导线插入相应插口。

② 将万用表的功能选择开关置于电压测量挡位，并根据带测量电压的类型选择直流和交流位置。

③ 根据待测电压的大小选择量程。

④ 将万用表的测试导线接入待测电路，黑表笔接地，红表笔接信号线。

⑤ 闭合待测试电路，观察万用表显示区域的电压读数。

⑥ 必要时按下 HOLD 按钮，锁定测试结果，并与标准值进行对比。

4. 电阻的测量

① 将万用表的测试导线插入相应插口（红表笔插入 V/Ω插孔，黑表笔插入 COM 插孔）。

② 将万用表的功能选择开关置于电阻测量挡位，此时若不设置量程，万用表为自动量程状态。

③ 若需进行量程设置可按下 RANG 键，进入手动量程模式，此后如再按一下控制键，量程将再次更换，若需返回自动量程，可按压该键保持 2s 后松开。

④ 手动量程的选择范围：0～200Ω，0～2kΩ，0～200kΩ，0～2MΩ。

⑤ 将万用表的测试导线接入待测元件，黑表笔和红表笔分别连接待测元件的接线端子。

⑥ 观察万用表显示区域的数据显示。

⑦ 必要时按下控制区的 HOLD 按钮，锁定测量结果，与标准值进行对比。

（五）汽车解码仪

汽车解码仪（又称故障诊断仪）是车辆维修的重要工具，一般具有如下几项或全部的功能：①读取故障码；②清除故障码；③读取发动机动态数据流；④示波功能；⑤元件动作测试；⑥匹配、设定和编码等功能；⑦英汉辞典、计算器及其他辅助功能。

图 1-29 所示为 KT660 综合智能诊断仪，图 1-30 所示为 KT600 综合智能诊断仪。

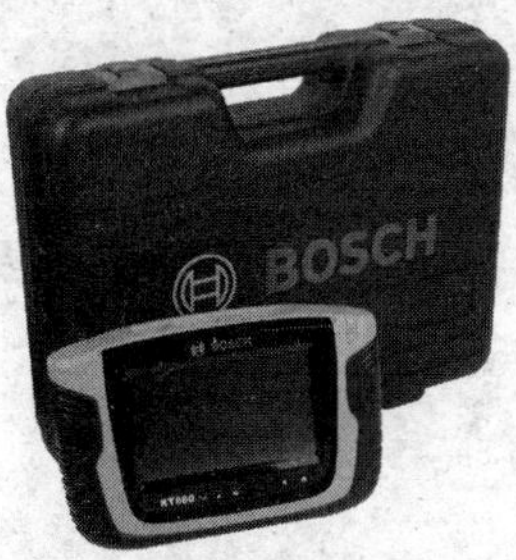

图 1-29　KT660 综合智能诊断仪

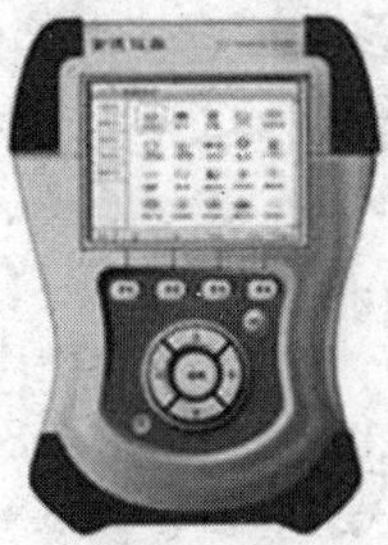

图 1-30　KT600 综合智能诊断仪

视频：解码仪读码

1. 诊断原理

诊断电子控制系统的传感器、执行器状态及 ECU 的工作是否正常。通过判断 ECU 的输入、输出电压是否在规定的范围内变化时，可以判断电子控制系统工作是否正常。

当电子控制系统中的某一电路出现超出规定的信号时，该电路及相关的传感器反映的故障信息以故障代码的形式存储到 ECU 内部的存储器中，维修人员可利用诊断仪来读取故障码，使其显示出来。

2. 主要功能

① 通过 CAN、LIN 通信模块可以实现与车载内各电子控制装置 ECU 之间的对话，传送故障代码及发动机的状态信息。

② 通过单片机的同步/异步收发器可以与 PC 进行串行通信，从而完成数据交换，下载程序，以及诊断仪升级等功能。

③ 通过液晶显示器来显示汽车运行的状态数据及故障信息。

④ 通过键盘电路来执行不同的诊断功能。

⑤ 通过一种具有串行接口的大容量 FLASH 存储器来保存大量的故障代码及其测量数据。

3. KT600 综合智能诊断仪示例

KT600 综合智能诊断仪集多种功能于一体，包含了大多数原厂通信协议及控制器局域网（CAN）的通信协议，可扩充性强。配备超大容量的 CF 卡，可扩充升级程序，实时保存诊断结果。带有精密的微型打印机，可实时打印诊断报告。彩色大屏幕，触摸屏操作。可以实时检测点火系统、传感器、执行器等波形。可以把诊断、示波、存储、升级方式等功能组合。具有编程器的数据芯片读写分析功能，可直接访问汽车电脑数据，对数据进行分析。配备压力接头和温度探头后，具有压力和温度测量功能，相当于四通道压力表和四通道温度表。

① 技术参数。

- 温度操作：–30℃～60℃。
- 相对湿度：小于 90%。
- 供电电压：DC 12V。
- PS/2 接口：内含标准 RS232 串口，可外挂键盘。
- RJ45 网络接口：10M。
- CF 卡接口：供插拔 CF 卡。

② 示波器技术性能。

- 通道数：三通道/五通道。
- 采样速度：最大 20MHz。
- 采样精度：双 8 位。
- 电压量程：20mV～20V/格。
- 扫描时间：1.25μs～2s/格。

记录仪可以连续记录 100 屏。

③ 硬件配置。

- CPU：32 位 ARM9 嵌入式芯片。
- 主频：80MHz。
- 外存：CF 卡，可任意扩充。
- 显示器：6.4 英寸 640×480 LCD 触摸真彩屏。
- 打印机：热敏式微型打印机。
- 电池：示波器内置可充电锂电池。

④ 产品特点。

- 32 位嵌入式芯片。
- 有大量的车型资料，车型测试程序存储于存储卡上，可以分车型升级。
- 数据流波形显示、存储和回放，便于发现传感器、执行器的异常情况。
- 诊断端口均可由软件定义，现场编程，内置高速 CAN-BUS、低速 CAN-BUS，OBDII 诊断接头，兼容大部分车型，不需选择和跳线。

4. KT600 第三代解码器使用演示

故障诊断仪大都随机带有使用手册，按照说明极易操作。一般来说有以下几步：在车上找到诊断座；选用相应的诊断接口；根据车型，进入相应诊断系统；读取故障码；查看数据流；诊断维修之后清除故障码，如图 1-31～图 1-36 所示。

图 1-31　KT600 开机界面

图 1-32　KT600 故障检测界面

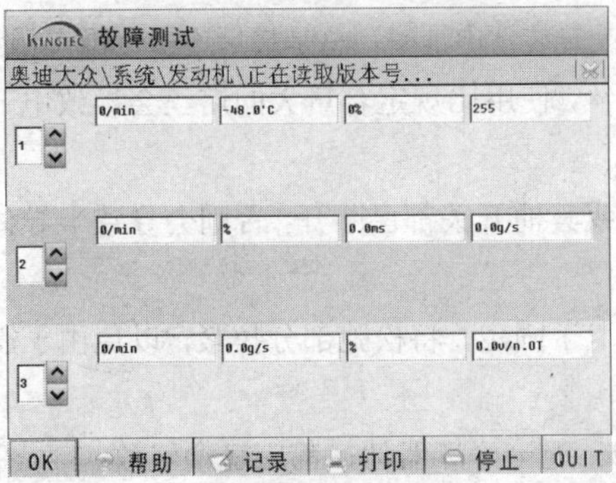

图 1-33　KT600 数据流多通道读取界面

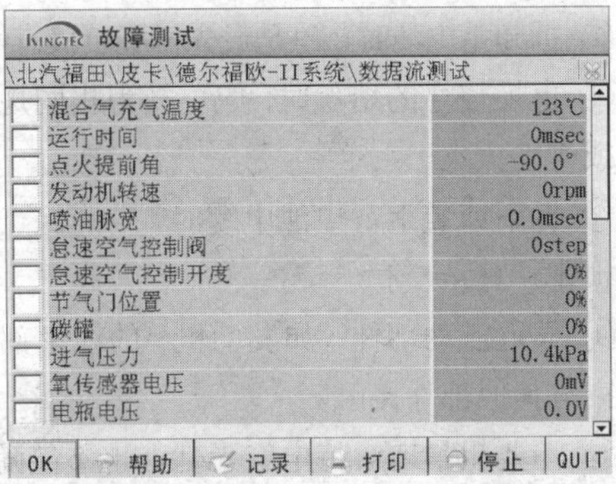

图 1-34　KT600 读取数据流界面

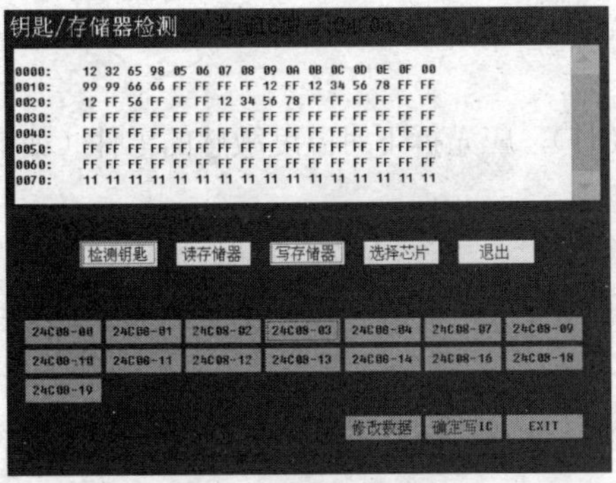

图 1-35　汽车编程器界面

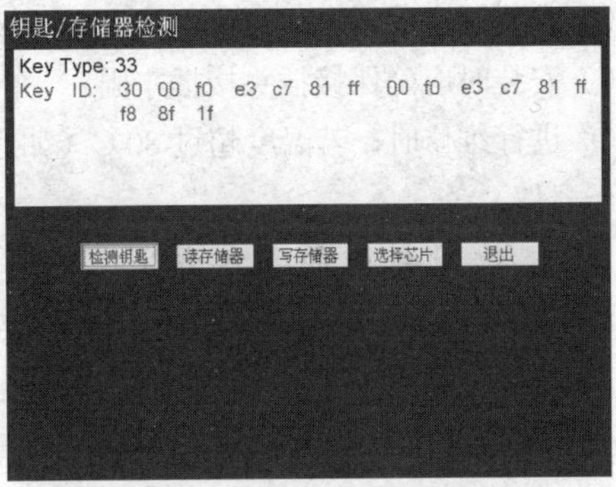

图 1-36　射频防盗钥匙 ID 检测界面

六、汽车电气设备检修的常用方法

（一）五步法检修故障

第一步，验证用户的反映。将问题电路中的各个元件都通电试一试，看用户的反映是否属实，同时注意观察通电后的各种现象。在动手拆卸或测试之前，应尽量缩小事故原因的设定范围。

第二步，分析电路原理图。在电路原理图上画出有问题的电路，分析一下电流由电源经开关到负载直到搭铁的路径，弄清电路的工作原理。如果对于电路原理还不太清楚，应仔细看电路说明及相关资料，直至弄清为止。对有问题线路的相关电路也应加以检查。每个电路图上都给出了熔断器、搭铁点或开关的相关电路的名称。对于在第一步程序中漏检的相关电路要试一下。如果相关电路工作正常，说明共用部分没问题，故障原因仅限于有问题的电路中。如果几条电路同时出故障，原因多半出在熔断器或搭铁线上。

第三步，检查问题集中的电路或部件。测试电路，验证第二步中所做的推断。故障检修的快慢、成功与否关键在于排故次序要简单明了和清晰流畅。将系统故障诊断表中最有可能的原因突显出来，应先加以测试，且先查容易测试的电路。

第四步，进行修理。问题一经查明，便可着手进行必要的修理。

第五步，检验电路是否恢复正常。对电路再进行一次系统检查，看问题是否已经解决。

如果故障是熔断器熔断，则应对使用该熔断器的每条电路都要测试，找到造成短路的具体原因，并将其可靠消除。

（二）汽车电气检查注意事项

维修电气系统的原则之一是不要随意更换电线或电气设备，这种操作有可能会触发电路的短路、过载甚至引起火灾。同时还应该注意以下各项。

① 拆卸蓄电池时，总是最先拆下负极（–）电缆；安装蓄电池时，总是最后连接负极（–）电缆。

② 更换烧坏的熔丝时，应更换为相同规格的熔丝，使用比规定容量大的熔丝会导致电气元件损坏或产生火灾。

③ 拆下或装上蓄电池电缆时，应确保点火开关或其他开关都已断开，否则会导致半导体元器件的损坏。

④ 靠近震动部件（如发动机）的线束部分应用卡子固定，将松弛部分拉紧，以免由于震动造成线束与其他部件接触。

⑤ 不要粗暴地对待电气元件，也不能随意乱扔。无论好坏器件，都应轻拿轻放。

⑥ 与尖锐边缘触碰的线束部分应用胶带缠起来，以免摩擦损坏。

⑦ 安装固定零件时，应确保线束不要被夹住或被压坏。

⑧ 安装时应确保接插头接插牢固。

⑨ 进行维修时，若温度超过 80℃（如进行焊接时），应先拆下对温度敏感的零件（如继电器和电子器件）。

（三）故障判断的基本方法

汽车电气设备维护与故障诊断、排除时，要注意综合运用以下修理方法。

1. 调查了解法

向驾驶员或当事人详细了解故障现象、故障发生经过及维修要求，以便掌握故障判断的直接信息。

2. 原理分析法

根据故障的现象，充分利用理论知识进行分析，在理论指导下进行实践。尤其对于电子化程度较高的车型，由于控制电路复杂，大量应用电子控制装置，容易因操作不当而增加损坏程度。以发动机工作不良为例分析，产生故障的因素有很多，机械系统、供油系统、电路系统都有可能产生故障。而电路系统的故障又有许多因素造成，如点火系统点火正时不良，分电器内部接触不良或信号发生器故障，点火控制器损坏，点火线圈及高低压电路的故障等。对点火系统的故障，通常先检查有无高压火花，再依据高压火花产生的原理依次向前或向后搜索，顺藤摸瓜找出故障点，从而排除故障。对维修人员来说，了解汽车全车电路，熟悉汽车电路的基本原理是汽车检测与维修的必备能力。

3. 试灯检查法

用工作电压与汽车电路相同的小灯泡做一个试灯检测器。检查时，先将一端的夹子夹在发动机机体或车架搭铁上，接通所测电路的控制开关，将另一端的测试棒从蓄电池开始，按接线顺序逐段向用电设备方向检查。若沿途试灯都亮，说明高电位各点的电路正常通路；若是在某点上灯熄灭了，则说明存在断路故障，断路处即在试灯亮与不亮之间的这段电路上。

4. 电压测量法

用直流电压表测量电压，将表头负端连线接在发动机机体或车架上，再从另一接线柱上引出一测试棒。接通待查电路的控制开关，逐段向用电设备方向检查。若电压表指示出合理的电压值，说明通路，若电压表无电压指示，则说明发生了断路故障，其断路处即在有电压指示与无电压指示两点之间的这段电路中。

5. 电源短接法

此方法是将开关与待查电路脱离开，用导线直接为负载提供电源，通过与各点相接触之后用电设备的动作状态来判断故障部位。其检查方法如下。

① 若开关接通的只是某个用电设备，则说明从开关到该用电设备之间的电路中有短路搭铁处。确定短路搭铁处的方法是：先从蓄电池引出一根相线，然后从用电设备一端开始，向开关方向按次序逐段拆线头，每拆下一段线头就用相线碰一下。如在某处用电设备工作正常，而在另一端出现强烈火花，且用电设备仍不工作，则短路发生在这两点之间的电路中。

② 如开关接通的是几个用电设备，则说明其中某一个用电设备的线路中有短路搭铁处，为确定短路搭铁处，可先从该开关上拆下熔断器一端所接通的全部线头，然后用由蓄电池所引来的相线分别与它们一一相碰。如在某处相碰时，用电设备工作正常，则说明该电路良好；若与另一处相碰时，有跳火响声且伴有强烈的火花，而且用电设备仍不工作，则说明该电路中有短路搭铁处。

6. 使用警告灯判断法

对装有警告灯的车辆，是否有故障可以从警告灯的“亮”“灭”来判断。

当接通点火开关时，仪表板上所有警告灯应都亮几秒钟后再熄灭。若某个警告灯始终不亮，说明警告灯自身及其电路有故障。

起动发动机后，所有警告灯应都熄灭，否则，未熄灭的警告灯所对应的相关电路有故障，这些警告信号分为以下三类。

① 放电警告、发动机润滑油油位及油压过低警告、燃油过低油位警告、开门警告、制动系统工作警告、自动变速箱油温警告等，对这些警告应做出相应的处理。

② 对电脑控制的警告灯（如发动机系统警告灯“CHECK”，电子控制自动变速器警告灯“ECT”，电子防抱死制动装置警告灯“ABS”，防撞安全气囊警告灯“SRS”等），应按本书电脑诊断方法进行处理。

③ 维修提示警告灯（如更换机油指示灯、正时传动带更换指示灯、充电指示灯、传感器提示灯）如果灯亮了，说明要对相应部件进行维修保养，修复后提示警告灯应熄灭。

（四）汽车电气设备故障排除的基本方法

1. 插接器的拆装与检测

① 断开蓄电池。

② 从其配对的另一半元件上断开插接器。

③ 压下接头上的锁止凸舌，以松开端子，如图 1-37 所示。

④ 用专用工具压端子，并将导线从插接器上拆下。

⑤ 修理或更换端子。

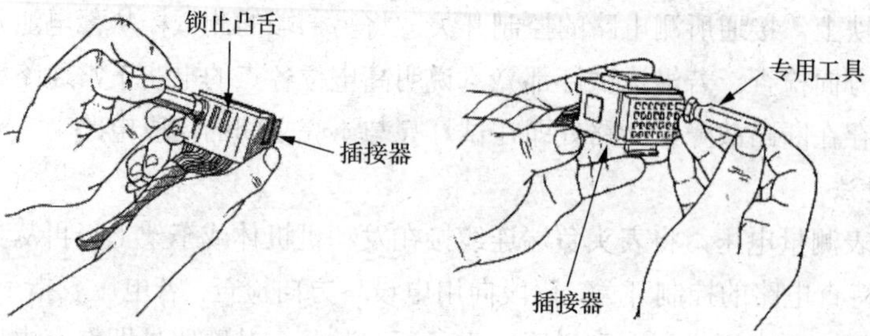

图 1-37　插接器的拆卸

2. 导线维修

大多数制造商推荐所有导线应用焊接方式进行维修。维修导线时，操作方法如下。

① 使用剥线钳将导线头部去掉 12.7mm（1/2 英寸）的绝缘层。

② 将热缩管套入较长的导线一侧，要确保热缩管的长度足以覆盖整个修理区。

③ 将导线的多股线相互搭叠放在插接器夹内。

④ 用专用压线钳将插接器和导线压接在一起（见图 1-38）。

⑤ 用松香型焊锡丝将连接处可靠焊接。

⑥ 移动热缩管，使连接点处于热缩管的中央位置，用热风枪加热连接处，直到管子紧紧封住，并使焊液从管子两端流出。

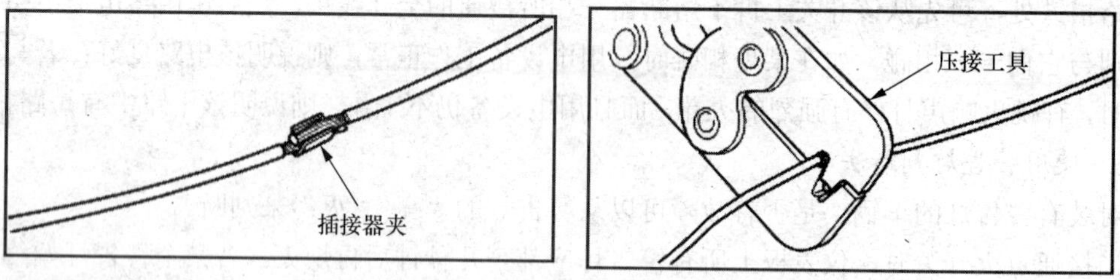

图 1-38　导线接头的压接工艺

微课视频：汽车整车电路故障检修方法

3. 部件更换

将故障明确的熔丝、继电器取下，使用同类型的元件替换。注意，继电器拆装前必须要关闭点火开关，断开电路，避免电路发生意外动作；拔下熔丝时要使用专用工具。

开关和电机等损伤部件更换时，需要拆解部分相关的机械结构，要注意拆装次序和力度，避免发生不必要的损失。

七、汽车电路图的识图方法

汽车上电器装置数量多，电路关系复杂，导线纵横交错。电路维修工需要理清导线连接关系，理解电路原理，掌握控制关系，才能排查电路故障。要修好汽车电气设备，必须首先读懂汽车电路图，初学者需要具备汽车电路图的识读能力。

（一）汽车电路图的分类

汽车电路可以大致分为以下几类：汽车电气线路图、汽车线路定位图和汽车电路原理图。

汽车电气线路图（见图 1-39）能综合反映电气与机械部分的联系，起动机 11 和电磁开关 12 的机械结构的电气关联都得到了直观表达。

汽车线路定位图用于指示各电器及导线的具体位置。一般采用绘制的立体图或实物照片的形式，立体感强，能直观、清晰地反映电器在车上的实际位置，具有很高的实用价值。定位图在某些车型中还有进一步细化分类。

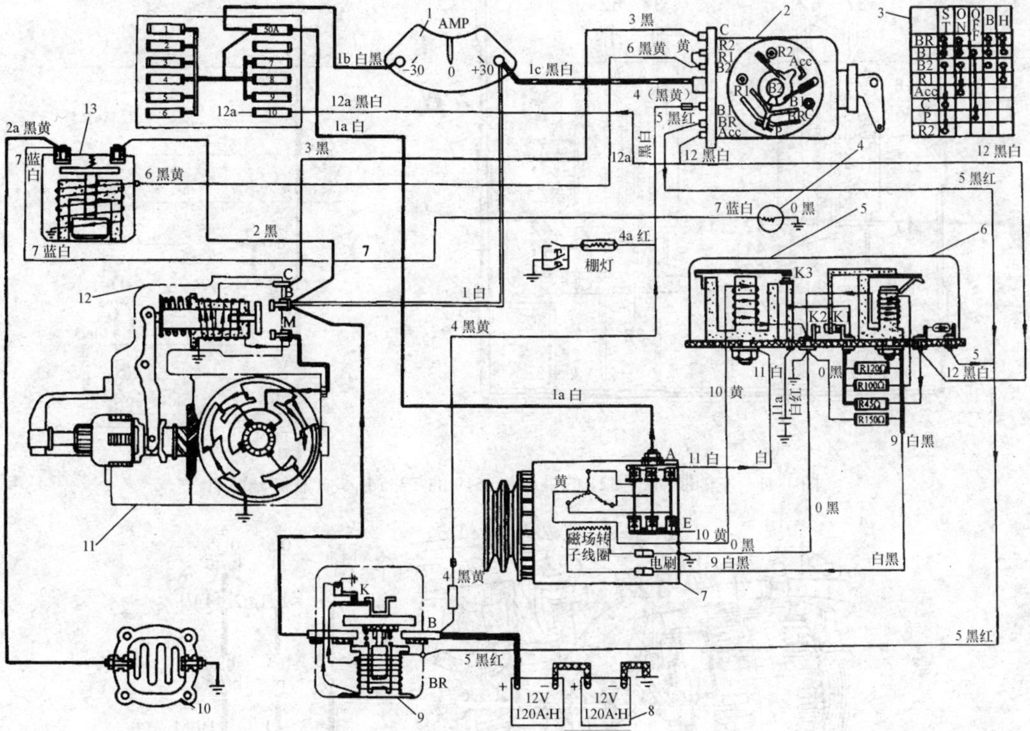

图 1-39　汽车电气线路图

1. 汽车电器定位图

使用图 1-40 搭铁点定位图，配合电路原理图检查指定搭铁点的连接情况。

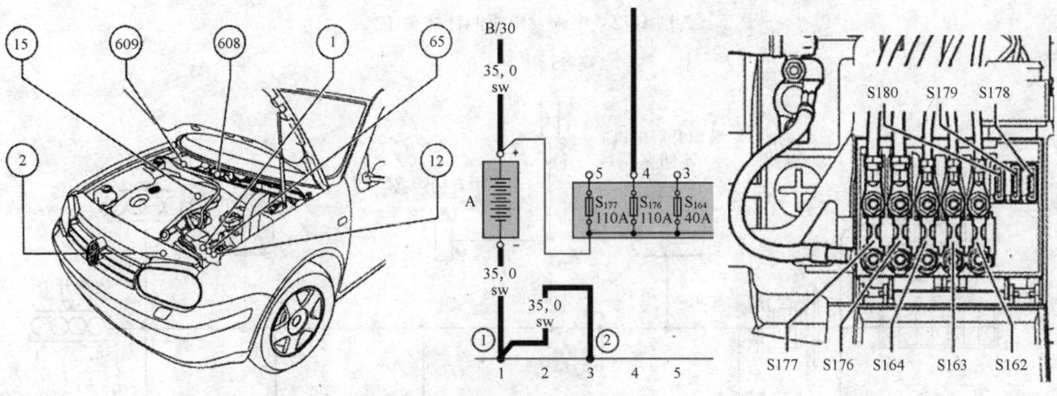

图 1-40　宝来汽车搭铁点定位图和熔断片定位图

左侧制动灯 M21 的供电与 J519 的 T73a 插头（右侧）16 针如图 1-41 所示。

宝来发电机两针插头 T2 如图 1-42 所示。

2. 汽车线路连接器插脚图

插针端与插孔端的原理符号如图 1-5 所示。

3. 汽车线束图

奇瑞 A3 左前门线束图如图 1-43 所示。

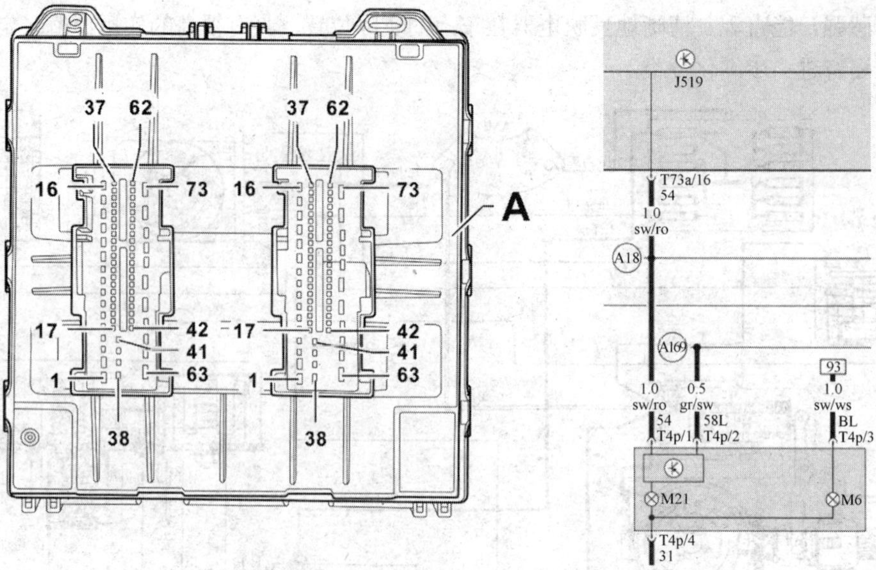

图 1-41　左侧制动灯 M21 的供电与 J519 的 T73a 插头（右侧）16 针

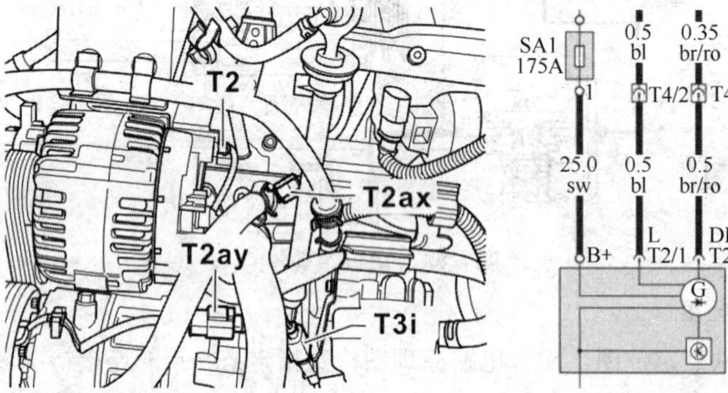

图 1-42　宝来发电机两针插头 T2

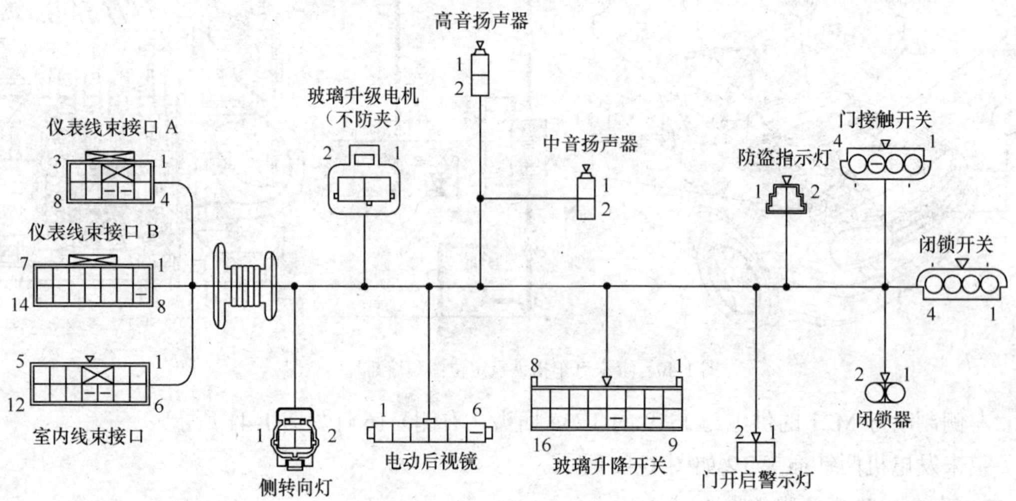

图 1-43　奇瑞 A3 左前门线束图

4. 汽车电路原理图

电路原理图用来表达电气系统的工作原理，既可以是全车电路图，也可以是局部的电路原理。从图 1-44 丰田汽车的起动机部分的电路原理图可以看出，使用了起动继电器。

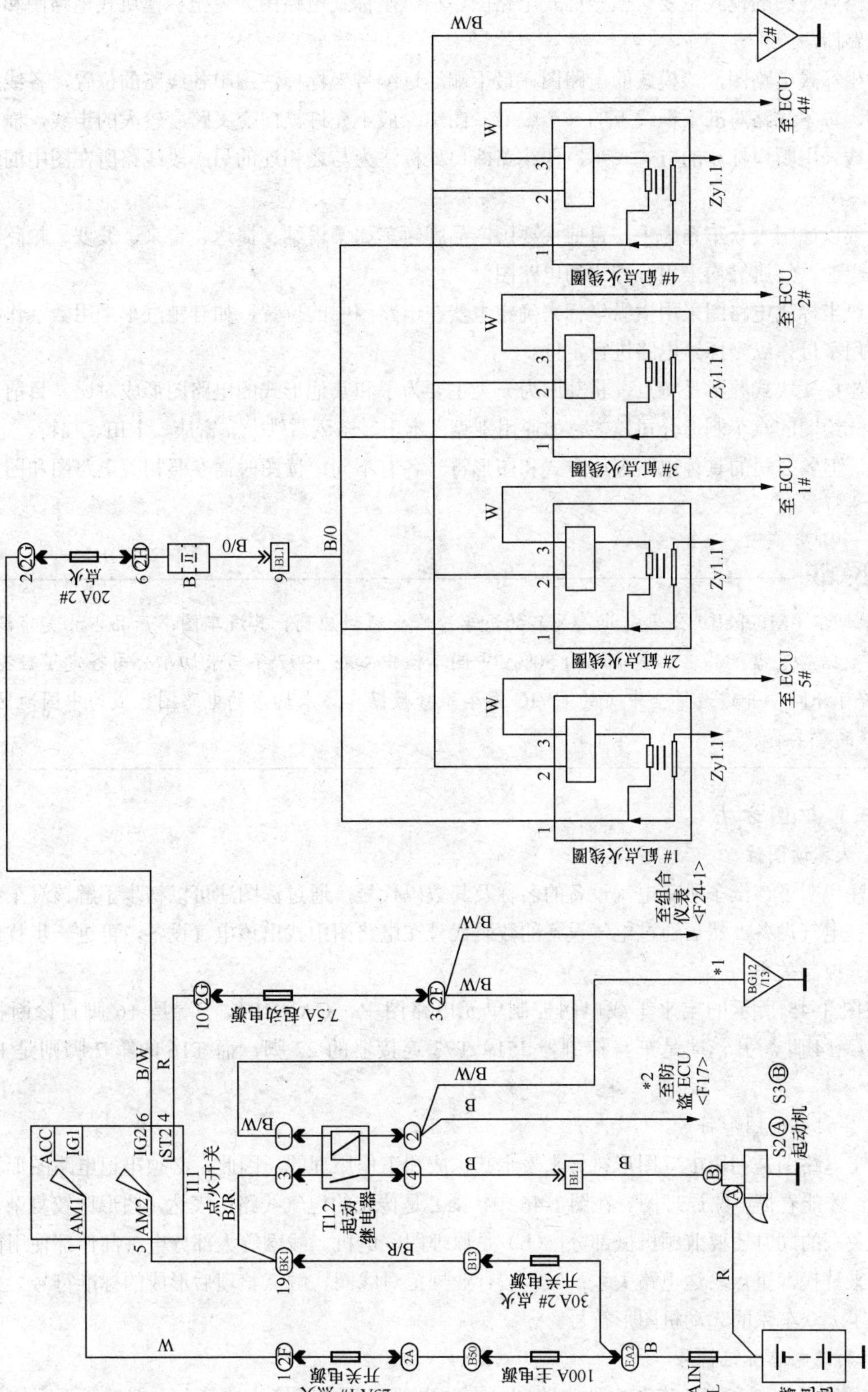

图 1-44　丰田汽车电路原理图

（二）电路原理图的几种模式

电路原理图的模式主要有横坐标式电路图、横纵坐标式电路图、无坐标模块式电路图和米切尔式电路图。

横坐标式电路图，该模式的电路图在最下端通过编号坐标标注图中各线路的位置，各线路平行排列，每条线路对准下框线上的一个编号。图中一般不允许横向交叉跨度较大的走线，横向连接的走线采用断口标注的方式表示，即线路断口处标注为与之相连的另一段线路所在图中的位置编号。

主要以德国大众车系为主，目前主要国产品牌轿车如桑塔纳、捷达、宝来、波罗、帕萨特、奇瑞、奥迪、红旗等均采用该方式的电路图。

横纵坐标式电路图采用横纵坐标来确定电器在电路图中的位置，如奔驰汽车采用数字作横坐标，采用字母作纵坐标给电路进行定位。

无坐标模块式并不是特点，将其归为一类主要为了和其他形式的电路图形成对比。目前，采用此方式绘图的汽车制造公司较多，如通用别克、本田、东风雪铁龙、富康、丰田、福特、宝马、三菱等。但各公司的具体电路表达方式和图形符号各有不同，读图时需参照相关电路图和图形符号列表进行。

小知识

米切尔（Mitchell）公司是北美著名的汽车维修资料供应商，其汽车图书产品占北美市场的70%，数据库光盘产品占北美市场的50%。中国车检中心在1997年与米切尔公司签定了数据库转让许可合同，并建造了全中文的CVIC汽车维修数据库。米切尔的电路图已成为中国地区汽车维修的重要资料。

（三）识图方法

1. 认真读图注

图注说明了该汽车所有电气设备的名称及其数码代号，通过读图注可以初步了解该汽车都装配了哪些电气设备，然后通过电气设备的数码代号在电路图中找出该电气设备，再进一步找出相互连线、控制关系。

在图 1-45 所示的宝来车载电网控制单元电路图中，CAN-H 线一端是 16 脚自诊断接口 T16 的第 14 脚，另一端是车身控制器 J519 T73 连接器的 22 脚，而 T16 的第 7 脚则是 K 诊断线。

2. 牢记电气图形符号

汽车电路图是利用电气图形符号来表示其构成和工作原理的。因此，必须牢记电路图形符号的含义，才能看懂电路原理图。在图 1-46 中，（a）是传统的电气线路图表达，图形比较复杂，反映电路关系的同时还要兼顾机械部分；（b）是原理图，电机、线圈等大部分电气部件都使用简单的符号来替代，重点表达电路关系；（c）按行业规范对线圈、触点整理后形成的标准符号，并最终形成了大众车系的起动机图形符号。

3. 熟记电路标记符号

为了便于绘制和识读汽车电器电路图，有些电器装置或其接线柱等上面都赋予不同的标志代号。

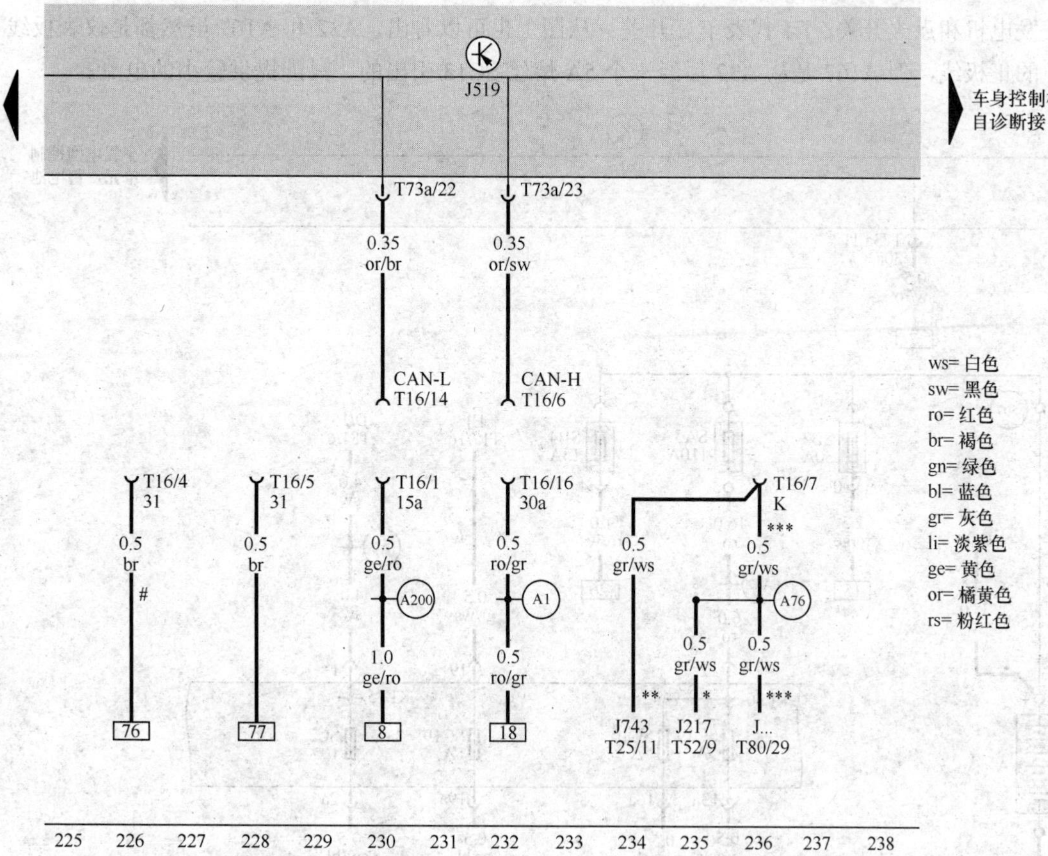

J...	发动机控制单元	A1	仪表板线束中的正极连接（30a）
J217	自动变速箱控制单元，在排水槽内右侧	A76	仪表板线束中的连接（K- 诊断导线）
J519	车身控制模块，在仪表板左侧下方	A200	仪表板线束中的正极连接 5（15a）
J743	双离合器变速箱机电一体化装置	*	仪限装备自动变速箱的汽车
T16	16 芯黑色插头连接，自诊断接口	**	仪限装备双离合器变速箱的汽车
T25	25 芯黑色插头连接	***	仪限装备 1.6L 或 2.0L 发动机的汽车
T52	52 芯黑色插头连接	#	到 2010 年 5 月止
T73a	73 芯白色插头连接		
T80	80 芯黑色插头连接		

图 1-45 宝来车载电网控制单元电路图

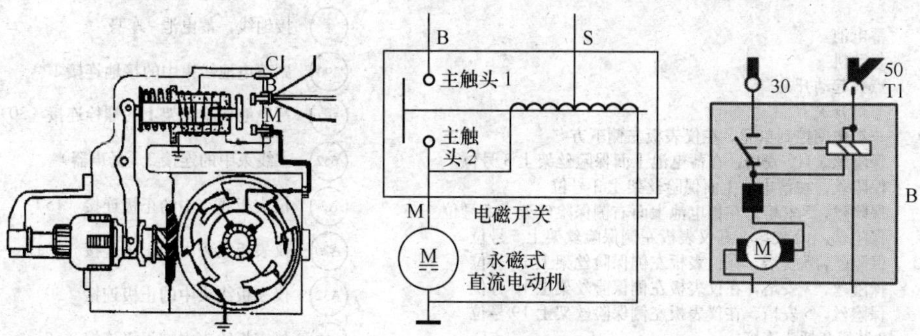

（a）电气线路图　（b）原理图　（c）标准符号

图 1-46 起动机内部电路的几种表达方式

如图 1-47 宝来车载电网控制单元图所示，ABC 和 D 这几个字母通常被分配给蓄电池、起动机、发电机和点火开关，E1 代表车灯开关。从图上也可以看出，A32 和 A167 虽然都是仪表板线束中的正极线，但 A167 是从 A32 后经一个 5A 熔丝 SC13 引出的，只能提供较小的电流。

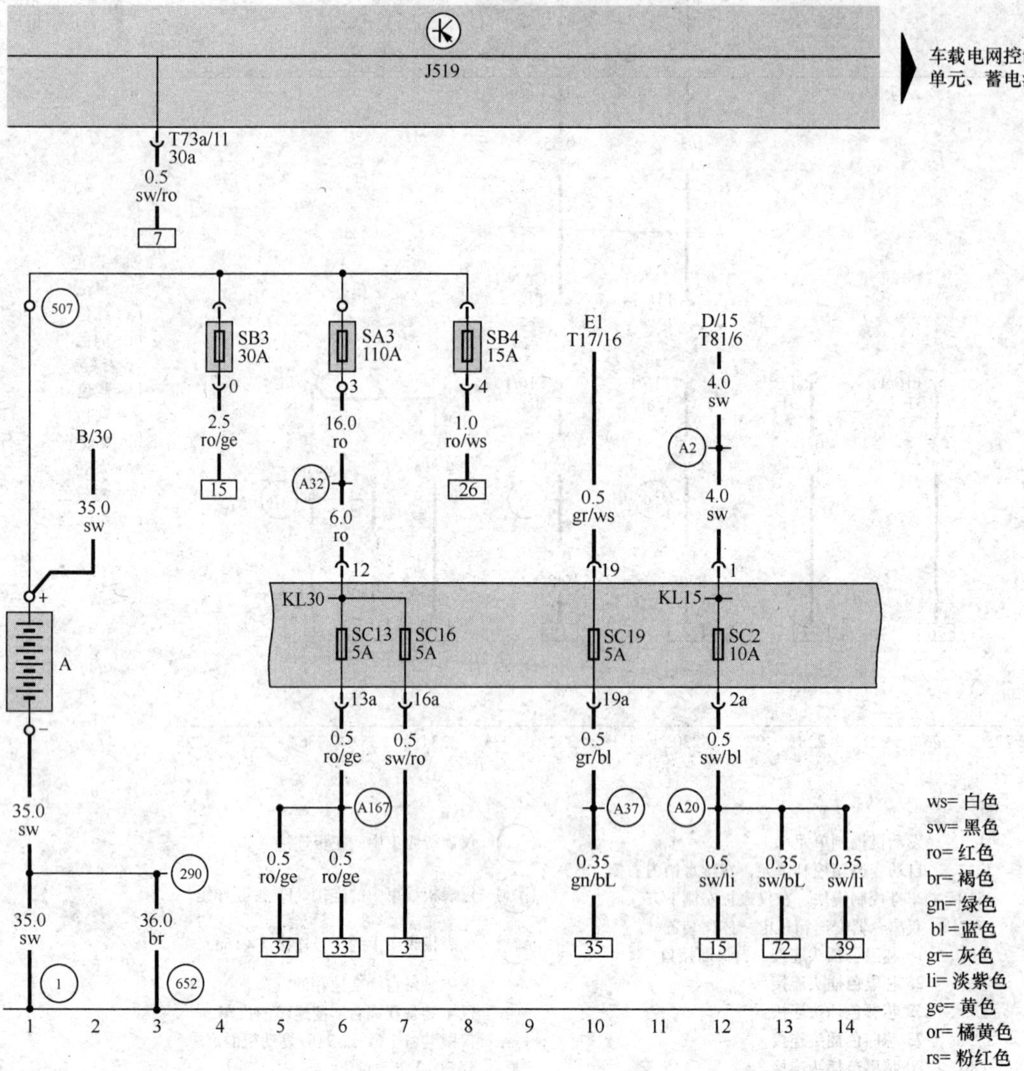

A	蓄电池
B	起动机
D	点火起动开关
E1	车灯开关
J519	车载电网控制单元，在仪表板左侧下方
SA3	保险丝，110 安培，在蓄电池上面保险丝架上 3 号位
SB3	保险丝，在蓄电池上面保险丝架上 3 号位
SB4	保险丝，5 安培，在蓄电池上面右侧保险丝架上 5 号位
SC2	保险丝，10 安培，在仪表板左侧保险丝架上 5 号位
SC13	保险丝，5 安培，在仪表板左侧保险丝架上 13 号位
SC16	保险丝，5 安培，在仪表板左侧保险丝架上 16 号位
S19	保险丝，5 安培，在仪表板左侧保险丝架上 19 号位
T8f	8 芯黑色插头连接
T17	17 芯插头连接
T73a	73 芯白色插头连接

1	接地线，蓄电池 - 车身
290	副蓄电池线束中的接地连接 1
507	蓄电池保险丝架上的螺栓连接（30）
652	主线束中的连接 2（扬声器）
A2	仪表板线束中的正极连接（15）
A20	仪表板线束中的正极连接（15a）
A32	仪表板线束中的正极连接（30）
A37	仪表板线束中的正极连接（58a）
A167	仪表板线束中的正极连接 3（30a）

图 1-47　宝来车载电网控制单元

4. 牢记汽车电路特点

①两个电源；②单线制；③负极搭铁；④用电设备并联。

5. 牢记回路原则

任何一个完整的电路都是由电源、熔断器、开关、控制装置、用电设备、导线等组成。电流流向必须从电源正极出发，经过熔断器、开关、控制装置、导线等到达用电设备，再经过导线（或搭铁）回到电源负极，才能构成回路。具体电路读图时，有三种思路。

思路一：沿着电路电流的流向，由电源正极出发，经过用电设备、开关、控制装置等，回到电源负极。

思路二：逆着电路电流的方向，由电源负极（搭铁）开始，经过用电设备、开关、控制装置等，回到电源正极。

思路三：从用电设备开始，依次查找其控制开关、连线、控制单元，到达电源正极和搭铁（或电源负极）。

图 1-48 所示为丰田电动车窗电路，能够通过多个开关控制多个电机来实现车窗动作。

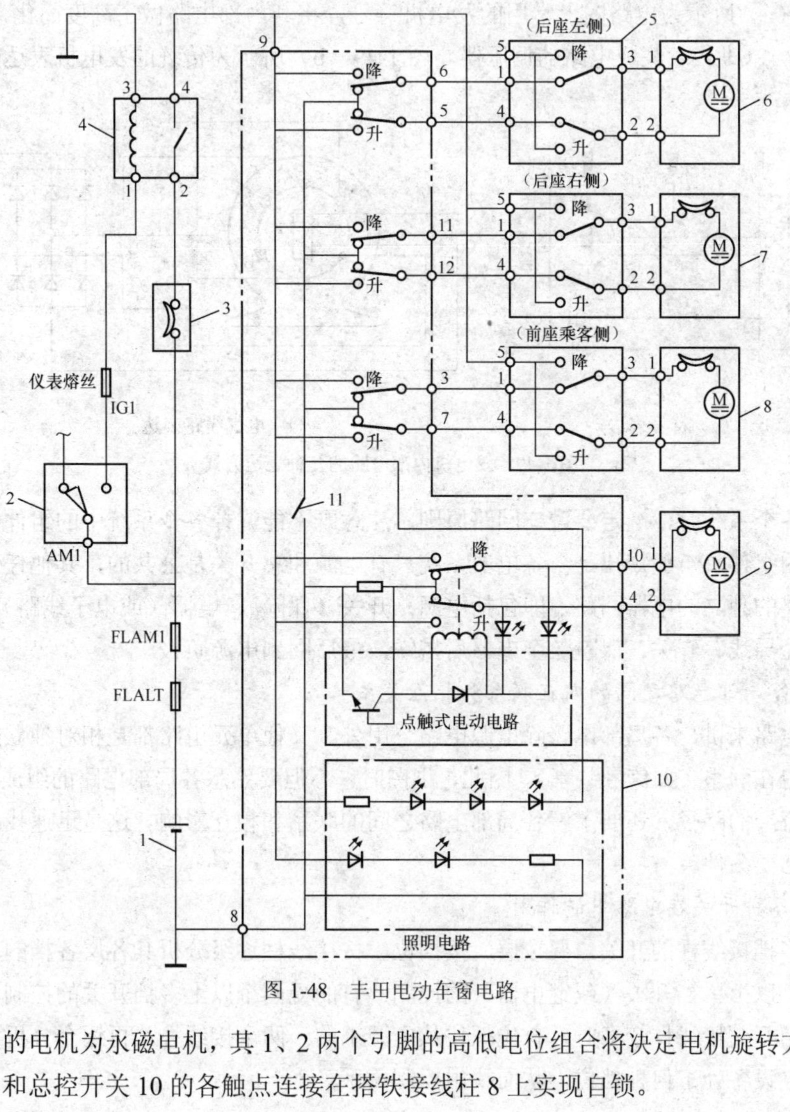

图 1-48　丰田电动车窗电路

该电路中的电机为永磁电机，其 1、2 两个引脚的高低电位组合将决定电机旋转方向，平时通过分控开关 5 和总控开关 10 的各触点连接在搭铁接线柱 8 上实现自锁。

按思路三查找电路最为方便，电机的两端（1、2 引脚）平时都接在低电位的搭铁上，开关的动作将某个引脚切换到高电位的总控开关 9 上，将决定电机的旋转方向。识别电路动作时，只要找到电机引脚到高电位的连通路径即可。

例如，下降动作，两个下降触点中的任何一个动作，都可将电机的 1 引脚切换为+12V 的高电位，使电机顺时针旋转，通过机械机构带动玻璃下降。

总控开关 10 上的锁闭键 11 能够切断 6、7、8 三个电机的动作电路，实现各车窗锁闭。

6. 浏览全图，分割各个单元系统

要读懂汽车电路图，首先必须掌握组成电路的各个电器元件的基本功能和电器特性。在大概掌握全图的基本原理的基础上，再把一个个单元系统电路分割开来，这样就容易抓住每一部分的主要功能及特性。

初学者应当重点掌握起动机的电磁开关、发电机的整流器、发电机的调压器、雨刮电机的自动复位等单一总成局部电路的原理，再进一步分析点火开关、车灯开关、变光开关与相应继电器等多个元件的相互作用。

图 1-49（a）所示为电路图上常用的发电机符号，将其内部电路做了高度简化，其中 C 代表电枢与整流器，C1 代表集成电路的调压器。图 1-49（b）所示为传统的发电机表达方式。

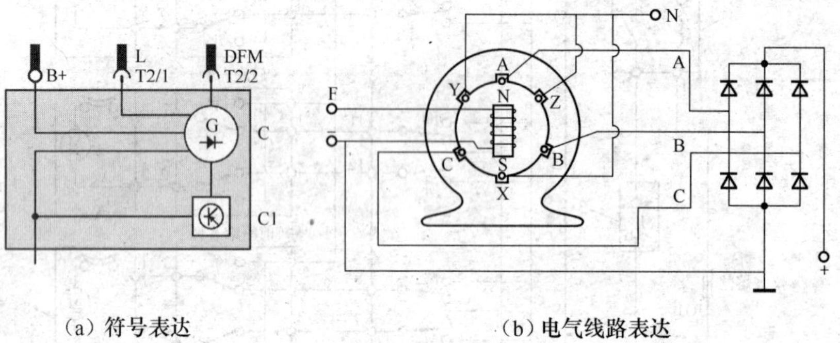

图 1-49　发电机内部电路的几种表达方式

在框划各个系统时，一定要遵守回路原则，注意既不能漏掉各个系统中的组件，也不能多框划其他系统的组件，一般规律是：各电器系统只有电源和总开关是公共的，其他任何一个系统都应是一个完整的独立的电器回路，即包括电源、开关（保险）、电器（或电子线路）、导线等。从电源的正极经导线、开关、保险丝至电器后搭铁，最后回到电源负极。

7. 熟记各局部电路之间的内在联系和相互关系

从整车电路来讲，各局部电路除电源电路公用外，其他单元电路都是相对独立的，但它们之间也存在着内在联系（如信号共享）。因此，识图时，不但要熟悉各局部电路的组成、特点、工作过程和电流流经的路径，还要了解各局部电路之间的联系和相互影响。这是迅速找出故障部位、排除故障的必要条件。

8. 掌握各种开关在电路中的作用

对多层多挡接线柱的开关，要按层、按挡位、按接线柱逐级分析其各层各挡的功能。有的用电设备受两个以上单挡开关（或继电器）的控制，有的受两个以上多挡开关的控制，其工作状态比较复杂。当开关接线柱较多时，首先抓住从电源来的一两个接线柱，再逐个分析与其他各接线柱相连的用电设备处于何种挡位，从而找出控制关系。

对于组合开关，实际线路是在一起的，而在电路图中又按其功能画在各自的局部电路中，遇到这种情况必须仔细研究识读。

图 1-50 所示为宝来车灯开关电路图，E1 开关是示廓灯、前照灯、尾灯等多种灯具的总控开关，通常还与雾灯 E7、后雾灯 E18 组合在一起。

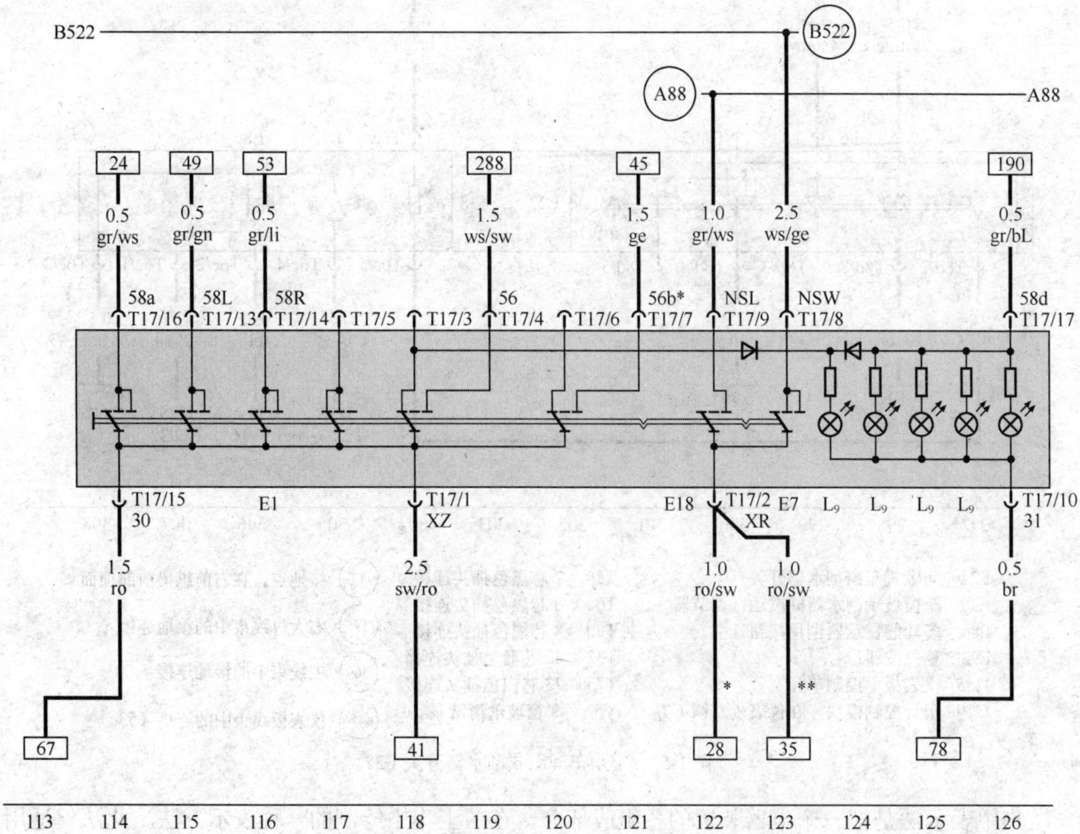

*	到 2010 年 5 月止	**	自 2010 年 5 月起
E1	车灯开关	J519	车身控制模块，在仪表板左侧下方
E7	前雾灯开关	L9	灯开关照明灯泡
E18	后雾灯开关	T17	17 芯黑色插头连接

A88　仪表板线束中的连接（NSL）

B522　主线束中的连接（NSW）

图 1-50　宝来车灯光开关 E1

9. 全面分析开关、继电器的初始状态和工作状态

在电路图中，各种开关、继电器都是按初始状态画出的。即按钮未按下，开关未接通，继电器线圈未通电，其触点未闭合（指常开触点），这种状态称为原始状态。在识图时，不能完全按原始状态分析，否则很难理解电路的工作原理，因为大多数用电设备都是通过开关、按钮、继电器触点的变化而改变回路的，进而实现不同的电路功能。所以，必须进行工作状态的分析。

图 1-51 所示的宝来车间歇式刮水器开关 E22 有高速、低速、间歇、关闭和单次五个挡位，其作用只是向车身控制器 J519 的三个输入信号端提供特殊的电位。

10. 掌握电器装置在电路图中的位置

大量电器装置是机电合一的，在电路图上表示时，厂家为了使画法既简单（便于画图）又便于识图，多根据实际情况采用集中或分开表示法。

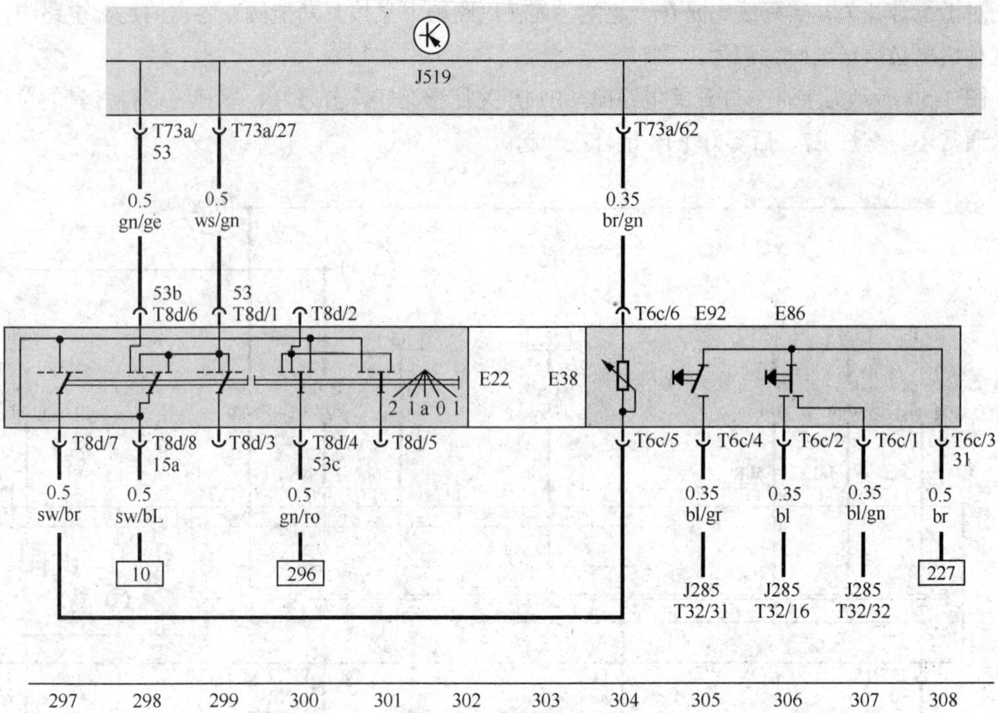

E22　间歇式车窗刮水器开关
E38　车窗玻璃刮水器间歇运行调节器
E86　多功能显示器调用按钮
E92　复位按钮
J285　仪表板中控制单元
J519　车身控制模块，在仪表板左侧下方
T2t　2 芯黑色插头连接
T6c　6 芯黑色插头连接
T8d　8 芯黑色插头连接
T32　32 芯蓝色插头连接
T73a　73 芯白色插头连接
V5　车窗玻璃清洗泵
13　接地点，在右前纵梁前部顶面
176　右大灯线束中的接地连接
369　主线束中的接地连接 4
A156　仪表板线束中的连接（53c）

图 1-51　宝来车间歇式刮水器开关 E22

集中表示法是把一个电器装置的各组成部分，在图上集中绘制的一种表示方法。此法仅适用于较简单的电路。

分开表示法，如把继电器的线圈、触点分别画在不同的电路中，用同一文字符号或数字符号将分开部分联系起来。

11. 先易后难

有些汽车电路图的某些局部电路可能比较复杂，一时难以看懂，可以暂时将其放一放，待其他局部电路都看懂后，结合看懂图中与该电路有联系的信息，再来进一步识读这部分电路。

图 1-48 所示的丰田电动车窗电路，看懂各乘客侧电机的控制动作后，再看主驾侧电机的点触式控制。轻触下降触点后，主控开关 10 柱获得高电位，电机 9 旋转的同时，串接在电路中的电阻将 NPN 型三极管导通，电磁线圈通电将下降触点锁定在动作位置，即使司机停止按压下降按钮，电路也仍然能保持畅通，直到上升触点动作或者温敏开关断开时才会切断电路，停止电机动作。

12. 注意搜集资料和经验积累

对于看不懂的电路要善于请教有关人员，同时还要善于查找收集相关资料；注意深入研究典型汽车电路，做到触类旁通；特别注意实际工作经验的积累，新技术、新工艺的应用和创新。

（四）宝来汽车点火开关电路的控制关系

图 1-52 所示为宝来汽车的点火开关的放大图，外部有 30、15、75、50b、P、86S 六类接线柱，

内部有六个切换触点，其中有五个触点通过机械联锁同步动作，可以实现三个挡位的切换，还有一个特殊触点用来检测钥匙的插入情况。

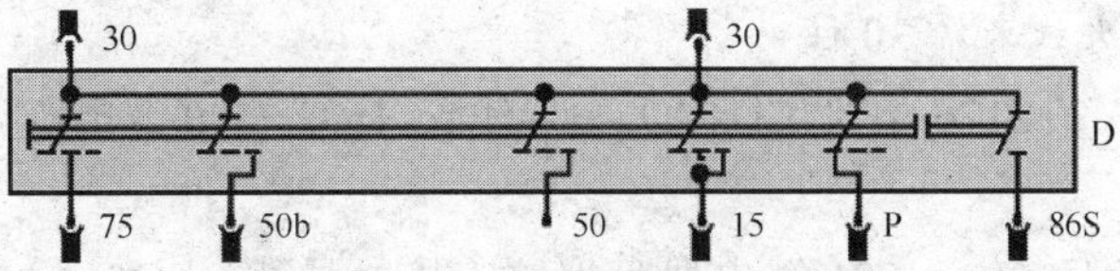

图 1-52 点火开关的接线柱与内部触点

下面以宝来汽车点火开关对整车电路中火线的控制关系为例，讲解一下电路原理图的识别方法。具体电路如图 1-53 所示。

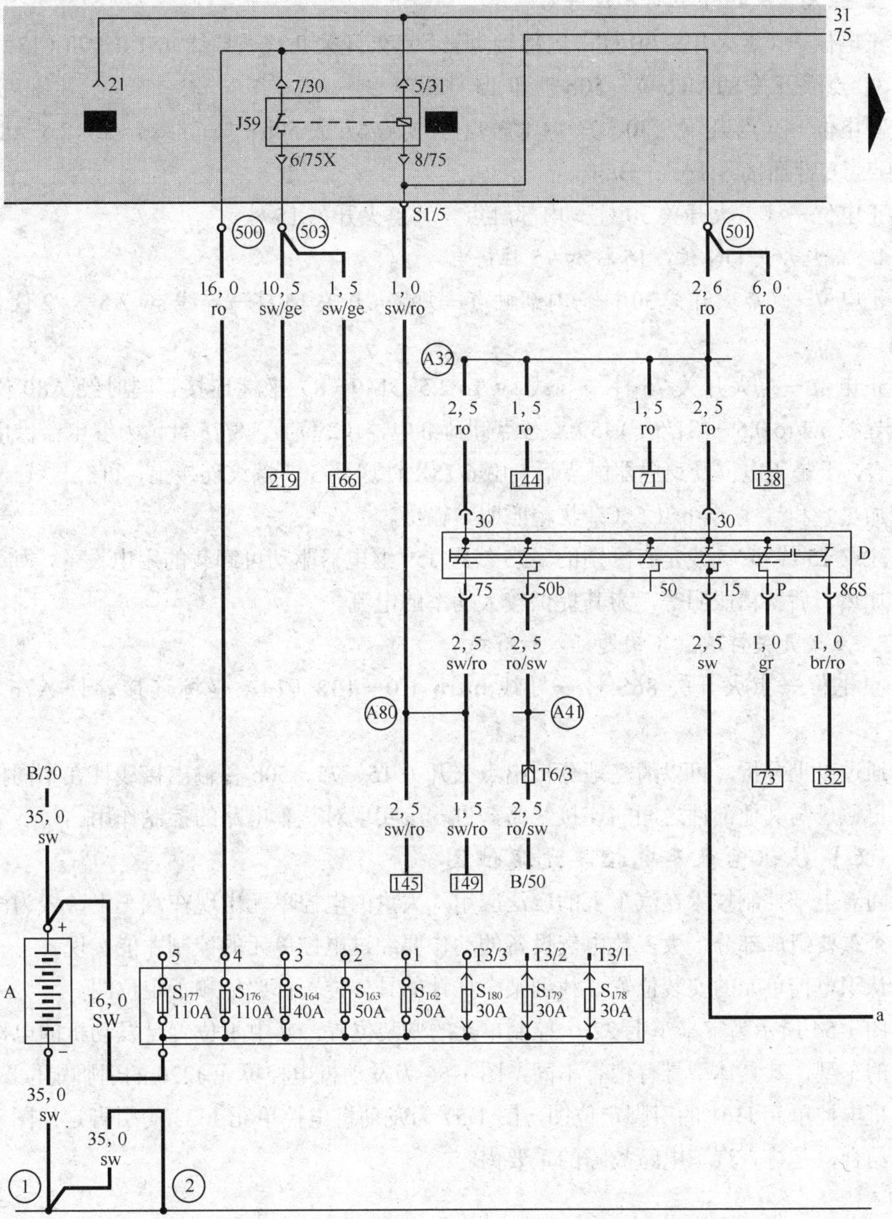

图 1-53 宝来汽车点火开关 D 与卸荷继电器 J59

为理清电路连接关系，应查出从蓄电池正负极（或电位确定点）到用电设备之间所经路径的电位传递关系。

1. 点火开关 D 的火线来源 30 柱

① A 蓄电池（正）—S176 熔丝（110A）—导线 ro 16.0—500 继电器盘螺纹连接—继电器盘内部正电位。

② 继电器盘内部正电位—501 继电器盘螺纹连接—导线 ro 6.0—A32 仪表板线束内正极连接点。

③ A32 仪表板线束内正极连接点—导线 ro 2.5—D 点火开关 30 柱。

2. 点火开关 OFF 位，P 柱得电

正电位—（点火开关 30 柱—内部触点—）点火开关 P 柱—导线 gr 1.0—73（13）坐标连接点。

3. 点火开关 START 位，50b 柱和 15 柱得电

正电位—（点火开关 30 柱—内部触点—）点火开关 50b 柱—导线 ro/sw 2.5—形成 A41 正极连接点，6 针插接器 T6/3—B/50。

正电位—（点火开关 30 柱—内部触点—）点火开关 15 柱。

4. 点火开关 ON 位，15 柱和 75 柱得电

正电位—（点火开关 30 柱—内部触点—）点火开关 15 柱—导线 sw 2.5—A2 仪表板线束正极连接。

正电位—点火开关 75 柱—导线 sw/ro 2.5—149（8）坐标连接，同时经 A80 仪表板线束连接—导线 sw/ro 0.5—(S1/5—) J59 X 触点卸荷继电器（2 位置）8/75 针，为继电器供电，使 X 继电器吸合，于是正电位经继电器触点后，由 6/75X 针送至 503 螺纹连接上，再经导线 sw/ge 10.0（后风窗加热）和导线 sw/br 1.5（杂物箱照明）输出。

注意 15 线和 75 线是有区别的。75 线经 J59 继电器驱动可卸载的用电设备，如双音扬声器、后窗加热、后备箱照明等，为其提供较大功率的电流。

5. 点火开关特殊位（钥匙插入后有效）

正电位—点火开关 86S 柱—导线 br/ro 1.0—132（14）坐标连接，使 A76 自诊断 K 线得电。

通过以上分析，可以清楚地分析出点火开关 15、75、50b 各输出接线柱在不同挡位的得电情况，再通过与其他部件之间的连接线路，进一步实现对整车电路的控制作用。

（五）认识宝来车电控单元定位图

随着电子控制技术在汽车上的广泛应用，大量的电控单元出现在汽车上，成为汽车电气设备的一个重要组成部分，大多数电气设备的动作要经过电控单元的控制才能实现。

认识电控单元的安装位置，找到某个插针的具体位置都要依赖于定位图。

图 1-54 所示为宝来车上 22 个控制单元的安装位置，其中 1 位置是发动机的电控单元，对于不同的车型，其具体型号有稍有不同：图 1-55 为发动机电控单元 J220 的引脚定位图，图 1-56 为发动机电控单元 J361 的引脚定位图，图 1-57 为发动机电控单元 J623 的引脚定位图。原理图与定位图结合，是排查汽车电路故障的重要内容。

1 - J... - 发动机控制单元
2 - J217 - 自动变速箱控制单元
3 - J234 - 安全气囊控制单元
4 - R/J503 - 收音机和导航系统的带显示单元的控制单元或收音机
5 - J301 - 空调器控制单元或 J255 - Climatronic 控制单元
6 - J387 - 副驾驶员侧车门控制单元
7 - J245 - 滑动天窗控制单元
8 - J412 - 移动电话电子操作装置控制单元
9 - J389 - 右后车门控制单元
10 - J446 - 驻车辅助控制单元
11 - J388 - 左后车门控制单元
12 - J774 - 可加热前座椅控制单元
13 - D - 点火起动开关
14 - 组合开关
15 - J285 - 仪表板中控制单元
16 - J386 - 驾驶员侧车门控制单元
17 - J519 - 车身控制模块
18 - J400 - 刮水器电机控制单元
19 - J104 - ABS 控制单元
20 - J338 - 节气门控制单元
21 - J293 - 散热器风扇控制单元
22 - J743 - 双离合器变速箱机电一体化装置

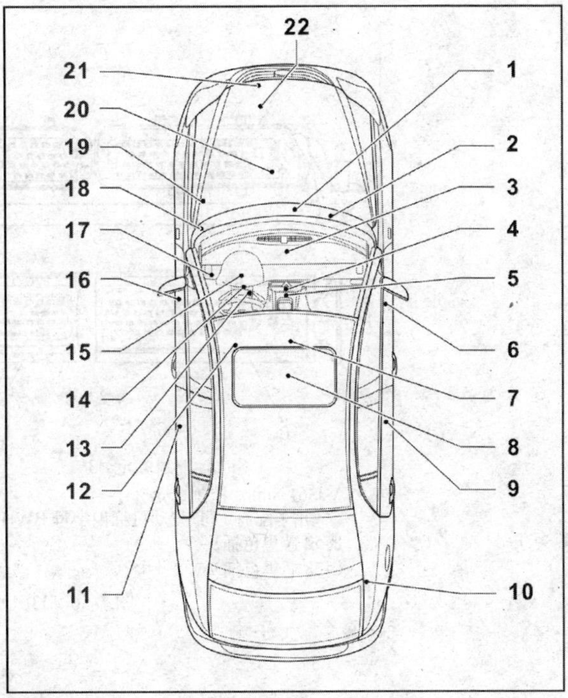

图 1-54 宝来车控制单元的分布位置

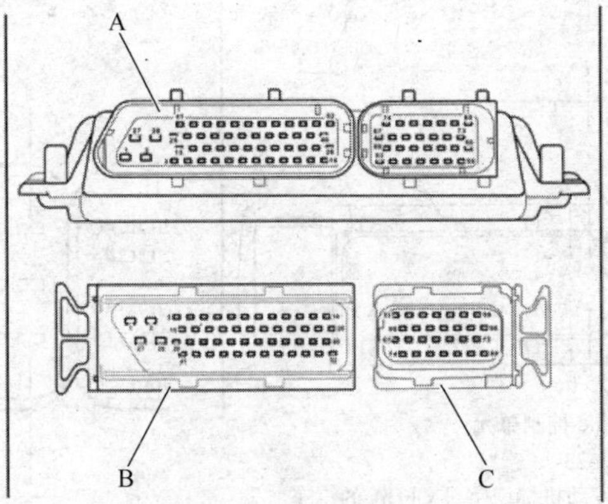

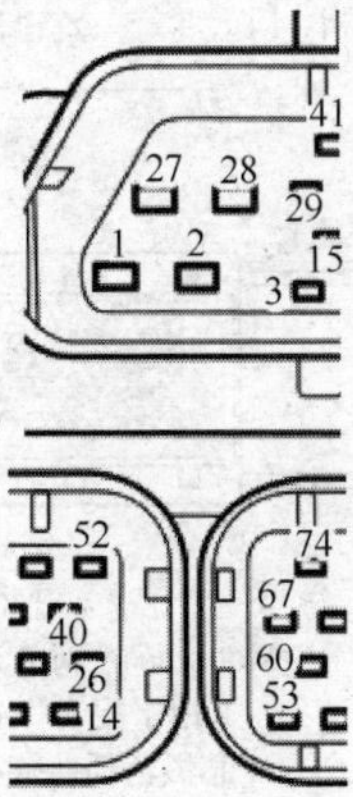

Motronic 控制单元 -J220

A-J220-Motronic 控制单元
（用于配有 2.0L 发动机标识字母 CEN 的汽车）
B-52 芯黑色插头
C-28 芯黑色插头

图 1-55 J220 引脚定位图

（六）认识起动电路原理图

起动过程是汽车电气控制上最为复杂的一个过程，需要多个系统和部件的协调工作，具体会涉及到汽车电源系统、起动系统、点火系统、防盗系统和整车供电线路的多个部件。造成起动失败的原因很多，具体的故障现象和故障原因比较复杂，是汽车维修人员必须重点掌握的内容。

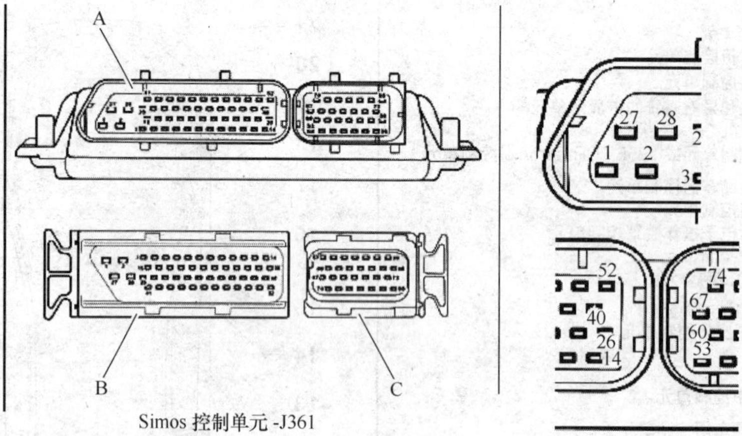

Simos 控制单元 -J361

A-J361-Simos 控制单元

（用于配有 1.6L 发动机标识字母 BWH 的汽车）

B-52 芯黑色插头

C-28 芯黑色插头

图 1-56　J361 引脚定位图

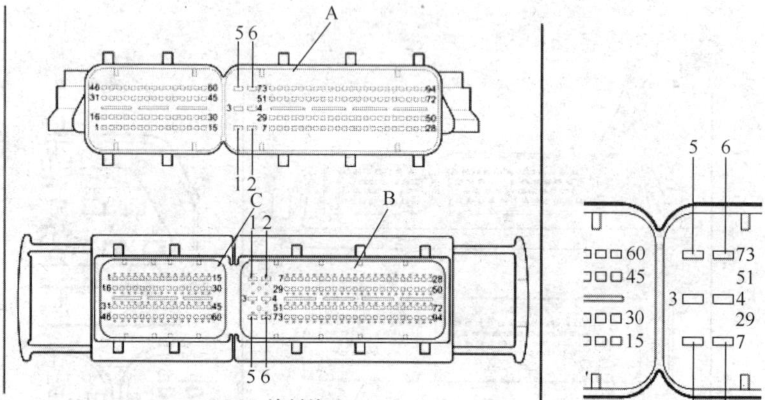

Motronic 控制单元

A-Motronic 控制单元 -J623-

（用于配有 1.4L 发动机标识字母 CFBA 的汽车）

B-94 芯黑色插头连接

C-60 芯黑色插头连接

图 1-57　J623 引脚定位图

在整车电路部分，需要认识起动机和电磁开关、起动继电器、点火开关等部件的电路联系，重点解决电磁开关 50 柱的供电问题。

不同车上电路不同，在图 1-58 所示的奇瑞起动电路上，由起动继电器 R3 为电磁开关 50 柱提供高电位。奇瑞 M11 前舱电器盒原理图如图 1-59 所示。在图 1-60 所示的桑塔纳 2000 的起动电路上，直接由点火开关为电磁开关 50 柱提供高电位。

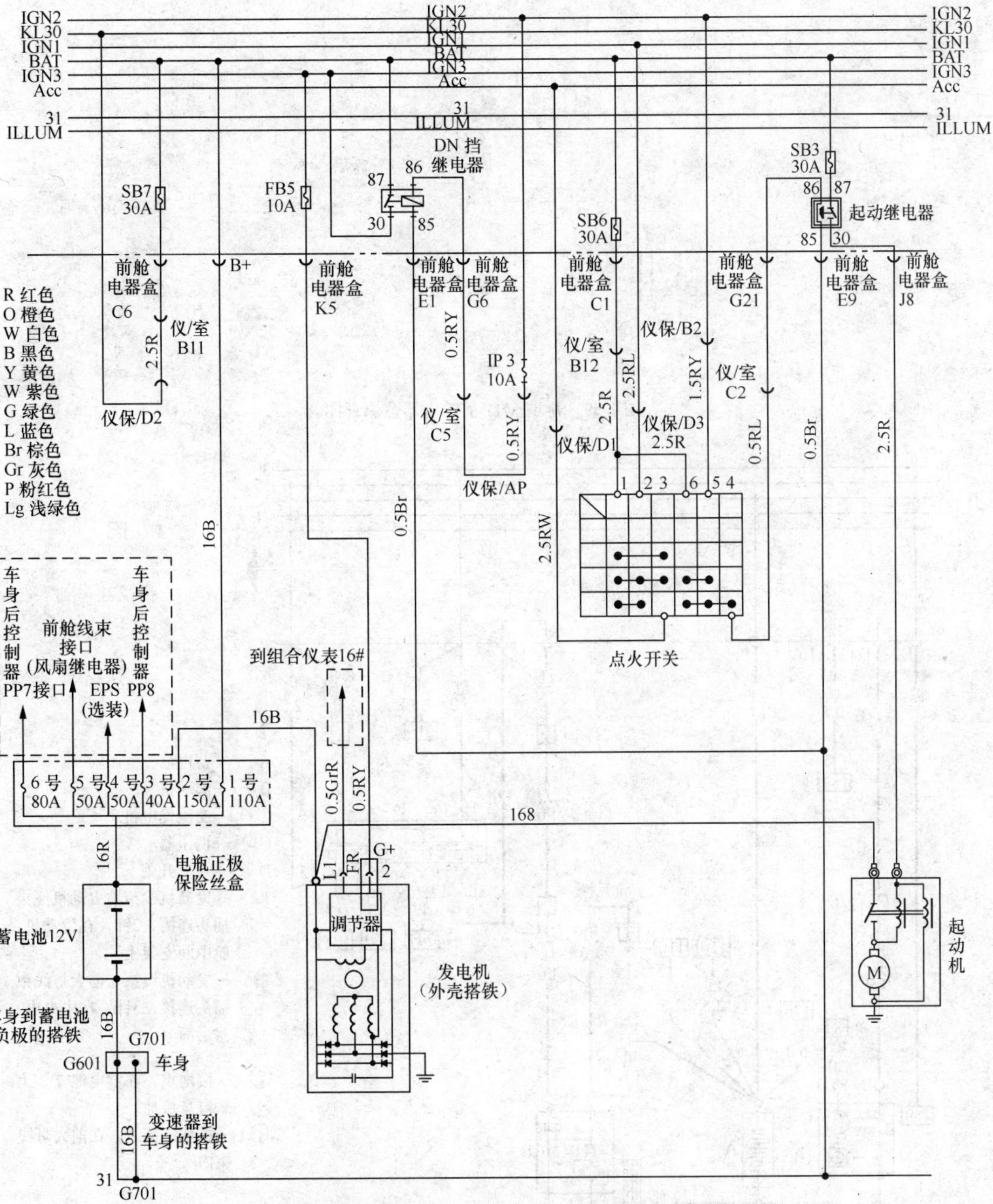

图 1-58 奇瑞 M11 充电起动系统电路原理图

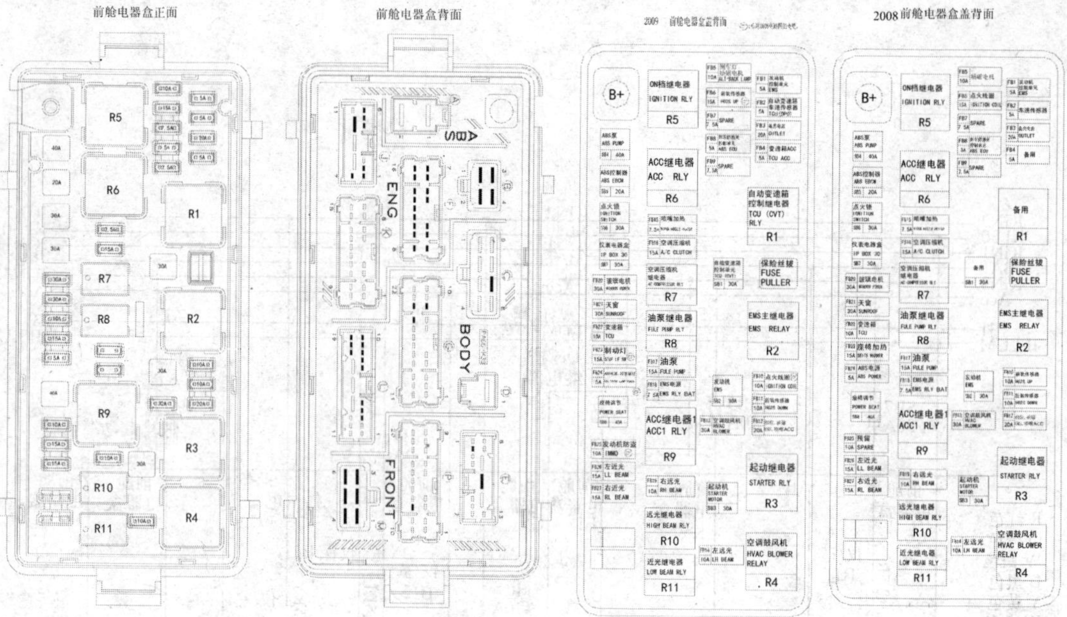

图 1-59　奇瑞 M11 前舱电器盒原理图

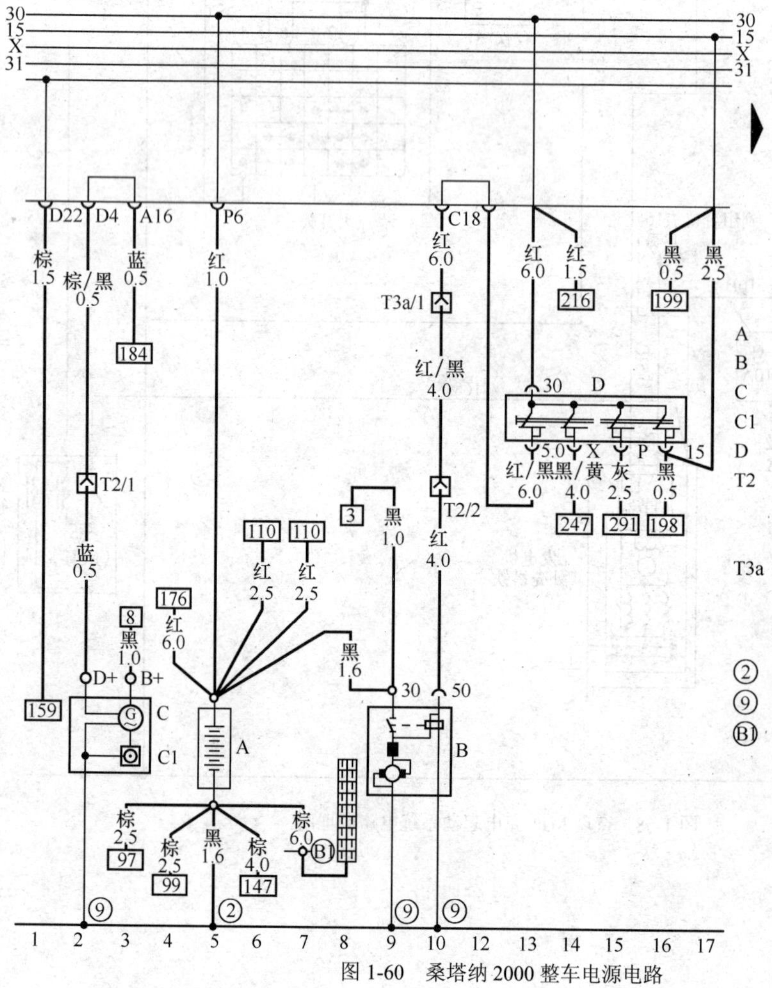

A　—蓄电池
B　—起动机
C　—交流发电机
C1　—调压器
D　—点火开关
T2　—发动机线束与发动机线束插头连接，2针，在发动机舱中间支架上
T3a　—发动机线束与前大灯线束插头连接，3针，在中央电器后面
②　—接地点，在蓄电池支架上
⑨　—自身接地
Ⓑ1　—接地连接线，在前大灯线束内

图 1-60　桑塔纳 2000 整车电源电路

整车电路部分，需要处理因电路故障导致起动机电磁开关 50 接线柱供电故障，具体操作见项目实施内容。

微课视频：电路识图方法

项目实施

任务　检查起动机电磁开关 50 柱供电

【学习目标】

学习目标	知识目标	❖ 50 柱供电线路原理图的识读方法 ❖ 导线、熔丝断路的排查方法 ❖ 点火开关内部联通关系的表达方法 ❖ 继电器的排查方法
	能力目标	❖ 能查清 50 柱供电线路 ❖ 能检查和更换熔丝、继电器 ❖ 能拆装点火开关插头，能检查点火开关触点功能 ❖ 能用焊接法修复导线断路故障

【任务导入】

一辆奇瑞轿车，车主反映在发动机起动时有故障，经初步排查，已排除起动机和电磁开关、点火系统及油路等各部位的故障可能，怀疑在起动过程中电磁开关没有得到正常供电。

学员通过本任务的完成，能够熟练排查汽车起动机电磁开关 50 柱供电故障。

【任务准备】

1. 工具

数字万用表（见图 1-61），点火开关拆装工具，电器盒插脚检测探针（见图 1-62），12V 替代电源。

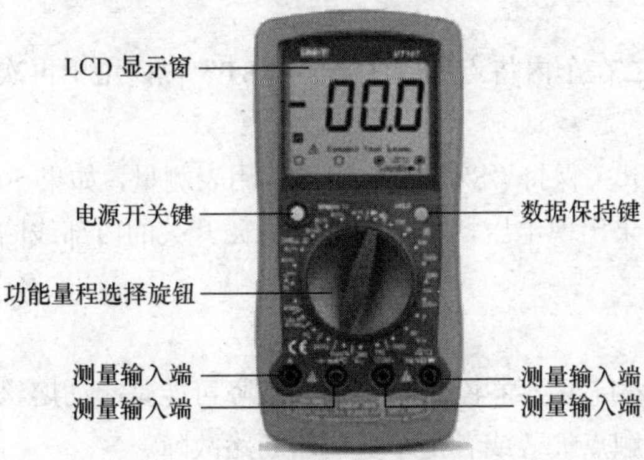

图 1-61　数字万用表

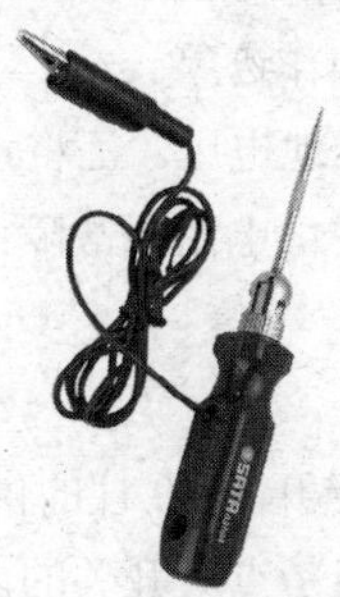

图 1-62　电器盒插脚检测探针

图 1-63　起动继电器

2. 材料

奇瑞汽车原厂电路原理图，替代起动熔丝，替代起动继电器（见图 1-63）。

3．防护用品

车辆防护用的车辆挡块、地板垫、座椅套、转向盘套、护裙等各一套，如图 1-64 所示。

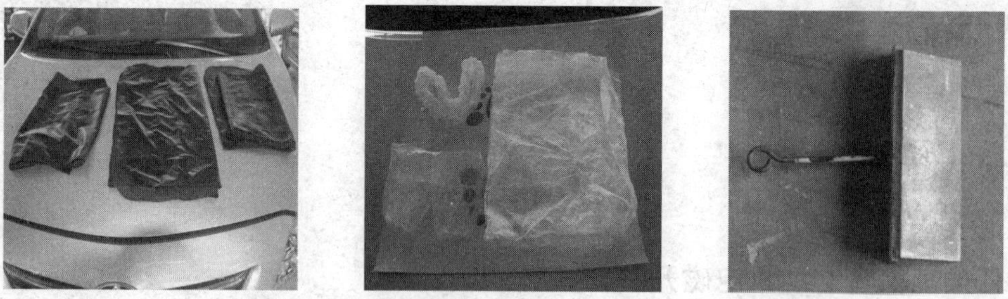

图 1-64　车辆防护用的车辆挡块、地板垫、座椅套、转向盘套及护裙

【检修工艺】

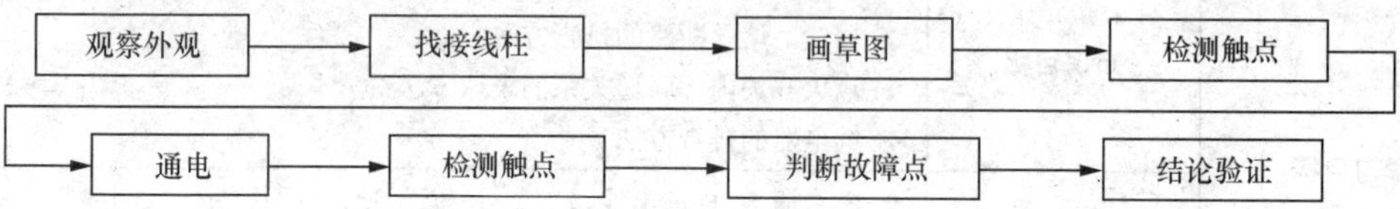

【操作步骤】

（一）车辆防护与故障再现

1．打开车门，安装地板垫、座椅套、转向盘套。

2．进入车内，置空挡，拉手刹。

3．拉动发动机罩释放杆，关闭车门。

4．打开发动机罩，安装护裙。

（二）故障的检查与判断

1．将点火开关旋至“ON”位，注意倾听油泵是否动作。

2．将点火开关旋至“ST”位，确认起动机无动作。如果起动机有动作，应转去检测起动机、点火系统或者供油系统。

3．通过前照灯或者车窗玻璃升降电机，确认蓄电池电量充足；如果电量不足，应设法先更换蓄电池或使用借电线来完成起动。

4．两人配合检查。打开发动机舱盖，由助手乙在车内将点火开关旋至“ST”位，由甲再次确认起动机和电磁开关无任何动作迹象。

5．测量电磁开关 50 柱的对地电压。乙将点火开关保持“ST”位，甲用万用表测量，如果 50 柱对地电压仍为 0V，确认 50 柱供电出现故障；如果出现电压，应转而测量电磁开关的内部线圈或电动机故障。

6．关闭点火开关。

7．分析电路原理，奇瑞电磁开关 50 柱的供电来自起动继电器的 30 柱，故障可能是起动熔丝断路、起动继电器失效，也可能是点火开关的内部触点失效或者是车身线路断路故障。

8．先检查熔丝、继电器，再检查车身供电线路和点火开关。

（三）准备工作

1．准备电路原理图、数字万用表。

2．准备替代熔丝、替代起动继电器、12V 替代电源。

3．准备继电器盒插脚专用探针，准备点火开关拆装工具，准备冷压端子拆装专用工具。

（四）检测起动熔丝 SB3

1．取下熔丝继电器盒盖，在盒盖里面找到熔丝继电器定位图，找到起动熔丝 SB3 的位置，检查熔丝 SB3（30A）的通断状态或者熔丝两端点的电位是否为高电位。

2．如果发现熔丝断路时，还需要检测存在搭铁故障的位置，排除搭铁故障后才能更换熔丝，转入起动测试。注意拔下熔丝时需要使用专用工具。

3．如果熔丝正常却没有高电位，则故障在熔丝供电线路，使用插脚探针和万用表检测熔丝 SB3 与 BAT 之间的导线状态。

4．如果以上排查没有发现问题，应继续检查起动继电器。

（五）检测起动继电器 R3

1．查阅图 1-59 奇瑞 M11 前舱电器盒原理图，找到起动继电器 R3 的位置，取下起动继电器。

2．使用替代电源给起动继电器 85 柱与 86 柱之间加上 12V 电压，检测 30 柱与 87 柱之间的导通情况，导通不良时确认是继电器失效故障。更换备用继电器后转入起动测试。

3．如果没有条件给继电器加电检测，可以直接将其更换为备用继电器，转入起动测试。

4．如果起动继电器正常，或者更换继电器后故障仍在，应继续检查供电线路。

（六）检测供电线路

1．使用插脚探针和万用表，检测起动继电器 30 柱与起动机 50 柱之间的 2.5 红色导线（是/否）断路故障。如果断路故障应进行修复后，转入起动测试。

2．使用插脚探针和万用表，检测起动继电器 87 柱插脚与熔丝 SB3 之间内部连线（是/否）断路故障。如果断路故障应更换电器盒或者设法修复后，转入起动测试。

3．使用插脚探针和万用表，检测起动继电器 85 柱插脚（是/否）正常搭铁，如果搭铁异常，确认 0.5 棕色导线的断路故障，应修复导线断路故障后，转入起动测试。

4．使用插脚探针和万用表，检测起动继电器 86 柱插脚（是/否）在起动挡能得到高电位。如果没有高电位，应检查起动继电器 86 柱到点火开关 50 柱的 0.5 红/蓝色导线（是/否）断路故障。确认断路故障时，应修复断路故障后，转入起动测试。

5．如果以上线路检查都没有发现故障，应拆下点火开关插头继续检查。

（七）拆下点火开关插头

1．检查点火开关的供电情况，通过点火开关的 ACC 挡和 ON 挡，应已观察到点火开关的供电线路是正常的，否则应去检查熔丝 SB6、内部连接线和 2.5 红色导线等处的故障点。

2．拆下转向柱周围的护板，露出点火开关插头，拔下插头，观察导线末端的冷压端子是否有异常。

3．查找插头上和点火开关插针上的引脚标记，如图 1-65 所示，将插头形状和引脚定位图绘制在记录纸上。

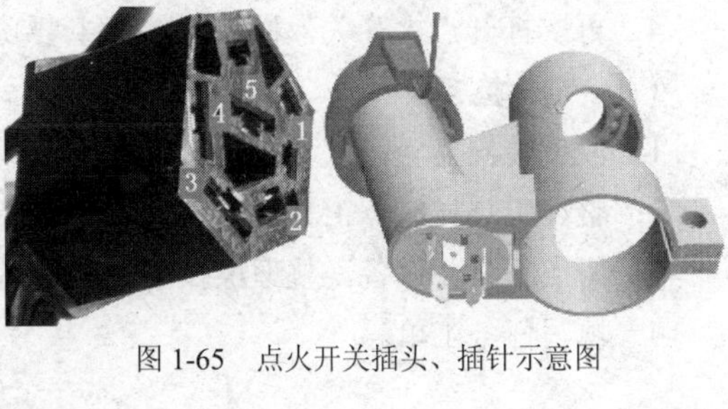

图 1-65　点火开关插头、插针示意图

4．借助于周围的高电位点，用万用表检查点火开关插头 4 号插脚（ST2）应为低电位，否则检查该插脚与起动继电器 86 柱插脚之间的 0.5 红/蓝导线是否发生了断路故障。

5．如果以上检查不存在故障，则故障点在点火开关内部，应是ST挡触点接触不良故障。需要继续检查点火开关功能。

（八）检查点火开关功能

1．查找插头上和点火开关插针上的引脚标记，将点火开关插针的形状和引脚定位图绘制在记录纸上。

2．两人配合，检查各接线柱在各挡位的联通情况，记录下来，用表格表示法绘制点火开关的联通关系（见图1-66），与原厂电路图比较，找到失效位置。

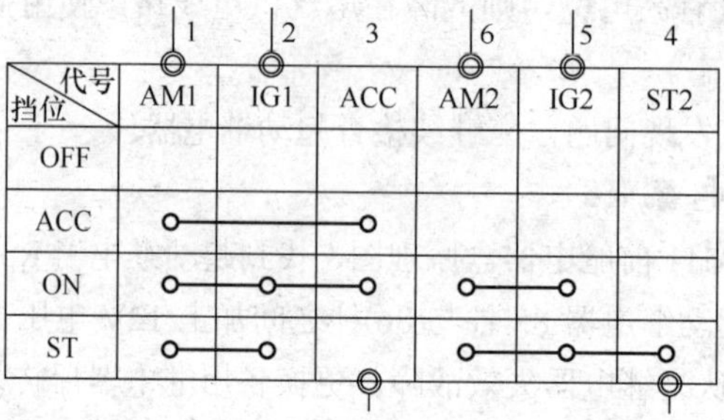

图1-66　奇瑞车点火开关内部功能示意图

查阅电路图，找到各插针、插脚编号1~6与功能30（AM1、AM2）、15（IG1，IG2）、X（IG3）、50（ST2）、P（ACC）接线柱的对应关系为：1-AM1，2-IG1，3-ACC，4-ST2，5-IG2，6-AM2。记录失效触点。

3．如经以上排查，还是无法找到明确的故障点，应回顾整个检查过程，检查是否有疏漏点，并再次进行起动测试验证。如仍不能起动，应检查油路系统、点火系统和防盗系统。

（九）故障处理

1．对检查到的熔丝断路故障，应排除可能存在的搭铁故障后更换熔丝。

2．对点火开关故障、继电器故障、继电器盒故障，应将其更换为同类、同规格元件。

3．对导线断路故障，应使用焊接法修复。

4．对导线末端冷压端子变形、插头塑料件损伤，应更换为同类、同规格元件。

（十）检查验收

1．重新起动测试，证明故障已经排除。

2．将检查过程中的各元件恢复到正常状态。检查起动熔丝、起动继电器安装牢靠，盖好继电器盒的盒盖；检查点火开关安装牢靠，插好点火开关插头，装好转向柱护板。

3．盖上发电机舱盖。

4．再次打开点火开关，检查各挡位主要功能正常。关闭点火开关。

（十一）整理

1．取下转向盘套，取下座椅套，取下地板垫。

2．整理工具材料，工具材料完整齐全。

3．清点工具、设备，整理擦拭工具和设备，注意工作场地文明化。

4．填写任务工单。

项目二 汽车蓄电池

蓄电池是汽车上主要的供电设施。当发动机停机或发电机不发电时，蓄电池可向汽车电设备供电并起动发动机。当发动机开始运行后，蓄电池即将发电机发出的电能进行存储充电。如果出现用电需求超出发电机供电能力时，蓄电池也参加供电，并且蓄电池在整个汽车电路中也起到电压稳定器的作用。

学习导航

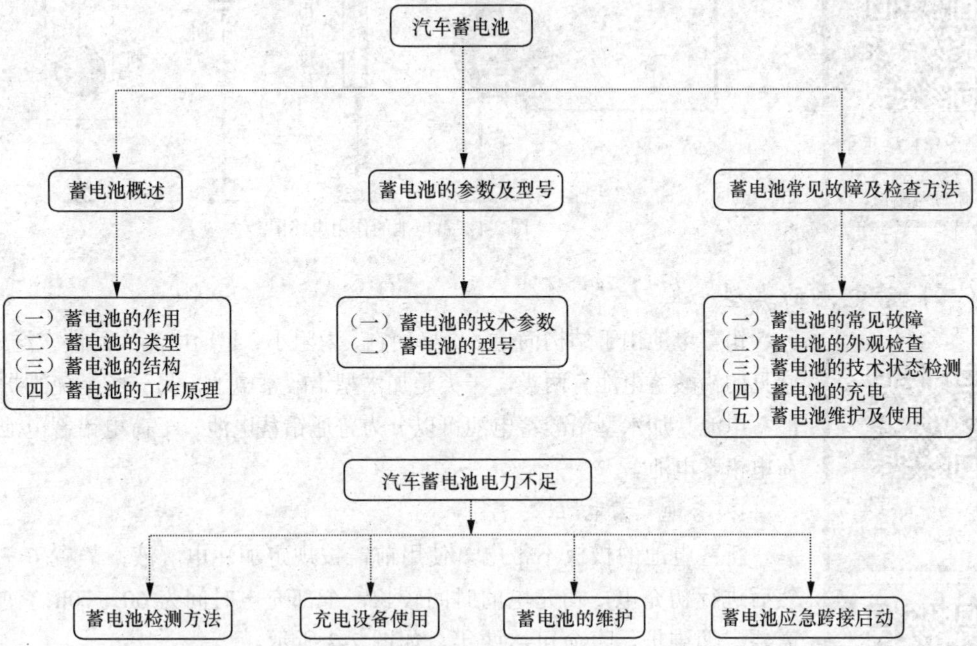

相关知识

一、蓄电池概述

（一）蓄电池的作用

1. 起动发动机

蓄电池的主要用途是发动机起动时，向起动机和点火系统供电。汽油机起动电流为 200～

600A；柴油机起动电流高达 1000A。每次发动车的时间总长不超过 5s。

2. 备用供电

发电机不发电或电压较低时，蓄电池协同发电机向用电设备供电。

3. 存储电能

当发动机在中、高速运转时，发电机产生剩余电能，并进入蓄电池，将电能转换为化学能储存起来。

4. 稳定电压

蓄电池相当于一只大容量电容器，可稳定电系电压，吸收电路中出现的瞬时过电压，防止损坏电子设备。

蓄电池的作用电路图如图 2-1 所示。

三维动画：汽车蓄电池与电气设备作用电路图

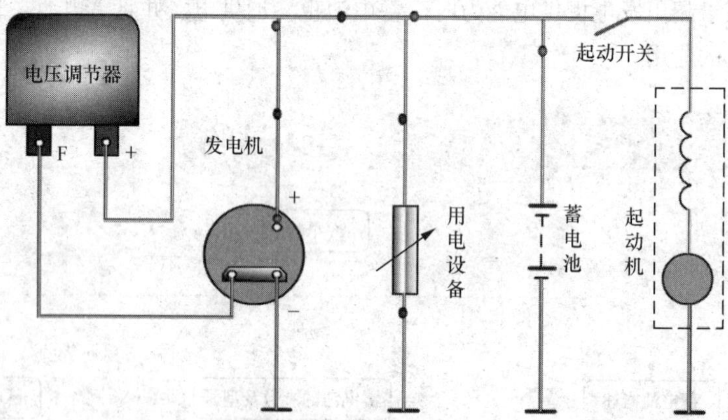

图 2-1　蓄电池的作用电路图

（二）蓄电池的类型

三维动画：普通铅蓄电池的外形

三维动画：打开普通铅蓄电池加液孔盖

铅蓄电池由于结构简单、价格便宜、内阻小、起动电流大而被广泛采用。常见的铅酸蓄电池有两类，一类是加水型铅酸蓄电池，另一类是免维护型铅酸蓄电池。加水型铅酸蓄电池可以分为普通铅蓄电池、干荷电铅蓄电池、湿荷电铅蓄电池。

1. 普通铅蓄电池

新蓄电池的极板不带电，使用前需按规定加注电解液；静置 6～8h，然后进行初充电，初充电的时间较长，全部充电时间为 60～70h；使用中需要定期维护，寿命可达两年，如图 2-2 所示。

2. 干荷电铅蓄电池

新蓄电池的极板处于干燥的已充电状态，电池内部无电解液。使用前，只需按规定加入电解液，静置 20～30min 即可使用；使用中需要定期维护。

3. 湿荷电铅蓄电池

新蓄电池的极板处于已充电状态，蓄电池内部带有少量电解液。使用前，只需按规定加入电解液，静置 20～30min 即可使用。

4. 免维护蓄电池

目前市面上80%以上的车型使用的蓄电池是免维护铅酸蓄电池。其密封好、无污染、体积小、自放电小，使用中不需维护，不需补加蒸馏水，使用寿命3～4年，如图2-3所示。

图2-2　普通铅蓄电池

图2-3　免维护蓄电池

三维动画：免维护蓄电池的外形

微课视频：蓄电池的类型和作用

（三）蓄电池的结构

普通铅蓄电池一般分隔为六个单格，每个单格电池的额定电压为2V，将六个单格电池串联后制成一只12V蓄电池总成。蓄电池主要由正、负极板，隔板，电解液，外壳，联条，极桩，蓄电池盖及加液孔盖等部分组成，如图2-4所示。

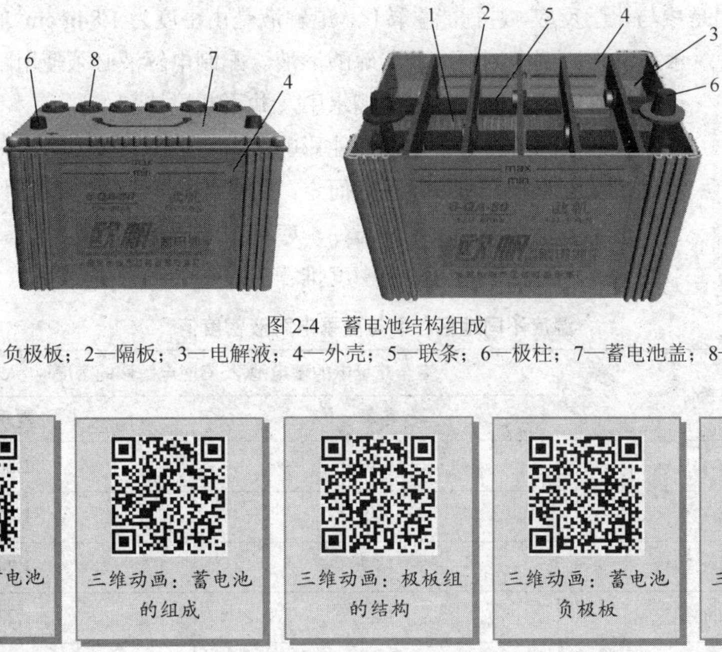

图2-4　蓄电池结构组成

1—正、负极板；2—隔板；3—电解液；4—外壳；5—联条；6—极柱；7—蓄电池盖；8—加液孔盖

微课视频：蓄电池的结构

三维动画：蓄电池的组成

三维动画：极板组的结构

三维动画：蓄电池负极板

三维动画：蓄电池格板

1. 极板

极板是蓄电池的核心部件，对蓄电池的性能有最直接的影响。极板分为正极板和负极板两种，正极板上的活性物质是二氧化铅（PbO_2），呈深棕色，负极板上的活性物质是海绵状纯铅Pb，呈青灰色。为了增大蓄电池的容量，将多片正、负极板分别并联，组成正、负极板组，装在单体内，如图2-5所示。

栅架的作用是容纳活性物质，并使极板成形，一般由铅锑合金浇铸而成。铅锑合金中，含锡5%～7%（质量分数）。加入锑是为了提高栅架的机械强度并改善浇铸性能，但加锑的副作用是引起蓄电池的自放电。

三维动画：蓄电池正极板

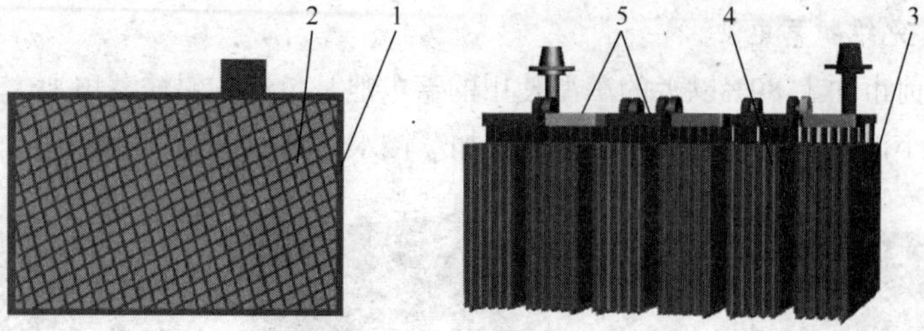

（a）　　（b）

图 2-5　极板和极板组结构

1—栅架；2—活性物质；3—负极板；4—正极板；5—联条

2．隔板

为了减小蓄电池的内阻和尺寸，蓄电池内部正、负极板应尽可能地靠近；但为了避免彼此接触而短路，正、负极板之间要用隔板隔开。隔板材料应具有多孔性和渗透性的特点，且化学性能稳定，即具有良好的耐酸性和抗氧化性。常用的隔板有微孔橡胶隔板、微孔塑料隔板和玻璃纤维隔板等。新型蓄电池从结构上多采用袋式微孔塑料隔板。

3．电解液

电解液的作用是参与化学反应，进行能量转化。电解液是由密度为 1.84g/cm^3 的纯硫酸和蒸馏水按一定比例配制而成的稀硫酸溶液。配制电解液必须使用耐酸的器皿，切记只能将硫酸慢慢地倒入蒸馏水中，并不断搅拌。

三维动画：蓄电池电解液

电解液的密度对蓄电池性能影响较大，密度一般为 1.24～1.31g/cm^3。电解液密度应随地区和气候条件而定，我国南方气温高，宜选用低密度电解液，北方全年温差变化大，夏季与冬季应选用不同密度的电解液。表 2-1 列出了不同地区和气温下的电解液密度推荐值。

表 2-1　温度不同地区冬季与夏季电解液密度值

冬季气候条件	完全充足电的蓄电池 25℃时电解液的密度/（g/cm^3）	
	冬季	夏季
温度低于–40℃地区	1.30	1.26
温度高于–40℃地区	1.28	1.25
温度高于–30℃地区	1.27	1.24
温度高于–20℃地区	1.26	1.23
温度高于 0℃地区	1.24	1.23

4．外壳

外壳是用来盛放电解液、极板组和隔板的。12V 蓄电池分为六个单格。各单格底部都有垫脚，用以架起极板组，使其下方有足够的空间作为沉淀槽，容纳脱落的活性物质，以免活性物质堆积起来，接触极板，造成短路。

三维动画：蓄电池外壳

制造外壳的材料必须能耐酸、耐温、耐寒、抗震，并具有足够的机械强度。常用的材料有硬质橡胶、沥青塑料和工程塑料等。现在国内普遍采用工程塑料外壳。工程塑料美观透明，耐酸、抗蚀、质量轻、强度高，是一种较好的外壳材料。

5. 加液孔盖

在蓄电池盖上，对应于每个单格的顶部都有一个加液孔，可以用来检查液面高度和测量电解液的相对密度，正常使用时加液孔盖应处于拧紧状态。加液孔盖中心的通气孔应保持畅通，使蓄电池化学反应放出的气体随时逸出。

三维动画：蓄电池加液孔盖

（四）蓄电池的工作原理

蓄电池充放电过程（即它的工作过程）就是化学能与电能相互转化的过程。当蓄电池向外供电时，将化学能转化为电能；而当蓄电池与外部直流电源相连进行充电时，将电能转化为化学能。其电化学反应是可逆反应，可用如下总的反应方程式表示：

微课视频：蓄电池的工作原理

$$PbO_2+2H_2SO_4+Pb \underset{充电}{\overset{放电}{\rightleftharpoons}} 2PbSO_4+2H_2O$$

1. 铅蓄电池电动势的产生

（1）在正极板：铅酸蓄电池充电后，在正极板上，二氧化铅（PbO_2）在电解液的作用下电离成 Pb^{4+}（正四价铅离子）和 O^{2-}（氧离子），Pb^{4+}（正四价铅离子）附着在正极板上，使正极板带正电；O^{2-}（氧离子）进入电解液中，当两者达到动平衡时，正极板的电位约为+2V。

（2）在负极板：铅酸蓄电池充电后，负极板是铅（Pb），在电解液的作用下，Pb 电离成 Pb^{2+}（正二价铅离子）和 e^-（电子），Pb^{2+}（正二价铅离子）进入电解液中，e^-（电子）留在负极板上，当两者达到动平衡时，负极板具有–0.1V 的负电位。正、负极板间有 2.1V 电位差。

2. 蓄电池放电过程工作原理

将蓄电池的化学能转换成电能的过程称为放电过程。铅酸蓄电池放电过程中，在蓄电池的电位差作用下电流从正极流出，经过负载流回负极。负极板上的电子经负载进入正极。放电过程如图 2-6 所示。

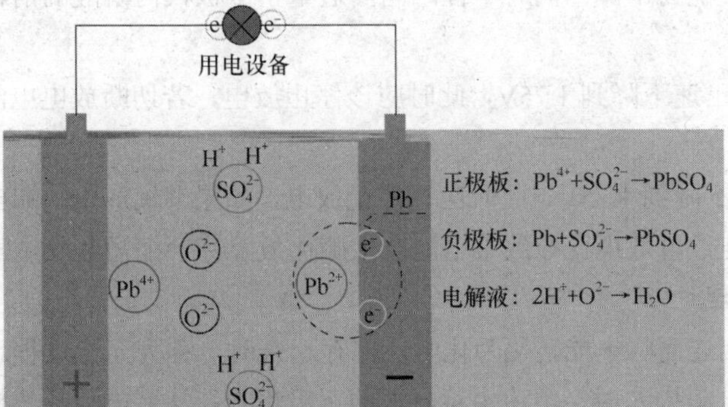

图 2-6 蓄电池放电过程工作原理

二维动画：蓄电池放电过程

（1）在正极板上，正极板的 Pb^{4+}（正四价铅离子）得到来自负极的两个 e^-（电子）后，变成 Pb^{2+}（二价铅离子），再与电解液中的 SO_4^{2-}（硫酸根离子）反应，附在正极板上生成难溶的硫酸铅（$PbSO_4$）。

（2）在负极板上，铅原子放出两个电子后，生成的 Pb^{2+}（正二价铅离子）与电解液中的 SO_4^{2-}（硫酸根离子）反应，附在极板上生成难溶的硫酸铅（$PbSO_4$）。

（3）在电解液中，正极板分解出的 O^{2-}（氧离子）与电解液中的 H^+（氢离子）结合，生成稳定物质水。

在蓄电池放电过程中，正极板活性物质由二氧化铅转变为硫酸铅，负极板上的活性物质由纯铅也转变为硫酸铅，电解液消耗硫酸生成水，电解液密度逐渐下降。

（4）铅蓄电池放电特性就是指蓄电池在恒定电流放电状态下的电解液相对密度 $\rho_{25℃}$、蓄电池端电压 U 随放电时间变化的规律。铅蓄电池的放电特性曲线如图 2-7 所示。

二维动画：蓄电池放电特性曲线

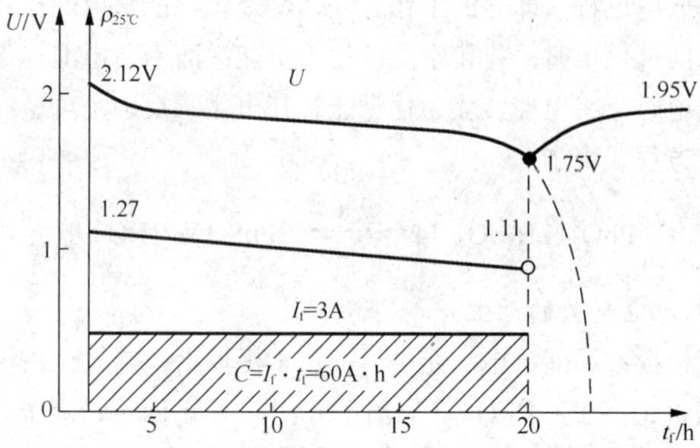

图 2-7　铅蓄电池的放电特性曲线

① 开始放电阶段。端电压由 2.12V 迅速下降到 2.1V 左右。这是因为放电前渗入极板内部的硫酸迅速反应生成水，而极板外部的硫酸还来不及向极板孔隙内渗透，极板内部电解液密度下降，端电压迅速下降。

② 相对稳定阶段。端电压由 2.1V 呈直线规律缓慢下降。这是由于该阶段单位时间极板孔隙内部消耗硫酸量与极板孔隙外部向极板孔隙内部渗透补充的硫酸量相等，处于一种动态平衡的缘故。

③ 迅速下降阶段。放电接近终了时，端电压迅速下降到 1.75V。其原因是：极板表面已形成大量硫酸铅，堵塞了孔隙，渗透能力下降；同时单位时间渗透量小于极板内硫酸的消耗量，极板内电解液密度迅速下降。

④ 放电结束阶段。端电压迅速下降到 1.75V，此时应该停止放电，若切断放电电流，端电压 U 又上升到一定值（1.95V）。

⑤ 过度放电。端电压迅速下降到 1.75V，此时应该停止放电，如果继续放电，端电压在短时间内迅速下降为零，致使蓄电池过度放电，导致蓄电池产生硫化故障，会缩短其使用寿命。

3. 蓄电池充电过程工作原理

当蓄电池与外界直流电源相连而将电能转化为化学能储存起来时，称为充电过程。

当电源电压高于蓄电池的电动势 E 时，电流由蓄电池的正极流入，从蓄电池的负极流出，也就是电子由正极板经外电路流往负极板。蓄电池充电过程如图 2-8 所示。

（1）在正极板上，由于外电源不断从正极吸取电子，Pb^{2+}（二价铅离子）放出两个电子来补充，变成四价铅离子（Pb^{4+}），并与水反应生成 PbO_2（二氧化铅），最终附在正极板上。

（2）在负极板上，由于负极不断从外电源获得电子，Pb^{2+}（二价铅离子）得到 e^-（电子）被中和为铅（Pb），并以绒状铅附着在负极板上。

（3）在电解液中，游离的氢离子（H^+）和硫酸根离子（SO_4^{2-}）结合生成 H_2SO_4（硫酸）。铅酸蓄电池充电后电解液的变化规律：电解液中的硫酸不断增多，水逐渐减少，溶液比重上升。

（4）铅蓄电池的充电特性是指在恒流充电过程中，铅蓄电池端电压和电解液密度随充电时间变化的规律。其特性曲线如图 2-9 所示。

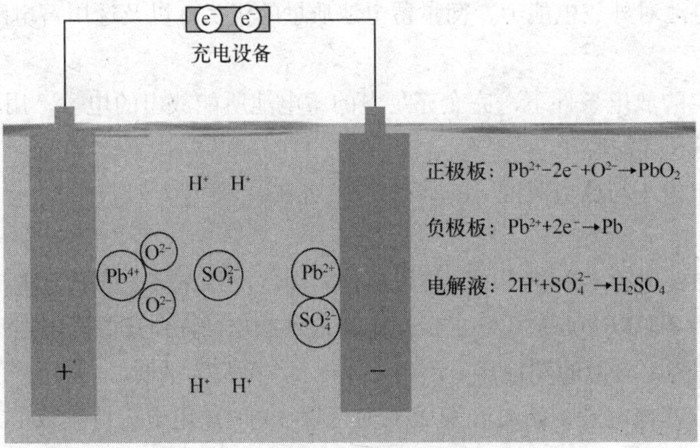

图 2-8　蓄电池充电过程工作原理

二维动画：蓄电池充电过程

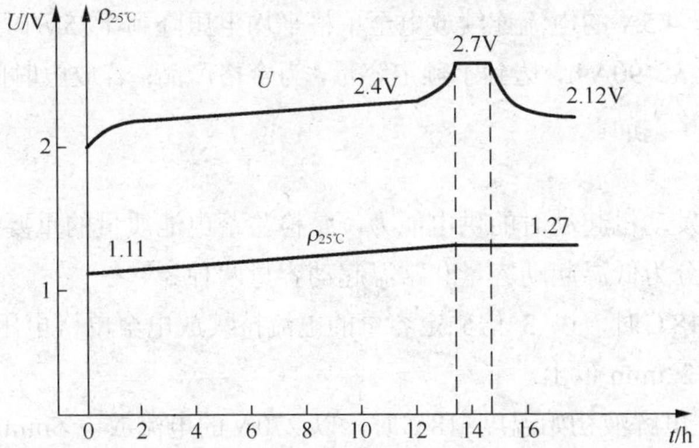

图 2-9　铅蓄电池的充电特性曲线

二维动画：蓄电池充电特性曲线

① 充电开始阶段。端电压上升较快。这是由于极板活性物质孔隙内部的水迅速消耗，空隙外部的水还来不及补充，极板内部电解液迅速上升所致。

② 端电压稳定上升阶段。端电压较平稳升至 2.4V。该阶段极板孔隙内消耗的水与极板外渗入的水基本相等，处于动态平衡状态。

③ 端电压迅速上升阶段。端电压达 2.4V 以后迅速上升至 2.7V。该阶段电解液中水开始电解，电解液中冒出气泡，正极板表面逸出氧气，负极板表面逸出氢气，出现所谓的电解液“沸腾”现象。因此，在蓄电池充电时应避免明火。

④ 充电末期阶段。为过充电阶段，该阶段端电压不再上升。为了保证蓄电池充足电，一般需要过充电 2～3h。由于过充电时剧烈放出气泡会导致活性物质脱落，造成蓄电池容量降低，缩短使用寿命，因此应该尽量避免长时间过充电。

⑤ 停止充电阶段。若切断充电电流，电压开始下降到一定值（2.12V）。

二、蓄电池的参数及型号

（一）蓄电池的技术参数

1. 额定电压

现代轿车一般用额定电压为 12V 的蓄电池，电压等级为 24V 的重型卡车可以将两块 12V 蓄电池串联使用。

2. 蓄电池的容量

蓄电池的容量是标志蓄电池对外放电能力、衡量蓄电池质量的优劣，以及选用蓄电池的最重要指标。

蓄电池的容量是指在规定的放电条件下，完全充足电的蓄电池所能放出的电量，用“C”表示。蓄电池的容量有额定容量和起动容量。

蓄电池容量 C 等于放电电流 I_f 与放电时间 t_f 的乘积：$C=I_f \cdot t_f$。

（1）额定容量

据国标 GB 5008.1－2005《起动用铅酸蓄电池技术条件》规定，将充足电的新蓄电池，在电解液温度为（25±5）℃的条件下，以 20h 放电率的放电电流连续放电，直到其单格电池平均电压降到 1.75V 时，输出的电量称为蓄电池的额定容量，用 C_{20} 表示，单位为 A·h。

【例 2-1】已知一蓄电池，在电解液初始温度为 25℃时，以 3A 的放电电流持续放电 20h，单格电压降到 1.75V，则其额定容量 $C_{20}=3\times20=60$A·h。

【例 2-2】6-Q-90 型蓄电池以 4.5A 的电流连续放电至单格平均电压降到 1.75V 时，若放电时间大于等于 20h，则其容量 $C=I_f \cdot t_f \geqslant 90$A·h，达到了额定容量，为合格产品；若放电时间小于 20h，则其容量低于额定容量，为不合格产品。

（2）起动容量

起动容量表征了铅蓄电池在发动机起动时的供电能力，是检验蓄电池质量的重要指标之一。起动容量受温度影响很大，故又分为低温起动容量和常温起动容量两种。

低温起动容量：电解液在－18℃时，以 3 倍额定容量的电流持续放电至单格电压下降至 1V 时所放出的电量。持续时间应在 2.5min 以上。

【例 2-3】6-Q-90 型蓄电池在电解液初始温度–18℃时，以 270A 的电流放电 5min，单格电池电压降至 1V，蓄电池端电压降至 1×6V＝6V，其起动容量为 270×（5/60）=22.5A·h。

常温起动容量：电解液在 30℃时，以 3 倍额定容量的电流持续放电至单格电压下降至 1.5V 时所放出的电量。持续时间应在 5min 以上。

【例 2-4】对于 6-Q-100 型蓄电池，在电解液初始温度为 30℃时，以 $3C_{20}$A＝（3×100）A＝300A 的电流放电 5min，单格电池电压降至 1.5V，蓄电池端电压降至 1.5×6V＝9V，其起动容量为（300×5/60）A·h＝25A·h。

（3）影响蓄电池容量的因素

蓄电池的容量不是一个固定不变的数，而与很多因素有关，归纳起来可分为两类。

一类是与生产工艺及产品结构有关的因素，如蓄电池极板表面积越大，极板片数越多，参加反应的活性物质就越多，容量就越大。极板越薄，活性物质的多孔性越好，则电解液向极板内部的渗透越容易，活性物质利用率就越高，输出容量也就越大。

另一类是使用条件，如放电电流、电解液温度和电解液密度等。

① 放电电流对容量的影响：放电电流越大，蓄电池的容量就越小，如图 2-10 所示。

② 电解液温度对容量的影响（见图 2-11）。

温度↑，黏度↓，渗入极板容易，活性物质利用率↑→容量 C↑；同时，黏度↓内阻↓内压降↓端电压↑→容量 C↑。

温度↓，黏度↑，渗入极板困难，活性物质利用率↓→容量 C↓；同时，黏度↑，内阻↑，内压降↑，端电压↓→容量 C↓。

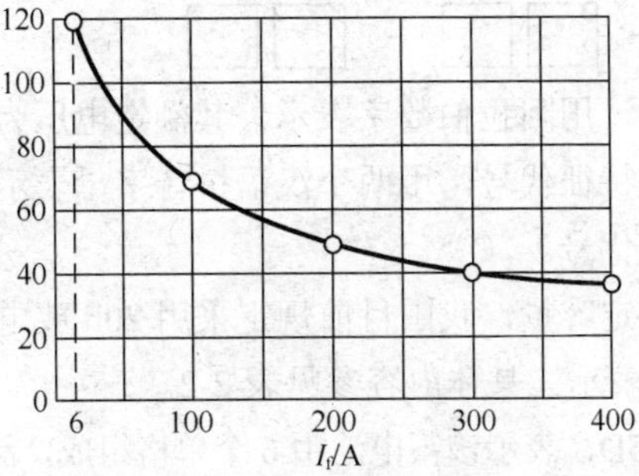

图 2-10 蓄电池放电电流对容量的影响

二维动画：蓄电池放电电流对容量的影响

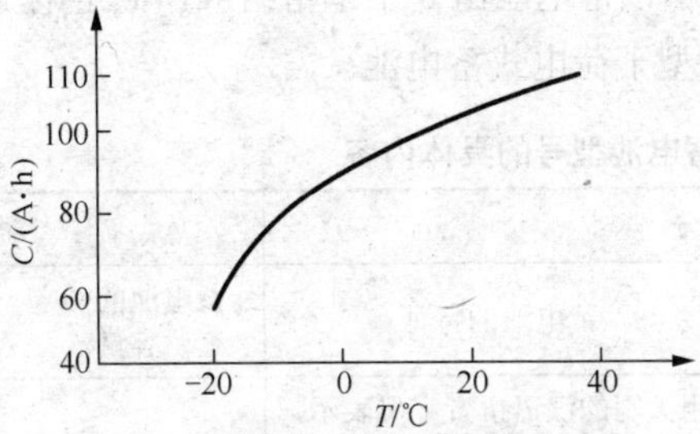

图 2-11 电解液温度对容量的影响

二维动画：电解液温度对容量的影响

③ 电解液相对密度对容量的影响（见图 2-12）。

电解液密度 ρ↑，电动势 E↑，电液渗透能力↑，参加反应的活性物质↑→容量 C↑。

电解液密度 ρ 过高，黏度↑，内阻↑，极板硫化↑→容量 C↓。

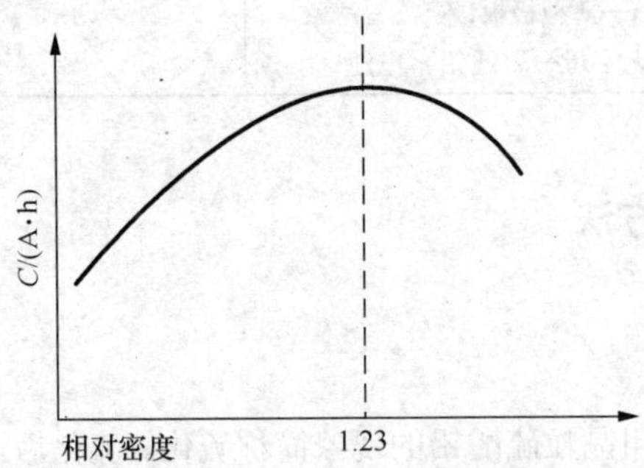

图 2-12 电解液密度对容量的影响

二维动画：电解液相对密度对容量的影响

（4）冷起动电流

冷起动电流（CCA）通常规定在 0℉（−18℃）时，蓄电池持续放电 30s，端电压降至 7.2V 时所能提供的电流，是蓄电池对于低温起动性能的表现。

蓄电池制造时根据使用地区环境温度不同，有提高耐热性或者提高耐寒性的设计，一般为寒冷地区设计的蓄电池 CCA 值高。为寒冷地区设计的蓄电池在热带使用会缩短寿命。蓄电池对于气温很敏感，一般以气温 25℃为基准，气温每上升 10℃，寿命就会缩短一半。

微课视频：蓄电池的技术参数

（二）蓄电池的型号

蓄电池型号按 JB/T 2599－2012《铅酸蓄电池名称、型号编制与命名办法》标准规定，铅蓄电池的型号分为三部分，各部分之间用横线隔开。

□ - □□ - □□

第一部分表示串联的单体蓄电池数，用阿拉伯数字表示，其额定电压为这个数字的两倍。

第二部分表示蓄电池的用途、结构特征代号，用两个汉语拼音字母表示。第一个字母为蓄电池的类型。第二个字母为蓄电池的特征代号。

第三部分表示蓄电池标准规定的额定容量，我国目前规定采用 20h 放电率的额定容量，单位为 A•h，用数字表示，特殊性能用字母表示。具体内容参见表 2-2。

【例 2-5】汽车蓄电池型号为 6-Q-105D，表示该蓄电池由 6 个单格组成，额定电压为 6×2=12V，20h 放电率的额定容量为 105A•h，是低温起动性能好的普通起动型蓄电池。

汽车蓄电池型号为 6-QA-100S，表示该蓄电池由 6 个单格组成，额定电压 12V，额定容量为 100A•h，采用了塑料整体式外壳的起动型干荷电式蓄电池。

表 2-2　　蓄电池型号的具体内容

第一部分	第二部分		第三部分	
串联的单个电池数	蓄电池的类型	蓄电池的特征	蓄电池的额定容量	蓄电池的特殊性能
用阿拉伯数字表示	用大写的汉语拼音字母表示，如：Q—起动用铅蓄电池；N—内燃机车用蓄电池；M—摩托车用蓄电池	用大写的汉语拼音字母表示，如：A—干荷电铅蓄电池；H—湿荷电铅蓄电池；W—免维护铅蓄电池；M—密封铅蓄电池；S—少维护铅蓄电池；J—胶体电解质；B—薄型极板；无字母—普通铅蓄电池	20h 放电频率的额定容量，单位为 A•h，单位略去不写	用大写的汉语拼音字母表示，如：G—高起动率；D—低温性能好；S—塑料槽蓄电池

三、蓄电池常见故障及检查方法

（一）蓄电池的常见故障

1. 极板硫化

（1）故障特征。极板上生成白色的粗晶粒硫酸铅的现象简称硫化。硫化后，蓄电池内阻增大，容量变小。故障状态如图 2-13 所示。

（2）故障原因。不及时充电、长期充电不足或蓄电池液面高度过低。

（3）防止硫化的措施。保持蓄电池经常处于足电状态；用完电及时充电；经常检查液面。

2. 极板短路

（1）故障特征。端电压很低（10.5V）或为零，充电密度上升很慢或不上升，气泡很少或无气泡。

（2）故障原因。活性物质大量脱落，堆积造成；极板组弯曲、隔板破损；导电物进入电解液。

（3）排除方法。短路、断路电池基本都直接做报废处理。

3. 自行放电

蓄电池自行放电有两种情况：一种是正常自行放电，另一种是故障性自行放电。蓄电池在存放过程中，会或多或少地产生自行放电现象。正常的蓄电池每存放一天，电能容量损失 1%～2%，一个充足了电的蓄电池，储存一个月，电能容量大约损失一半。

（1）故障性自行放电原因。

① 蓄电池外部有搭铁、短路或漏电，如图 2-14 所示。

图 2-13 蓄电池极板硫化

图 2-14 极柱锈蚀漏电

② 蓄电极内部短路，引起蓄电池内部自行放电。

③ 电解液不纯，含有杂质，或添加的不是纯净水。试验表明，电解液中若含有 1%的铁，蓄电池充足电后会在 24h 之内将电能全部放完。

④ 蓄电池极板本身不纯，含杂质较多，也会形成自行放电。

（2）故障性自放电防止措施。

① 配置电解液的时候，容器要保持清洁，使用符合标准的硫酸和蒸馏水。

② 防止杂质进入电池内。

③ 注意蓄电池外部保持清洁、干燥。

4. 活性物质脱落

（1）故障特征。充电时电解液混浊呈棕色，蓄电池输出容量下降。

（2）故障原因。充电电流过大；过充时间过长；低温大电流放电。

（3）排除方法。轻度的更换电解液，严重的报废。

微课视频：蓄电池的常见故障

（二）蓄电池的外观检查

1. 外观检查

（1）蓄电池外观不得有变形、裂纹，蓄电池在汽车上安装要牢固。

（2）检查蓄电池连接线是否牢固，所有活接头必须保持接触良好，防止产生火花，引起蓄电池爆炸和因瞬间高电压而损坏电脑。

（3）仔细检查蓄电池支架或其附近是否有润湿现象，经常清除蓄电池盖上的灰尘污物及溢出的电解液，保持清洁干燥，防止自放电。

微课视频：蓄电池的外观检查

2. 蓄电池电量指示器

免维护蓄电池安装了蓄电池电量指示器，自动显示蓄电池的充电情况和电解液液面的高低。通过观察窗呈绿色、黑色或透明色的颜色，来确定蓄电池的工作状态。其原理如图 2-15 所示。

当蓄电池存电充足时，电解液相对密度就高，绿色浮球浮力就大，绿色浮球浮在中央最高点，观察窗呈绿色，表明可正常使用，如图 2-15（a）所示。

当蓄电池存电不足时，电解液相对密度就低，绿色浮球浮力就小，绿色浮球浮在球室下方，观察窗看不到绿色圆圈，呈深绿色或黑色，表明蓄电池存电不足，需补充充电，如图 2-15（b）所示。

当电解液液面过低时，观察窗看到的是透明色，表示蓄电池需换新，如图 2-15（c）所示。

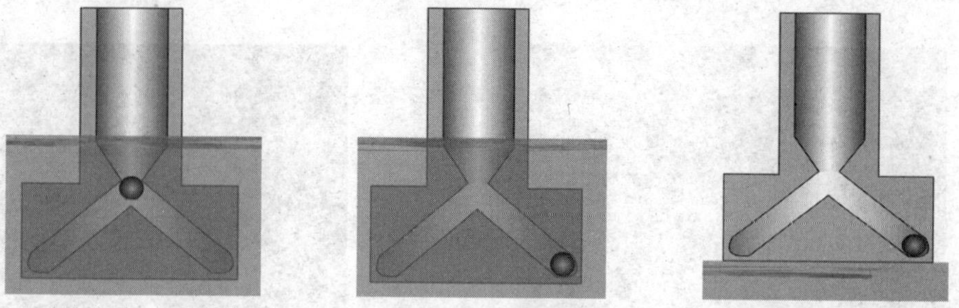

（a）存电充足，可正常使用　（b）存电不足，需补充充电　（c）电解液液面过低，需更新

图 2-15　蓄电池电量指示器原理

3. 蓄电池正负接线柱的识别

（1）看标志。蓄电池上一般铸有“+”的接柱为正，有“–”的接柱为负，如图 2-16 所示。

（2）看粗细。粗一些的锥形接线柱为正极，细一些的为负极。

（3）用万用表检测。将万用表置于相应的电压挡位，测蓄电池电压，当电压指示为正时，红表笔对应的为正极，黑表笔对应的为负极。

图 2-16　蓄电池极柱标志

微课视频：蓄电池的技术状态检测

（三）蓄电池的技术状态检测

1. 检测蓄电池开路电压

测量蓄电池开路电压时，蓄电池应处于稳定状态，当蓄电池充、放电或加注蒸馏水后，应静置半小时后再测量。蓄电池开路电压可用万用表的电压挡测量，将万用表的正、负表笔分别与蓄电池的正、负极相接即可。蓄电池端电压反映了蓄电池的存电状态，它们之间的关系见表 2-3。

表 2-3　蓄电池存电状态关系表

存电状态/%	100	80	70	60	50	40	20	0
电压/V	12.7	12.4	12.3	12.2	12.1	11.9	11.6	10.5

2. 负荷试验检测

高率放电计是模拟起动机工作状态，检测蓄电池容量的仪表。外观如图 2-17 所示，它由一只电压表和一负载电阻组成。由于在检测时，蓄电池对负载电阻的放电电流可达 100A 以上，所以，能比较准确判定蓄电池的容量和基本性能，是目前普遍使用的检测仪表。

将高率放电计的正、负夹头分别夹在蓄电池的正、负极柱上，转动负载开关，直至指针稳定，时间不得超过 10s，若指针停留在蓝色区（好）说明状态良好，若指针停留在黄色区（弱），说明需要进行补充充电，若电压迅速下降，停留在红色区，说明蓄电池已经损坏，如图 2-18 所示。此项测量不能连续进行，必须间隔 1min 后才可以再次检测，以防止蓄电池损坏。

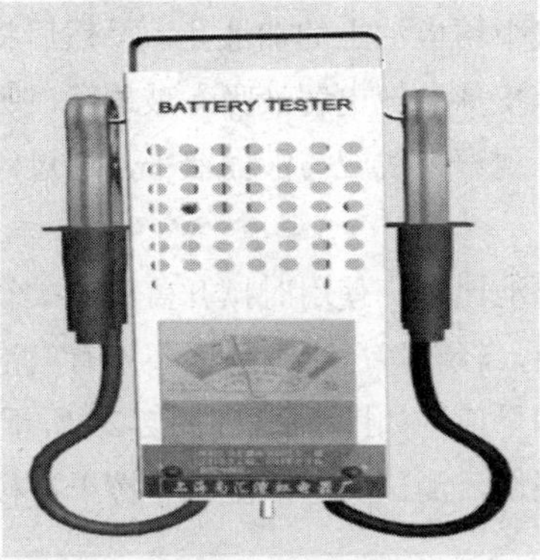

图 2-17 高率放电计

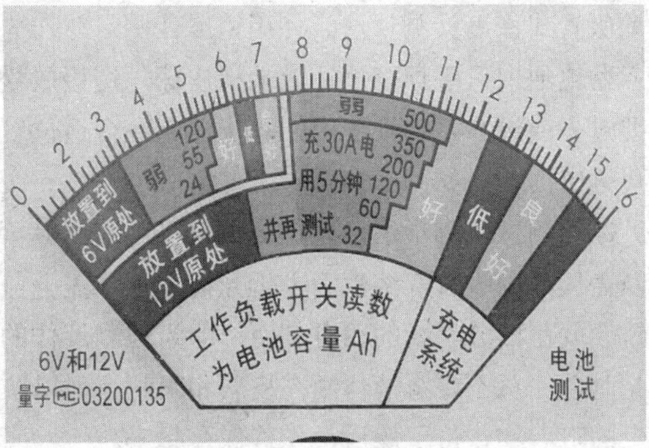

图 2-18 高率放电计表头

3. 液面高度检查

应定期检查蓄电池电解液液面高度。若电解液高度不够，会导致极板上部与空气接触而硫化，降低蓄电池的电荷容量，缩短其使用寿命。电解液液面过高，在车辆行驶过程中，电解液很容易从通气孔溢出而腐蚀极柱，造成极柱接触不良或早期损坏。

三维动画：高率放电计的使用

现在绝大多数蓄电池在外壳上都有电解液液面高度上、下限标记，如图 2-19 所示，可通过观察容器壁上的两条高低指示线，判断液面的高度。正常的液面高度应在两指示线之间。若液面过高，用吸管吸至标准液面；若液面过低，一般应添加蒸馏水至标准液面。

玻璃管测量法：测量前，选用一根直径为 3～5mm 的空心玻璃管，在高度 10mm 和 15mm 做好标记线，测量时垂直插入蓄电池加液孔内极板的上平面处，大拇指按紧玻璃管上端，使管口密封，然后提起玻璃管，检查液面高度，高度标准应在 10～15mm 刻度线之间，如图 2-20 所示。

图 2-19 电解液上、下限标记

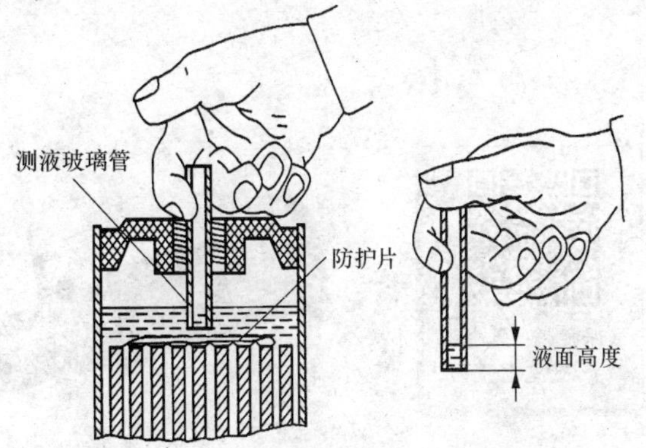

图 2-20 电解液液面高度玻璃管测量法

4. 蓄电池电解液密度检测

通过测量电解液密度，可以判断蓄电池的存电状态。当电解液温度 25℃时，电解液密度每下降 0.01g/cm^3，相当于蓄电池放电 6%。其对应关系见表 2-4。

表 2-4 电解液密度与存电状态关系

存电状态/%	100	75	50	25	0
密度/（g/cm^3）	1.27	1.23	1.19	1.15	1.11

（1）吸管式密度计测量法。使用密度计测量时，先取下蓄电池上的加液孔盖，然后将密度计下端放入蓄电池内，手捏密度计上端橡皮球，慢慢放松橡皮球，把电解液吸入玻璃管，吸入的电解液不要过多或过少，使管子内的浮子浮起在合适位置，观察视线应与液面取平，通过浮子上浮位置即可读出读数，如图 2-21 所示。

（2）冰点测试仪测量法。冰点测试仪可用于测量蓄电池比重。使用时掀开盖板用柔软绒布擦净表面及盖板，用吸管取溶液滴于折光棱镜上，盖上盖板，轻轻按压平，里面不要有气泡，然后通过目镜读取蓝白分界线的相对刻度，即为被测液体的测量值，如图 2-22 和图 2-23 所示。

测量时，注意不要将液体洒在皮肤和眼睛上，以防烧伤，测试后用潮湿绒布擦干净棱镜表面及盖板上的附着物，待干燥后，妥善保存起来。

视频：密度计的使用

视频：冰点仪的使用

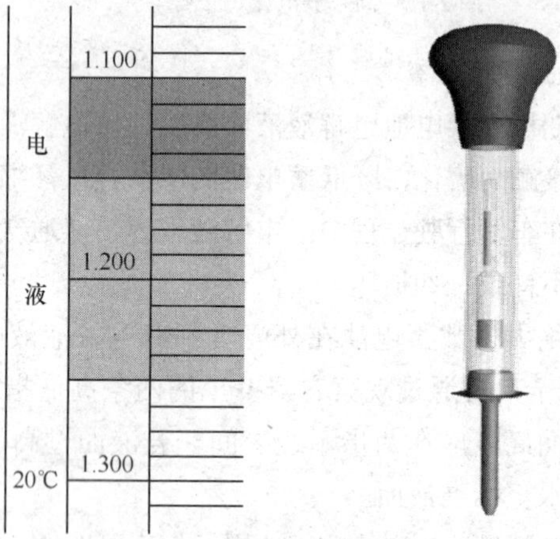

图 2-21　吸管式密度计

微课视频：蓄电池的充电

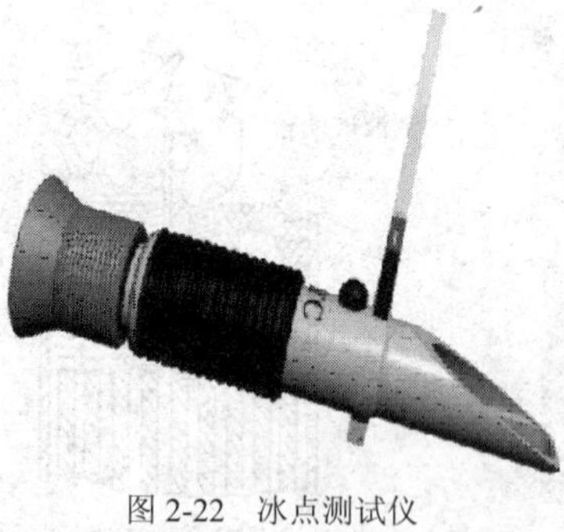

图 2-22　冰点测试仪

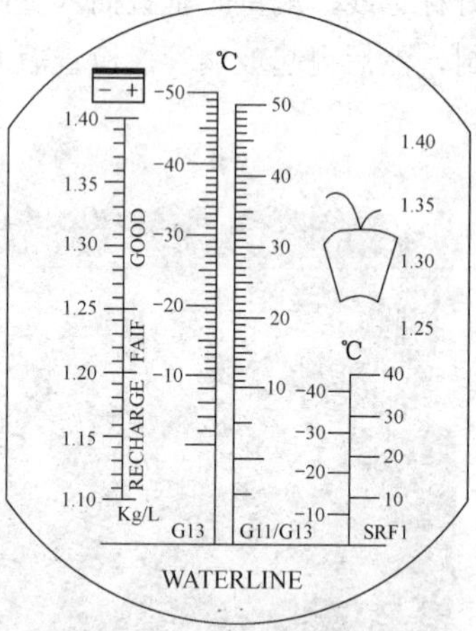

图 2-23　冰点测试仪观察孔

（四）蓄电池的充电

蓄电池的适时充电是延长蓄电池寿命，保持良好的技术状态的一种很重要的手段。充电常用方法如下。

1. 定压充电

特点：在充电过程中，充电电源电压恒定不变，汽车上发电机对蓄电池的充电就是定压充电。

优点：充电速度快，充电时间短，充电电流会随着电动势的上升而逐渐减小到零，使充电自动停止，不必人工调整和照管。

缺点：充电电流大小不能调整，所以不能保证蓄电池彻底充足电，也不能用于初充电和去硫化充电。

2. 定流充电

特点：在充电过程中，保持充电电流恒定的充电方法为定流充电。定流充电分两个阶段进行：第一阶段电流值为蓄电池额定容量的1/10，充电至单格端电压2.4V，并且电解液中放出气泡；第二阶段充电电流减半，充电至电解液沸腾，密度和端电压连续2～3h不变时为止。

优点：充电电流可任意选择，有益于延长蓄电池寿命，可用于初充电和补充充电。

缺点：充电时间长，且需要调整充电电流。

3. 脉冲快速充电

特点：采用自动控制电路对蓄电池进行正反向脉冲充电。

仪器外观如图2-24所示。

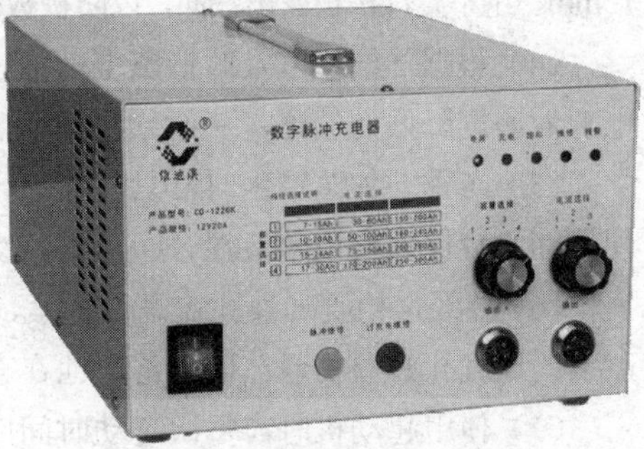

图2-24 脉冲快速充电机

优点：补充充电只需要0.5～1.5h，大大缩短了充电时间，同时去硫化显著。

缺点：对极板的活性物质冲刷力强，易造成活性物质脱落，对蓄电池的寿命有不利的影响。

4. 全自动智能充电

随着电子技术的发展，全自动智能充电机得到越来越广泛的应用。该技术设备普遍吸收恒流充电、恒压充电、高频脉冲充电等充电优点，自动控制充电过程，无人值守、充满自停、保证无过充无欠充，并随时保持电池充满，同时延长电池的使用寿命。

5. 充电过程中应注意的问题

（1）在充电前，应将汽车电池跟车辆电气系统断开，充电室要通风良好，严禁明火。

（2）充电时应先接牢蓄电池线，再打开充电机的电源开关，停止充电时应按相反的步骤进行。

（3）要经常测量蓄电池的电压和相对密度变化，及时判断其充电程度和技术状态。经常测量温度，接近45℃时应停止充电，待降温到35℃以下方可继续充电。

（4）在充电前，检查电解液的高度，不符合规定要补充，旋开加液孔。

（5）结束充电后，检查酸液液面，如需要的话，应增添蒸馏水。

（五）蓄电池的维护与使用

三维动画：蓄电池充电机的使用

微课视频：蓄电池的维护与使用

1. 蓄电池警告图标

由于蓄电池内部有酸液，充电时还会放出可燃气体，所以一般蓄电池上标有安全警告图标，如图2-25所示。

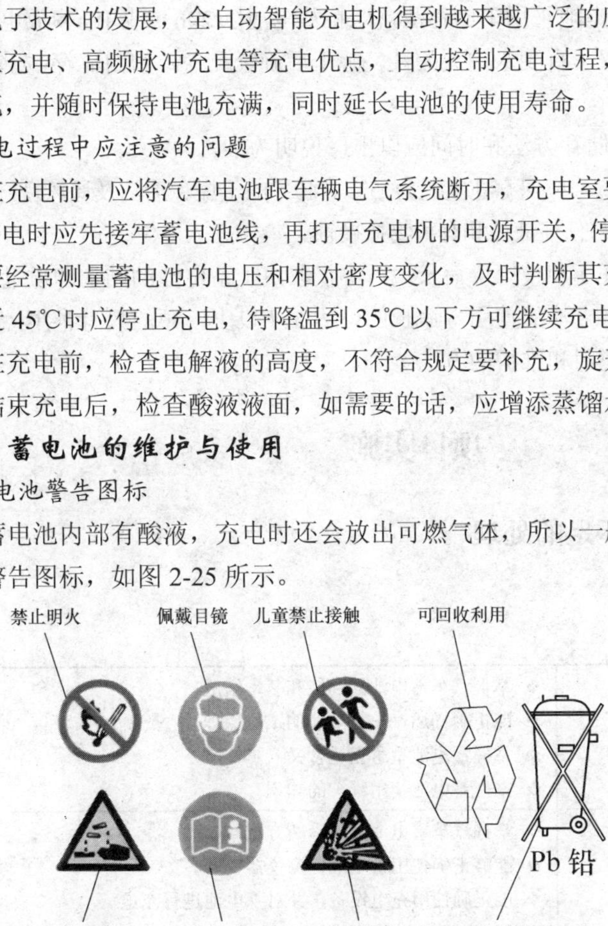

图2-25 蓄电池警告图标

2. 蓄电池的使用与维护注意事项

（1）要经常保持蓄电池的外部清洁，以防间接短路和电极接线柱腐蚀。

（2）要经常检查蓄电池在车上的安装是否牢靠，电极接线柱与接线头的连接是否紧固。为防止接线柱氧化，通常应涂以保护剂（如润滑脂等）。

（3）定期检查和调整各单体内电解液液面高度。电解液液面在任何时候均应超出极板组上缘 10～15mm，绝不允许极板露出液面，以防极板硫化。当电解液因蒸发和电解而减少时，应及时加注蒸馏水。

（4）根据不同季节及时调整电解液密度。在冬季或寒冷地区，应尽量使蓄电池充足电，以防电解液密度降低而结冰，从而导致壳体破裂、极板弯曲和活性物质脱落等故障。

（5）冬季补加蒸馏水时，只能在蓄电池充足电前进行。因为充电时会使蓄电池温度升高，易使蒸馏水较快地与电解液混合，从而减少电解液结冰的危险。

（6）要经常检查加液孔盖是否拧紧，以免行车时因震动而使电解液溢出。但给蓄电池充电时，盖上的通气孔必须畅通，以防蓄电池在充电过程中，因内部气压升高而导致壳体破裂。

（7）使用起动机时，每次起动时间应不超过 5s，两次起动之间的时间间隔应大于 15s。

（8）对于车上使用的蓄电池，应定期拆下进行补充充电，新、旧蓄电池不允许混装使用。

（9）对暂时不用的蓄电池可进行湿储存，即将蓄电池充足电后，密封加液孔，并放置在室内暗处，湿储存的时间不能超过半年。使用前，应重新充足电。

（10）对于长期不使用的蓄电池采用干储存法，即将蓄电池以 20h（或 10h）放电率放电，再倒出电解液，用蒸馏水多次冲洗，直到水中无酸性，晾干后旋紧孔盖，密封储存，重新使用时可当作新电池对待。

（11）未启用的新电池，其储存方法和时间应以出厂说明为准。

（12）保管蓄电池时必须注意，应保存在室温为 5℃～40℃的干燥、清洁及通风良好的地方，并不受阳光直射，远离热源，避免与任何液体和有害物质接触。

实践证明，蓄电池性能的好坏和使用寿命长短，不仅取决于蓄电池的结构和质量，而且与其使用维护密切相关。国内汽车蓄电池的使用寿命长的可达 5 年以上，短的只有半年，故要延长蓄电池的使用寿命，应采用正确使用和维护的方法。

项目实施

任务一　蓄电池电力不足的处理

【学习目标】

学习目标	知识目标	❖ 掌握汽车蓄电池的功能和基本组成 ❖ 能正确描述汽车蓄电池的工作原理 ❖ 掌握蓄电池型号表达含义 ❖ 掌握蓄电池使用维护的知识
	能力目标	❖ 掌握汽车蓄电池故障诊断方法 ❖ 能够正确使用蓄电池检测仪器 ❖ 能正确使用充电设备，并对蓄电池进行充电 ❖ 能够对蓄电池进行维护

【任务导入】

一位卡罗拉车主来到汽车维修店，反映自己的爱车出现了车辆起动困难，按下扬声器开关后扬声器音量小，打开前照灯开关，前照灯灯光暗淡。

根据车主描述的故障症状，维修技师对车辆的免维护蓄电池的容量进行了检查。通过查看观察窗颜色，发现观察窗呈黑色（或深绿色），确认故障原因是由于蓄电池电力不足。

学员通过本任务的完成能正确分析蓄电池电量不足的原因，掌握判断蓄电池技术状态的方法，能够熟练拆装蓄电池，能采用正确的方法对蓄电池进行充电作业，具备对蓄电池正确使用和维护蓄电池的能力。

【任务准备】

1. 工具

组合工具一套（见图 2-26）、万用表一块（见图 2-27）、高率放电计（见图 2-17）。

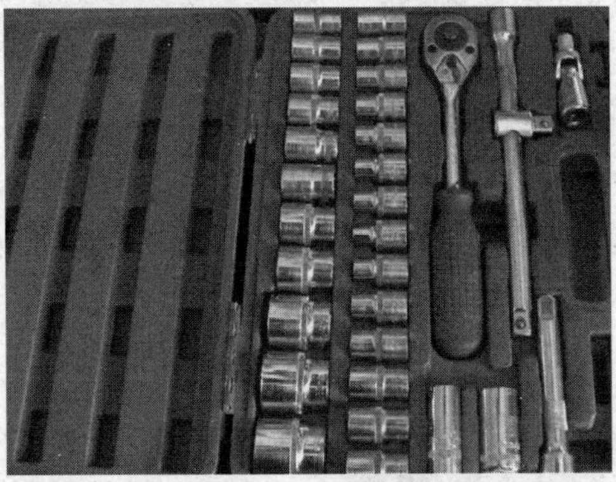

图 2-26 组合工具

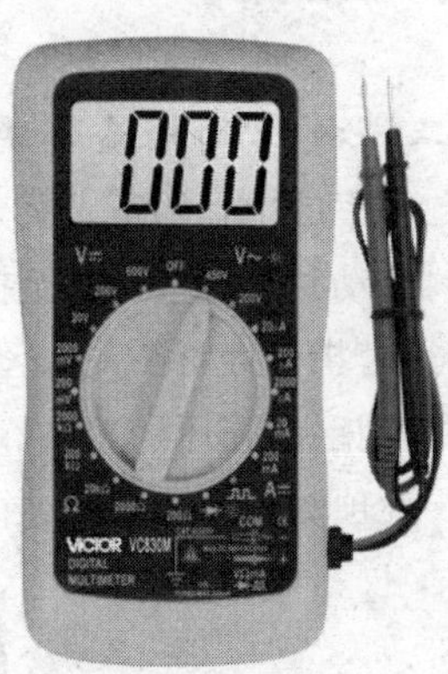

图 2-27 万用表

2. 设备

每小组卡罗拉轿车一辆、全自动蓄电池充电机一台。

3. 防护用品

车辆防护用的车辆挡块、地板垫、座椅套、转向盘套、护裙等各一套，如图 1-64 所示。

【检修工艺】

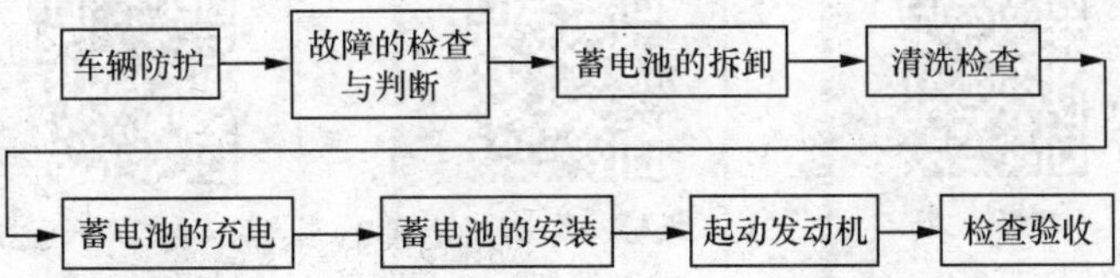

【操作步骤】

（一）车辆防护（见图 2-28）

1. 安装车辆挡块。
2. 安装尾气收集管。

3．打开车门，安装地板垫、座椅套、转向盘套。

4．进入车内，将点火开关旋至“ON”位，打开主驾驶侧电动车窗。

5．确认灯光、空调、音响等用电设备处于关闭状态，将点火开关旋至“OFF”位。

6．确认变速杆置于“P”挡，拉紧驻车制动杆。

7．拉动发动机罩释放杆，关闭车门。

8．打开发动机罩，安装护裙。

视频：车辆防护

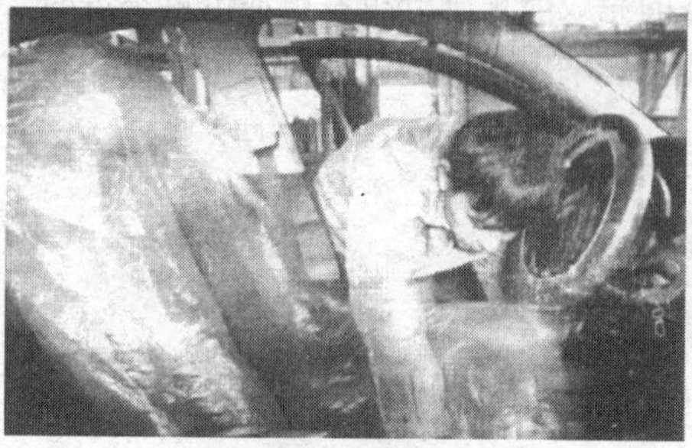

图 2-28　车辆防护

（二）故障的检查与判断

1．高率放电计的正、负夹头分别夹在蓄电池的正、负极柱上（见图 2-29）。

2．转动负载开关，直至指针稳定，时间不得超过 10s。若指针停留在蓝色区（好），说明状态良好；若指针停留在黄色区（弱），说明需要进行补充充电；若电压迅速下降，停留在红色区，说明蓄电池已经损坏。

3．此项测量不能连续进行，必须间隔 1min 后才可以再次检测，以防止蓄电池损坏。

图 2-29　车辆电压检查

视频：电压检查

视频：蓄电池的拆卸

视频：蓄电池的清洁和外形检查

（三）蓄电池的拆卸（见图 2-30）

1．打开工具箱，选取 10mm 套筒和棘轮扳手。

2．用棘轮扳手松开正极、负极电缆夹的紧固螺母。

3．确认负极接线柱，先卸下负极电缆，后卸下正极电缆。

4．用棘轮扳手卸下护底板紧固螺母，取下护底板。

5．搬出蓄电池，搬出时注意安全。

（四）清洗检查（见图 2-31）

1．清洁蓄电池表面。

2．检查蓄电池壳体，壳体应无变形、破裂和漏液，接线柱无腐蚀，如有腐蚀用细砂布打磨。

3．检查蓄电池型号，确认蓄电池型号含义。了解该蓄电池基本信息。

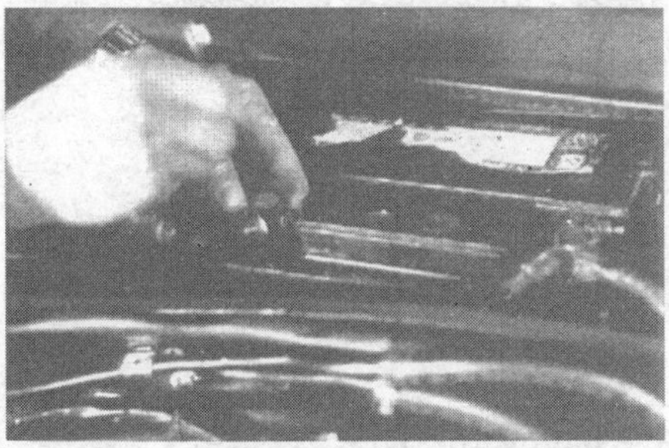

图 2-30 蓄电池拆卸

图 2-31 蓄电池清洁

（五）蓄电池的充电（见图 2-32）

1．将蓄电池正极接充电机正极，将蓄电池负极接充电机负极，然后查看充电机上指示的蓄电池端电压，估算出蓄电池的亏电程度。

2．闭合充电机开关，进行补充充电。

3．充电结束后，断开充电机开关，从蓄电池拆下充电机连线。

视频：蓄电池充电

（六）蓄电池的安装（见图 2-33）

1．将蓄电池置于蓄电池安装座上，注意安全，轻拿轻放。

2．安装护底板，安装护底板紧固螺母，用棘轮扳手紧固护底板紧固螺母。

3．确认正极电缆，先将正极电缆安装到正极接线柱上。

4．确认负极电缆，后将负极电缆安装到负极接线柱上。

5．用棘轮扳手紧固正、负极电缆夹的紧固螺母。

视频：蓄电池安装

图 2-32 蓄电池充电

图 2-33 蓄电池的安装

（七）起动发动机

1．进入驾驶室，打开点火开关，起动发动机，检查发动机的起动和运转情况。

2．用万用表测量蓄电池端电压，若情况正常，关闭主驾驶侧电动车窗，将点火开关旋至“OFF”位，停止发动机运转。

视频：起动车辆

视频：检查验收

（八）检查验收

1．取下转向盘套，取下座椅套，取下地板垫。

2．取下护裙，闭合发动机罩。

3．卸下尾气收集管。

4．取下车辆挡块。

5．整理工具材料，工具材料完整齐全。

6．清点工具、设备和防护用品，工具、设备和防护用品应无丢失，整理擦拭工具和设备，注意工作场地文明化。

7．填写任务工单。

任务二　应急跨接起动

【学习目标】

学习目标	知识目标	❖ 掌握汽车蓄电池电力不足的检查方法 ❖ 能正确叙述跨接起动故障排除原理 ❖ 能正确描述跨接起动接线顺序
	能力目标	❖ 能正确分析汽车蓄电池电力不足的原因 ❖ 掌握汽车跨接起动的方法

【任务导入】

一辆卡罗拉轿车停放在停车场，车主起动发动机时，发现发动机不能转动。维修技师对车辆进行了检查，并用蓄电池容量仪测量了蓄电池的容量，最后确认故障是由于蓄电池电力不足引起。为了不影响车主的出行，维修技师决定对车辆进行跨接起动。

学员通过完成本任务，能正确分析蓄电池电量不足的原因，掌握车辆跨接起动的方法，具备判断蓄电池技术状态、对蓄电池正确使用和维护蓄电池的能力。

微课视频：蓄电池的应急跨接起动

【任务准备】

1．工具

红色和黑色蓄电池跨接电缆各一条，如图 2-34 所示。

2．设备

卡罗拉轿车一辆、奇瑞 A3 轿车一辆，如图 2-35 所示。

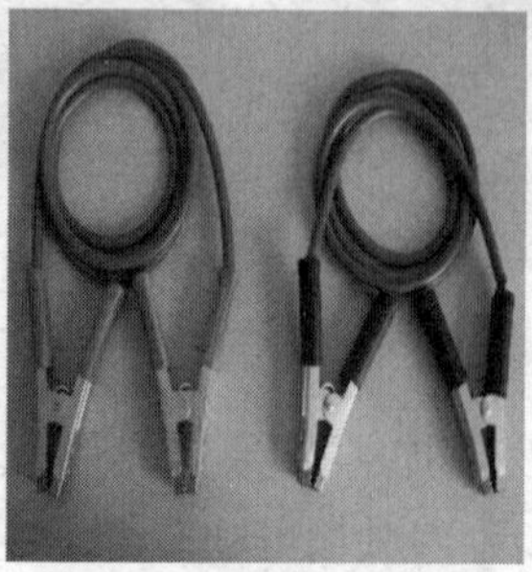

图 2-34　蓄电池跨接电缆

图 2-35　救援车辆

【检修工艺】

车辆整备 → 外观检查 → 线路连接 → 起动发动机 → 检查验收

【操作步骤】

（一）车辆整备

1．将两辆车靠近，直到跨接电缆足够连接两块蓄电池的正负极，要注意确保两辆车没有接触。

2．拉紧驻车制动器拉杆，把变速器置于空挡。

3．关闭车上的附属用电设备。

4．打开发动机罩。

（二）外观检查

1．清洁蓄电池表面。

2．蓄电池壳体应无变形、破裂和漏液，接线柱无腐蚀。

3．蓄电池接线连接无松动，蓄电池安装牢固。

（三）线路连接（见图 2-36）

1．取红色的跨接电缆，一端连接于正常电瓶的正极柱，另一端连接于待起动车的正极柱。注意：严禁连接到被充电蓄电池负极上去。

图 2-36 救援车辆与施救车辆连接

2．用黑色跨接电缆的一端接到援助车辆蓄电池的负极柱上，另一端接到被援助车辆蓄电池的搭铁处。

3．起动前再检查连接是否牢固，布置好电缆的走向，防止起动时电缆与胶带或风扇剐蹭。

援助车辆蓄电池搭铁处选择有以下几个原则。

（1）不要把黑电缆直接连在亏电蓄电池的负极柱上。因为跨接起动时经常产生火花，使连接点远离电瓶，会把火花引起电瓶爆炸的可能性降至最低。

（2）搭铁处应该选择没有漆皮的金属表面，如发动机体上的凸起，或底架上的某些部位。

（3）不要把车辆的燃油系统部件及汽油管作为搭铁点，且搭铁点一定要清洁无油脂。

（四）起动发动机

1．起动援助车辆的发动机，起动后应轻踩加速踏板，使发动机在 2000r/min 运转几分钟。

2．起动被援助车辆的发动机。

3．被援助车辆起动后，立即断开跨接线缆。拆卸跨接电缆必须按下列顺序：先从被援助车辆拆下负极上的跨接电缆一端，然后再拆下援助蓄电池负极上的跨接电缆一端，最后拆下两蓄电池正极间的跨接电缆。

（五）检查验收

1．被起动的车应空转或运行最少 30min，给亏电的蓄电池充电。具体充电时间应根据蓄电池和充电系统的状态确定。

如果汽车不起动或转速很慢，请检查跨接线的情况。如果还是起动不了，故障可能是起动机、点火线圈、蓄电池连接线或发动机其他的故障。

一次起动时间不能超过3～5s，第二次起动间隔时间2min以上，连续起动会使援助车辆的蓄电池负荷过大，甚至损害充电系统。

2．清点工具和设备，工具设备应无丢失，整理擦拭工具和设备，注意工作场地文明化。

3．填写任务工单。

项目三
汽车交流发电机

交流发电机是汽车电器的主要电源，由汽车发动机驱动，与电压调节器互相配合工作，在正常工作时，对除起动机以外的所有用电设备供电，并向蓄电池充电。汽车发电机有交流发电机和直流发电机两种。汽车交流发电机是随着半导体整流技术的出现而发展起来的，目前以硅整流交流发电机的应用最为普遍，已取代了传统的交流发电机。

学习导航

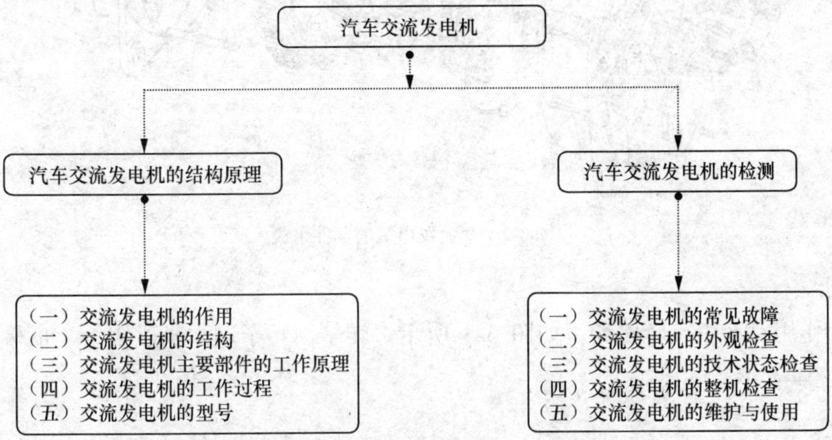

相关知识

一、汽车交流发电机的结构原理

（一）交流发电机的作用

如图 3-1 所示，发电机是汽车的主要电源，由于交流发电机的性能在许多方面优于直流发电机，目前在汽车上普遍采用三相交流发电机。发电机的作用是在发动机正常运转时，把机械能转变为电能，向用电设备供电，同时还向蓄电池充电。

（二）交流发电机的结构

如图 3-2 所示，发电机主要由转子、定子、驱动带轮、风扇、前端盖、后端盖、电刷装置、整流器、电压调节器和滤波电容等部件组成。

二维动画：汽车电源与电气设备作用电路图

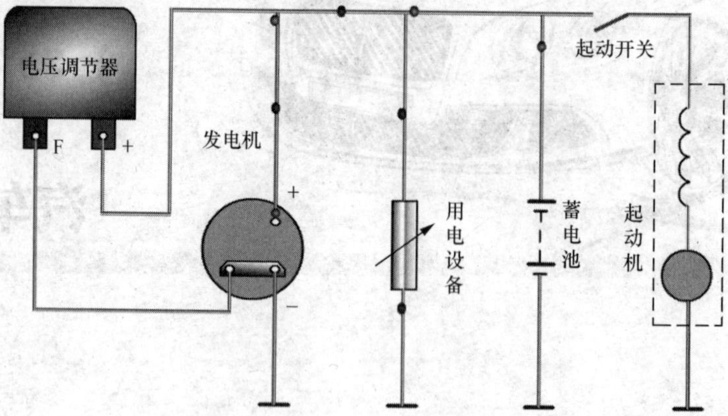

图 3-1　汽车电源与电气设备作用电路图

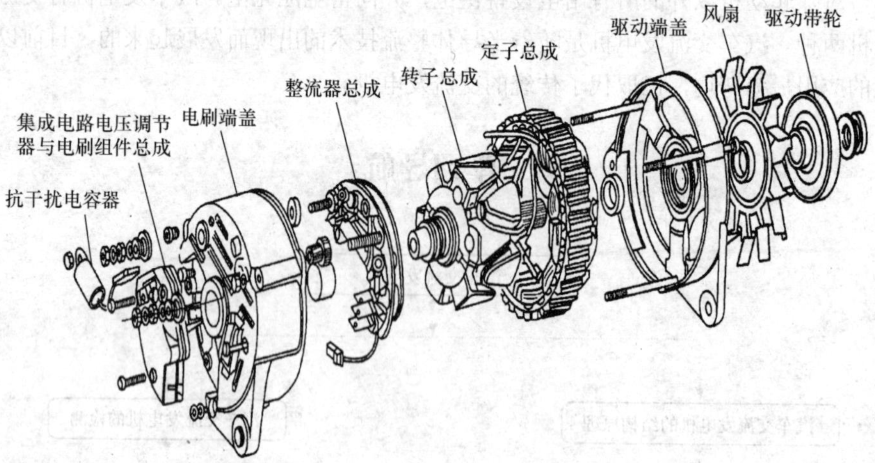

图 3-2　交流发电机的部件组成

1. 转子

转子的作用是产生旋转磁场。如图 3-3 所示，转子由转子轴、励磁绕组、爪极、集电环等组成。

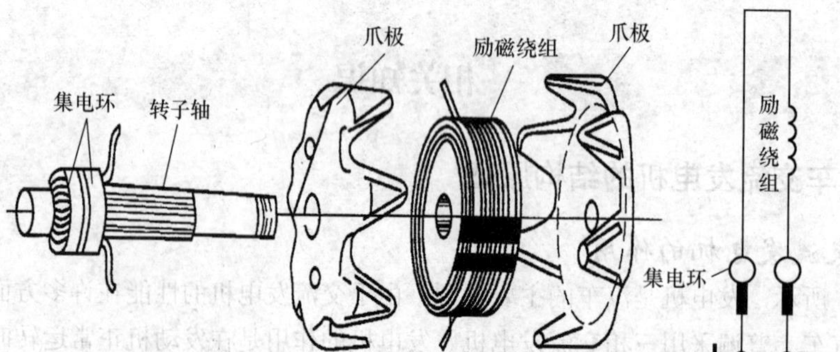

图 3-3　转子的结构组成

2. 定子

定子的作用是产生交流电。如图 3-4 所示，定子由定子铁心和定子绕组组成。

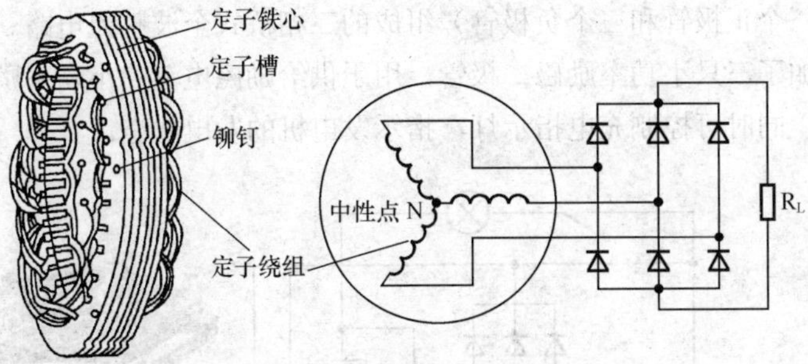

图 3-4 定子的结构组成及整流电路

3. 风扇

发电机工作时，定子绕组和励磁绕组都会有热量产生，温度过高会烧坏导线的绝缘，导致发电机不能正常工作。如图 3-5 所示，风扇的作用就是对交流发电机进行冷却，通过半圆键与转子轴连接，随转子轴一起转动。

图 3-5 发电机风扇

三维动画：发电机风扇

4. 端盖

端盖的作用是支撑转子、定子、整流器和电刷装置。端盖一般用铝合金制成。具有漏磁少，轻便、散热性好的特点。端盖设有通风口，内部还装有滚动轴承。

5. 电刷装置

电刷装置由电刷、电刷架和电刷弹簧组成。电刷的作用是将电源通过滑环引入励磁绕组，如图 3-6 所示。

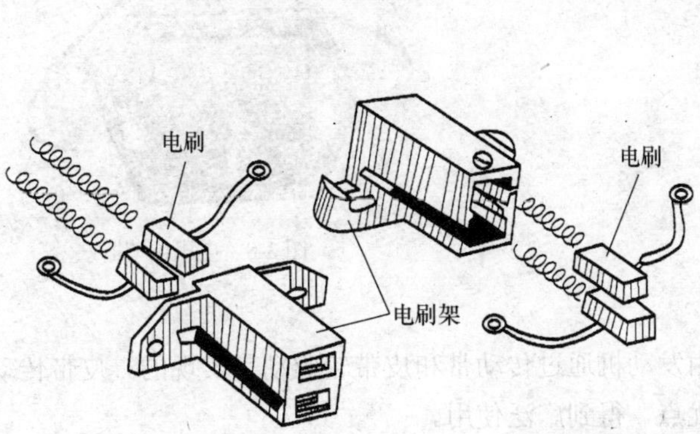

（a）外装式　　（b）内装式

图 3-6 电刷

6. 整流器

整流器的作用是将交流发电机产生的三相交流电变成直流电输出。如图 3-7 所示，整流器是由六只硅二极管（三个正极管和三个负极管）组成的三相桥式全波整流电路。

九管整流器增加了三只小功率励磁二极管，用于供给励磁电流。小功率励磁二极管还可以提高电压调节器精度，同时可控制充电指示灯，指示发电机的发电状态。

三维动画：整流器

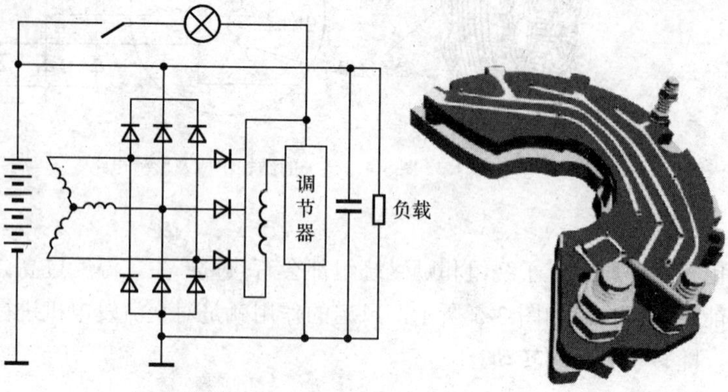

（a）原理图　　（b）实物图

图 3-7　整流器

7. 滤波电容

在发电机整流电路中，滤波电容用来滤除交流成分，使输出的直流电更平滑。

8. 电压调节器

交流发电机转速越高，输出电压越高，所以必须配装电压调节器，如图 3-8 所示。

电子电压调节器与机械式电压调节器相比，具有体积更小、调节更精确、性能更可靠的特点，目前几乎在所有车用发电机中得到了使用，基本取代了原有的机械式调节器。

电压调节器的工作原理是通过对励磁绕组进行通、断电控制，使发电机的输出电压保持基本恒定，以满足汽车用电器的需求。

三维动画：电压调节器

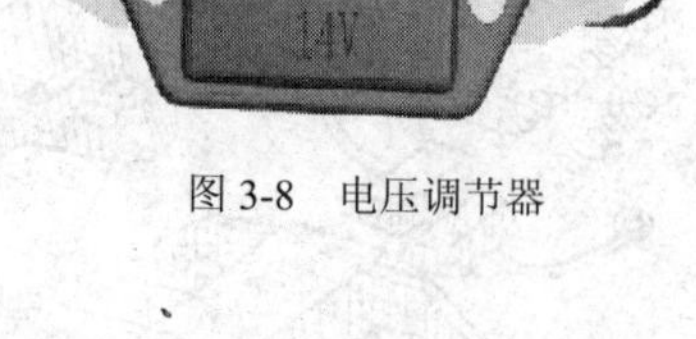

图 3-8　电压调节器

9. 皮带轮

发电机的驱动是由发动机通过传动带和皮带轮驱动来实现的。皮带传动由于具有价格便宜、拆卸方便、噪声低的优点，得到广泛使用。

（三）主要部件的工作原理

1. 发电机基本工作原理

交流发电机是利用电磁感应原理产生交流电的。如图 3-9 所示，当转子旋转时，磁力线和定子绕组之间产生相对运动，在三相绕组中产生交流电动势。

2. 转子基本工作原理

如图 3-10 所示，当给两滑环通入直流电时，励磁绕组中就有电流通过，并产生轴向磁通，使爪极一块被磁化为 N 极，另一块被磁化为 S 极，从而形成六对相互交错的磁极。当转子转动时，就形成了旋转的磁场。

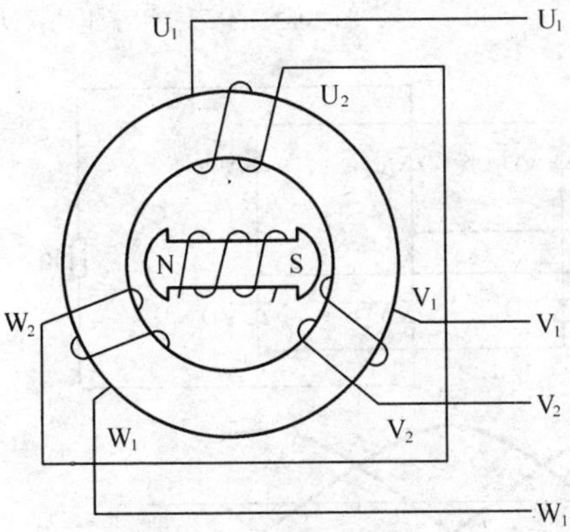

图 3-9　三相交流发电机发电原理

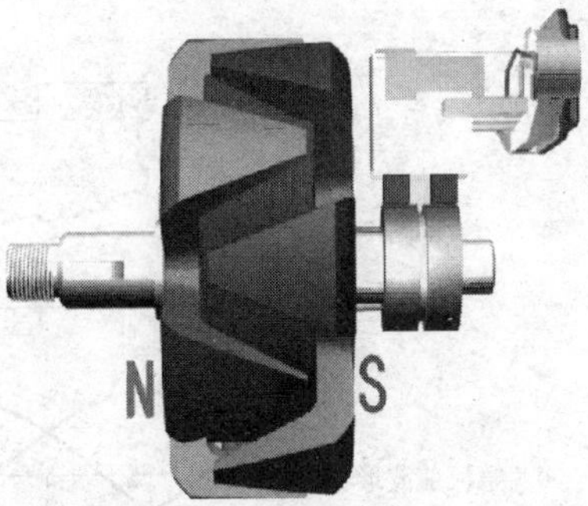

图 3-10　转子工作原理

微课视频：交流发动机的结构原理

二维动画：三相交流发动机的发电原理

三维动画：转子工作原理

3. 定子基本工作原理

定子安装在转子的外面，与发电机的前后端盖固定在一起，当转子在其内部转动时，引起定子绕组中磁通的变化，如图 3-11 所示，定子绕组就产生交变的感应电动势。

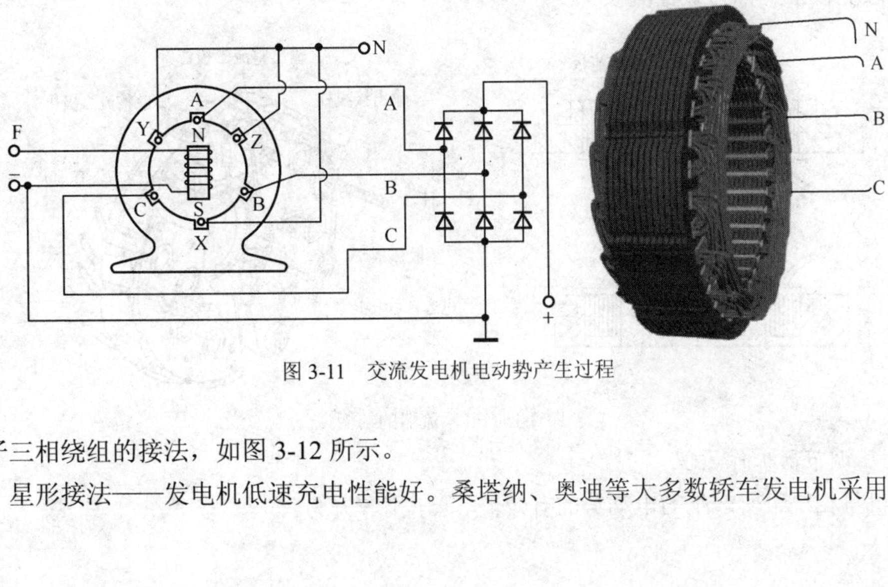

图 3-11　交流发电机电动势产生过程

定子三相绕组的接法，如图 3-12 所示。

（1）星形接法——发电机低速充电性能好。桑塔纳、奥迪等大多数轿车发电机采用。

（2）三角形接法——适于大功率发电机。神龙富康、北京切诺基等车发电机采用。

4. 整流器基本工作原理

整流器的功用是将定子绕组产生的三相交流电变为直流电。如图 3-13 所示，三相桥式整流电路由六只二极管组成。

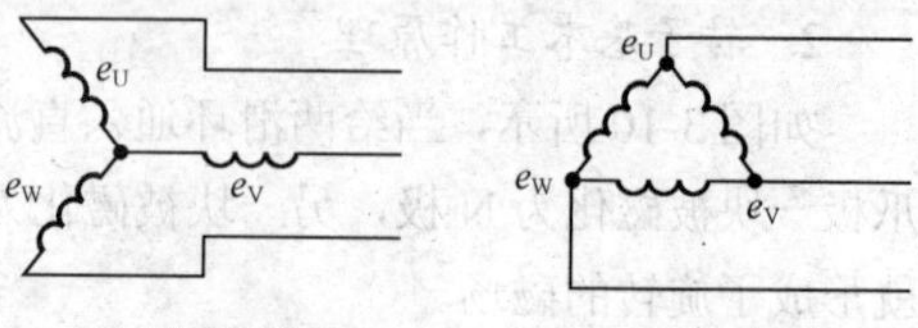

（a）星形接法　（b）三角形接法

图 3-12　定子三相绕组的接法

（a）电路图

（b）整流前波形

（c）整流后波形

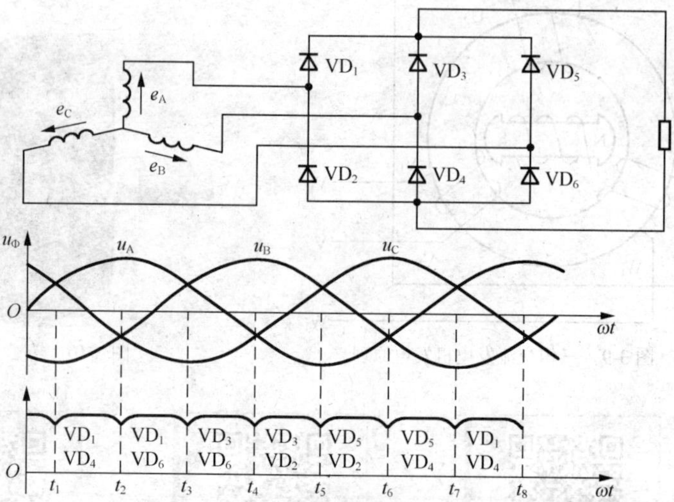

图 3-13　三相桥式整流电路

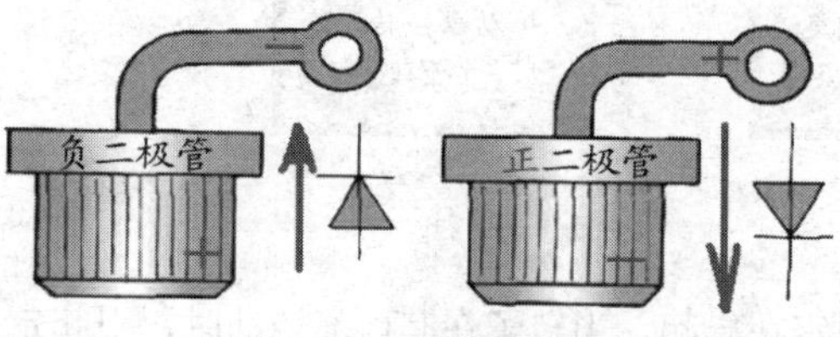

图 3-14　二极管及符号

如图 3-14 所示，二极管具有单向导电特性，当给二极管加上正向电压（正极电位高于负极电位）时，二极管导通；当给二极管加上反向电压（正极电位低于负极电位）时，二极管截止。根据引出电极的不同分为正二极管和负二极管。

如图 3-15 所示，将正二极管安装在一块铝制散热板上，称为正整流板；将负二极管安装在另一块铝制散热板上，称为负整流板。

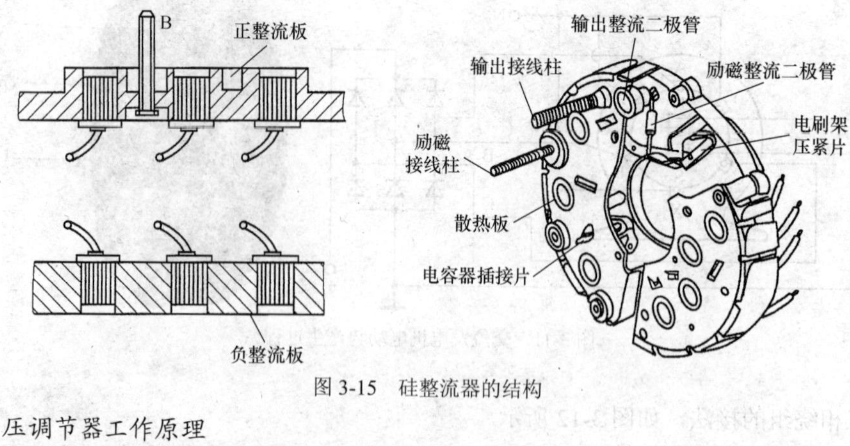

图 3-15　硅整流器的结构

5. 电压调节器工作原理

发电机每相绕组所产生的电动势的有效值（单位：V）为

$$E_{\Phi}=4.44KfN\Phi$$

式中：K——定子绕组系数，一般小于 1；

f——感应电动势的频率（Hz），$F=Pn/60$，P 为磁极对数，n 为转速；

N——每相绕组的匝数；

Φ——磁极的磁通（Wb）。

由此可见，交流发电机的输出电压与频率、定子绕组的匝数及励磁绕组的磁通量成正比。

电压调节器工作原理：当发电机发出电压低于调整值时，调节器内部开关管处于导通状态，发电机励磁绕组处于励磁状态。随着发电机转速升高，加载在调节器的电压升高。

如图 3-16 所示，当发电机发出电压到达调整值时，开关管关闭，转子磁通降低，发电机发出电压降低。当电压降到一定值时，调节器内部开关管又处于导通状态，发电机励磁绕组处于励磁状态。调节器周而复始的调节使发电机输出电压处于相对稳定状态。

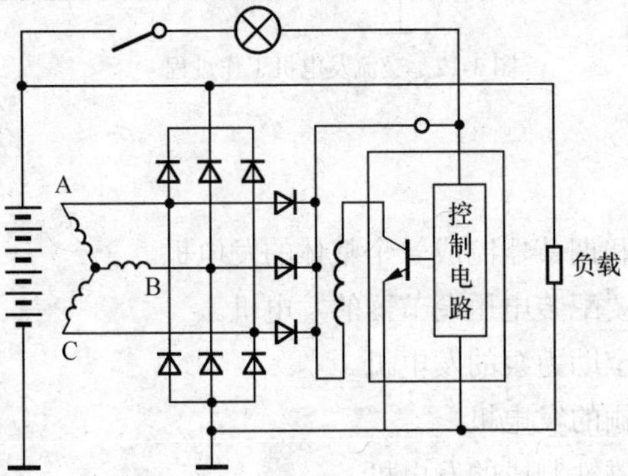

图 3-16　电压调节器工作原理

二维动画：电压调节器工作原理

（四）交流发电机的工作过程

1. 电源系统总体结构

如图 3-17 所示，传统电源系统主要由蓄电池、点火开关、充电指示灯和发电机等组成。发电机电路包括电枢绕组（定子线圈）、励磁绕组（转子线圈）、整流电路、电压调节器等部分。

2. 钥匙开关置于“ON”

路径：蓄电池+→点火开关→充电指示灯→发电机接线柱 D+→磁场绕组→调节器→搭铁→蓄电池。

（1）充电指示灯亮。

（2）发电机转子励磁线圈通电，两块爪极被分别磁化为 N 极和 S 极，从而形成交错的六对磁极。

3. 钥匙开关置于“START”

发动机起动，转子旋转，形成旋转的磁场。

旋转的磁场使固定的电枢绕组切割磁力线而产生电动势，经整流通过发电机接线柱 B+向蓄电池充电，同时为汽车正常运行提供电源。

（1）励磁绕组由蓄电池供电转为自身发的电供给。也就是说从他励发电转为自励发电。

（2）充电指示灯两端电压相等，压降为零，充电指示灯熄灭。若没有熄灭，说明可能发电机有故障，警告驾驶员发电机出现故障。

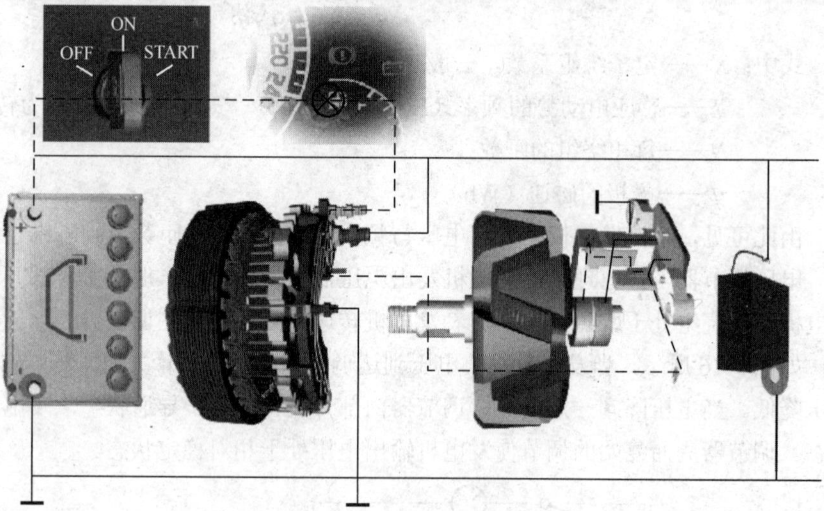

三维动画：交流发电机工作过程

图 3-17　交流发电机工作过程

（五）交流发电机的型号

1. 交流发电机类型

（1）整体式交流发电机：发电机和调节器制成一个整体的发电机。

（2）普通交流发电机：使用时需要配装电压调节器的发电机。

（3）带泵交流发电机：安装有真空助力泵的发电机。

（4）无刷交流发电机：不需要电刷的发电机。

（5）永磁交流发电机：磁极为永磁铁制成的发电机。

2. 交流发电机的代号

交流发电机的代号由五部分组成：

产品代号	电压等级代号	电流等级代号	设计序号	变型代号

产品代号：用中文字母表示。

JF—普通交流发电机。

JFZ—整体式（调节器内置）交流发电机。

JFB—带泵的交流发电机。

JFW—无刷交流发电机。

例如：桑塔纳、奥迪 100 的交流发电机 JFZ1913Z，JFZ—整体式（调节器内置）交流发电机。

电压等级代号：用一位阿拉伯数字表示。

1 表示 12V 系统。

2 表示 24V 系统。

6 表示 6V 系统。

例如：JFZ1913Z，JFZ 后面的 1 代表电压等级 12V。

电流等级代号：用一位阿拉伯数字表示。

1 表示≤10A。

2 表示 10～20A。

3 表示 20～30A。

4 表示 20～30A。

5 表示 20～30A。

……

9 表示≥90A。

例如：JFZ1913Z，JFZ1 后面的 9 代表输出电流大于 90A。

设计序号：用阿拉伯数字表示。

表示该产品设计先后顺序。

例如：JFZ1913Z，JFZ19 后面的 13 代表第 13 次设计。

变型代号：用 Y 或 Z 表示，从驱动端看。

Y—调整臂位置在右边。

Z—调整臂位置在左边。

调整臂在中间不加标记。

例如：JFZ1913Z，Z 代表调整臂位于左边。

二、汽车交流发电机的检测

（一）发电机的常见故障

1. 发电量过低

（1）故障现象。如图 3-18 所示，发动机起动后，充电指示灯亮，发动机中、高速时，充电指示灯熄灭。

图 3-18 发电机

（2）故障原因。发电机皮带过松、有油污；发电机固定是否牢固；连线有松动或锈蚀；发电机整流器个别二极管损坏；电刷磨损或弹簧弹力不足；发电机定子绕组或转子绕组有短路或断路故障。

2. 发电电压过高

（1）故障现象。经常烧灯泡、熔断丝及开关等电气设备。

（2）故障原因。电压调节器内部故障；电压调节器外部线路故障。

3. 发电机不发电

（1）故障现象。打开点火开关，充电指示灯不亮或发动机起动后，充电指示灯常亮。

（2）故障原因。电压调节器损坏，调节器的接线松动或接触不良，发电机转子线圈断路，电刷损坏和整流板二极管损坏等。

4. 电机异响

（1）故障现象。发电机使用过程中有时会出现异响。

（2）故障原因。轴承破损、轴弯曲、电枢扫膛声，整流器噪声（电刷压力和整流子表面 ）和皮带噪声等。

（二）发电机的外观检查

（1）发电机在汽车上安装要牢固，不得有变形、裂纹。

（2）检查连接线是否牢固，不得有松动、接触不良现象。松动、接触不良会产生瞬时高压电，从而击穿用电设备。大电流的通断也可能产生电火花，形成安全隐患。

（3）传动带有无裂纹或超出磨损极限，如有应及时更换。

（4）检查传动带的松紧度。过松容易发生皮带打滑，过紧会损坏轴承或使转子轴弯曲变形。若传动带的松紧度不符合要求，应及时调整。

（三）发电机技术状态检查

1. 转子检测

转子绕组常见故障为短路、断路和接地。

如图 3-19 所示，短路和断路检查方法是：用万用表测量两个滑环电阻，如果测得的电阻值为 2～3Ω（不同型号发电机电阻值不同），则说明转子线圈良好，若电阻值无穷大，说明有断路故障，若阻值过低，则说明转子绕组有短路故障。

如图 3-20 所示，接地故障检查方法：将万用表置于Ω挡，一只表笔接转子的一滑环，另一只表笔接转子轴或爪极，如果测得的电阻值为无穷大，说明绝缘良好，若有阻值，则说明转子绕组有搭铁故障。

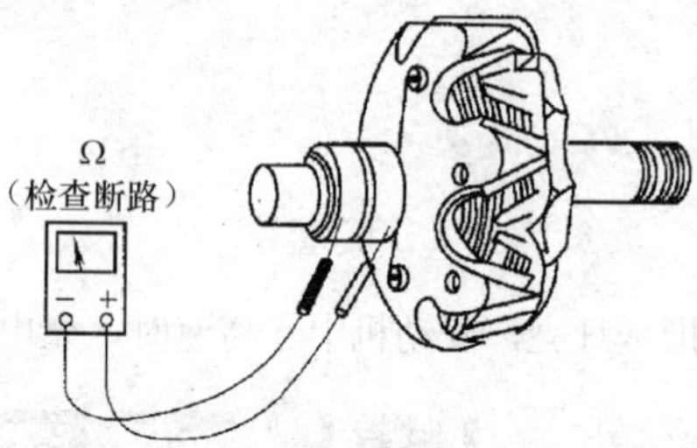

图 3-19　发电机转子绕组电阻的检测

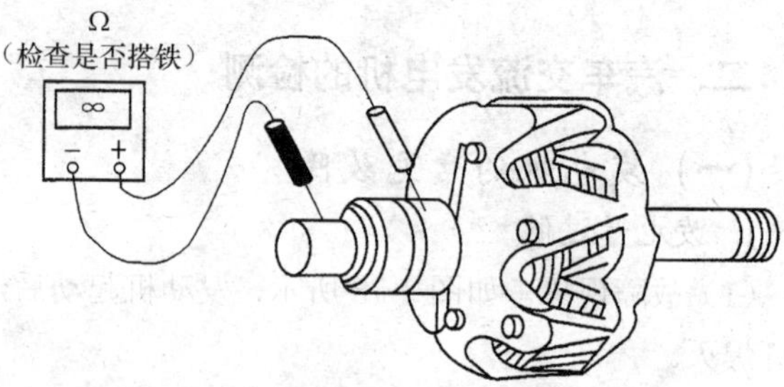

图 3-20　发电机转子绕组搭铁检查

2. 定子绕组检测

定子绕组常见故障为短路、断路、接地故障。

如图 3-21 所示，短路和断路检查方法是：将万用表置于Ω挡，一只表笔接定子线圈中性点引线，另一只表笔分别接三个端头，正常情况三个电阻阻值相等，若测量某一端头无阻值，则表明该绕组断路，若测量某一端头阻值小，则表明该绕组有短路故障。

如图 3-22 所示，接地故障检查方法是：万用表的一只表笔接定子线圈中性点引线，另一只表笔接铁心处，如果测得的电阻值为无穷大，说明绝缘良好，若有阻值，则说明绕组有接地故障。

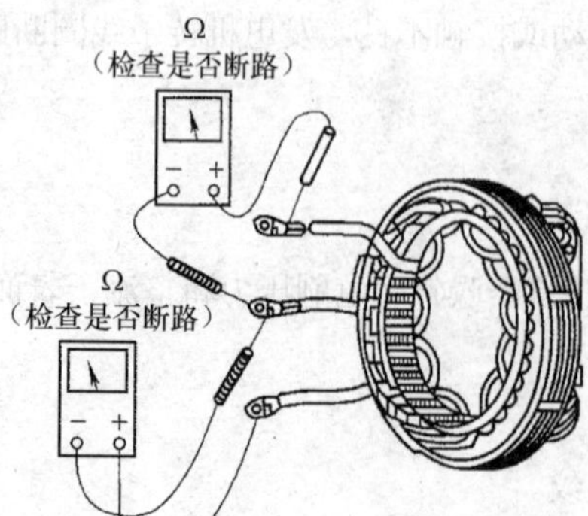

图 3-21　定子绕组电阻的检测

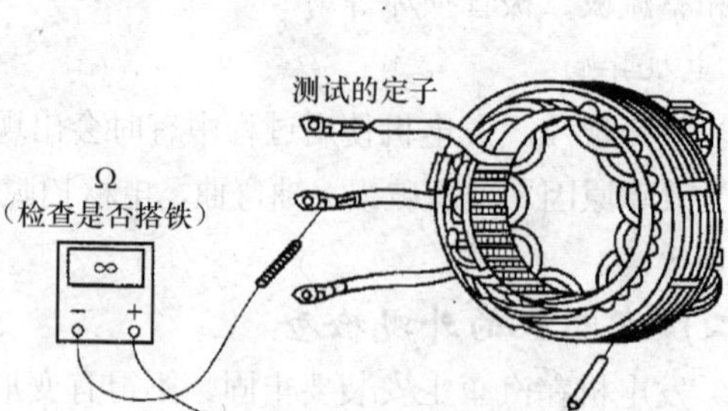

图 3-22　定子绕组搭铁检查

3. 电压调节器检测

（1）电压调节器在车辆上的检测。

① 如图 3-23 所示，测量发动机起动前蓄电池端电压。发动机起动前蓄电池端电压正常读数 12.6V 左右，电压过低可能蓄电池电量不足或存在故障。

② 如图 3-24 所示，测量发动机起动后蓄电池端电压。发动机起动时蓄电池端电压瞬间降低，然后迅速提高至 14.3V 左右，此时说明发电机工作正常。

③ 测量发动机中、高转速蓄电池端电压。逐渐提高发动机转速，蓄电池端电压还应稳定在 14.3V 左右，说明电压调节器工作正常。

微课视频：电压调节器就车检测

微课视频：电压调节器故障检测

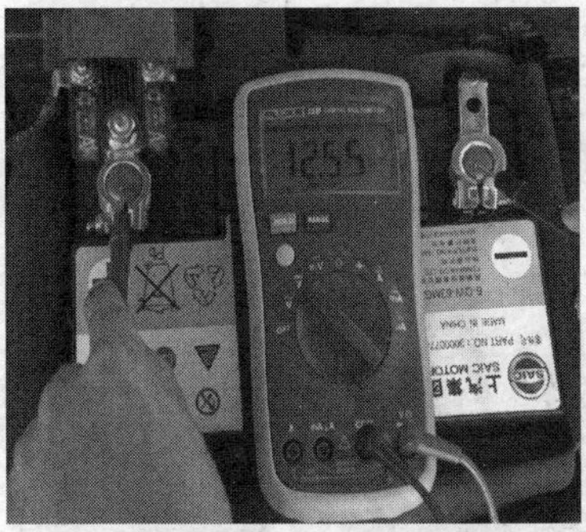

图 3-23　发动机起动前蓄电池端电压

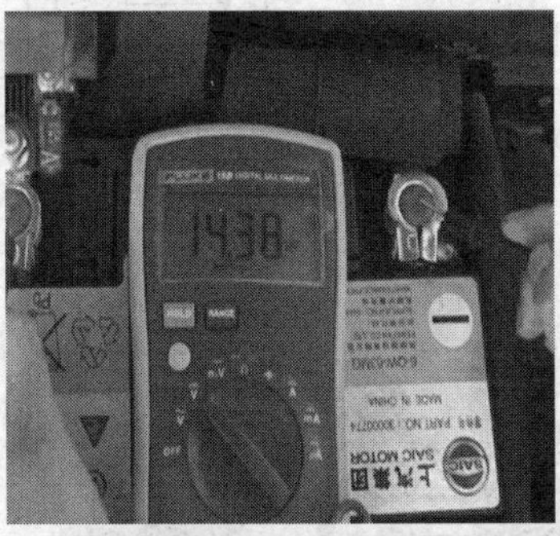

图 3-24　发动机起动后蓄电池端电压

（2）电压调节器试验检测。如图 3-25 所示，选取被测量的电压调节器、可调直流电源一台、12V 灯泡一只和连接导线。

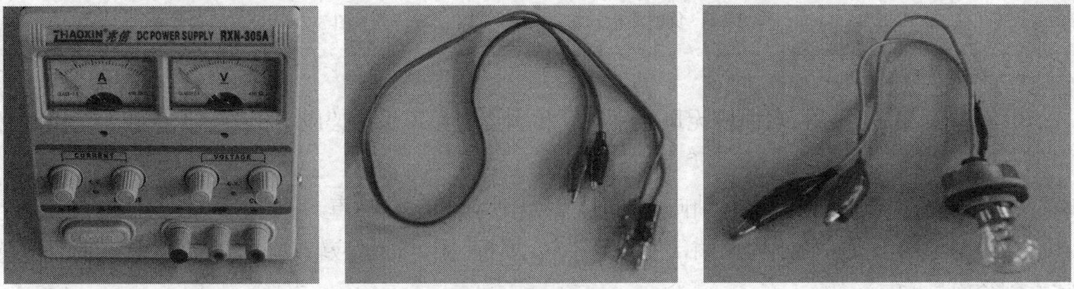

（a）可调直流电源　（b）连接导线　（c）12V 灯泡和连接导线

图 3-25　电压调节器试验检测工具

如图 3-26 所示，将被测量电压调节器按照如图所示的线路连接。打开电源开关，逐渐提高电压，灯泡随着电压升高由暗到亮，当电压升至 14.3V 时，灯泡熄灭，逐渐降低电压，当电压降至 13.9V 时，灯泡重新点亮，表明此调节器工作正常，否则为故障调压器。

4. 负整流板检测

如图 3-27 所示，将万用表置于测量二极管挡位，用黑表笔接极板，红表笔依次连接二极管的一端，二极管均应无穷大；然后再将表笔对换，测得的电阻值均应导通，说明该二极管是好的。否则说明二极管已损坏，不能使用，需更换整流器总成。

5. 正整流板检测

如图 3-28 所示，将万用表置于测量二极管挡位，用红表笔接极板，黑表笔依次连接二极管的一端，二极管电阻值均应无穷大；然后再表笔对换，测得的电阻值均应导通，说明该二极管是好的。否则说明二极管已损坏，不能使用，需更换整流器总成。

二维动画：电压调节器检测电路

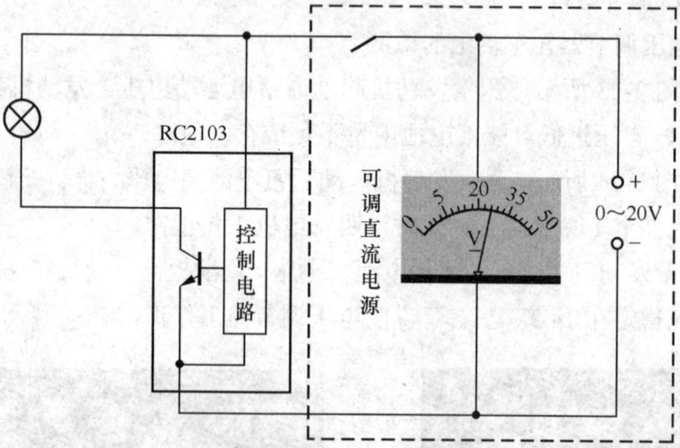

图 3-26　电压调节器检测电路

三维动画：整流板检测

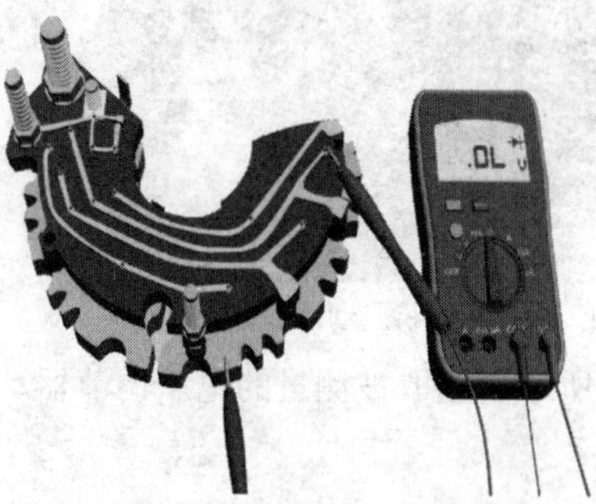

图 3-27　负整流板检测

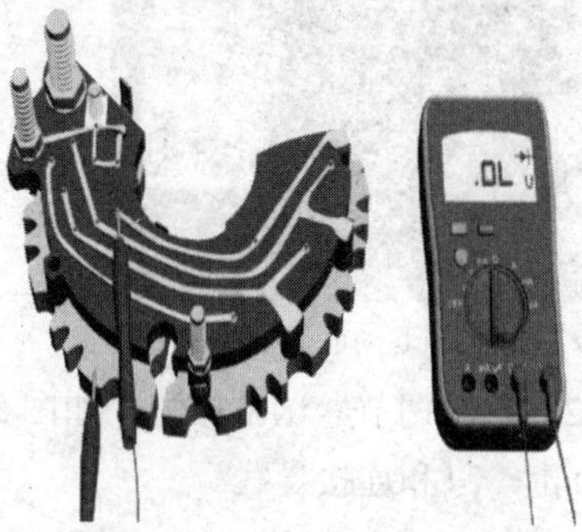

图 3-28　正整流板检测

6. 轴承检测

（1）如图 3-29 所示，表面应无斑点、裂纹和剥皮现象；保持架应不松散、无破损，与滚动体间隙不过大。

（2）用手指捏住内座圈进行轴向晃动时，应无明显的旷动响声。

（3）用一只手夹持轴承内座圈，另一只手转动外座圈，轴承应转动灵活，无异响，而且应感觉不到径向晃动。

7. 电刷装置

（1）如图 3-30 所示，电刷和电刷盒无破损、裂纹和变形，电刷在电刷盒内活动自如，无卡滞现象。

图 3-29　轴承

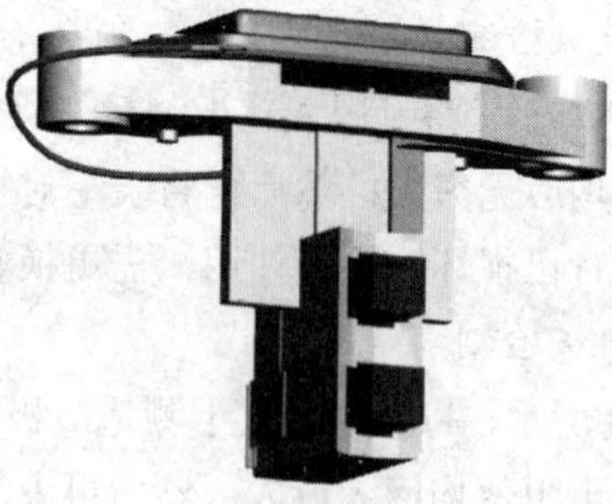

图 3-30　电刷

（2）电刷长度符合要求，电刷磨损量超过高度的 1/2 时，要更换电刷，更换时两个电刷应同时更换。

（3）电刷工作面与滑环的接触面积在 75%以上，新更换的电刷对其工作面进行研磨，将其磨成圆弧状。

（4）电刷弹簧弹力良好。

（四）发电机的整机检查

1. 充电指示灯检查

如图 3-31 所示，打开点火开关，充电指示灯应亮，不亮说明发电机励磁电路、电压调节器、指示灯有故障。

起动发动机，充电指示灯应灭，不灭说明发电机整流板二极管损坏、发电机皮带过松、有油污等故障。

2. 电压检查

如图 3-32 所示，起动发动机，并不断提高发动机转数，检查蓄电池端电压。

图 3-31　充电指示灯亮

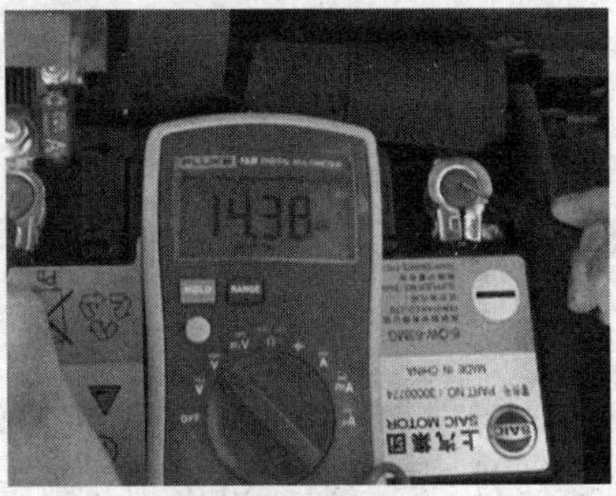

图 3-32　电压检查

3. 声音检查

如图 3-33 所示，起动发动机后，要经常检查发电机在使用过程中皮带无噪声，发电机内部无异响。

（五）发电机的维护与使用

图 3-33　声音检查

（1）交流发电机与蓄电池之间的连线必须牢固可靠。连线松动会产生瞬时高压电，从而击穿用电设备，也可能产生电火花，形成安全隐患。

（2）传动带的张力应调整合适。过松，易使传动带打滑，造成发电不足；过紧，容易损坏传动带和发电机轴承。调整时，可在传送带正中处按下，挠度为 7～14mm。

（3）打开点火开关，充电指示灯应亮，不亮说明发电机可能有故障，此时要找出故障原因，故障排除后再起动发动机和使用车辆。

（4）汽车行驶中，应经常观察仪表盘，若发现充电指示灯亮，应及时就近停车停机，找出故障原因，并加以排除。若继续运行，此时汽车用电可能由蓄电池提供，蓄电池长时间放电会造成影响行车安全。

微课视频：发电机的检测与保养 1

微课视频：发电机的检测与保养 2

项目实施

任务一　汽车发电机的检修

【学习目标】

学习目标	知识目标	❖ 掌握汽车发电机的功能和基本组成 ❖ 能正确描述汽车交流发电机的工作原理 ❖ 能正确描述发电机各主要部件的工作原理 ❖ 会运用所学知识分析常见故障发生的原因
	能力目标	❖ 能正确分析汽车发电机不发电的原因 ❖ 掌握判断汽车发电机各种故障诊断的方法 ❖ 能熟练使用各种拆装工具拆装发电机 ❖ 能对发电机故障进行检查和处理

【任务导入】

一台大众汽车桑塔纳 2000 轿车的发电机在库房长期停放，为了检测其性能，对发电机进行整体检修。

【任务准备】

1. 工具

如图 3-34 所示，木槌一把、75W 电烙铁一把、24mm 套筒一个、棘轮扳手一把、8mm 套筒一个、组合螺丝刀手柄一把、8mm 梅花扳手一把、14mm 梅花扳手一把、十字和一字螺丝刀各一把、尖嘴钳一把。

微课视频：发电机的检修

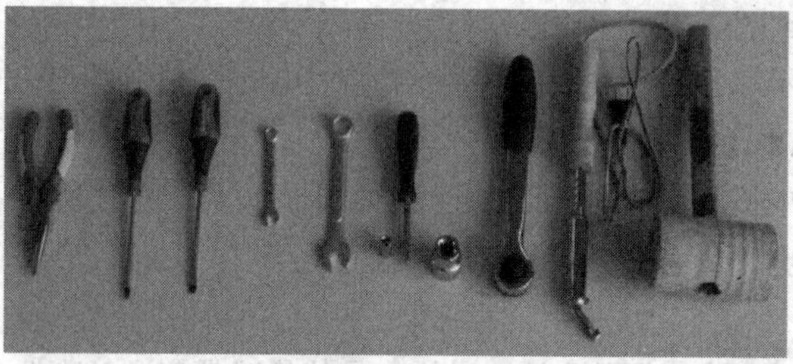

图 3-34　汽车发电机检修工具

2. 设备

万用表一块。

【检修工艺】

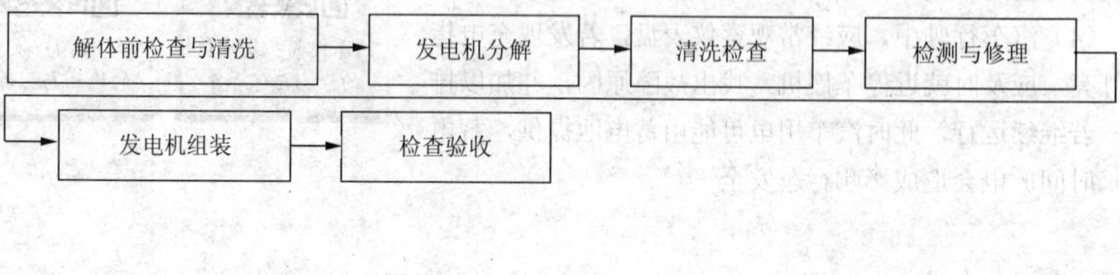

【操作步骤】

（一）解体前检查与清洗

1. 解体前的清洗

用清洗液清洗发电机外部，用棉纱擦拭干净，发电机表面应清洁无异物。

2. 解体前的检查

进行发电机整体检查，机体无裂纹和变形，各零部件应完整无损，对损坏的零部件应查明原因并记录。

人为转动转子，转子应转动灵活，无卡滞无异响。

（二）发电机分解

1．用十字螺丝刀拆下防护罩紧固螺钉，如图 3-35 所示。

2．用 8mm 梅花扳手拆下中性线接线柱螺母，如图 3-36 所示。

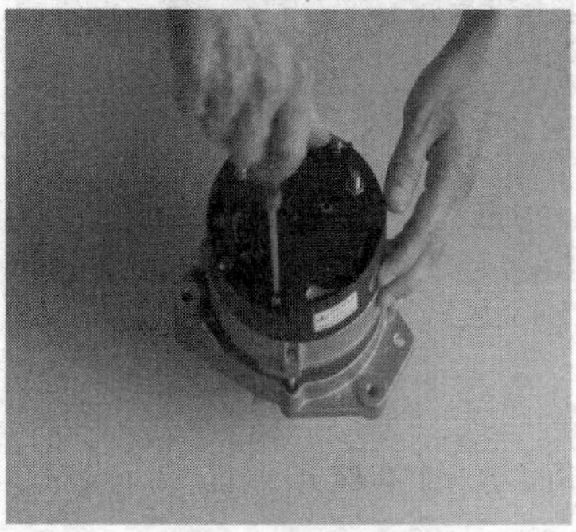

图 3-35　拆下防护罩

图 3-36　拆下中性线接线柱螺母

3．用 14mm 梅花扳手拆下发电机输出端螺母，取下防护罩，如图 3-37 所示。

4．用十字螺丝刀拆下电刷装置紧固螺钉，取下电刷装置，如图 3-38 所示。

图 3-37　拆发动机防护罩

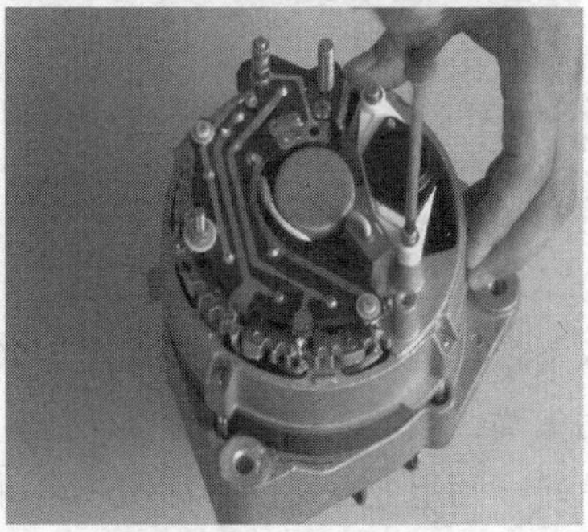

图 3-38　拆下电刷装置

5．用十字螺丝刀拆下滤波电容紧固螺钉，拔下插头，取下滤波电容，如图 3-39 所示。

6．用十字螺丝刀拆下整流器三个紧固螺钉，如图 3-40 所示。

7．用电烙铁焊开电枢绕组引出线四个焊点，取下整流器，如图 3-41 所示。

8．用 8mm 套筒、棘轮扳手拆下四个端盖紧固螺钉，取下后端盖，如图 3-42 所示。

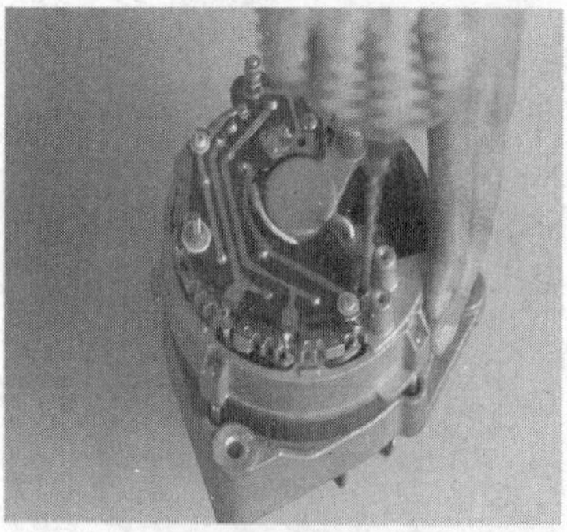

图 3-39 拆下滤波电容

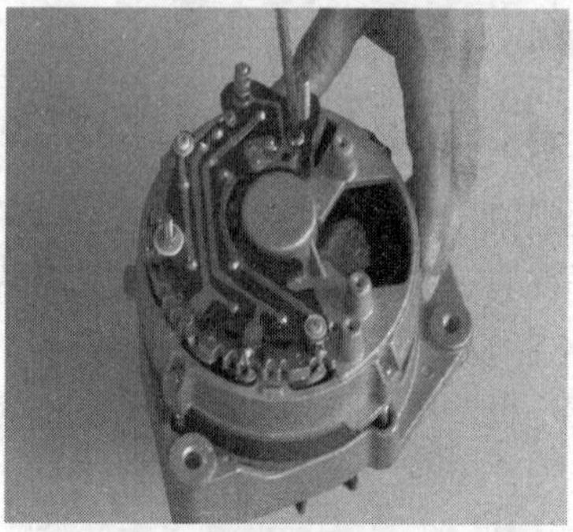

图 3-40 拆下整流器固定螺钉

图 3-41 取下整流器

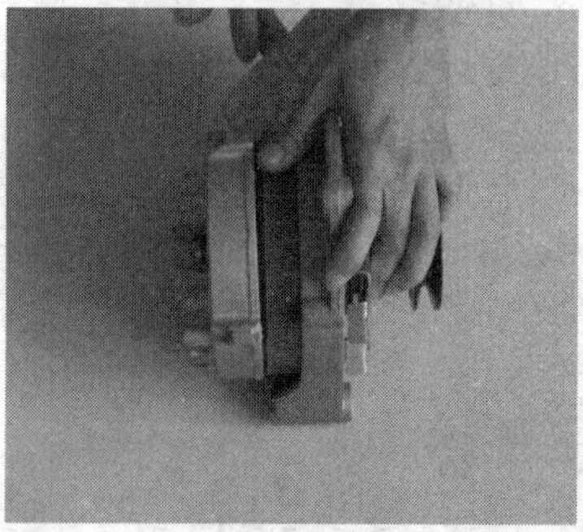

图 3-42 取下后端盖

9．用木槌敲击定子，取下定子总成，如图 3-43 所示。

10．用 24mm 套筒、棘轮扳手拆下皮带轮紧固螺母，如图 3-44 所示。

图 3-43 取下定子总成

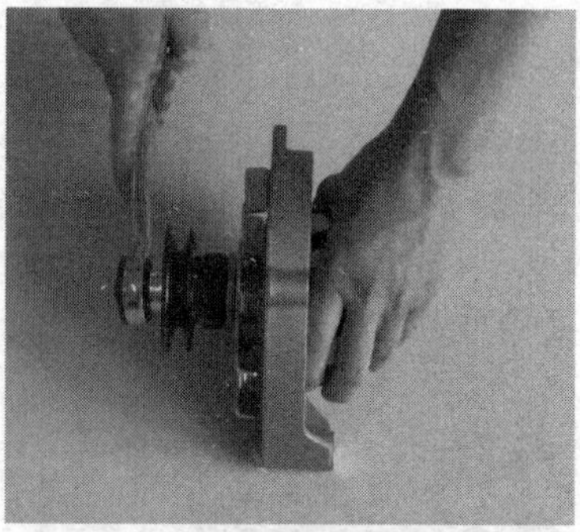

图 3-44 拆下皮带轮

11．取下带轮、垫圈、风扇，如图 3-45 所示。

12．用尖嘴钳在转子轴上取下半圆键，如图 3-46 所示。

13．从转子轴上取下垫圈，如图 3-47 所示。

14．将前端盖与转子分离，如图 3-48 所示。

（三）清洗检查

用清洗液清洗发电机零部件，清除零部件污垢，用棉纱擦拭干净，部件应清洁无异物。

（四）检测与修理

1．转子检测

（1）转子轴无弯曲变形，螺纹无滑扣、乱扣。

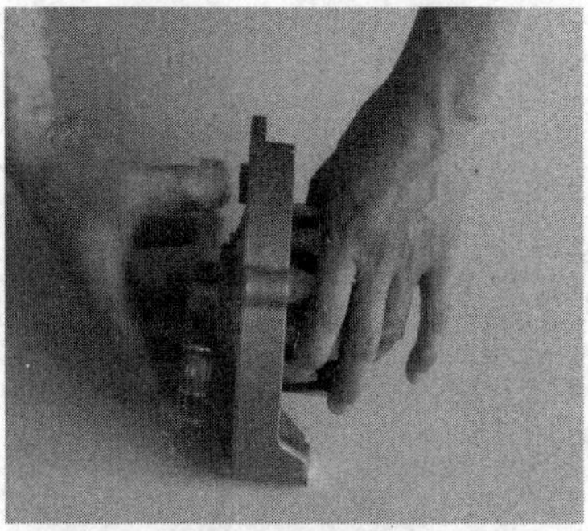

图 3-45　取下风扇

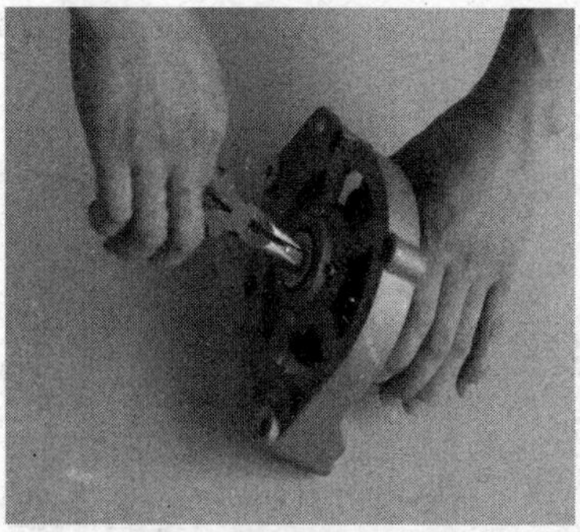

图 3-46　取下半圆键

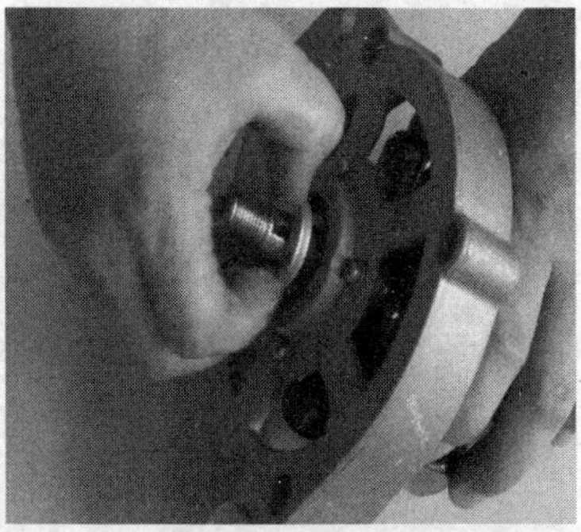

图 3-47　取下垫圈

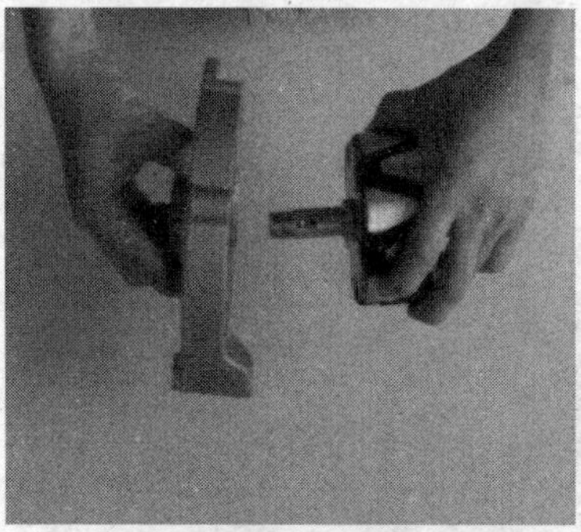

图 3-48　取下前端盖

（2）集电环的检查：集电环表面应平整光滑，无明显烧损，否则可用 0 号砂布打磨。两集电环间隙处应无聚积物。集电环圆度误差不超过 0.025mm，厚度不小于 1.5mm。

（3）短路和断路检查方法是：用万用表测量两个滑环电阻，如果测得的电阻值为 2～3Ω（不同型号发电机电阻值不同），则说明转子线圈良好，若电阻值无穷大，说明有断路故障，若阻值过低，则说明转子绕组有短路故障。

微课视频：转子的检测

（4）转子绕组搭铁检查：用万用表电阻挡检测两集电环与铁心（或转子轴）之间的导通情况。若电阻为零，说明有搭铁故障，正常应为“∞”。

2. 定子检测

（1）检查定子线圈无变色和烧损，漆皮绝缘良好无脱落。

（2）定子绕组短路与断路的检查：用数字万用表的低电阻挡检测定子绕组的三个接线端，两两接线端分别相测。正常时，阻值小于 1Ω 且相等。阻值为“∞”，说明断路；阻值为零，说明短路。

微课视频：发电机的分解

（3）定子绕组搭铁检查：用万用表电阻挡测定子绕组接线端与铁心间的电阻，若电阻过小，说明有绝缘不良故障。正常应指示“∞”。

3. 整流器的检查

（1）二极管应安装牢固，无变色。

微课视频：整流器的检测

（2）检测二极管：用数字万用表的二极管挡测量二极管是否导通或截止，然后表笔对调再测量是否导通或截止，正常时一端导通另一端截止，否则为二极管损坏，需更换二极管或整流器总成。

4. 电刷装置的检查

（1）电刷和电刷盒无破损、裂纹和变形，电刷在电刷盒内活动自如，无卡滞现象。

（2）电刷长度符合要求，电刷磨损量超过高度的 1/2 时，要更换电刷，更换时两个电刷应同时更换。

（3）电刷工作面与整流子的接触面积在 75%以上，新更换的电刷对其工作面进行研磨，将其磨成圆弧状。

微课视频：电刷装置的检测

（4）电刷弹簧弹力良好。电刷表面不得有油污，且应在电刷架中活动自如，电刷磨损不得超过原高度的 1/2（标准长度为 10.5mm）；当电刷从电刷架中露出 2mm 时，电刷弹簧力一般为 2～3N；电刷架应无烧损、破裂或变形。

（五）发电机组装

1．将前端盖装到转子轴上，如图 3-49 所示。

2．将垫圈、半圆键分别装到转子轴上，如图 3-50 所示。

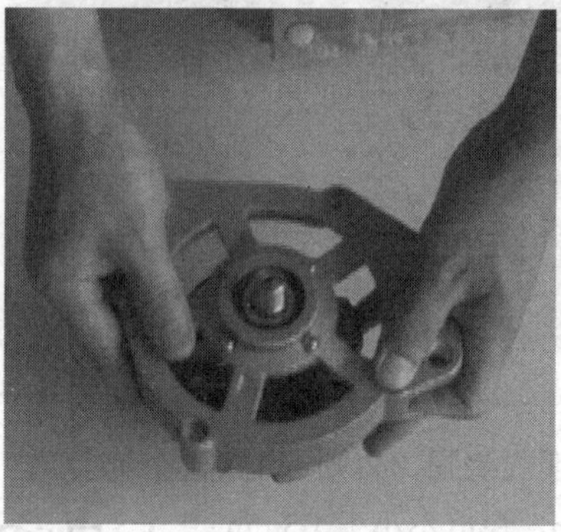

图 3-49　安装前端盖

图 3-50　安装垫圈、半圆键

3．将风扇、垫圈、带轮装到转子轴上，用 24mm 棘轮扳手扭紧皮带轮紧固螺母，如图 3-51 所示。

4．将整流器安放到后端盖上，用十字螺丝刀安装三个紧固螺钉，如图 3-52 所示。

图 3-51　安装风扇、垫圈、带轮

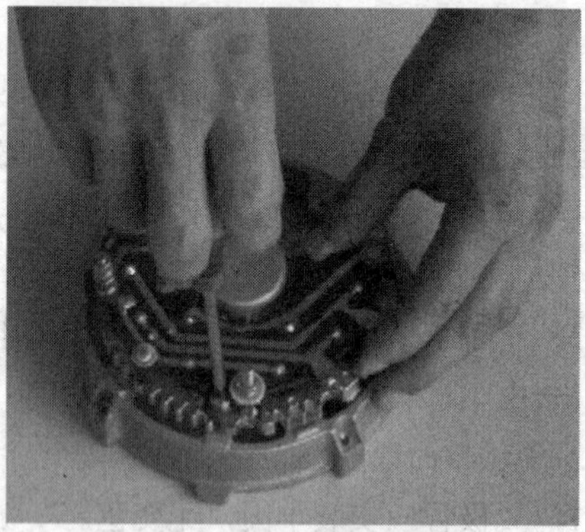

图 3-52　安装整流器

5．将定子安装到后端盖上，用电烙铁将定子线圈四个端子焊好，如图 3-53 所示。

6．将后端盖装到转子轴上。用 8mm 套筒、棘轮扳手扭紧四个端紧固螺钉，如图 3-54 所示。

7．装上电容器，用十字螺丝刀扭紧螺钉，插上插头，如图 3-55 所示。

8．装上电刷装置，用十字螺丝刀紧固两个紧固螺钉，如图 3-56 所示。

图 3-53 安装定子

图 3-54 安装后端盖

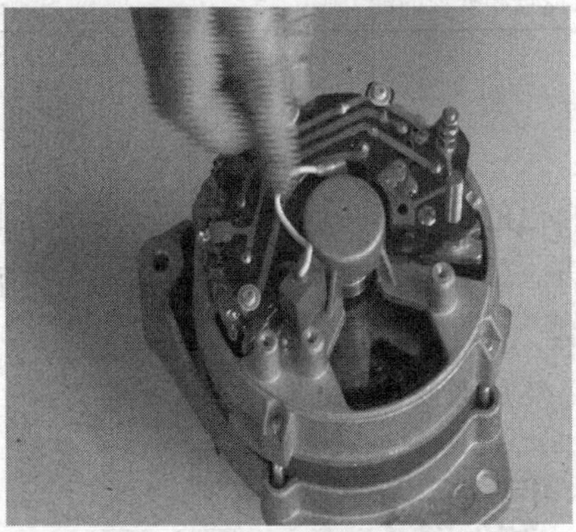

图 3-55 安装电容器

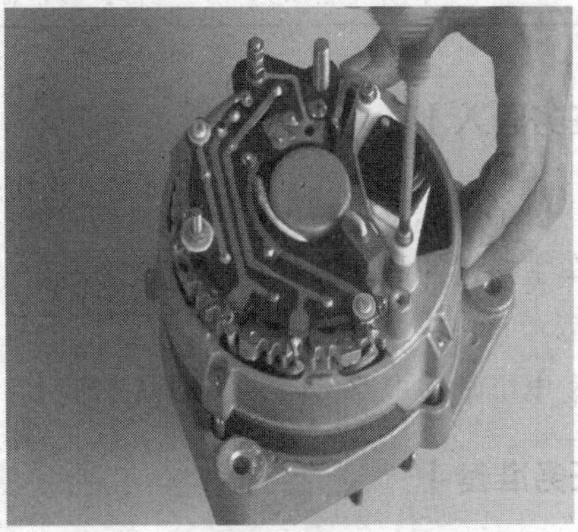

图 3-56 安装电刷

9．安装防护罩，用十字螺丝刀扭紧螺钉。用 8mm 梅花扳手扭紧螺母。用 14mm 梅花扳手扭紧螺母，如图 3-57 所示。

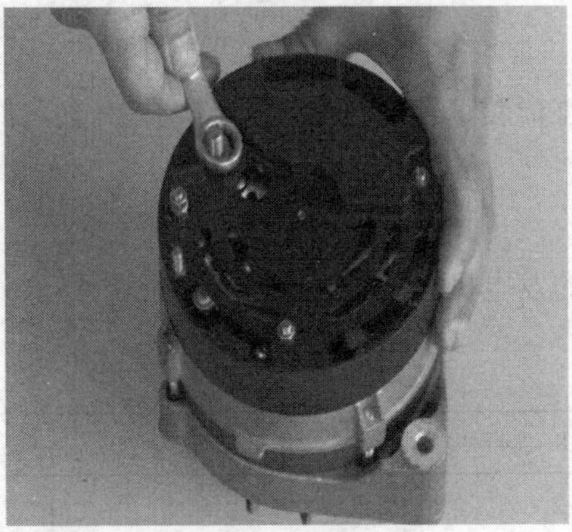

图 3-57 安装防护罩

视频：发电机的组装

（六）检查验收

1．人为转动转子，转子应转动灵活，无卡滞，无异响。

2．整理工具材料，工具材料完整齐全。

3．清点工具、设备，工具、设备应无丢失，整理擦拭工具和设备，注意工作场地文明化。

4．填写任务工单。

任务二　汽车充电指示灯不亮

【学习目标】

学习目标	知识目标	❖ 能正确分析不同车型发电机电路工作原理 ❖ 进一步深化发电机的结构组成 ❖ 能正确描述发电机各部件工作原理 ❖ 掌握发电机的拆装与检修方法
	能力目标	❖ 能根据故障症状制定编制检修计划 ❖ 能根据故障症状选择合理的诊断设备 ❖ 能使用万用表、试灯等仪器对电源系统进行检测 ❖ 具备对故障进行分析检查和处理的能力

【任务导入】

一位丰田卡罗拉轿车车主来到汽车维修店，反映自己的轿车打开点火开关充电指示灯不亮。根据车主描述的故障症状，维修技师对车辆进行了检查。最后确认故障原因是交流发电机励磁电路故障。

发电机励磁电路故障，需要从车辆上拆卸发电机，然后对发电机进行检修。

【任务准备】

微课视频：汽车充电指示灯不亮故障检修

1. 工具

组合工具一套、电烙铁一把、万用表一块。

2. 设备

卡罗拉轿车一辆。

3. 防护用品

车辆防护用的车辆挡块、地板垫、座椅套、转向盘套、护裙等各一套，如图 1-64 所示。

【技术标准与要求】

（1）安装丰田卡罗拉轿车配套使用的发电机。

（2）发电机技术参数如下。

额定电压/V	14.8	调节器形式	集成电路
磁场绕组电阻/Ω（20℃）	2.3～2.7	调节电压/V	12.7～14.8
新电刷高度/mm	11.5	安装方式	单挂脚
电刷极限高度/mm	4.5	搭铁形式	内搭铁

（3）在发动机停止情况下，不允许点火开关长时间保持“ON”位置。

（4）发电机与蓄电池间的电缆要连接可靠。

（5）发电机 V 形带的挠度和性能正常。新 V 形带挠度为 7.5～8.6mm；旧 V 形带挠度为 8.0～10.0mm。如传动异响，应更换 V 形带。

【检修工艺】

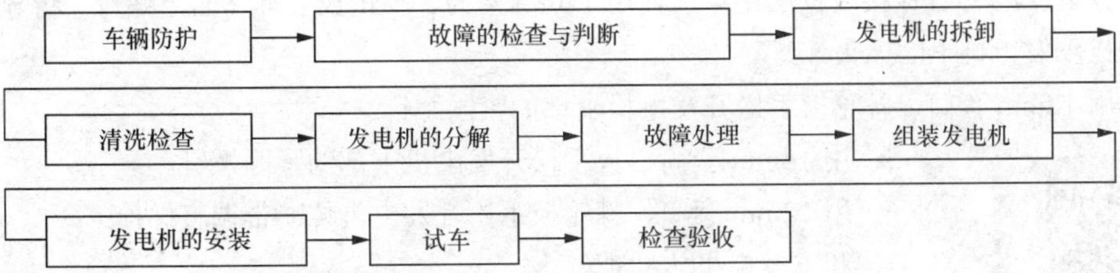

【操作步骤】

（一）车辆防护

1．安装车辆挡块。

2．安装尾气收集管。

3．打开车门，安装地板垫、座椅套、转向盘套。

4．进入车内，将点火开关旋至“ON”位，打开主驾驶侧电动车窗。

5．确认灯光、空调、音响等用电设备处于关闭状态，将点火开关旋至“OFF”位。

6．确认变速杆置于“P”挡，拉紧驻车制动杆。

7．拉动发动机罩释放杆，关闭车门。

8．打开发动机罩，安装护裙。

（二）故障的检查与判断

1．用拇指下压发动机V形带轮与张紧装置之间的V形带，检查V形带的挠度是否正常。

2．检查发电机控制插头是否连接牢固。

3．检查发电机接线柱是否连接牢固。

4．如图3-58所示，将点火开关置于“ON”位，此时位于组合仪表中的充电指示灯应点亮，不亮应起动发动机，并测量蓄电池端电压（判断发电机是否正常工作，正常工作故障点可能是指示灯灯泡损坏）。当输出电压低（发电机没有正常工作）时，将点火开关置于“ON”位，拔下控制插头，测量励磁电路电压（见图 3-59），电压正常，为发电机励磁电路故障，此时应拔下车辆钥匙，对故障进行处理。

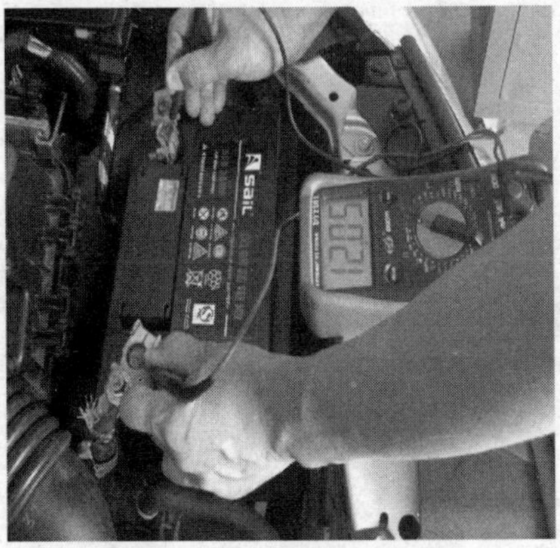

图3-58　测量蓄电池端电压

图3-59　测量励磁电路电压

（三）发电机的拆卸

1．松开蓄电池负极电缆夹的紧固螺母，卸下负极电缆。

2．拆下发电机上 B 接线柱的绝缘盖，用 12mm 套筒、棘轮扳手拆下固定螺母，将导线取下。

3．拔下发电机上的插头。

4．用 12mm 套筒、棘轮扳手松开发电机上部的紧固螺钉。

5．用 14mm 套筒、扳手松开发电机下部的紧固螺钉。

6．用 12mm 套筒、棘轮扳手松开发电机传动带调整螺栓。

7．卸下发电机传动带。

8．卸下发电机上的两个紧固螺栓。

9．取出发电机，搬出时注意安全。

视频：发电机的拆卸

（四）清洗检查

1．清洁发电机表面。

2．检查发电机壳体，壳体应无变形、破裂，接线插座完好，接线柱无烧损和锈蚀。

3．人为转动转子，转子应转动灵活，无卡滞无异响。

（五）发电机的分解

1．用 8mm 套筒、棘轮扳手卸下发电机后端的三个紧固螺钉。

2．取下防护罩。

3．用十字螺丝刀拆下固定电刷架的两个紧固螺钉。

4．取下电刷装置，发现电刷装置已损坏，需更换。

（六）故障处理

1．清洁发电机零部件。

2．用万用表对转子绕组进行短路、断路和接地测量。

3．领取新的电刷装置。

4．对新的电刷装置进行检查。电刷和电刷盒无破损、裂纹和变形，电刷在刷盒内活动自如，无卡滞现象，电刷弹簧弹力良好。电刷工作面与滑环的接触面积在 75%以上，新更换的电刷对其工作面进行研磨，将其磨成圆弧状。

（七）组装发电机

1．用一根钢丝从电刷架上的小孔穿过，把两个电刷压入电刷架中。

2．把电刷架安放到发电机上，用十字螺丝刀扭紧固定电刷架的两个紧固螺钉。

3．抽出电刷架上的钢丝。

4．装上防护罩。

5．用 8mm 套筒、棘轮扳手扭紧发电机后端的三个紧固螺钉。

（八）发电机的安装

1．将发电机安装在气缸体上的支架上，使发电机支撑臂的螺栓孔与支架的螺栓孔对齐。

2．安装发电机紧固螺钉。

3．装上皮带，装上调整臂上的发电机紧固螺栓。

4．安装发电机皮带调整螺栓。

5．调整发电机皮带调整螺栓，使皮带的松紧度符合要求。

6．用 14mm 套筒、预紧力扳手扭紧发电机下部的固定螺栓。

7. 用12mm套筒、棘轮扳手扭紧发电机上部的固定螺栓。

8. 装上发电机的插头。

9. 将连接蓄电池的火线安装到发电机接线柱上，并用 12mm 套筒、棘轮扳手扭紧固定螺母，盖上绝缘盖。

视频：发电机的安装

10. 装上蓄电池负极电缆，扭紧负极电缆夹的紧固螺母。

（九）试车

1. 进入驾驶室，将点火开关置于“ON”位，位于组合仪表中的充电指示灯是否点亮。

2. 打开点火开关，起动发动机，观察仪表盘上的充电指示灯是否熄灭。

3. 用万用表测量发电机输出电压。

（十）检查验收

1. 取下转向盘套，取下座椅套，取下地板垫。

2. 取下护裙，闭合发动机罩。

3. 卸下尾气收集管。

4. 取下车辆挡块。

5. 整理工具材料，工具材料完整齐全。

6. 清点工具、设备和防护用品，工具、设备和防护用品应无丢失，整理擦拭工具和设备，注意工作场地文明化。

7. 填写任务工单。

项目四 汽车起动系统

汽车装用的汽油发动机或柴油发动机属于内燃机，其本身不能起动，必须借助外力，才能开始运转。发动机所借助的外力一般是指以蓄电池为电源的直流电动机，人们把起动发动机用的这种电动机称为起动机。

学习导航

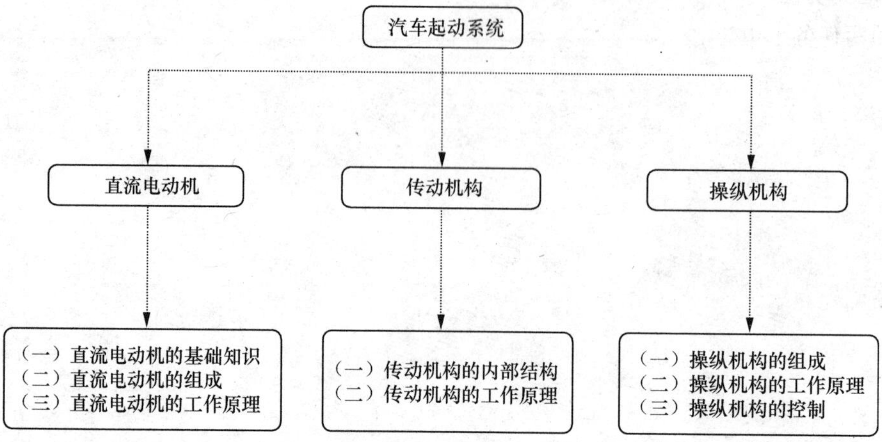

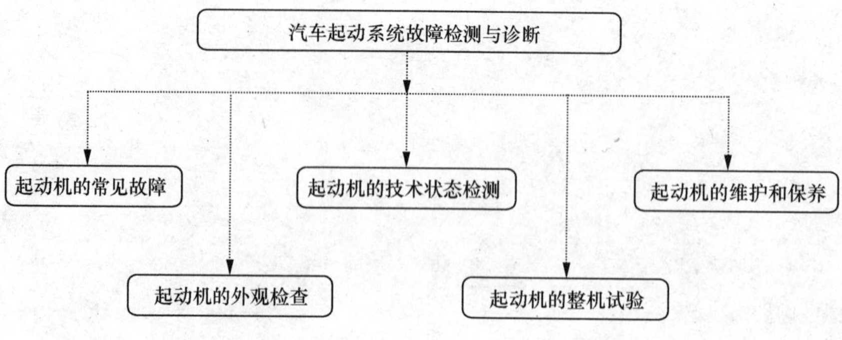

相关知识

一、汽车起动系统

（一）起动机的作用

起动机如图 4-1 所示，它的作用就是将蓄电池的电能转换成机械能。起动发动机运转，发动机起动之后，起动机便立即停止工作。

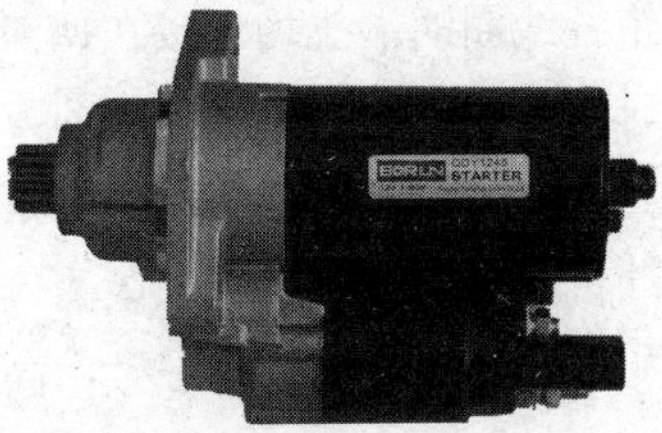

图 4-1　起动机

（二）起动机的结构

汽车起动机一般由直流电动机、传动机构和操纵机构三个部分组成，如图 4-2 所示。其具有操作简单、体积小、质量轻、安全可靠、起动迅速，并可重复起动等优点。

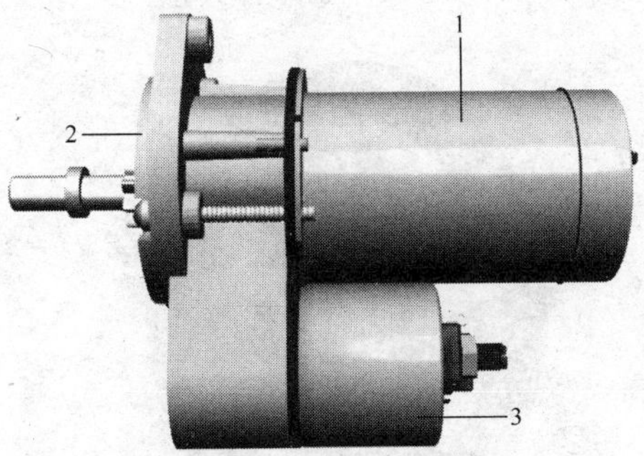

图 4-2　起动机的结构

1—直流电动机；2—传动机构；3—操纵机构

三维动画：起动机的外形

视频：起动机拆解

三维动画：起动机分解

1. 直流电动机

直流电动机的作用是将蓄电池输入的电能转换为机械能，产生电磁转矩。直流电动机主要由转子、磁极、电刷装置、壳体和轴承等主要部件构成，如图 4-3 所示。

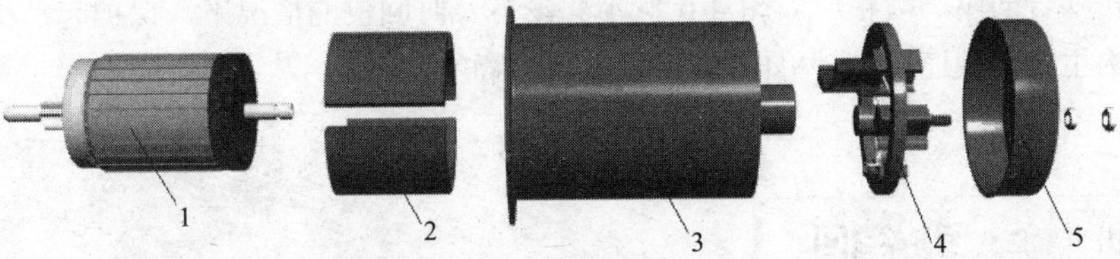

图 4-3　直流电机的结构

1—转子；2—磁极；3—壳体；4—电刷装置；5—直流电机后端盖

三维动画：直流电动机的结构

微课视频：起动机的结构

三维动画：转子

三维动画：磁极

三维动画：电刷装置

（1）转子。转子（也称为电枢）是直流电动机的旋转部分，包括电枢绕组、电枢铁心、换向器、转子轴等部分，如图 4-4 所示。为了获得足够的转矩，通过电枢绕组的电流一般很大（汽油机为 200～600A，柴油机可达 1000A），因此电枢一般采用较粗的铜线绕制而成。

换向器由铜质换向片和云母片叠压而成，云母片的高度略低于铜质换向片的高度。为了避免电刷磨损的粉末落入换向片之间造成短路，起动机换向片间云母片的高度一般不能过低。电枢绕组各线圈的端头均焊接在换向器片上，通过换向器和电刷将蓄电池的电流传递给电枢绕组，并适时地改变电枢绕组中电流的方向。

（2）磁极。磁极的作用是产生磁场。汽车起动机的磁极由两对永久磁体组成，交错安装在电动机定子内壳上。用永久磁体来建立电机所需的磁场，无需用电源进行励磁，与其他直流电动机相比，其具有体积小、效率高、结构简单、用铜量少等优点，是小功率直流电动机的主要类型。

（3）电刷装置。电刷装置主要由电刷、电刷架和弹簧组成，如图 4-5 所示。电刷架为框式结构，其中正极刷架与端盖绝缘固装，负极刷架直接搭铁。电刷有两个，置于电刷架中与整流子接触。电刷置于电刷架中，电刷由铜粉与石墨粉压制而成，呈棕红色。电刷架上装有弹性较好的盘形弹簧。

图 4-4　转子

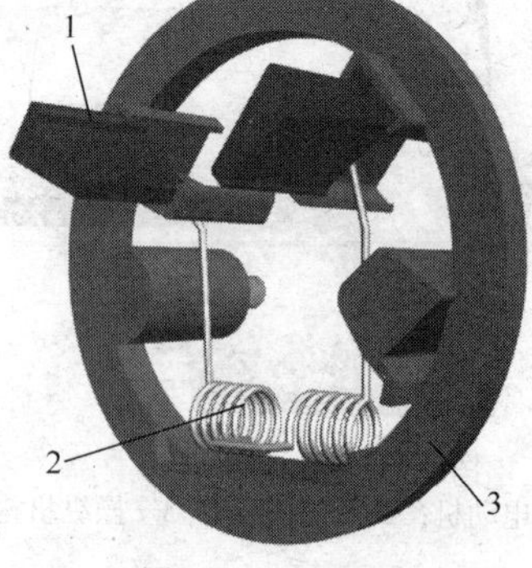

图 4-5　电刷装置

1—电刷；2—弹簧；3—电刷架

2. 传动机构

传动机构的作用是在发动机起动时，将直流电动机的转矩传递给发动机曲轴；在发动机起动后，而与飞轮啮合的驱动齿轮，如图 4-6 所示。没有及时回位的情况下，保护起动机不被飞轮反拖。传动机构主要由减速机构、单向离合器和传动齿轮等组成。

三维动画：减速机构

三维动画：驱动齿轮

图 4-6　驱动齿轮

（1）减速机构。如图 4-7 所示，减速装置采用行星齿轮传动结构，通过减速将直流电机的转矩扩大，有利于驱动发动机曲轴旋转。

（2）单向离合器。如图 4-8 所示，单向离合器原理是单向接合，反向脱开，当起动时，一般由蓄电池带动电机，再通过单向离合器带动曲轴旋转，当发动机起动后，由于它的转速高于起动电机的转速，单向离合器内部打滑，所以就把起动电机与发动机的转动脱开，防止了电枢的超速飞散，以保护起动电机避免损坏。常见起动机单向离合器的结构主要有滚柱式、摩擦片式和弹簧式三种。

图 4-7　减速机构

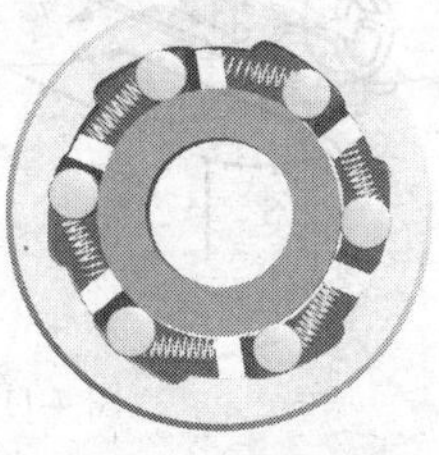

图 4-8　单向离合器

三维动画：单向离合器

3. 操纵机构

操纵机构的作用是通过控制起动电磁开关及杠杆机构（或其他某种装置），来实现起动机传动机构与飞轮齿圈的啮合与分离，并接通和断开起动机与蓄电池之间的电路，同时还能接入和切断点火线圈的附加电阻（传统点火装置）。操纵机构主要由吸引线圈、保持线圈、驱动杠杆、起动开关接触片、拨叉等组成，如图 4-9 所示。

三维动画：操纵机构

三维动画：起动继电器

起动机的电磁开关与电磁式拨叉合装在一起，利用挡铁控制，分为直接控制式电磁开关和带起动继电器式电磁开关。起动继电器如图 4-10 所示，起动机工作时，电流通过起动线圈、保持线圈和电枢绕组，电流较大，所以起动系统一般都设有起动继电器。起动继电器主要由线圈和常开触头等组成。

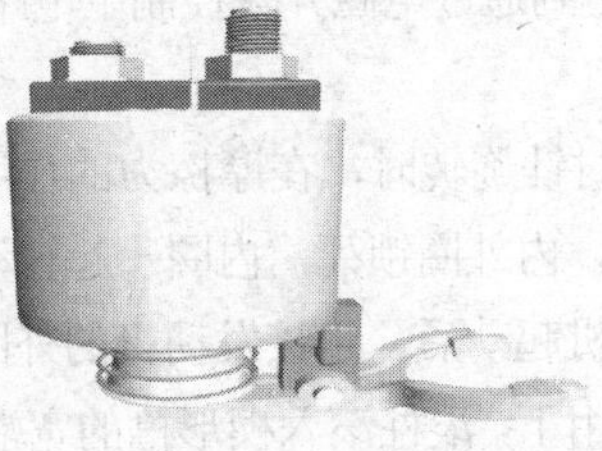

图 4-9　操纵机构

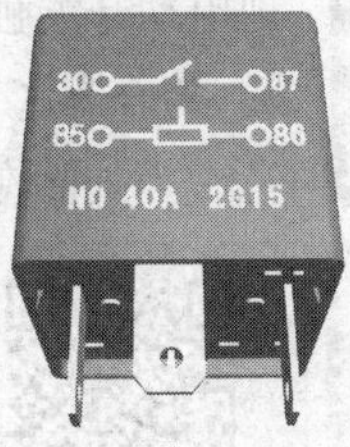

图 4-10　起动继电器

（三）起动机的工作原理

1. 直流电动机工作原理

直流电动机是将电能转变为机械能的装置。它是根据导体在磁场中受到电磁力作用而发生运动的原理工作的。电动机工作时，电流通过电刷和换向器流入电枢绕组，于是电枢绕组在磁场中受到电磁力作用，形成力矩，使转子转动。

微课视频：起动机工作原理

图 4-11 所示为直流电动机的工作原理图。电动机工作时，电流通过电刷和换向器流入电枢绕组。如图 4-11（a）所示，换向片 A 与正电刷接触，换向片 B 与负电刷接触，绕组中的电流方向为 a→b→c→d，根据通电导体在磁场中受电磁力的原理（左手定则），绕组 ab 边、cd 边均受到电磁力 F 的作用，由此产生逆时针方向的电磁转矩 M 使电枢转动；当电枢转动至换向片 A 与负电刷接触，换向片 B 与正电刷接触时，电流改由 d→c→b→a（换向器适时地改变了电枢绕组中的电流方向），如图 4-11（b）所示，但电磁转矩的方向仍保持不变，使电枢按逆时针方向继续转动。

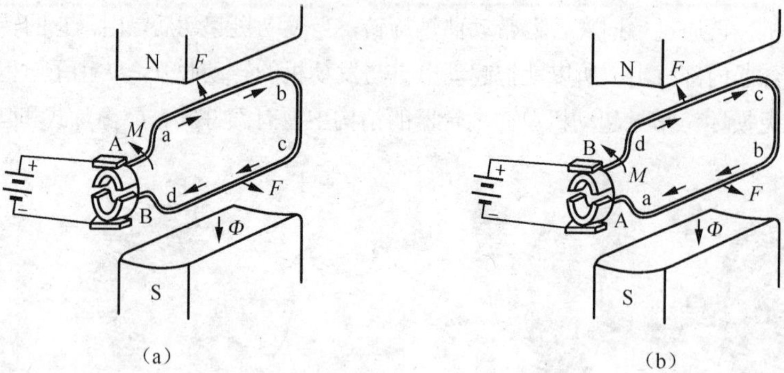

图 4-11　直流电动机的工作原理

由此可见，直流电动机的换向器可将电源提供的直流电转换成电枢绕组所需要的交流电，以保证电枢产生的电磁力矩不变，使其产生定向转动。实际的直流电动机为了产生足够大且转速稳定的电磁力矩，其电枢上绕有很多组线圈，换向器的铜片也随其相应增加。

2. 电磁转矩的计算

根据安培定律，可以推导出直流电动机通电后所产生的电磁转矩 M 与磁极的磁通量 Φ 及电枢电流 I_s 之间的关系：

$$M=C_m \Phi I_s$$

式中，C_m 为电动机的结构常数，它与电动机磁极对数 P、电枢绕组导线总根数 Z 及电枢绕组电路的支路对数 a 有关，即 $C_m=PZ/2\pi a$。

三维动画：电磁开关工作原理

3. 电磁开关工作原理

通过控制吸引线圈和保持线圈通电产生的磁通方向，控制铁心的移动，实现电动开关触点接通和开断，达到通过电磁开关控制主电路的通、断的目的。

4. 离合器工作原理

当外圈在电动机作用下逆时针旋转时，在摩擦力的作用下，滚柱滚入楔形槽的窄端面，内外圈锁死，内圈一起转动，使发动机转动。

三维动画：单向接合

三维动画：反向脱开

当发动机起动后，连接发动机的外圈速度大于内圈，在摩擦力的作用下，滚柱滚入楔形槽的宽端面，并且开始打滑，使高速运转的发动机不能将速度传递给外圈，防止了电机转子的超速飞散。

（四）工作过程

1. 啮合阶段工作原理

起动时接通起动开关，电磁开关的吸引线圈和保持线圈通电，线圈通电产生电磁力吸引铁心左移，带动拨叉推出离合器，使驱动齿轮移出，与飞轮齿圈啮合，如图 4-12 所示。吸引线圈的电流通过电动机的绕组，电枢开始缓慢转动，齿轮在旋转中移出，减小冲击。

2. 起动阶段工作原理

当铁心移动到使起动机主电路开关闭合的位置时，吸引线圈被短路，失去作用，保持线圈所产生的磁力足以维持铁心处于开关吸合的位置。电机由蓄电池直接供电，转速迅速提高，发动机起动。当发动机起动之后，驱动齿轮处于打滑状态，保护电机。

3. 复位阶段工作原理

当吸引线圈和保持线圈通电产生的磁通方向相反时，其电磁吸力相互抵消，在复位弹簧的作用下，铁心退出，拨叉返回，拨叉头将打滑工况下的离合器拨回，驱动齿轮脱离飞轮齿圈。

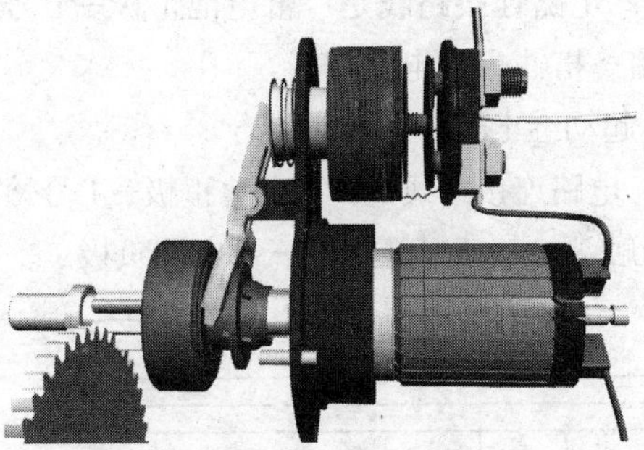

图 4-12　齿轮啮合

三维动画：起动阶段　　三维动画：复位阶段　　三维动画：啮合阶段

4. 起动系统工作原理

功率 1.5kW 以上的起动机，工作时流经电磁开关线圈的电流在 40A 以上，不能由点火开关直接控制，常采用起动继电器的触点作为开关，点火开关起动挡只控制起动继电器线圈的控制电流（一般不超过 1A）。图 4-13 所示为起动机起动阶段电路原理图，图 4-14 所示为起动机复位阶段电路原理图。

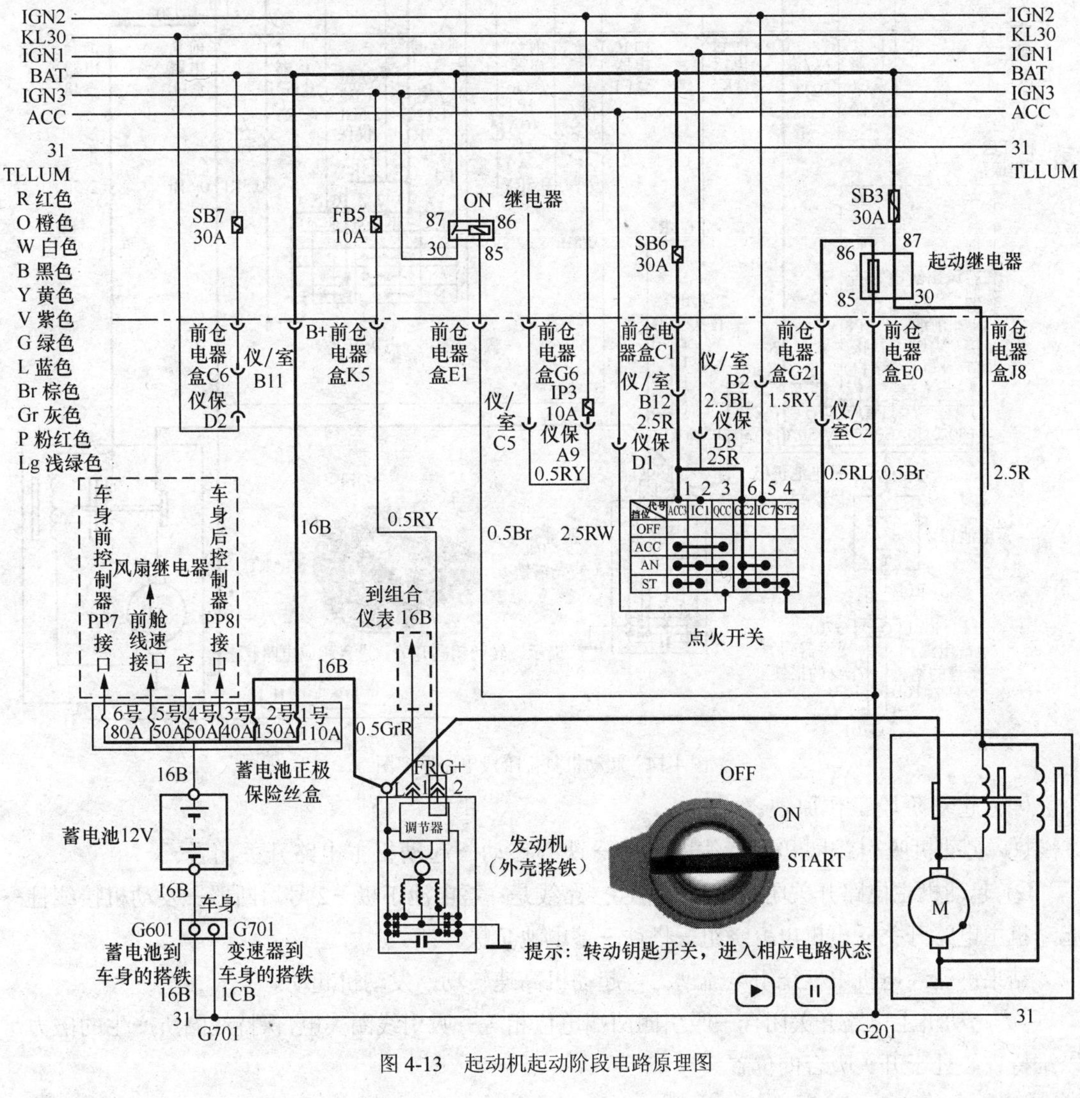

图 4-13　起动机起动阶段电路原理图

二维动画：起动系统工作原理电路图

（1）啮合阶段工作原理。

① 点火开关置于“START”位。电路连接路线是：蓄电池正极→1 号熔断器→点火开关→起动继电器线圈→搭铁→蓄电池负极。

结果：起动继电器线圈得电后，起动继电器常开触头闭合。

② 起动继电器常开触头闭合后，电路连接路线是：蓄电池正极→1 号熔断器→SB3 熔断器→起动继电器常开触头→起动机→搭铁→蓄电池负极。

结果：起动机转动，并且开始与发动机飞轮啮合。

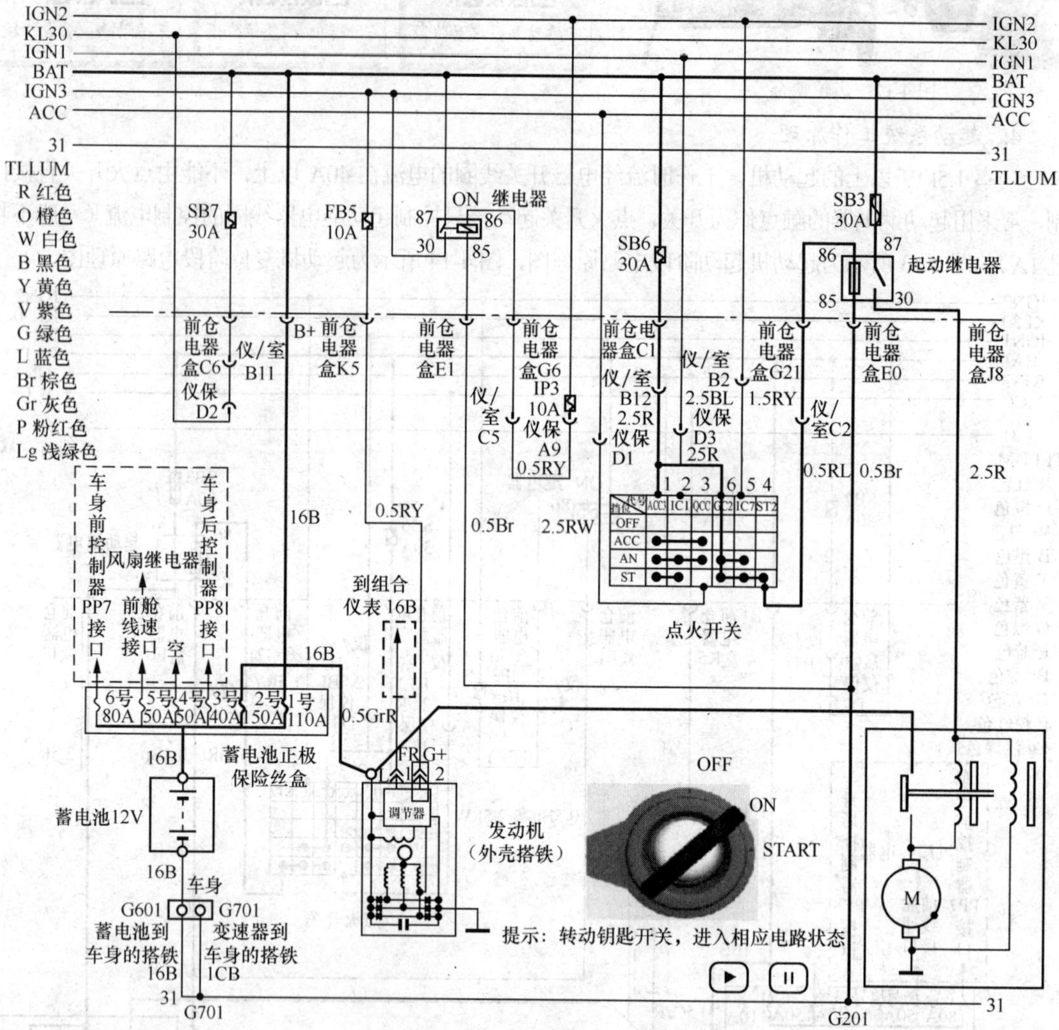

图 4-14 起动机复位阶段电路原理图

（2）起动阶段工作原理。

① 起动机吸引线圈和保持线圈得电→铁心移动→起动机主电路开关闭合。

② 起动机主电路开关闭合后，电路连接路线是：蓄电池正极→2 号熔断器→发动机接线柱→起动机主电路开关→电机电枢绕组→搭铁→蓄电池负极。

结果：流经电机电枢绕组电流增大，起动机高速转动，发动机起动。

③ 起动机主电路开关闭合→吸引圈两端电位相等→吸引线圈失电，保持线圈所产生的磁力足以维持铁心处于开关吸合的位置。

（3）复位阶段工作原理。

点火开关置于“ON”位→起动继电器线圈失电→继电器常开触头断开→保持线圈失电。

保持线圈失电→磁力消失→铁心在弹簧力作用下复原→起动机主电路开关断开→电机电枢绕组失电→电机停止转动。

结果：起动停止工作。

（五）起动机的型号

根据中华人民共和国行业标准 QC/T 73—1993《汽车电气设备产品型号编制方法》规定，起动机的型号如图 4-15 所示。

产品代号　电压等级代号　功率等级　设计序号　变型代号

图 4-15　起动机型号

1. 产品代号（用字母表示）

第一位 Q 表示“起”；

第二位 D 表示“动”；

第三位字母如果是 Y 表示是永磁式，如果是 J 则表示是减速式。

例如：QD124，QD 表示起动机；QDY124，QDY 表示永磁起动机。

微课视频：起动机的型号

2. 电压等级（用阿拉伯数字表示）

1—表示电压等级为 12V；

2—表示电压等级为 24V。

例如：QDY124，1 表示电压等级为 12V。

3. 功率等级（用阿拉伯数字表示）

功率等级代号的含义见表 4-1。

表 4-1　功率等级代号的含义

功率等级	1	2	3	4	5	6	7	8	9
功率/kW	<1	1～2	2～3	3～4	4～5	5～6	6～7	7～8	>8

例如：QDY124，2 表示起动机功率等级为 1～2kW。

4. 设计序号（用阿拉伯数字表示）

表示该产品设计先后顺序。

例如：QDY124，4 表示第 4 次设计。

5. 变型代号（用汉语拼音大写字母表示）

主要电气参数和基本结构不变情况下，一般电气参数的变化和某些结构的改变称为变型，用汉语拼音大写字母 A、B、C 等表示。

例如：QDY124B，B 表示 QDY124 起动机产品为 B 型号。

二、汽车起动系统的故障检测与诊断

1. 起动机无转动

起动机不能正常工作，按如图 4-16 所示进行诊断。

（1）故障现象：起动时，将点火开关至起动挡，起动机无转动症状。

（2）故障原因：主要分电源及线路部分、起动继电器、起动机三类故障。起动机故障如断路、短路或搭铁故障，电刷装置故障，电磁开关触点严重烧蚀，转子发卡，轴承损坏等。

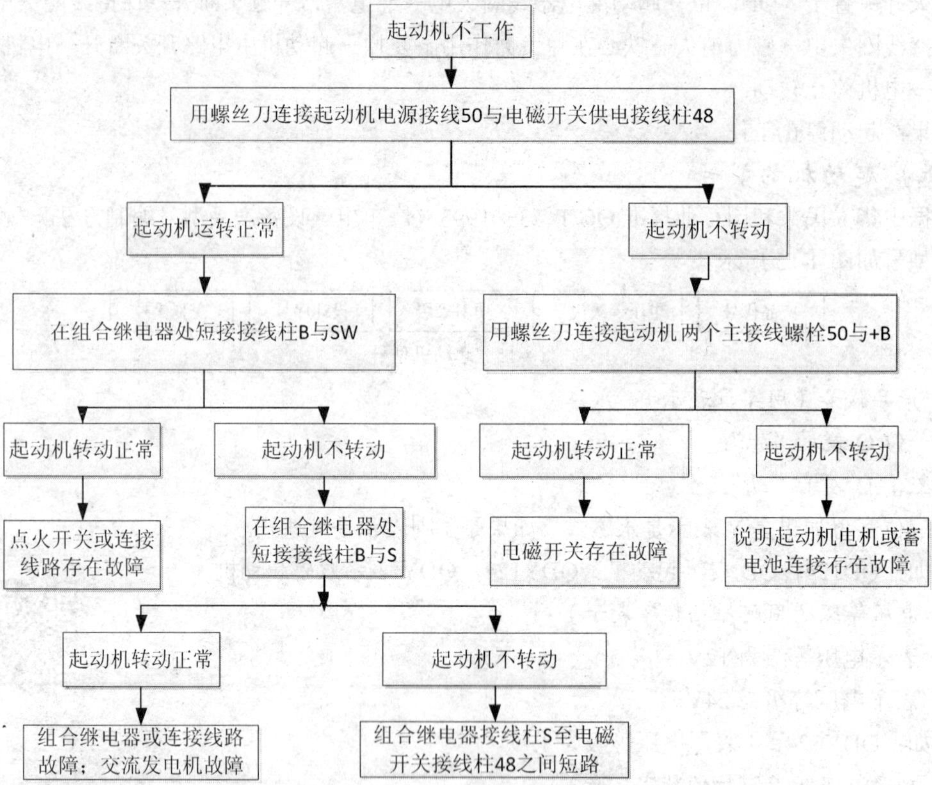

图 4-16　起动机不工作故障诊断方法

2. 起动机运转不停

（1）故障现象：在点火开关断开起动线路后，起动机仍运转不停。

（2）故障原因：起动机单向啮合器损坏、飞轮齿圈过盈量太小、啮合器的行程故障。

微课视频：汽车起动机的检测

3.“嗒、嗒”的间歇响声

（1）故障现象：在点火开关接通起动线路后，发出“嗒、嗒”的间歇响声，而起动机不能转动。

（2）故障原因：蓄电池损坏或容量太低，线路接触不良，继电器故障，起动机内部故障等。

4. 齿轮撞击声

（1）故障现象：起动机齿轮与飞轮齿圈有撞击声。

（2）故障原因：两齿轮啮合困难。起动机齿轮与飞轮齿圈是否磨损过甚，影响平顺啮合；起动机磁力开关的电源导通时机是否过早，使起动机齿轮尚未啮入就已旋转。

5. 起动机运转无力故障

起动机运转无力时，按如图 4-17 所示进行诊断。

（1）故障现象：起动时，发动机转速太低不能起动。

（2）故障原因：蓄电池亏电、线路接触不良或接线柱被氧化、起动机自身故障、发动机运转阻力太大。

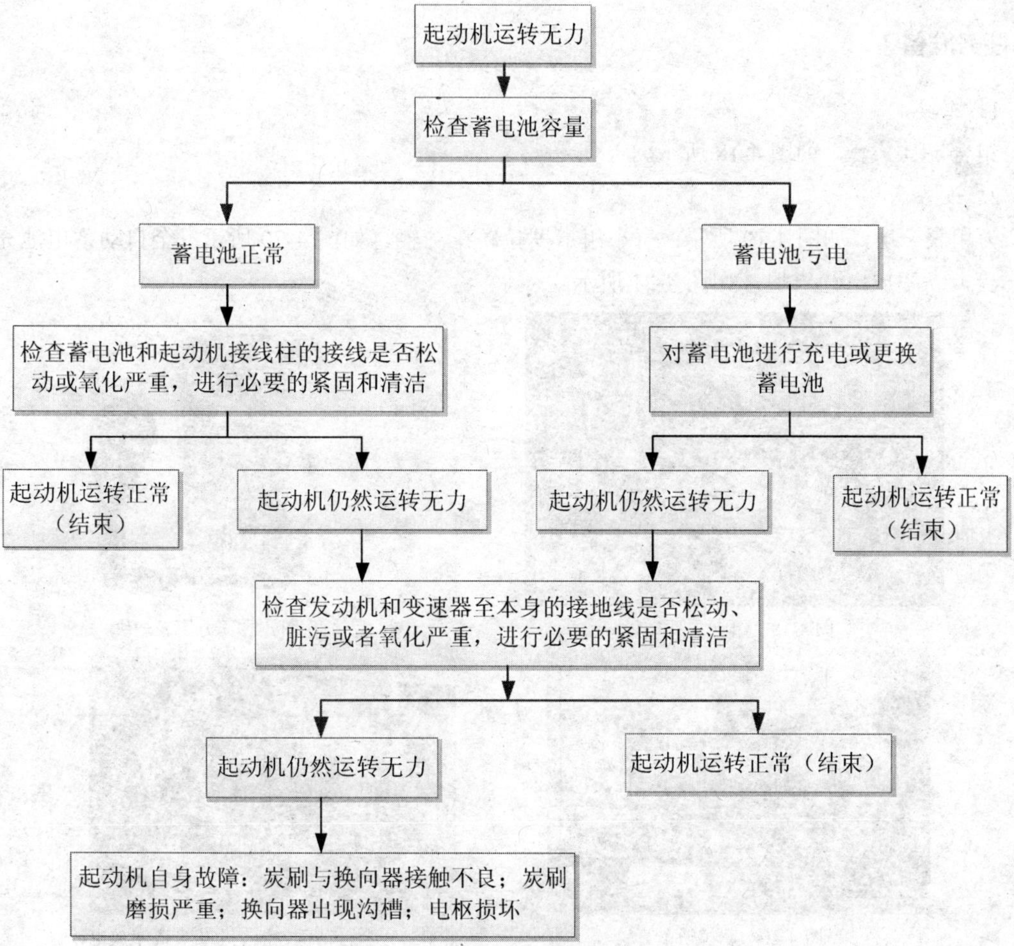

图 4-17 起动机运转无力故障诊断方法

项目实施

任务 起动机不能正常工作

【学习目标】

学习目标	知识目标	❖ 掌握起动机的结构组成 ❖ 掌握起动机的工作原理 ❖ 会运用所学知识分析常见故障发生的原因
	能力目标	❖ 能熟练使用各种拆装工具 ❖ 能熟练对起动系统进行拆装与调整 ❖ 能熟练掌握起动机系统故障诊断与检测的步骤与方法

【任务导入】

一辆丰田卡罗拉轿车车主来到汽车维修店，反映自己的爱车将点火开关至起动挡，起动机无转动症状，发动机不能正常起动。

【任务准备】

1. 工具

组合工具一套，如图 4-18 所示。

2. 设备

万用表一块，如图 4-19 所示；每小组卡罗拉轿车一辆，如图 4-20 所示；全自动蓄电池充电机一台，高率放电计一块，如图 4-21 所示。

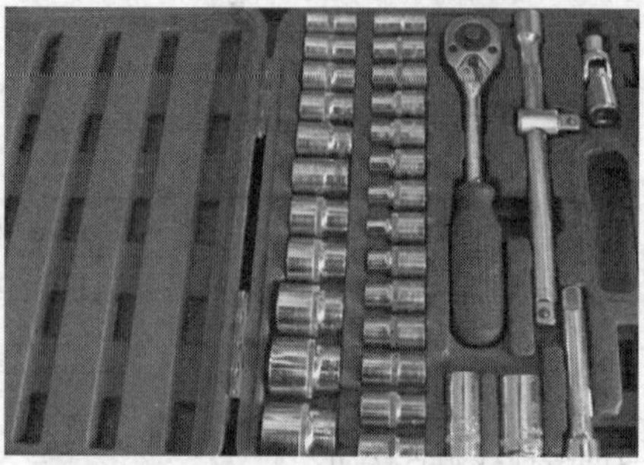

图 4-18　组合工具一套

图 4-19　万用表一块

图 4-20　罗拉轿车

图 4-21　全自动蓄电池充电机、高率放电计

3. 防护用品

车辆防护用的车辆挡块、地板垫、座椅套、转向盘套、护裙等各一套，如图 1-64 所示。

【检修工艺】

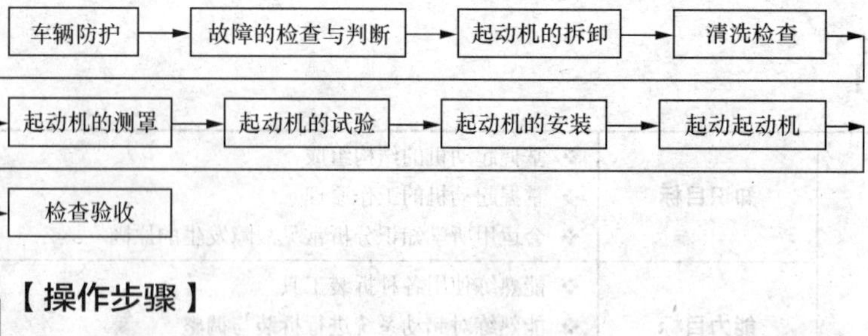

【操作步骤】

视频：车辆防护

（一）车辆防护

1. 安装车辆挡块。
2. 安装尾气收集管。
3. 打开车门，安装地板垫、座椅套、转向盘套。
4. 进入车内，将点火开关旋至“ON”位，打开主驾驶侧电动车窗。

5. 确认灯光、空调、音响等用电设备处于关闭状态，将点火开关旋至“OFF”位。

6. 确认变速杆置于“P”挡，拉紧驻车制动杆。

7. 拉动发动机罩释放杆，关闭车门，如图 4-22 所示。

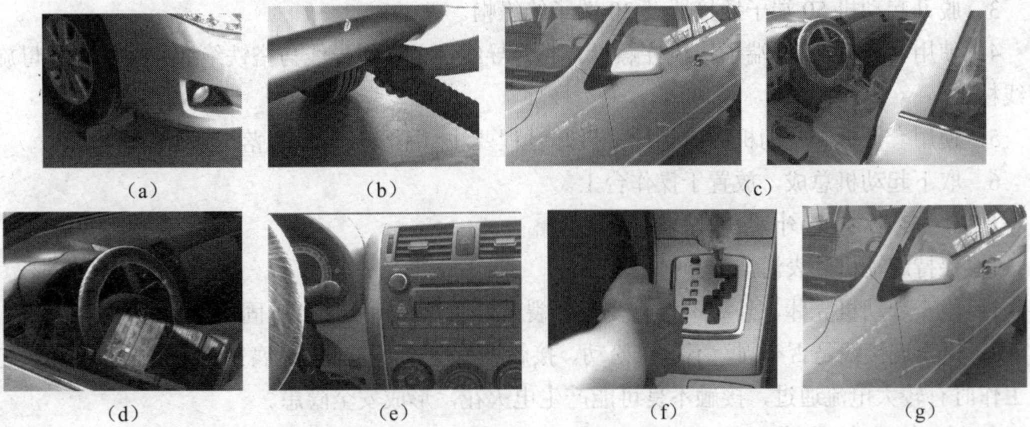

图 4-22 车辆防护步骤示意图

（二）故障的检查与判断

起动机故障的检查与判断如图 4-23 所示。

1. 清洁测量区域。起动机外观不得有变形、裂纹，检查连接线是否牢固。

2. 测量起动机 30 端子电压，电压正常，证明主电路线路良好。

3. 拆下起动机 50 端子插接器。打开点火开关，旋至起动挡。使用万用表电压挡（20V）测量 50 端子插接器电压。电压表显示电压为 12V，说明控制线路、熔断器和继电器工作正常，故障部位在起动机内部。

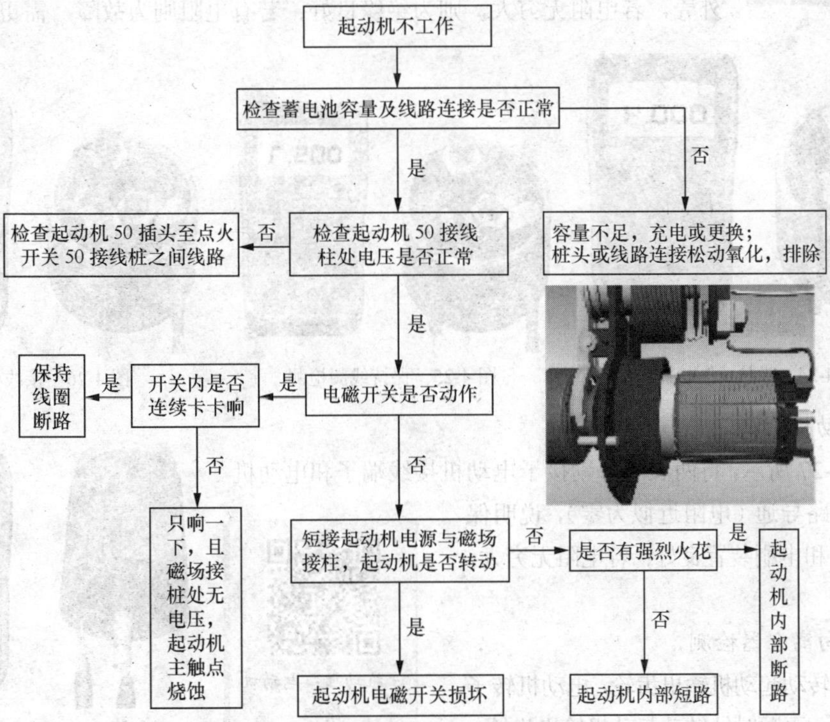

图 4-23 起动机故障检查分析图

（三）起动机的拆卸

1．断开蓄电池负极接线柱。

2．举升车辆至适当高度。

3．脱开起动机 50 端子插接器及 30 端子绝缘帽。

4．使用套筒拆卸 30 端子接线柱螺母。脱开导线，并使得导线与搭铁绝缘。将固定螺母旋回接线柱上。

5．使用套筒拆卸起动机固定螺栓。拆卸过程要注意不要让起动机落地。

6．取下起动机总成，放置于操作台上。

（四）起动机的外观清洁检查

1．保持起动机外表清洁干净。

2．检查起动机壳体，外观不得有变形、裂纹，在汽车上安装要牢固。

3．检查连接线是否牢固，不得有松动、接触不良现象，接线柱无腐蚀、无滑扣和乱扣。起动机工作时有较大电流通过，接触不良可能产生电火花，形成安全隐患。

（五）起动机技术状态监测

1．电磁开关检测

（1）吸拉线圈检测：如图 4-24 所示，万用表表笔分别接于励磁接线柱和起动机接线柱，若有电阻，说明吸拉线圈良好；若电阻为零，则为短路；若电阻无穷大，则为断路。

三维动画：电磁开关检测

（2）保持线圈检测：如图 4-25 所示，将两表笔分别接于励磁接线柱和电磁开关外壳，若有电阻，说明保持线圈良好；若电阻为零，则为短路；若电阻无穷大，则为断路。

（3）接线柱检测：如图 4-26 所示，将两表笔分别接于接线柱和电磁开关外壳，若电阻无穷大，则为绝缘良好；若有电阻则为故障，需更换。

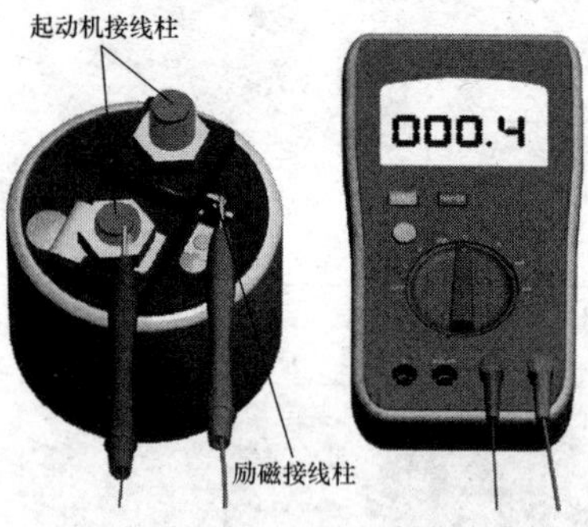

图 4-24　吸拉线圈检测

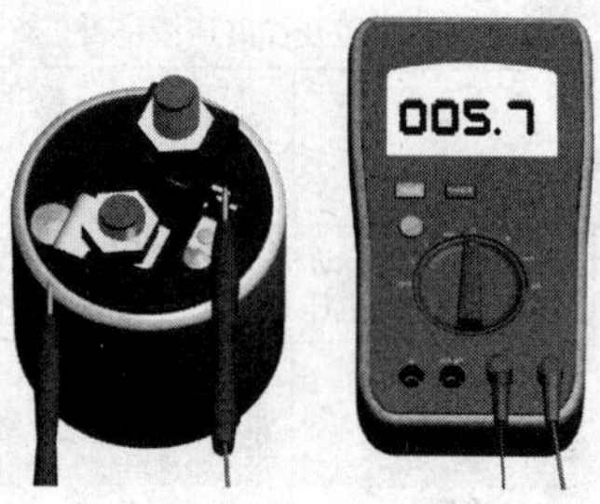

图 4-25　保持线圈检测

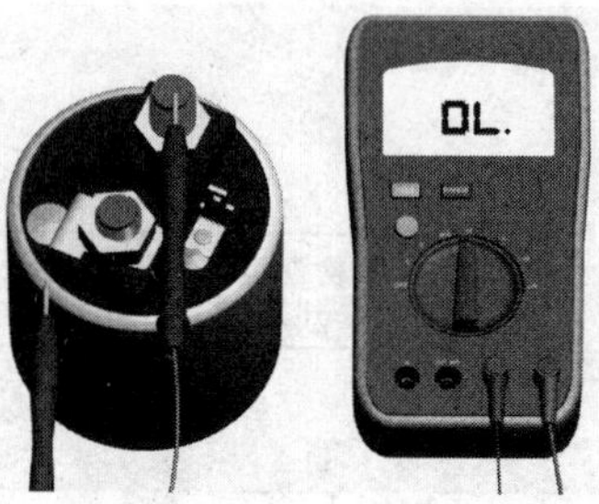

图 4-26　接线柱检测

2．电动机检测

如图 4-27 所示，将两表笔分别接于电动机接线端子和电动机外壳，若线路导通（电阻近似为零），说明保持电枢绕组和电刷装置良好；若电阻无穷大，则为断路。

三维动画：电动机检测

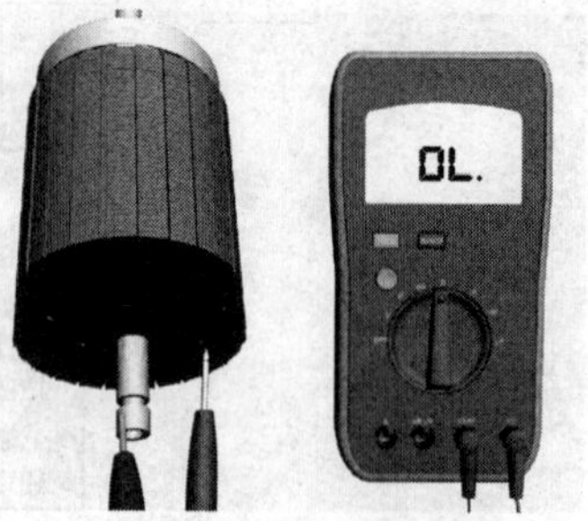

图 4-27　电动机检测

3．单向离合器检测

逆时针转动起动机输出齿轮，电动机转子不随之转动，再顺时针转动起动机输出齿轮，电动机转子随之转动，而且阻力较大，则为单向离合器工作正常，反之为故障。

三维动画：单向离合器检测

（六）起动机的整机试验

1. 吸拉线圈作用试验

按照图 4-28 所示接线，齿轮被移出，表明吸拉线圈作用正常。若齿轮不移出，则需更换电磁开关。测试必须在 10s 内完成，以免电磁开关烧坏。

2. 保持线圈作用试验

按照图 4-29 所示接线，用手将齿轮拉出，直到接触到齿轮止动环为止。当将手放松时，如果齿轮不退回原位，则表示保持线圈作用正常。测试必须在 10s 内完成，以免电磁开关烧坏。

3. 空载试验

按照图 4-30 所示接线，接通电路，起动机应运转平稳、强劲有力，无杂音、碰擦、抖动现象。测试必须在 10s 内完成，以免直流电动机电枢绕组过热烧损。

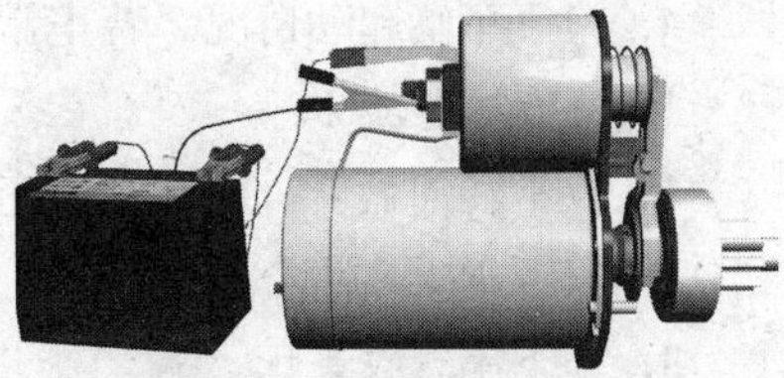

图 4-28 吸拉线圈实验

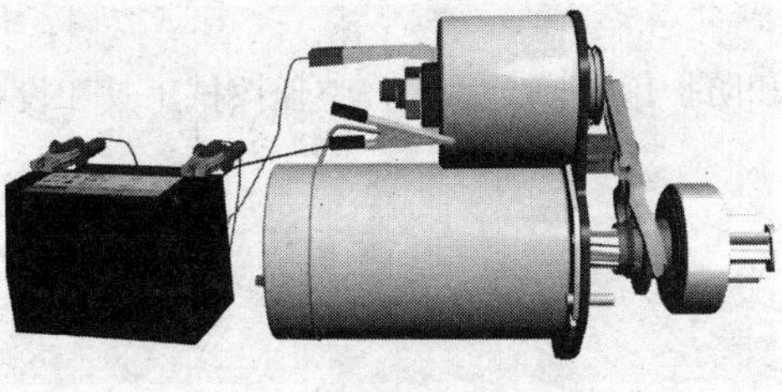

图 4-29 保持线圈实验

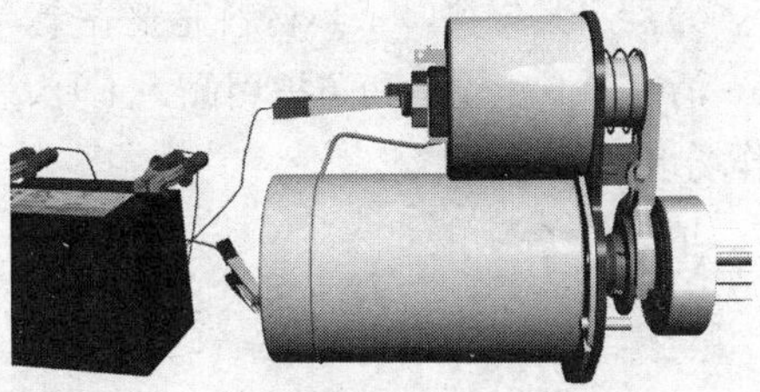

图 4-30 空载实验

三维动画：吸拉线圈实验

三维动画：保持线圈实验

三维动画：空载实验

（七）起动机维护与使用

为了延长起动机的使用寿命，并保证起动机能迅速、可靠、安全地工作，使用起动机时必须注意以下几点。

1. 起动机是按短时间大电流工作设计的，因此，使用起动机时，每次工作时间不得超过 5s，重复起动时必须间隔 15s 以上，使得蓄电池得以恢复。如果有连续第三次起动，应在检查与排除故障的基础上停歇 15min 以后。

2. 起动机电路的导线连接要牢固。

3. 在发动机起动后，迅速松开点火钥匙。在发动机正常运转时，切勿随便接通点火开关起动挡。

4. 应定期对起动机进行全面保养和检修。

（八）安装起动机

1. 将起动机与变速器壳体上的螺栓孔对齐，用手旋入起动机固定螺栓。

2. 使用套筒对起动机紧固螺栓进行多次紧固，拧紧到规定力矩。

3．拆卸起动机 30 端子上的紧固螺栓，将蓄电池导线套装到 30 接线柱上。

4．安装 30 端子绝缘帽。

5．将起动机 50 端子插接器插到起动机 50 端子上。检查插头有无松动。

（九）起动发动机

1．确保车辆下无异物、无安全隐患。降下车辆至地面，保持车辆平稳。

2．连接蓄电池“–”接线柱。

3．进入驾驶室，打开点火开关，起动发动机。

4．检查车辆起动情况。若正常，关闭点火开关，停止发动机运转。

（十）检查验收

1．取下转向盘套，取下座椅套，取下地板垫。

2．取下护裙，闭合发动机罩。

3．卸下尾气收集管。

4．取下车辆挡块。

5．整理工具材料，工具材料完整齐全。

6．清点工具、设备和防护用品，工具、设备和防护用品应无丢失，整理擦拭工具和设备，注意工作场地文明化。

7．填写任务工单。

项目五 汽车点火系统

汽油发动机中的点火系统是靠火花塞点燃气缸内的空气和燃油混合物，从而为发动机提供动力。点火系统性能的好坏直接决定车辆的工作稳定性。因此，点火系统是发动机中最关键的系统之一。

学习导航

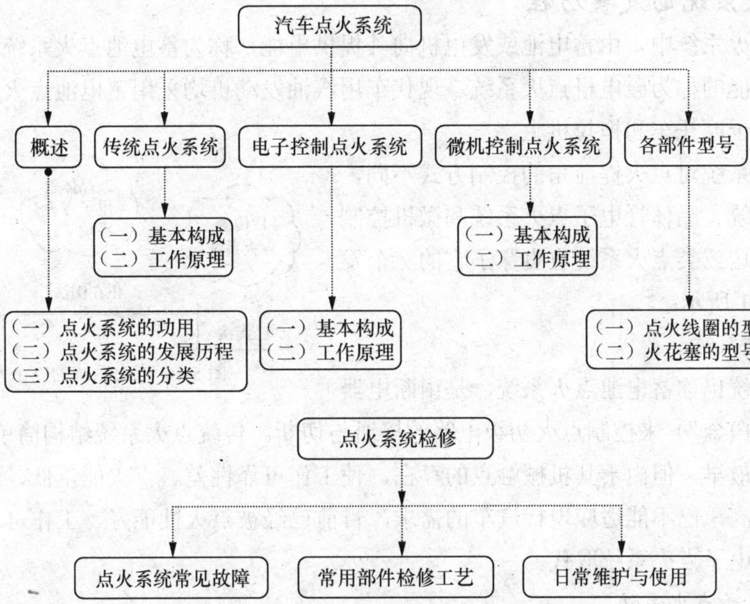

相关知识

一、点火系统概述

（一）点火系统的功用

发动机气缸活塞将汽油和气体混合物压缩到最大冲程时，需要适时准确地接收一个高压电火花点燃混合气体，其瞬间产生的热能推动活塞进行做功冲程的运动。而点火系统的作用就是利用点火线圈，将汽车低压电转换成高压电脉冲，并按照发动机做功顺序与点火时刻要求，使各缸的火花塞跳火。

发动机的不同工况，决定点火系统必须满足以下三个基本要求。

1. 能产生足以击穿火花塞电极间隙的高压电

火花塞电极间的空气间隙大小、气缸内混合气的压力与温度、电极的温度和极性及发动机转速、功率、压缩比、点火提前角的改变，都会影响击穿电压。为了点火可靠，点火系统必须有一定的高压储备，使发动机工况发生改变时，击穿电压不至于由于过低无法击穿。但过高的次级电压，也将造成线路绝缘困难，提高成本。因此，一般的点火系统次级电压限制在 30kV 以内。

2. 火花塞产生的电火花应具有足够的能量

发动机正常工作和起动时，由于受混合气浓度和压缩后温度等因素影响，点燃所需的电火花能量也有所不同。一般情况下，发动机起动时，火花塞提供 100mJ 的能量，正常工作时保持 50～80mJ 的点火能量，即可以保证可靠点火。

微课视频：点火系统的作用和结构

3. 点火时间应适应发动机的工作情况

点火时刻是用点火提前角表示的。点火提前角是指从火花塞电极跳火开始，到活塞行至上止点为止这一段时间内曲轴转过的角度。通常把发动机发出功率最大和油耗最小的点火提前角称为最佳点火提前角。为兼顾发动机的动力性和经济性，点火系统必须在发动机转速、负荷、起动及怠速、压缩比、气体成分等发生变化时，及时调整找到最佳点火提前角。

（二）点火系统的发展历程

在发动机点火系统中，由蓄电池或发电机向其提供电能，称为蓄电池点火系统；由磁电机向点火系统提供电能的称为磁电机点火系统。现代车用汽油发动机均采用蓄电池点火系统，而磁电机点火系统多用于摩托车和拖拉机上。

汽油机点火系统对点火提前角的控制方式不同，分为传统点火系统、晶体管电子点火系统和微机控制电子点火系统。这三类点火系统也贯穿了它的三个发展阶段，如图 5-1 所示。

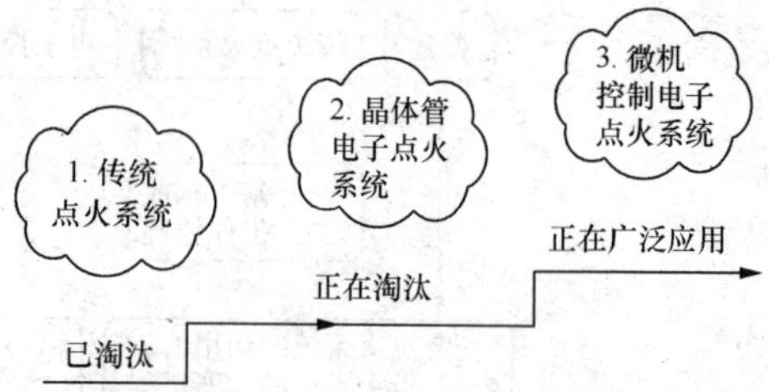

图 5-1　点火系统的三个发展阶段

1. 传统点火系统

传统点火系统也称蓄电池点火系统，是由断电器的触点（俗称“白金”）来控制点火初级电路的接通与切断。传统点火系统结构简单，成本较低，在汽油机上应用最早，但由于其机械触点的存在，使工作可靠性差、点火能量低、对火花塞积炭敏感、故障率较高，已不能适应现代汽车的需求，目前已经被点火性能好、工作可靠、点火提前角控制精度高的电子点火系统取代。

2. 晶体管电子点火系统

晶体管电子点火系统也称晶体管点火系统，其功能和工作原理与传统点火系统基本相同，只是采用了晶体管来控制初级电路的接通与切断，而晶体管的通断则用点火信号发生器产生的信号来控制。普通电子点火系统仍保留了机械离心式和真空式点火提前角自动调节装置。与传统点火系统相比，电子点火系统具有工作可靠性高、体积小、点火时间精确等优点，广泛应用于早期生产的捷达、奥迪、桑塔纳等车型。

3. 微机控制电子点火系统

微机控制电子点火系统也称计算机控制点火系统，是由 ECU（电子控制单元）根据各种传感器的输入信号，经过运算与处理，控制点火初级电路的接通与切断。计算机控制点火系统可根据发动机工况的变化对喷油时刻、点火提前角等进行调整，使发动机获得良好的动力性、经济性和排放性能。计算机控制点火系统由于减少甚至取消了机械装置，与其他点火系统相比，不仅点火提前角的控制精度提高，而且能量损失少、对无线电干扰少、工作更加可靠，同时还具有爆燃控制、通电时间控制等功能。微机控制点火系统是目前最先进的点火系统，已经被广泛应用。

（三）点火系统的分类

除了前述的根据点火提前角控制方式不同的分类方法以外，点火系统的主要分类方法还有以下几种。

1. 按点火能量的储存方式分类

（1）电感储能式电子点火系统，也称电感放电式电子点火系统，就是点火系统的电火花能量以磁场的形式储存在点火线圈中。目前应用在绝大部分汽车上。

（2）电容储能式电子点火系统，也称电容放电式电子点火系统，就是点火系统电火花的能量以电场的形式储存在专门的储能电容器中。应用较少，主要应用于赛车。

2. 按信号发生器的原理分类

（1）电磁感应式电子点火系统。它是由分电器轴驱动的导磁转子转动，通过改变磁路磁阻，使感应线圈的磁通量发生变化而产生点火电压信号。在丰田等车系中广泛应用。

（2）霍尔效应式电子点火系统。它是由分电器轴驱动的导磁转子转动，通过霍尔元件所通过的磁通量的变化而产生点火电压信号。在大众等车系中广泛应用。

（3）光电式电子点火系统。它是由分电器轴驱动的遮光转子转动，通过遮挡和穿过发光二极管光线的变化，使光敏三极管产生点火信号。应用较少，常见于日产车系。

（4）电磁振荡式点火系统。它是由分电器轴驱动的耦合转子转动，通过振荡电路起振和不起振的变化，再经过滤波电路滤波后而得到点火信号。

3. 按高压电的配电方式分类

（1）机械配电点火系统，也称有分电器点火系统。在传统点火系统和电子点火系统中曾广泛应用。

（2）计算机配电点火系统，即无分电器点火系统，也称直接点火系统（Direct Ignition System，DIS）。在 DIS 中，各缸的火花塞直接与点火线圈次级绕组相连，在微机控制下，各次级绕组产生的高电压直接送给各缸的火花塞，根据发动机点火顺序控制各缸点火。已经广泛应用于目前生产的各种车型。

二、传统点火系统

虽然传统点火系统已经淘汰，但认识它的结构，有助于我们了解点火系统的发展历程，更好地理解点火系统的控制原理，做到知识的融会贯通。

（一）基本构成

如图 5-2 所示，传统点火系统是由电源、分电器、点火线圈、火花塞和点火开关等组成的。

1. 电源

电源为蓄电池或者发电机，为点火系统提供低压直流电（一般为 12V）。发动机起动时由蓄电池供电，起动后由发电机供电。

2. 分电器

分电器主要由配电器、断电器、电容器、真空提前装置等部件组成。分电器的作用是在发动机凸轮轴的驱动下，按时接通或切断点火线圈的初级电流，并将在点火线圈次级线圈产生的高压电根据点火顺序依次送到各缸的火花塞，同时能随发动机转速、负荷的变化自动调整点火提前角。

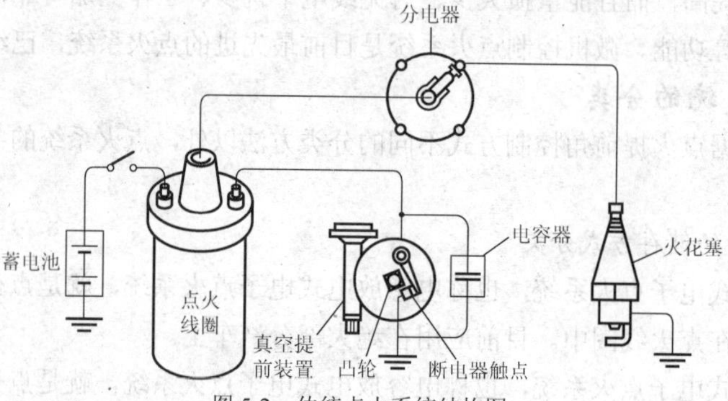

图 5-2　传统点火系统结构图

断电器由触点副和凸轮组成，凸轮角数的多少对应发动机的缸数，当断电器触点闭合时，初级线圈有电流通过，当凸轮一角顶开触点时，初级电路便被切断。

配电器盖内有对应发动机缸数的旁电极，分火头通过旋转轮流将线圈产生的高压电配送给各缸。

电容器与断电器并联，以减小断电器分开时的火花，延长触点的使用寿命，提高次级电压。真空提前装置的作用是随发动机转速、负荷和汽油成分的变化而自动改变点火提前角。

3. 点火线圈

点火线圈相当于一个自耦变压器，将电源提供的 12V 低压电转变成 15～20kV 的高压电。点火线圈上的附加电阻为正温度系数的热敏电阻，起动时附加电阻被短路，可以提高初级电流和次级电压，增强起动时火花塞的跳火能量，在发动机低速运转时，又能防止点火线圈因初级电流过大而过热。

如图 5-3 所示，点火线圈中间是高压总线接口，另外三个接线柱为低压接线柱。点火线圈的中心是用硅钢片叠压而成的铁心，有绝缘纸板套在铁心外面，初级绕组和次级绕组就分层绕在套管上。初级绕组是匝数为 230～270 匝、直径为 0.5～1.0mm 的高强度漆包线，次级绕组的直径较小，为 0.06～0.10mm，其匝数多达 11000～23000 匝。由于初级绕组通过的电流大，产生热量多，因此绕在次级绕组的外层，以方便散热。点火线圈内部充满沥青或变压器油，是为了绝缘和防潮。

三维动画：两柱式点火线圈

三维动画：三柱式点火线圈

三维动画：变压器

图 5-3　传统点火系统的点火线圈

4. 火花塞

火花塞的作用是把次级线圈供给的高压电在火花塞间隙间产生电火花，点燃缸内混合气体。如图 5-4 所示，它是由绝缘体和金属壳体两大部分组成：金属壳体带有螺纹，用于拧入气缸；在壳体内装有绝缘体，它里面贯通着一根中心电极，中心电极上端有接线螺母，用来连接高压电线；在壳体的下端面焊有接地电极（旁电极或侧电极），中心电极与接地电极之间有 0.6～1.2mm 的间隙。火花塞的工作条件特别恶劣，它需要承受高温、高压及强烈腐蚀，所以火花塞一般由耐高温、耐腐蚀的镍锰合金钢制成。

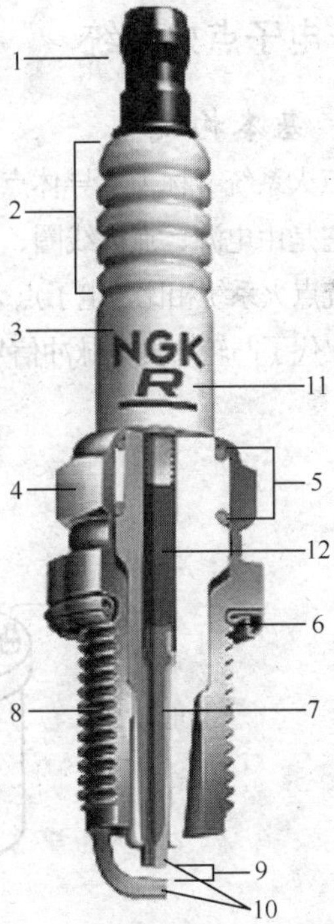

图 5-4 火花塞

1—接线螺母；2—高氧化铝陶瓷绝缘体；3—商标；4—钢质壳体（六角形）；5—内垫圈（密封导热）；6—密封垫圈；7—中心电极导电杆；8—火花塞裙部螺纹；9—电极间隙；10—中心电极和侧电极；11—型号；12—去干扰电阻

火花塞必须在发动机内保持适当温度，才能正常工作。实践证明，火花塞在 500℃～600℃时，落在火花塞绝缘体上的油滴能够迅速消去，因而不会产生积炭，这个温度也叫火花塞的自净温度。高于自净温度时，混合气容易引起早燃或爆燃，甚至进气时就会燃烧，造成化油器回火；低于这个温度时，火花塞会因积炭而漏电，甚至不点火。

5. 点火开关

点火开关控制点火系统低压线路通断，以及发动机的起动、熄火和其他用电器的通断。

（二）工作原理

图 5-2 所示为传统点火系统结构图，也展示了点火系统的工作原理。发动机工作时，断电器凸轮也随着配气凸轮轴一起旋转。点火开关打开后，断电器凸轮旋转一周，将会交替闭合和断开触点。

三维动画：火花塞的组成

三维动画：火花塞放电

三维动画：点火开关

微课视频：点火系统的工作原理

当断电器触点闭合时，电流从蓄电池“+”极→点火开关→点火线圈“+”接线柱→点火线圈初级绕组→接线柱“–”→断电器触点→搭铁→蓄电池“–”极，此时初级线圈形成磁场。当一定时间后，凸轮将断电器触点顶开，初级电流瞬间消失，磁场发生迅速变化，两个绕组中都感应出电动势，由于次级绕组绕制匝数多，电动势能够高达 15～20kV，这样的高压电足以使火花塞击穿空气间隙，产生电火花引燃混合气，此时电路回路是从次级绕组高压线→点火线圈高压接线柱→点火线圈“+”接线柱→点火开关 SW→蓄电池正极→蓄电池负极→搭铁→火花塞旁电极→中心电极→配电器分火头→次级绕组。分电器轴转一圈，发动机各缸按一定顺序各点火一次。

初级电流流经的电路称为低压电路；次级电流流经的电路称为高压电路。

三、电子点火系统

（一）基本构成

电子点火系统又称为半导体点火系统，是利用半导体器件作为开关，接通和切断初级绕组电流的点火系统。它是由电源、点火线圈、火花塞、高压线、点火信号发生器、分电器、点火控制器等组成。

与传统点火系统相比，电子点火系统采用了电子点火器取代了断电器，控制点火信号的通断；点火信号发生器取代了凸轮产生电脉冲信号，输送给电子点火器；其余构造同传统点火系统相同，如图 5-5 所示。

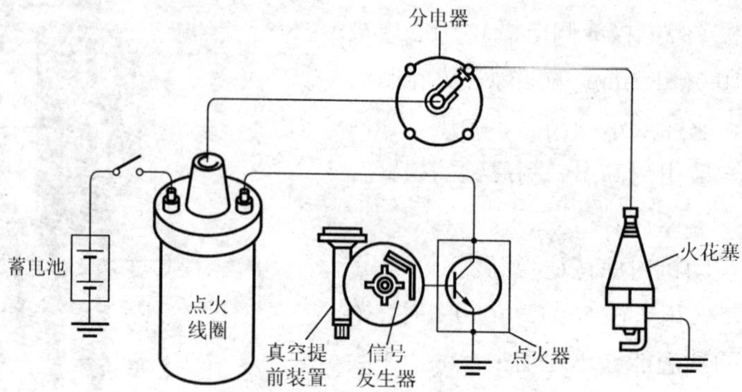

图 5-5　电子点火系统结构图

点火信号发生器一般安装在分电器内，根据其结构和工作原理不同，分为电磁式（见图 5-6）、霍尔式及光电式等。

1. 电磁式电子点火系统

电磁式电子点火系统是利用电磁感应原理产生触发电子点火器的脉冲信号，也叫磁脉冲式点火系统。它的信号发生器装在分电器壳内，信号转子和分电器同轴，转子上的凸轮齿数与发动机缸数对应，当信号转子随着分电器轴转动时，信号转子的凸轮齿与铁心空气间隙发生变化，从而引起电磁线圈的磁通发生变化，产生交变电压信号，也就是点火控制信号。电磁式电子点火系统结构简单、牢固，最早应用在解放 CA1092 等车型上。

2. 霍尔式点火信号发生器

霍尔式点火信号发生器是利用霍尔效应原理产生点火信号。它是由触发叶轮、永久磁铁、霍尔元件等组成。触发叶轮由分电器轴带动，和分火头制成一体，叶轮叶片与发动机的缸数相同。

霍尔效应是磁电效应的一种，如图 5-7 所示，当电流 I 通过放在磁场中的半导体基片（即霍尔元件），且电流方向与磁场的方向垂直时，在垂直于电流和磁通的霍尔元件的横向侧面上即可产生一个电压，称为霍尔电压。霍尔电压是一个很小的数值（约 20mV），一般要经过放大后才能作为控制信号，所以霍尔元件常作成一个集电磁、放大和整形等功能于一体的集成电路。

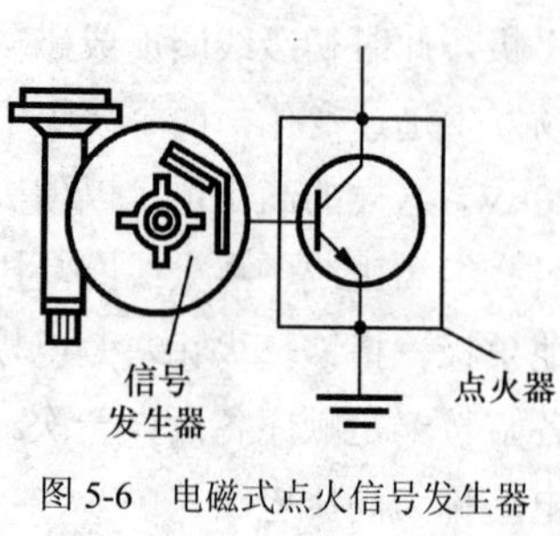

图 5-6　电磁式点火信号发生器

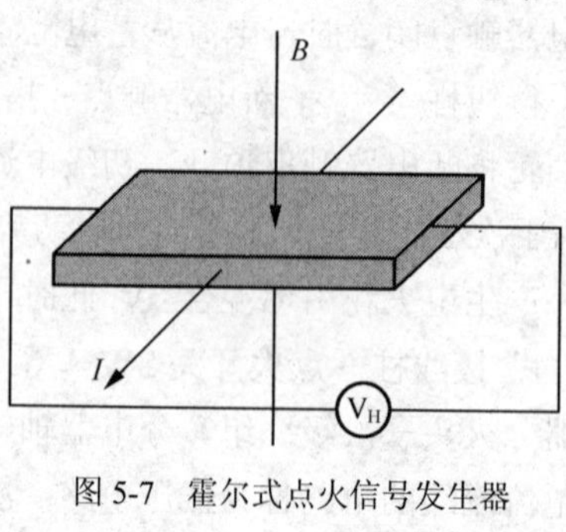

图 5-7　霍尔式点火信号发生器

触发叶轮在随着分电器轴旋转时，每当进入永久磁铁和霍尔元件之间的气隙时，霍尔元件的磁力被叶片遮挡住，无法产生霍尔电压，此信号经过霍尔集成电路输出的为高电位，即信号发生器输出 11～12V 的电信号；反之，当叶轮离开气隙时，信号发生器输出低电位，即 0.3～0.4V 的电信号。每转一周，信号转子就会产生与发动机气缸数相同次数的信号脉冲，将此信号输送给点火控制器，便可实现对点火系统的控制。帕萨特 B5、捷达、奥迪、宝来和桑塔纳轿车均使用了霍尔式无触点信号发生器和电子点火系统。

3. 光电式点火信号发生器

光电式点火信号发生器的核心部件是由发光二极管、光敏晶体管和遮光板组成。发光二极管一直和光敏晶体管正对，分电器轴带动带有缺口的遮光板旋转，每个周期都有数次挡住和透过光线，使晶体管发送给点火控制器不同的通断信号，以控制各缸的点火。日系车型大部分采用光电式点火系统。

（二）工作原理

电子点火系统工作原理如图 5-5 所示，低压线路部分由蓄电池“+”极→点火开关 SW→点火线圈“+”接线柱→初级绕组→点火线圈“–”接线柱→点火器→搭铁→蓄电池“–”极，此时点火器的通断是由信号发生器产生的信号脉冲控制的。点火器通电时，初级线圈和次级线圈均产生磁场，点火器断电时，次级绕组感应出的高压电流经的电路为：次级绕组高压线→点火线圈高压接线柱→点火线圈“+”接线柱→点火开关 SW→蓄电池正极→蓄电池负极→搭铁→火花塞侧电极→中心电极→配电器分火头→次级绕组。

四、微机控制点火系统

微机控制点火系统也称电控点火系统（Electronic Spark Advance，ESA），它是目前点火系统中精度最高、控制功能最强的一种点火系统。与传统和普通电子点火系统相比，微机控制点火系统彻底取消了断电器、离心式点火提前角调节器、真空式点火提前装置等机械装置，完全实现了电子控制。

（一）基本构成

微机控制点火系统一般由监视发动机运行状况的传感器、处理信号和发出指令的微处理单元（ECU）、点火线圈和火花塞等组成，如图 5-8 所示。

发动机运行时，ECU 不断地采集发动机的转速、负荷、冷却水的温度、进气温度等传感器信号，并根据存储器中存储的有关程序和数据，确定出该工况下点火线圈的导通和截止。

1. 传感器

各传感器的作用是检测发动机运行的各种参数变化，为 ECU 提供点火控制所需的信号。

水温传感器可以把发动机冷却液温度转变为电信号，输送给 ECU，用以修正点火提前角、控制怠速控制阀动作等。

曲轴位置传感器和凸轮轴位置传感器用于检测气缸活塞是处于压缩行程上止点还是排气行程上止点，并检测曲轴转角及发动机转速，从而提供正确的点火时刻、确认曲轴位置的信号。

爆燃传感器用来检测发动机有无爆燃现象，发生爆燃时调整点火提前角。

节气门位置传感器实质上就是一支可变电阻器，它可以将节气门开度信号转换为电信号，并传输给 ECU。

2. 微处理单元

微处理单元一般被称为 ECU（见图 5-9），英文为 Electronic Control Unit，作用是接收曲轴位置、空气流量、水温、进气温度、节气门位置、车速、爆燃等有关传感器信号，并按照特定的程序进行判断、运算后，控制点火线圈的开断。

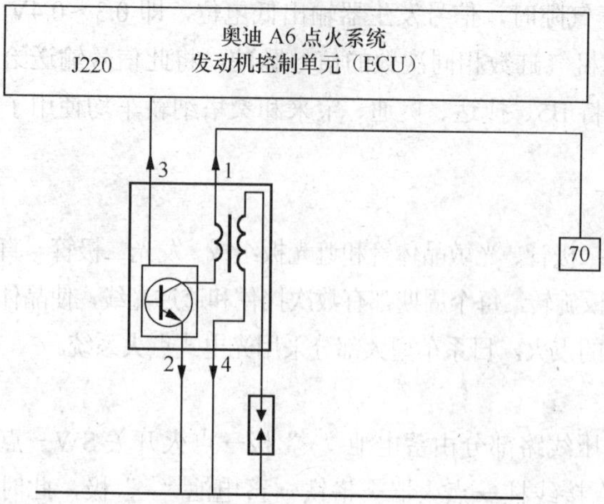

图 5-8　微机控制点火系统结构图

图 5-9　发动机微处理单元 ECU

3. 点火线圈

电控点火系统的点火线圈一般采用初级绕组电阻值很小的高能闭磁路点火线圈。在有分电器的系统中，各缸共用一个点火线圈，仍然没有摆脱高压电的机械配电方式，使得点火能量损失较大、高速时点火能量不足等。为了进一步提高点火性能，消除分电器的缺陷，提高点火可靠性和耐久性，便出现了无分电器系统，简称 DIS（Direct Ignition System 或 Distributor less Ignition System）。在 DIS 中，高压分电的方式由微机来完成，将气缸分组，每组共用一个点火线圈的点火方式称为同时点火；各缸都有独立的点火线圈的点火叫作单独点火。

（1）单独点火。单独点火也叫独立点火，点火线圈的数量与气缸数相等，即每缸一个点火线圈。由于每缸都有点火线圈，即使发动机转速很高，点火线圈也有较长的通电时间，可提供足够高的点火能量。

单缸点火线圈主要由初级绕组、次级绕组、点火控制器、低压线插座、铁心等组成，如图 5-10 所示。

三维动画：发动机微处理单元 ECU 的外形

三维动画：发动机控制 ECU

三维动画：独立点火线圈

三维动画：点火线圈接线插头

三维动画：独立点火线圈的组成

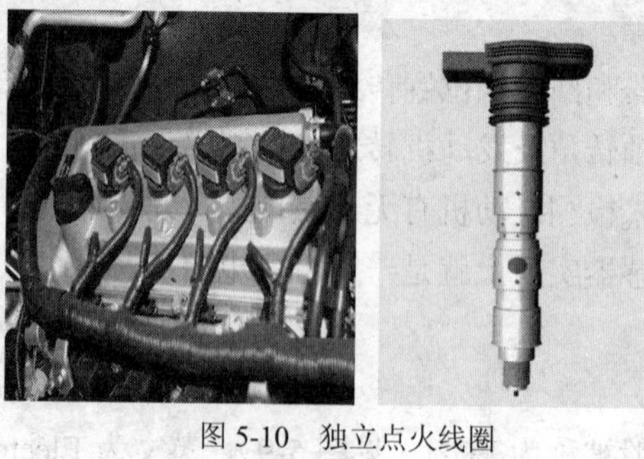

图 5-10　独立点火线圈

（2）双缸同时点火。与单独点火相比，双缸同时点火系统的结构和控制电路较简单，应用也比较多，但它也保留了点火线圈与火花塞之间的高压线，能量损失略大。一个总的点火线圈内部又分两个点火线圈，两个气缸共用一个点火线圈，当两同步缸活塞同时到达上止点时，火花塞跳火，其中一缸接近压缩行程上止点，为有效点火；另一缸接近排气行程上止点，为无效点火，无效点火的火花塞跳火起到了自洁作用。

双缸同时点火线圈如图 5-11 所示。

图 5-11　双缸同时点火线圈

三维动画：双缸同时点火线圈

4. 火花塞

火花塞的功用与普通电子点火系统相同。

（二）工作原理

如图 5-12 所示，以奥迪 A6 点火系统工作原理为例，发动机工作时，ECU 根据接收到的各传感器信号，分析相关数据以后，确定出该工作情况下的最佳点火提前角和点火线圈初级绕组的通电时间，向点火器发出控制信号。点火器接收到信号后，执行对初级绕组电路的通断操作。一般直列四缸发动机的点火顺序为 1→3→4→2，直列六缸发动机的点火顺序为 1→5→3→6→2→4。但也有采用其他点火顺序的，应以制造厂商提供的技术数据为准。

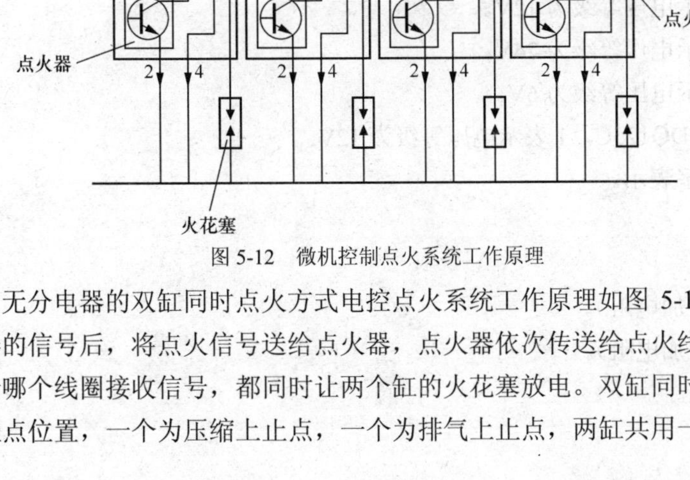

图 5-12　微机控制点火系统工作原理

二维动画：微机控制点火系统工作原理

无分电器的双缸同时点火方式电控点火系统工作原理如图 5-13 所示。ECU 接收到来自各传感器的信号后，将点火信号送给点火器，点火器依次传送给点火线圈 A 和点火线圈 B 点火信号，无论哪个线圈接收信号，都同时让两个缸的火花塞放电。双缸同时点火的特点是两个缸同时达到上止点位置，一个为压缩上止点，一个为排气上止点，两缸共用一个点火线圈，即四缸的发动机一共有两个，六缸的有三个点火线圈。如图 5-13 所示，1 缸和 4 缸同时达到上止点，称为同步缸。但若 1 缸到达的是压缩上止点，火花塞跳火可以点燃该缸的混合气，称为有效点火；4 缸到达的是排气上止点，火花塞跳火并不起作用，称为无效点火。

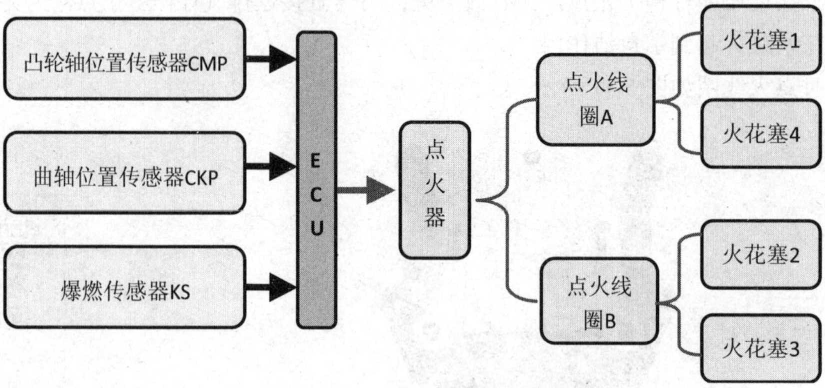

图 5-13　双缸同时点火系统工作原理

五、各部件的型号

（一）点火线圈的型号

不同的国家、不同的汽车企业采用不同的型号表示方法。点火线圈的选配原则一般按照同车系、同车型进行替换。根据 QC/T 73－1993 的规定，国产点火线圈的型号由以下几部分组成，如图 5-14 所示。

产品代号	电压等级代号	用途代号	设计序号	变型代号

图 5-14　点火线圈的型号

• 产品代号：用字母表示。

第一位 D 表示“点火”。

第二位 Q 表示“线圈”。

如果 DQ 后面还有字母，G 表示干式点火线圈；D 表示电子点火系统用点火线圈。

微课视频：点火系统的型号

例如：DQ125C，DQ 表示点火线圈。

• 电压等级代号：用阿拉伯数字表示。

1—表示电压等级为 12V。

2—表示电压等级为 24V。

6—表示电压等级为 6V。

例如：DQ125C，1 表示电压等级为 12V。

• 用途代号：用阿拉伯数字表示。

1—单、双缸发动机。

2—四、六缸发动机。

3—四、六缸发动机（带附加电阻）。

4—六、八缸发动机（带附加电阻）。

5—六、八缸以上缸发动机。

6—八缸以上发动机。

7—无触点分电器。

8—高能点火。

9—其他（包括三、五、七缸）。

例如：DQ125C，2 表示四、六缸发动机。

• 设计序号：用阿拉伯数字表示。

该产品设计先后顺序。

例如：DQ125C，5 表示第 5 次设计。

• 变型代号：用汉语拼音大写字母表示。

主要电气参数和基本结构不变情况下，一般电气参数的变化和某些结构的改变称为变型。

例如：DQ125C，C 表示 DQ124 点火线圈产品为第 C 种型号

（二）火花塞的型号

不同国家生产的火花塞采用不同的型号表示，如日本特殊陶业火花塞（NGK）、日本电装火花塞（DENSO）、德国博世火花塞（BOSCH）。其中 NGK 应用较为广泛。下面以 NGK 型号编制为例，介绍火花塞的主要参数，如图 5-15 所示。

螺纹公径	火花塞类型	热值	螺纹长度	使用特征

图 5-15　火花塞的型号

• 螺纹公径：用英文大写字母表示（见图 5-16）。

B—14mm、六角对边 20.6mm。

C—10mm、六角对边 16mm。

D—12mm、六角对边 18mm。

例如：BR9ES，B 表示螺纹公径 14mm、六角对边 20.6mm。

• 火花塞类型：用英文大写字母表示。

P—绝缘体突出型。

L—短座型。

R—带阻尼电阻型。

S—屏蔽型。

例如：BR9ES，R 表示带阻尼电阻型。

什么是电阻型火花塞？

汽车行驶中，在每一次点火的时候，火花塞内芯会通过强电流，这样火花塞在每一次工作时会有磁场产生。这些磁场干扰所有的电器，对人的伤害也很大。电阻型火花塞是指在火花塞内部装有一个 1～20kΩ 的陶瓷电阻器。现在的电喷车则一定要使用电阻型火花塞。

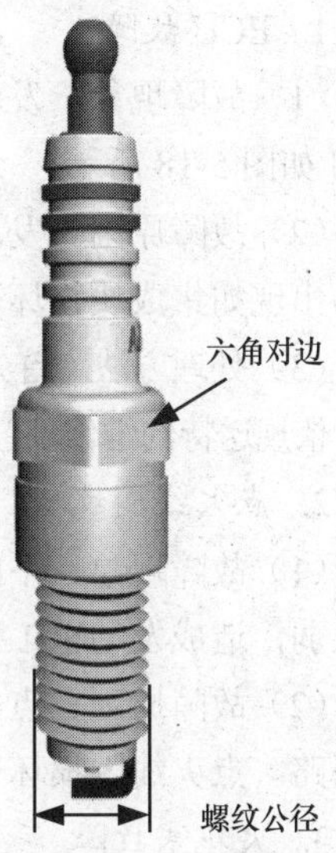

图 5-16　火花塞的螺纹公径

• 热值：用阿拉伯数字表示。

热值有 2、4、6、7、8、（8.5）、9、（9.5）、10。

例如：BR9ES，9 表示热值 9。

火花塞的热值代表其散热快慢。数值越大，散热越快，不同的发动机要求使用相匹配的火花塞，一般情况小型汽车行驶速度快，转速高，气缸压缩比高，需要使用热值高（散热快）的火花塞，而大型汽车整好相反，需要使用热值低（散热慢）的火花塞。

• 螺纹长度：用英文大写字母表示（见图 5-17）。

L—11.2mm。

H—12.7mm(赛车型 12.5mm)。

E—19mm(赛车型 18mm)。

无标注—12mm（ϕ18mm）/9.5mm（ϕ14mm）。

例如：BR9ES，E 表示螺纹长度 19mm（赛车型 18mm）。

• 使用特征：用英文大写字母表示。

A—专用。

B—本田专用。

C—赛车专用。

S—铜心电极。

W—钨电极。

其他使用及构造特征。

例如：BR9ES，S 表示铜心电极。

微课视频：点火系统的检测

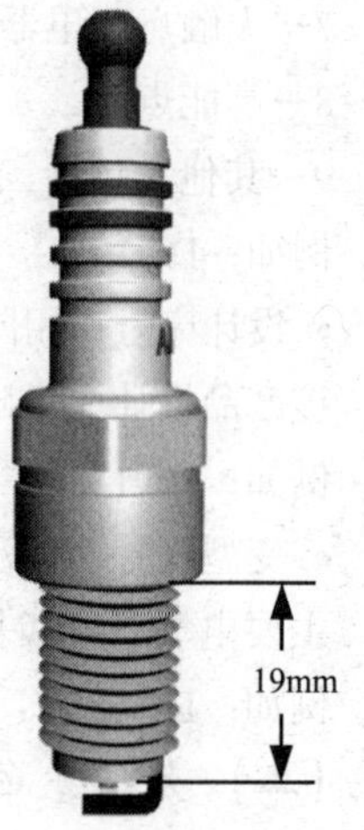

图 5-17　火花塞的螺纹长度

六、点火系统检修

（一）点火系统常见故障

1．ECU 故障

（1）故障现象。发动机起动困难、控制速度不稳、油耗增大、动力性差、排放劣化等。汽车 ECU 如图 5-18 所示。

（2）故障原因。发动机的 ECU 可靠性很高，轻易不会出现问题。但是随着使用年限的增加，容易出现如集成块损坏，焊脚接头开焊，电阻、电容元件失效，连线松动等故障。

（3）处理方法。首先要先对外电路进行检查，确认 ECU 故障后，依规送特约维修部门去检测和修理，或采用置换的方法。

图 5-18　汽车 ECU

2．点火线圈故障

（1）故障现象。不能产生高压电或电压不高，使火花塞无火或火弱，造成发动机工作不正常。

（2）故障原因。点火控制器损坏、点火线圈漏电、绕组短路和断路。点火线圈损坏一般直接做报废处理即可。

3．火花塞故障

（1）故障现象。火花塞出现的常见故障为火花塞严重烧蚀和火花塞有沉积物，如图 5-19 所示。

沉积物　　正常　　严重烧蚀

图 5-19　火花塞常见故障

（2）故障原因。当火花塞严重腐蚀或电极老化时，会发生电极蚀损或绝缘体破坏；燃油牌号不对、点火过早引起爆燃、发动机过热、早燃等，都会使火花塞电极熔断。

当火花塞上出现油性沉积物时，就表明润滑油已进入燃烧室内；有黑色沉积物，通常表明气缸内混合气体过浓。

（二）日常维护与使用

对点火系统的维护如下。

（1）火花塞是汽油发动机的易损件之一，工作于高温、高压的条件下，应参照有关手册进行检查和更换。例如，凯越（SGM7161 系列轿车）规定每 10000km 对火花塞检查一次，每 20000km 对火花塞进行更换。

（2）在拆装火花塞时，应先将周围清理干净，当火花塞进出时，不要让粉尘进入缸内。

（3）当汽车发生发动机起动困难、怠速不稳、油耗增大、动力性差、排放劣化等不正常现象时，一定要查明原因，消除故障隐患。

（4）当发动机正在运转时，不得断开或连接任何线束，不得断开或连接点火控制器的插接器。

（5）燃油油品也与火花塞的寿命密切相关，车主加油时，不要添加品质存在问题的油品。

项目实施

任务　点火系统高压无火

【学习目标】

学习目标	知识目标	❖ 掌握汽车点火系统的功能和基本组成 ❖ 掌握三个发展阶段点火系统的基本工作原理 ❖ 能识别点火系统各部件的型号 ❖ 掌握正确的拆装工艺及操作规范
	能力目标	❖ 能够正确分析发动机不工作的故障原因 ❖ 能熟练使用点火系统常用检修工具 ❖ 能独立分析诊断各部件故障现象的原因 ❖ 能掌握各部件检修工艺

【任务导入】

一辆丰田卡罗拉轿车，发动机无法起动，点火控制模块刚刚更换新的，也不起作用。

学员通过本任务的完成，能够熟练掌握发动机无法起动时点火系统检测流程，能够掌握各常用检修工具的使用方法，会分析故障现象，找出故障原因。

【任务准备】

1. 工具

火花塞专用套筒、解码仪、组合工具套。

2. 设备

每工位轿车一辆、万用表一个，如图 5-20 所示。

丰田卡罗拉汽车

工具箱

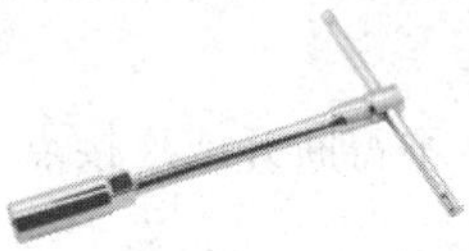

火花塞专用套筒

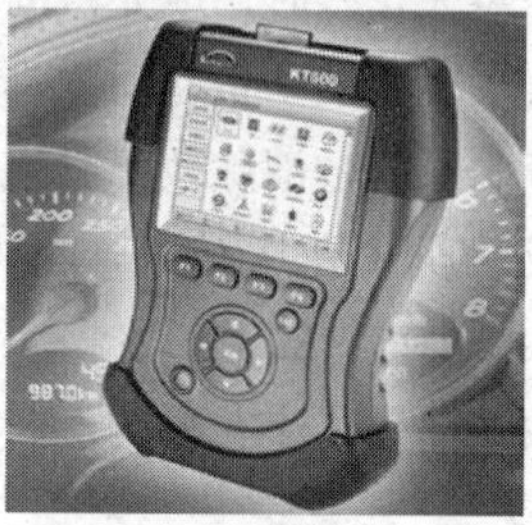

解码仪

图 5-20　工具和设备

3. 防护用品

车辆防护用的车辆挡块、地板垫、座椅套、转向盘套、护裙等各一套，如图 5-21 所示。

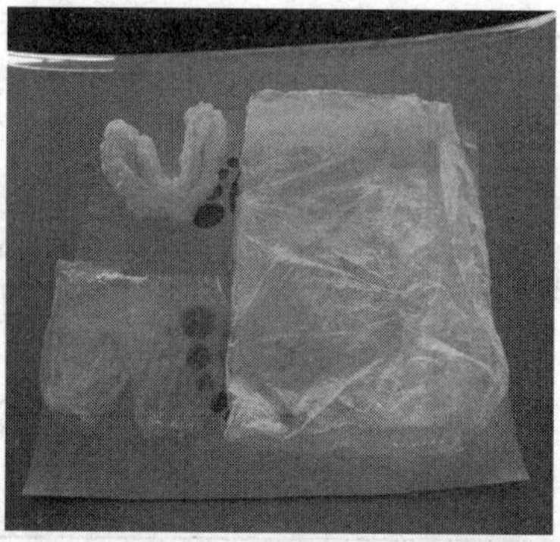

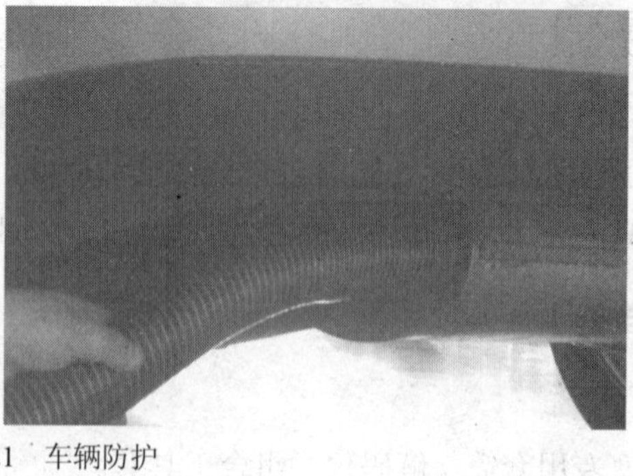

图 5-21　车辆防护

【检修工艺】

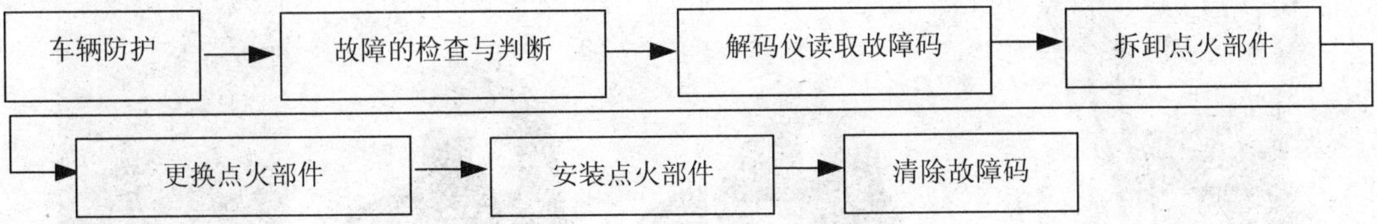

【操作步骤】

（一）车辆防护

1. 安装车辆挡块。

2. 安装尾气收集管。

（二）故障的检查与判断

故障诊断流程图如图 5-22 所示。

（三）解码仪读取故障码

点火开关打到 ON 挡，读取故障码；起动发动机后，先清除故障码，再次读取故障码，如图 5-23 所示。

（四）常用部件检修工艺

1. 火花塞的检查测量

火花塞是耗损件，即使是正确使用也需要进行定期检查和更换。

（1）外观检查。检查项目包括电极间隙，侧极是否烧偏，是否有飞线、破损裂纹、熏黑、油污、过度烧损等，如图 5-24 所示。

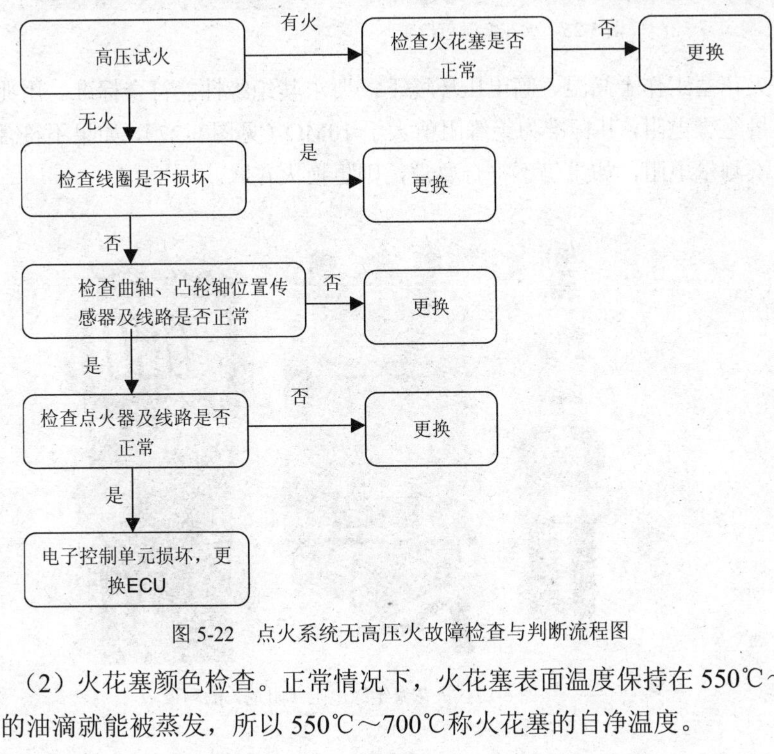

图 5-22　点火系统无高压火故障检查与判断流程图

视频：解码仪诊断点火系统故障

（2）火花塞颜色检查。正常情况下，火花塞表面温度保持在 550℃～700℃，这样落在火花塞上的油滴就能被蒸发，所以 550℃～700℃称火花塞的自净温度。

图 5-23　解码仪读取故障码

图 5-24　火花塞外观检查

如图 5-25 所示，燃烧好的火花塞电极正常的颜色为浅黄色或棕红色（使用无铅汽油为棕红色），此时，发动机的起动性能、加速性能和经济性能均在最佳状态。

低于自净温度，落在火花塞上就不能蒸发，造成积炭。

超过自净温度（800℃以上），混合气体引起自燃，形成发动机爆燃。

（3）电极间隙。火花塞电极间隙如图 5-26 所示。当汽车行驶到一定的千米数，火花塞会产生积炭，电极间隙也增大，电极间隙增大会造成起动困难。例如，日本车的火花塞间隙为 1.0～1.1mm，旧的火花塞最大间隙为 1.3mm，如果间隙大于最大值，则更换火花塞。不要调整火花塞电极间隙。大众车型的电极间隙为 0.7～0.8mm；日本车为 1.0～1.1mm；美国车为 1.5mm。

图 5-25　火花塞颜色检查

（4）绝缘电阻测量。火花塞工作于高温、高电压环境下，要求其绝缘性能符合标准。用兆欧表或量程足够的万用表测量绝缘电阻，其标准为绝缘阻值大于 10MΩ（见图 5-27），如果不符合要求，则清洗火花塞，并再次测量电阻，如果仍不符合要求，则更换火花塞。

图 5-26　火花塞电极间隙

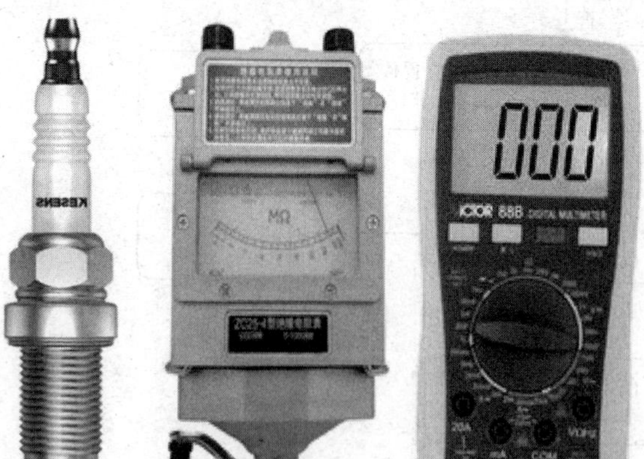

图 5-27　火花塞绝缘电阻（阻尼）的测量

（5）阻尼电阻的测量。电阻型火花塞是指在火花塞内部装有一个阻尼电阻。阻尼电阻一般采用 RLC 电路原理制成，用万用表测量能判断出电路的通断。

（6）火花塞的更换。火花塞的类型可分为普通铜心、钇金、铂金、铱金、铂铱合金火花塞等，这些类型的火花塞使用寿命有所不同，对应的更换里程也存在差异，如图 5-28 所示。

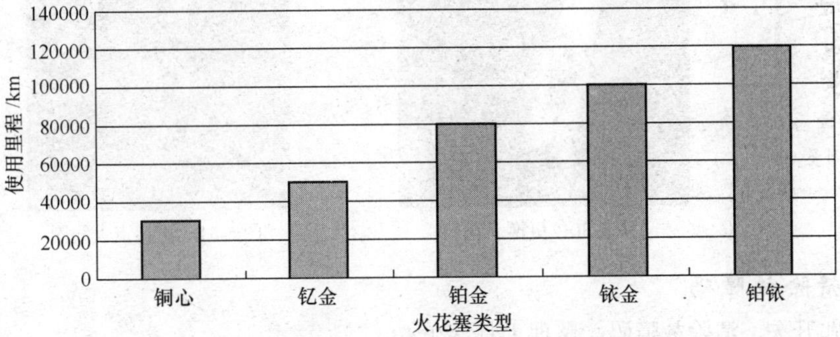

图 5-28　不同材质火花塞的寿命

火花塞的选用应根据发动机性能和使用条件而定，一般按照汽车使用说明书的规范要求选配。使用中应保持清洁干燥，电极完整无油污，绝缘无破损。加强维护，清除积炭，正确使用，使之保持其完好的技术状况，以发挥其正常作用。

2. 点火线圈的检查测量

（1）外观检查。检查点火线圈保持清洁干燥，外壳无破损、裂纹和变形，接线端子无断裂和烧损，绝缘橡胶无破损、老化和变形，点火线圈内的填充物无冒出和变形。

（2）试验检测。此方法在试验台上或车上均可进行，将被检验的点火线圈与好的点火线圈分别接上进行对比，看其火花强度是否一样。

点火线圈经过检验，如内部有短路、断路、搭铁等故障，或发火强度不符合要求时，一般均应更换新件。

（3）解码仪检测。解码仪检测方法如图 5-29 所示，通过解码仪读取点火系统是否有故障码，并查看点火数据流，进而判断点火系统的故障所在。

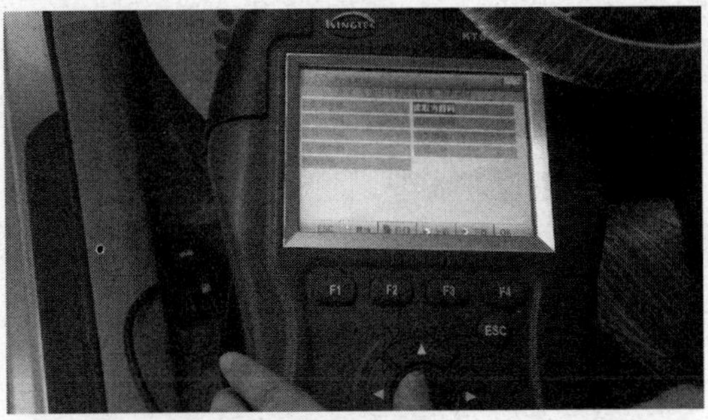

图 5-29　解码仪检测点火系统

视频：读取故障码和清除故障码

视频：拆装火花塞

（五）更换点火部件

针对检测结果，更换新的火花塞和点火线圈，如图 5-30 和图 5-31 所示。

（六）安装点火部件

将点火线圈和火花塞安装到位。

视频：点火线圈四根线的电压测量

图 5-30　更换火花塞

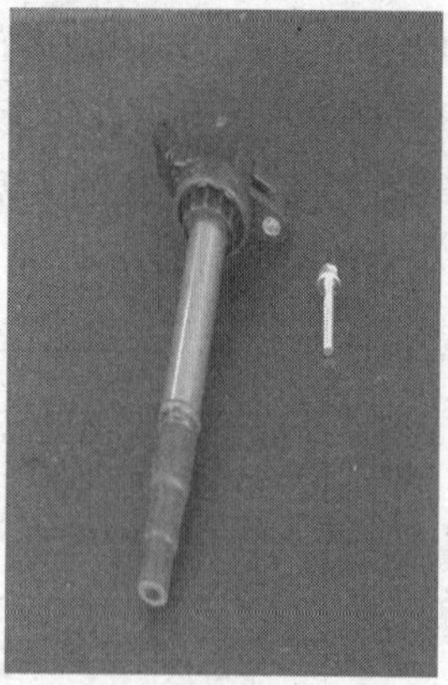

图 5-31　更换点火线圈

（七）清除故障码

打开钥匙开关，清除故障码，整理工具交车。

（八）检查验收

1．取下转向盘套，取下座椅套，取下地板垫。

2．取下护裙，闭合发动机罩。

3．卸下尾气收集管。

4．取下车辆挡块。

5．整理工具材料，工具材料完整齐全。

6．清点工具、设备和防护用品，工具、设备和防护用品应无丢失，整理擦拭工具和设备，注意工作场地文明化。

7．填写任务工单。

项目六 汽车照明与信号系统

汽车照明系统是为了保证提高车辆行驶的安全性和运行速度而设置的，主要用于夜间或雨雾天照明道路、车内照明、汽车装饰等。汽车信号系统是为了显示汽车整车或某一系统的工作情况，用于指示其他车辆或行人的信号（或标志），保证行车安全，防止事故的发生。

学习导航

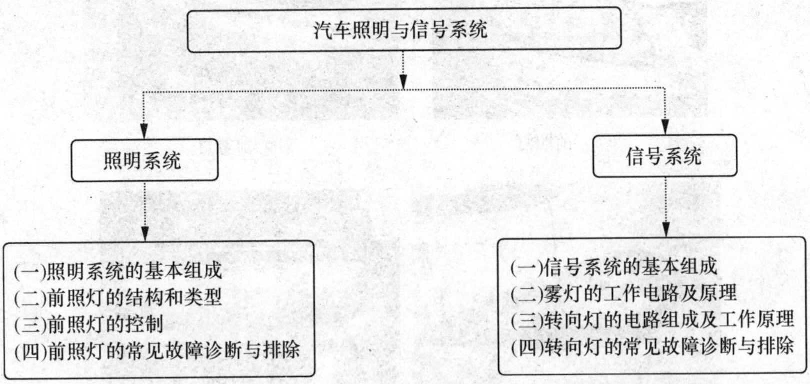

相关知识

一、汽车照明系统的基本组成

汽车照明系统根据在车上的安装位置和作用的不同，分为外部照明和内部照明。外部照明装置包括前照灯、前雾灯、倒车灯及牌照灯等；内部照明装置包括顶灯、仪表灯、阅读灯、行李箱灯、工作灯和门控灯等。

（一）外部照明系统的组成

1. 前照灯

前照灯又称前大灯，位于汽车头部两侧，用于夜间或光线较暗情况下汽车行驶时道路照明，保证汽车全天候安全行驶。国家规定汽车前照灯必须具备远光和近光两种照明方式，并通过变光开关转换。

远光灯功率通常在40～60W，近光灯的功率通常在25～55W，如图6-1（a）所示。

车辆夜间在没有路灯、照明不良条件下行驶时，需要采用远光灯，而当对面有车即两车会车时，需要采用近光灯。此外，超车时应采用远近光交替来提醒被超车辆的注意。

2. 前雾灯

安装在车头的雾灯称为前雾灯，通常位于比前照灯较低的前保险杠下方。前雾灯用于雾天、雨雪天、暴雨或尘土弥漫的情况下，改善车前道路的照明，灯光为黄色，具有较强的穿透性，功率一般在 35～55W，如图 6-1（b）所示。

3. 倒车灯

倒车灯安装在汽车的尾部，其作用是当汽车倒车时照明车后道路，有时也提示其他车辆或行人注意。当驾驶员挂上倒挡，自动接通电路，倒车灯开关闭合，灯光为白色，功率一般为 20W 以上，如图 6-1（c）所示。

4. 牌照灯

牌照灯安装在汽车后牌照的上方或左右两侧，用于夜间照亮牌照，确保行人距车尾 20m 处看清牌照号码，功率一般为 5～15W，如图 6-1（d）所示。

（a）前照灯　（b）前雾灯　（c）倒车灯　（d）牌照灯

图 6-1　外部照明设备

（二）内部照明系统的组成

1. 顶灯

顶灯安装在驾驶室或车厢内部，用于对驾驶室内部照明。顶灯由开关控制，可由安装在车门上的门控开关控制，监视车门是否打开。当车门打开时，顶灯亮，车门关上后，顶灯熄灭。灯光为白色，功率一般为 5～8W，如图 6-2（a）所示。

2. 仪表灯

仪表照明灯安装在仪表板内，用于仪表指针和刻度盘的照明，为驾驶员在光线较暗时查看仪表提供便利，一般只有 2～8W，没有单独的开关，随小灯一起控制，如图 6-2（b）所示。

3. 阅读灯

阅读灯一般安装在乘客座前部或顶部，车内光线不足时，其能提供给乘坐人员足够亮度，便于车内阅读之用，同时又不会影响驾驶员的正常驾驶，有的还有光轴方向的调节机构，如

图 6-2（c）所示。

4. 行李箱灯

行李箱灯位于汽车行李箱内，当开启行李箱时，自动发亮，照亮行李箱空间，灯光为白色，功率一般为 5～8W，如图 6-2（d）所示。

5. 工作灯

工作灯位于发动机舱内，用于夜间汽车检修照明，灯光为白色，功率一般为 8～20W，如图 6-2（e）所示。

6. 门控灯

门控灯用来照明车门附近。当车门打开时，车门灯电路接通，灯亮；当车门关上时，灯灭。方便驾驶员上、下车或打开其他照明设备，以及插入点火钥匙等操作，灯光为白色，功率一般 5～8W，如图 6-2（f）所示。

（a）顶灯　（b）仪表灯　（c）阅读灯

（d）行李箱灯　（e）工作灯　（f）门控灯

图 6-2　内部照明设备

微课视频：汽车照明系统的组成

（三）汽车前照灯的结构和类型

1. 前照灯的基本要求

为确保汽车夜间行驶安全，世界各国一般都以法律形式规定了汽车前照灯的照明标准，其基本要求如下。

（1）应能保证车前有明亮而均匀的照明，使驾驶人能够看清车前方 100 m 以内的路面上的物体。随着汽车行驶速度不断提高，对汽车前照灯的照明距离也相应要求越来越远。现在有些汽车要求照明的距离已达到 200～250 m。

（2）前照灯应具有防炫目装置。确保夜间会车时，不使对方驾驶员炫目而造成交通事故。

2. 前照灯的结构

前照灯的基本结构包括三大光学组件、壳体及插头插座组成，其中三大光学组件为光源、反射镜和配光镜，如图 6-3 所示。

（1）光源。汽车前照灯灯泡的作用是产生光源。目前汽车用前照灯主要有充气灯泡和卤钨灯泡两种。

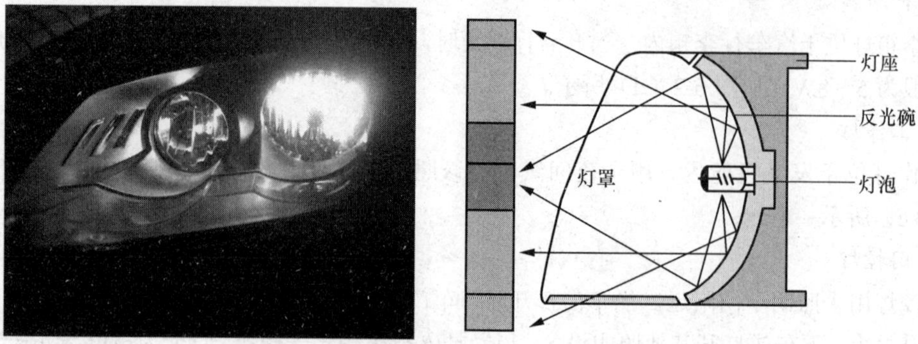

图 6-3　前照灯的基本结构

① 充气灯泡。充气灯泡也称为白炽灯泡，是采用钨丝做灯丝，制作时通常把灯泡内空气抽出，然后再充满氩、氖和氮的混合惰性气体。在灯泡工作时，由于惰性气体受热膨胀会产生很大的压力，增加玻璃壳内的压强，减少钨丝的蒸发，从而提高灯丝的设计温度，增强发光效率，延长灯丝的寿命，如图 6-4（a）所示。

② 卤钨灯泡。充气灯泡虽已经充入惰性气体，但仍然会因钨丝蒸发而使灯泡变黑。为了防止钨丝的蒸发，近年来又发明了卤钨灯泡。在灯泡内的气体中加入一点卤族元素（我国主要采用溴）就构成了卤钨灯（或称卤素灯）。卤钨灯泡是利用卤钨再循环反应，将从灯丝上蒸发出来的气态钨与卤素反应生成挥发性卤化钨，卤化钨在飘到灯丝附近的高温区时又受热分解，使钨重新回到钨丝上，防止钨丝的蒸发，被释放出来的卤素会重新扩散参与下轮循环反应。

卤钨灯泡的工作温度高，通常采用了石英玻璃或专用的硬玻璃。在相同功率下，卤钨灯的亮度为白炽灯的 1.5 倍，寿命是它的 2～3 倍，现在的汽车普遍采用的都是这种前照灯，如图 6-4（b）所示。

（a）充气灯泡　　（b）卤钨灯泡

图 6-4　灯泡

（2）反射镜。反射镜又称反光镜，其作用是尽可能多地收集光源发出的光线，并将这些光线聚合成强的光束射向远方，以增加照明距离。反射镜为旋转抛物面，其内表面涂层材料有银（反射率 90%～95%）、铝（反射率约 94%）、铬（反射率 60%～65%）等，如图 6-5 所示。

（3）配光镜。配光镜也称散光玻璃，是由通光玻璃压制而成的棱镜和透镜的组合体。配光镜的作用是将反射镜反射出的平行光束进行折射，使车前路面和路缘都有良好而均匀的照明，如图 6-6 所示。

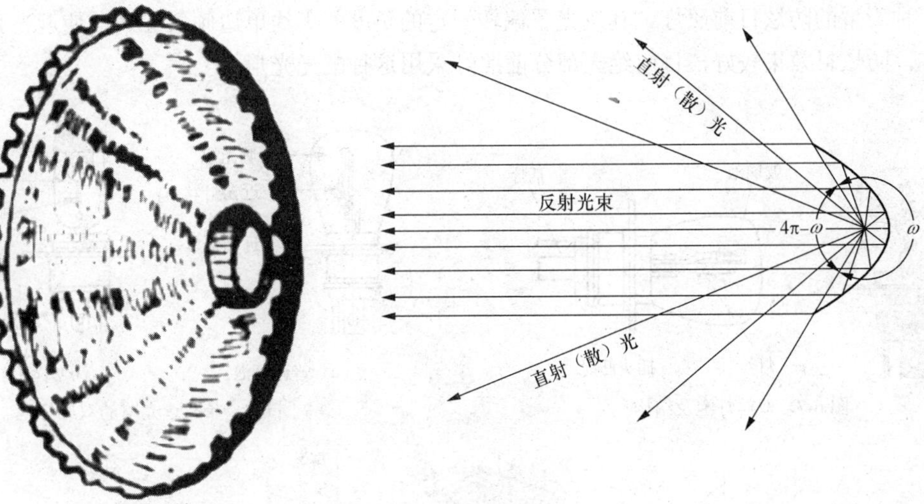

图 6-5　反射镜

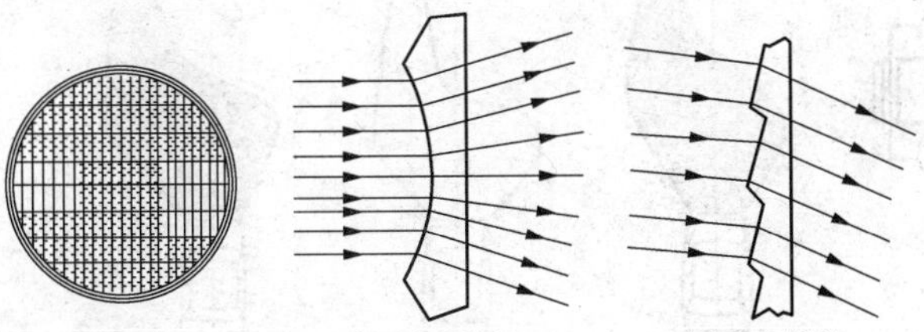

图 6-6　配光镜及结构作用

微课视频：前照灯的结构与组成

（4）壳体。壳体用于将三大光学组件固定在一起，并安装于车体上，通常有调整前照灯照射方向的调整螺钉。

（5）插头插座。插头插座用于实现前照灯与车体之间的电连接，注意接线时一定要正确。

3. 前照灯防炫目措施

夜间会车时，前照灯发出的强烈的光容易使迎面来的汽车驾驶员炫目，从而引发交通事故，所以必须在这方面采取有效的防炫目措施。

（1）采用双丝灯泡。如图 6-7 所示，前照灯采用双丝灯泡，远光灯丝位于反射镜的焦点上，射出的光线远而亮；近光灯的灯丝位于反射镜焦点的上方或前方，射出的光线大部分向下倾斜，且光线较弱，可防炫目。这样夜间行车时，当对面无来车时，使用远光灯，可照亮车前方 150m 以上的路面；当对面来车时，使用近光灯，由于光线较弱，经反射后的光线大部分射向车前的下方，可以避免对方驾驶员炫目。

（2）设置遮光罩。双丝灯泡中，近光灯丝射向反射镜下部的光线经反射后，将射向斜上方，仍会使对面的驾驶员炫目。为了克服上述缺陷，在近光灯丝下方装有遮光罩（又称配光屏），当近光灯丝发光时，近光灯丝下方的光线被遮住，消除了向上的反射光线，而远光灯丝发光时，遮光罩不起作用，如图 6-8 所示。带遮光罩的双灯泡广泛使用在汽车上。

（3）采用不对称光形。前照灯配光光形如图 6-9 所示。近光灯丝位于反射镜焦点的上方或前方，并向右偏斜，如图 6-9（a）所示。近光光形分布基本对称，称为对称型配光，也称为标准型配光，如图 6-9（b）所示。不对称光形的 E 形非对称及 Z 形非对称如图 6-9（c）、（d）所示，这是一种新型的防炫目前照灯。其遮光罩偏转一定的角度，大约单边倾斜 15°，使近光光形分布不对称，防炫目效果较好，目前绝大部分前照灯采用这种配光光形。

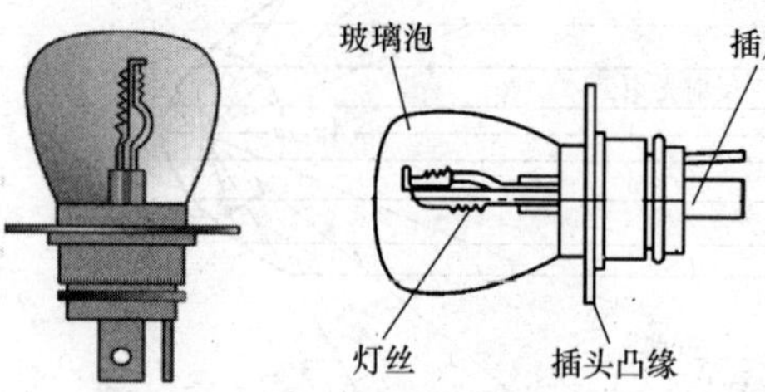

图 6-7　双丝灯泡及结构

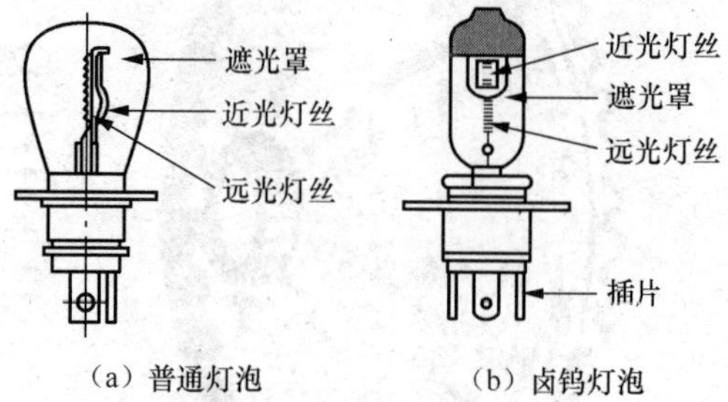

图 6-8　带有遮光罩的双丝灯泡

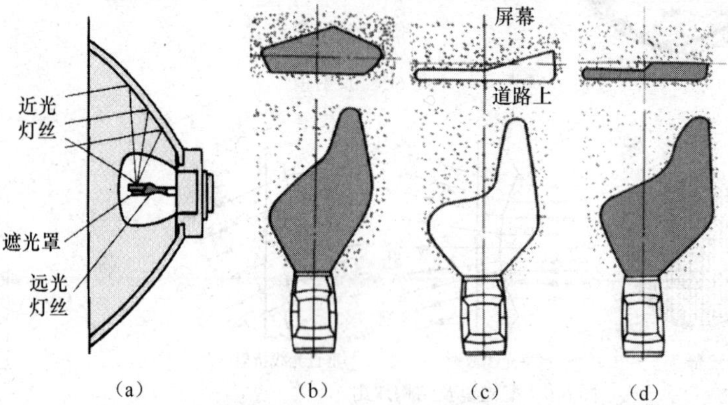

图 6-9　前照灯配光光形

4. 前照灯的分类

前照灯按结构可分为可拆式前照灯、半封闭式前照灯、全封闭式前照灯、HID 氙气式前照灯和隐闭式前照灯。因可拆式前照灯密封性不好，目前很少采用，已基本淘汰。

（1）半封闭式前照灯。半封闭式前照灯的配光镜是由反射镜边缘上卷曲的牙齿紧固在反射镜上，两者之间用橡胶圈或密封胶密封，灯泡可以从反射镜后端拆装，如图 6-10 所示。这种前照灯维修方便，目前得到广泛应用。注意更换灯泡时，切勿用手触摸灯泡顶端部分，以免缩短灯泡的寿命。

（2）全封闭式前照灯。全封闭式前照灯俗称“真空灯”，它的反射镜和配光镜制成一体，灯丝焊在反射镜底座上，反射镜表面镀铝，里面充满惰性气体，结构如图 6-11 所示。这种前照灯密封性好，可以避免反射镜受到污染，照明效果好，使用寿命长，但当灯丝烧坏后，需要更换前照灯总成，成本较高。

（3）HID 氙气式前照灯。HID（High Intensity Discharge）氙气式前照灯俗称“氙气大灯”，该类型灯放电的气体是氙气，实物如图 6-12 所示。结构由氙气灯泡、稳压器和线组控制盒等组成，如图 6-13 所示。这种灯的灯泡里没有灯丝，取代的是石英管内的两个电极，管内充有氙气和微量金属（或金属卤化物）。在电极上加上 12V 的电压后，经过一系列的转换、控制、保护、升压、变频等动作后，产生一个瞬间的 23000V 的点火高压，使气体开始电离导电。其灯泡发出的光色成分和日光灯非常相似，亮度是目前卤钨灯泡的 2.5 倍，寿命是它的 5 倍，功率为 35W，可节能 40%。

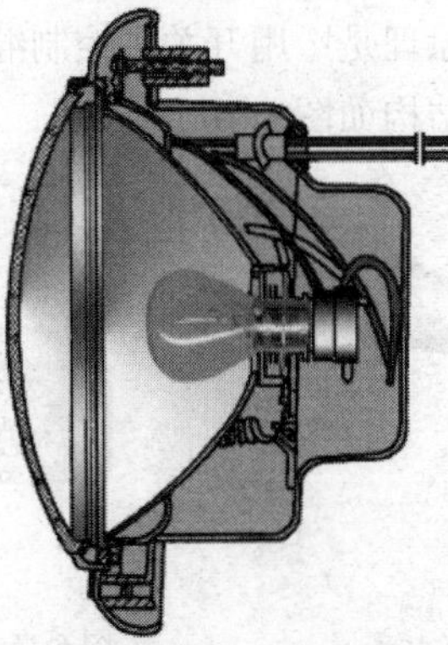

图 6-10　半封闭式前照灯

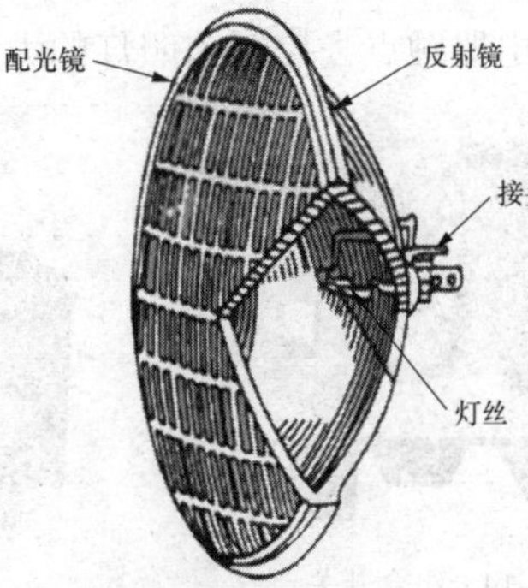

图 6-11　全封闭式前照灯

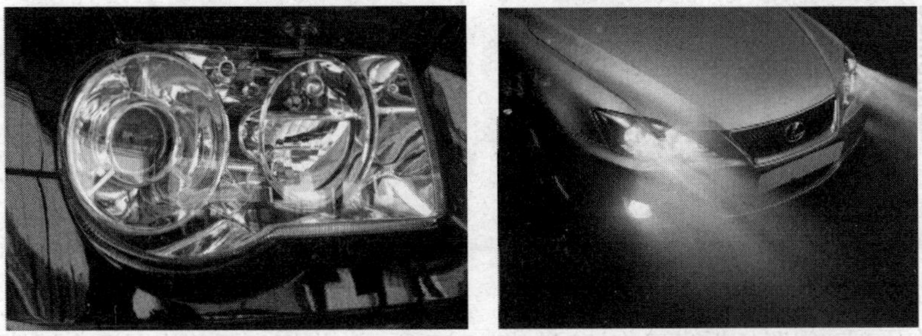

图 6-12　HID 氙气式前照灯实物

微课视频：前照灯的防炫目措施与类型

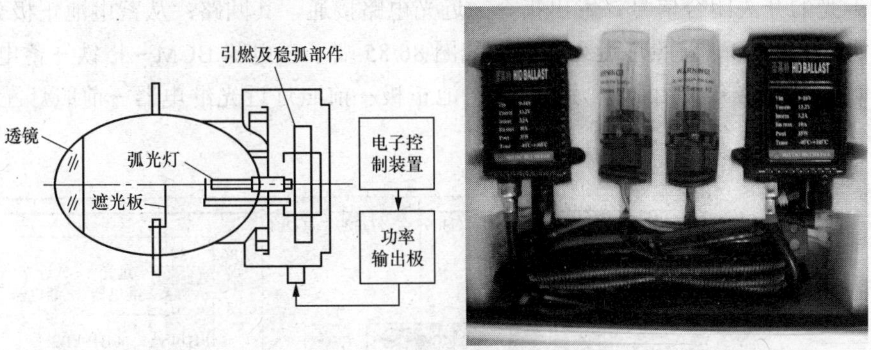

图 6-13　HID 氙气式前照灯结构及组成

（4）隐蔽式前照灯。有些高档车型，前照灯在不使用时会旋转或遮挡隐藏起来，称为“隐蔽式前照灯”。

（四）前照灯的控制

下面以奇瑞 A3 轿车的前照灯系统为例，介绍照明系统前照灯控制电路的组成和原理。

1. 前照灯的控制元件

（1）灯光开关。灯光开关的形式有拉扭式、旋转式和组合式等。通常采用组合开关，将前照灯、小灯、雾灯、转向灯等开关制成一体，安装在方向盘左下方的转向柱上，如图 6-14 所示。

奇瑞 A3 是旋转式灯光开关，顺时针旋转开关第一挡为小灯的位置，第二挡为前照灯位置。若要打开雾灯，则在小灯或前照灯位置上旋转开关往外拉拔。

（2）变光开关。变光开关可以根据汽车行驶的需要切换近光和远光。变光开关串联在前照灯电路中，将组合开关操纵杆端部旋钮置于前照灯位置，拨动操纵杆可使前照灯变光，如图 6-15 所示。

（3）前照灯继电器。由于前照灯的工作电流大，如用灯光开关直接控制前照灯，灯光开关易烧坏，因此在前照灯的电路中安装继电器。继电器的控制原理是：用开关去控制继电器线圈的小电流，而由继电器触点去控制前照灯的大电流。继电器的结构如图 6-16 所示。

图 6-14　组合开关

图 6-15　变光开关

图 6-16　前照灯继电器

三维动画：旋转式组合开关

三维动画：变光开关

三维动画：前照灯继电器

2. 前照灯的工作电路

（1）前照灯近光工作原理。前照灯近光工作情况如图 6-17 所示。将灯光开关旋至近光灯挡位，电脑接到近光的开关闭合信号，发出指令，近光电路接通，其回路：从蓄电池正极分为两路，一路从蓄电池正极+B→前照灯近光继电器线圈 86/85 端子→电脑 BCM→搭铁→蓄电池负极，使前照灯近光继电器开关闭合；另一路蓄电池正极→前照灯近光继电器→前照灯左、右近光灯丝→搭铁→蓄电池负极，前照灯近光灯亮。

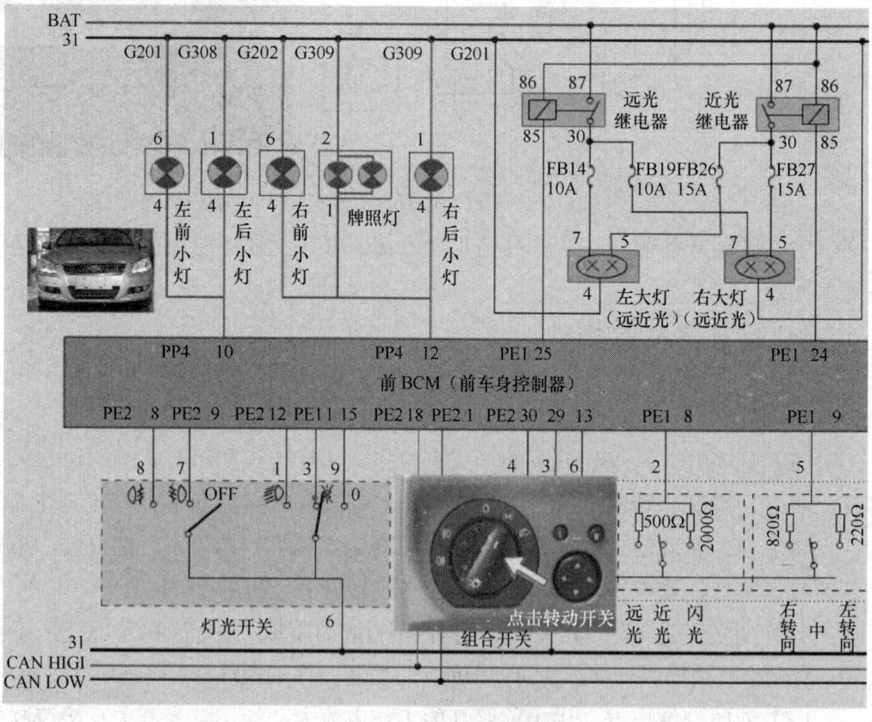

二维动画：前照灯近光原理图

图 6-17　前照灯近光原理

（2）前照灯远光工作原理。前照灯远光光工作情况如图 6-18 所示。将灯光开关旋至远光灯挡位，电脑接到远光的开关闭合信号，发出指令，远光电路接通。从蓄电池正极分为两路，一路从蓄电池正极→前照灯远光继电器线圈→电脑→搭铁→蓄电池负极，使前照灯远光继电器开关闭合；另一路蓄电池正极→前照灯远光继电器→前照灯左、右远光灯丝→搭铁→蓄电池负极，前照灯远光灯亮。

二维动画：前照灯远光原理图

微课视频：前照灯近光灯、远光灯工作原理

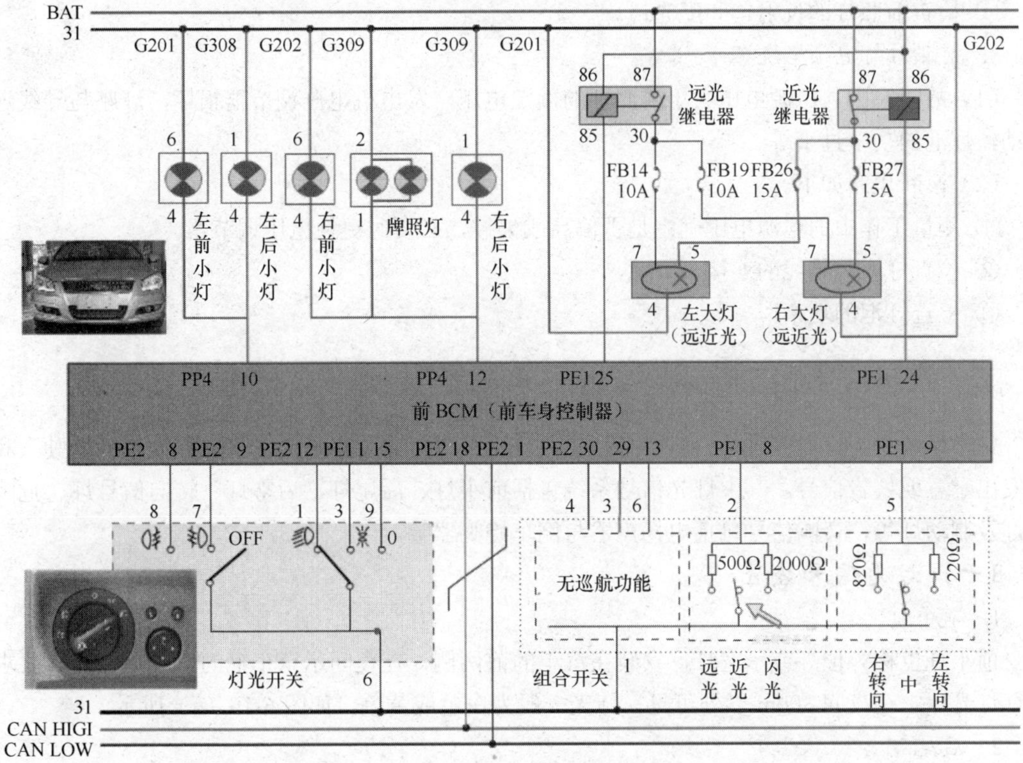

图 6-18 前照灯远光原理

（五）前照灯的常见故障诊断与排除

前照灯的常见故障有两侧或单侧灯光不亮、前照灯亮度不足、灯泡频繁烧坏等。

1. 前照灯两侧或单侧灯光不亮

（1）故障原因。前照灯灯泡损坏、前照灯熔丝烧断、前照灯继电器损坏、灯光开关损坏、变光开关损坏、前照灯配线或搭铁有故障；车身数据总线或线路断路、短路等。

视频：继电器的功能检测

（2）诊断思路如下。

① 检查前照灯灯泡。

② 检查前照灯熔断器，如有熔断应予以更换。

③ 检查前照灯继电器，查看继电器的线圈及触点是否正常。

④ 检查灯光开关或开关模块，挡位是否接触不良，必要时给予修理和更换。

⑤ 检查灯光线路和总线，检查各处接线情况是否有松动、脱落或断路。

⑥ 检查前照灯灯光模块。

2. 前照灯亮度不足

（1）故障原因。蓄电池电压低、导线连接松动或接触不良、搭铁或接头氧化、导线过细、灯泡老化发黑、灯泡功率过小、灯泡额定电压不符、反射镜或配光镜脏污等。

（2）诊断思路如下。

① 检查蓄电池电压。

② 检查搭铁和插头连接。

③ 检查灯泡、灯泡的额定电压和功率。

④ 检查前照灯的反射镜和配光镜。

3. 前照灯灯泡频繁烧坏

（1）故障原因。电源电压大于前照灯的额定电压，发电机电压调节器损坏，灯座与导线连接松动，灯泡的功率过小等。

（2）诊断思路如下。

① 测量工作中的电源电压确定是否偏高或失控，必要时更换电压调节器。

② 检查灯座与导线的连接。

③ 检查灯泡的功率。

二、汽车信号系统

信号系统分为灯光信号与音响信号两类，作用是以灯光或音响的形式向其他车辆驾驶人和行人发出示意或警告信号。其中灯光信号系统包括前小灯、后尾灯、后雾灯、转向信号灯、危险警告灯及制动灯等，音响信号包括电扬声器与倒车蜂鸣器等。

（一）灯光信号装置

1. 前小灯

前小灯也称为位灯或示宽灯，安装在汽车的前两侧，在夜间示意车辆的轮廓和存在，要求示宽灯灯光标志在夜间 300m 以外可见。灯光一般为白色或黄色，如图 6-19（a）所示。

2. 后尾灯

后尾灯又称后位灯，停车时起到驻车灯的作用，两只灯装在汽车尾部，用于标示车辆的轮廓，其灯光一般为红色，功率 15～25W。其信号距离也应达到至少 100m，如图 6-19（b）所示。

3. 后雾灯

后雾灯安装在车尾保险杠下方中间位置，主要用于大雾情况下，提示后方驾驶员车辆的位置。灯光光色通常为黄色或红色，功率一般为 35W，如图 6-19（c）所示。

4. 转向信号灯

转向信号灯也称为转向灯，装在汽车前后左右四角和车身侧，一般为橙色或琥珀色。当汽车起步、转向、变更车道、超车或路边停车时，打开转向信号灯开关，发出明暗交替的闪光信号，给前后车辆、行人、交警提供本车的行车信号。目前，许多汽车前（后）转向灯和前（后）小灯共用一个双丝灯泡，功率大的灯丝为转向信号灯，功率小的灯丝为前（后）小灯。转向信号灯的指示距离，要求前、后转向信号灯白天距 100m 以外可见，侧转向灯白天 30m 以外可见，如图 6-19（d）所示。

5. 危险警告灯

转向信号灯兼作危险警告灯。当汽车遇到紧急危险情况或发生故障时，按下危险警告灯按钮（红色“△”形），所有转向灯同时闪烁，以发出警告信号。危险警告灯装置不受电源总开关或点火开关控制，如图 6-19（e）所示。

6. 制动灯

制动灯俗称刹车灯，装在车尾两侧，一般为红色。当踩下制动踏板，制动灯亮，警告提示后方车辆驾驶员或行人。制动灯的指示距离，应保证白天距 100m 以外可见，如图 6-19（f）所示。

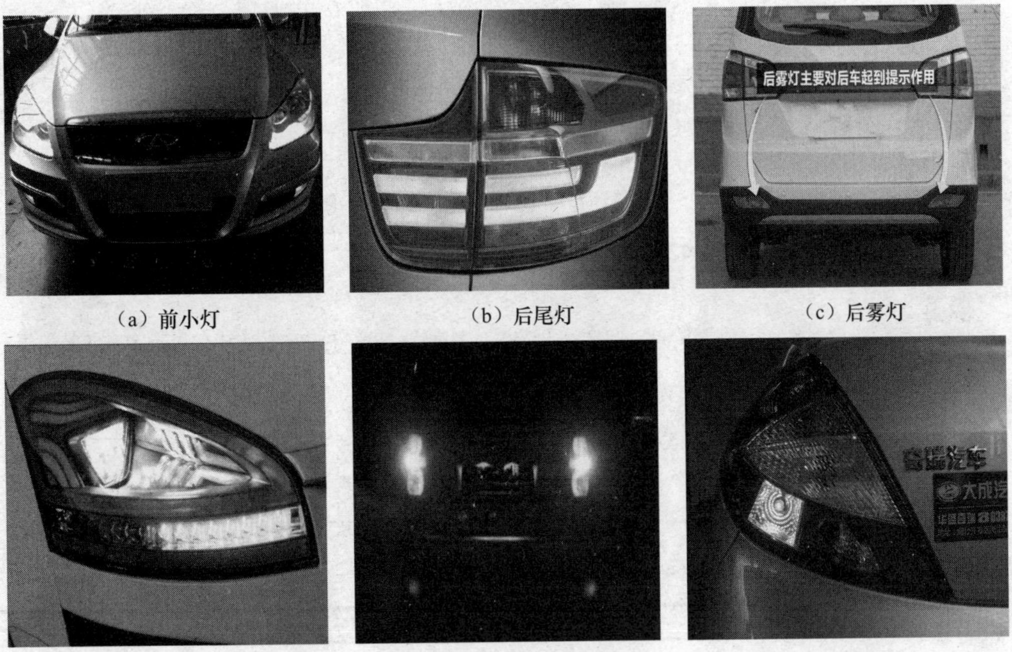

（a）前小灯　（b）后尾灯　（c）后雾灯

（d）转向灯　（e）危险警告灯　（f）制动灯

图 6-19　信号系统组成

7. 声音信号装置

（1）电扬声器。电扬声器的作用是警告行人和其他车辆，以确保行车安全。

（2）蜂鸣器。蜂鸣器一般装在仪表板或仪表台内，可以发出声音对驾驶员进行警告或提醒，如钥匙忘拔，门没锁好等信息。有的汽车蜂鸣器在倒车时，可以发出音响信号，警告车后的车辆和行人。

微课视频：汽车信号系统的组成

（二）雾灯的工作电路和原理

雾灯工作情况如图 6-20 所示。拔出雾灯开关，前 BCM 电脑接受雾灯开关闭合信号，发出指令，让雾灯电路接通。其回路：前 BCM 车身控制器→右前、左前雾灯→31 号线→蓄电池负极，形成闭合回路，右前、左前雾灯亮。

后 BCM 车身控制器接受信号，发出信号指令，其回路：后 BCM 车身控制器→左、右后雾灯→31 号线→蓄电池负极，形成闭合回路，左后、右后雾灯亮。

（三）转向灯的电路组成和工作原理

1. 转向电路组成

转向信号装置主要由转向信号灯、转向信号灯开关、危险警告灯开关及闪光器组成。

（1）转向信号灯开关与危险警告灯开关。转向信号灯开关与危险警告灯开关的操作如图 6-21 所示。转向信号灯开关与前照灯开关组合在一起，构成组合开关，拨动转向灯开关，可以接通转向灯电路，左或右转向灯闪烁，如图 6-21（a）所示。按下危险警告灯开关，如图 6-21（b）所示，左右转向灯将同时闪烁。

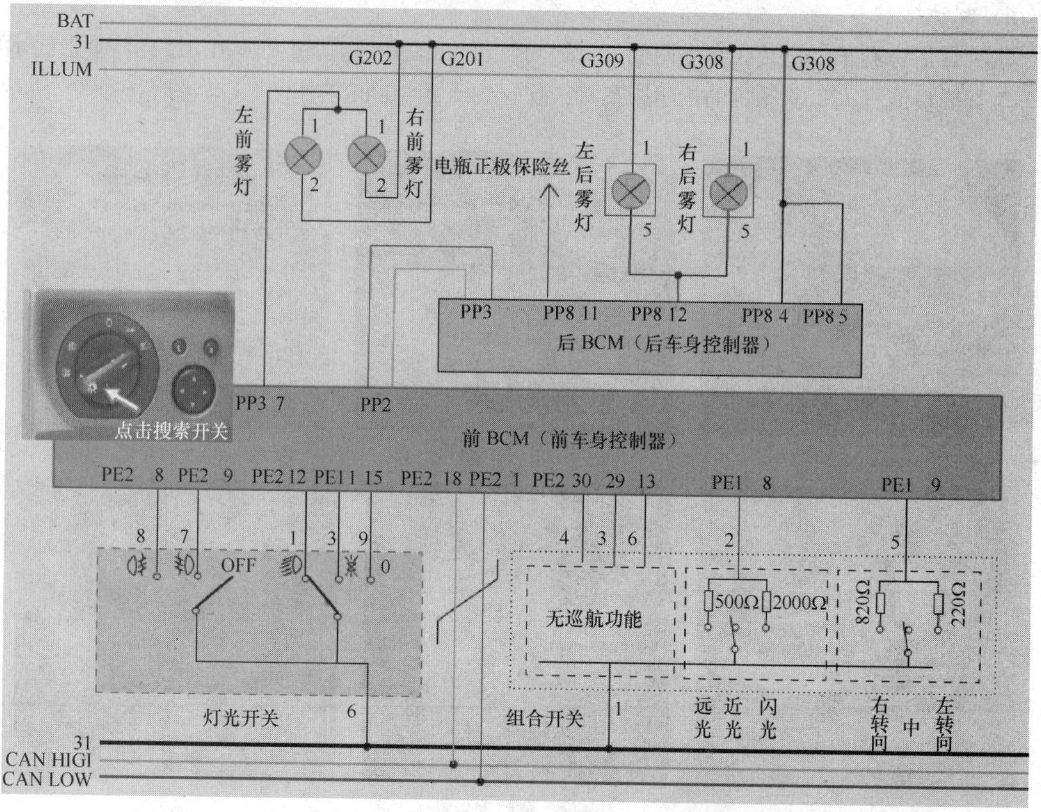

图 6-20　雾灯工作电路

二维动画：雾灯工作原理图

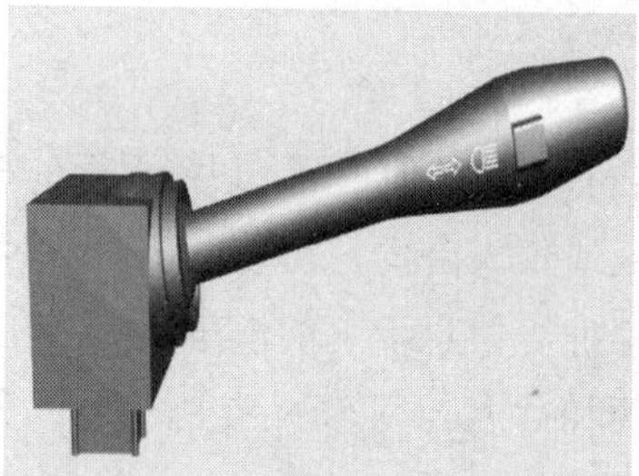

（a）转向信号灯开关

（b）危险警告灯开关

图 6-21　转向信号灯开关与危险警告灯开关

（2）闪光器。闪光器用于控制转向灯的闪烁频率。闪光器的形式主要有电容式、翼片式和电子式等。电子闪光器具有性能稳定、可靠性强、寿命长的特点。

① 电容式闪光器。电容式闪光器的结构和工作原理如图 6-22（a）所示，主要由一个继电器和一个电容器组成，利用电容器的充、放电延时特性，使继电器的两个线圈产生的电磁力时而相加，时而相减，从而使触点周期性的打开或关闭，形成转向信号灯闪烁。其具体工作原理如下。

当汽车向左转弯接通转向灯开关 11 时，电流便从蓄电池正极→电源开关 8→接线柱 B→线圈 3→常闭触点 2→接线柱 L→转向灯开关 11→左转向信号灯和指示灯 10→搭铁→蓄电池负极构成回路。此时线圈 4、电容器 6 及电阻 7 被触点 2 短路，而电流通过线圈 3 产生的电磁吸力大于弹簧片 2 的作用力，触点 2 迅速被打开，转向灯处于暗的状态（转向灯尚未来得及亮）。

当触点 2 打开后，蓄电池向电容器 6 充电，其充电电流由蓄电池正极→电源开关 8→接线柱 B→线圈 3→线圈 4→电容器 6→接线柱 L→转向灯开关 11→左转向信号灯和指示灯 10→搭铁→蓄电池负极构成回路。由于线圈 4 电阻较大，充电电流很小，不足以使转向信号灯亮，故转向灯仍处于暗的状态。同时充电电流通过线圈 3、4 产生的电磁吸力方向相同，使触点继续打开，随着电容器两端电压的逐渐升高，其充电电流逐渐减小，线圈 3、4 的电磁吸力减小，使触点 2 重新闭合。

当触点 2 闭合后，转向灯处于亮的状态，由于此时电容器 6 通过线圈 4 和触点 2 放电，其放电电流通过线圈 4 产生的磁场方向与线圈 3 的相反，电磁吸力减小，故触点仍保持闭合，转向灯继续发亮。随着电容器的放电，电容器两端电压逐渐下降，其放电电流减小，则线圈 3 的电磁吸力增强，触点 2 重又打开，灯变暗。如此反复，触点不断开闭，使转向灯发出闪光。灭弧电阻 5 与触点 1 并联，用来减小触点火花。

② 翼片式闪光器。翼片式闪光器是利用电流的热效应，使膨胀条通电时热胀、断电时冷缩，通过翼片产生变形动作来控制触点的开闭。根据膨胀条受热情况不同，可分为直热式和旁热式两种，在此主要介绍下直热式，如图 6-22（b）所示。

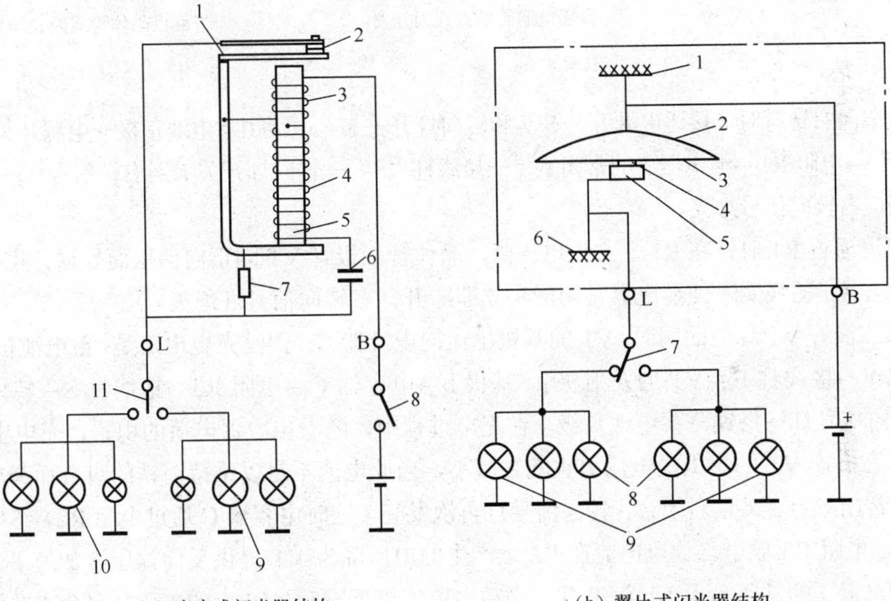

（a）电容式闪光器结构

1、2—触点 3、4—线圈 5—灭弧电阻 6—电容器 7—电阻器 8—电源开关 9—转向信号灯 10—指示灯 11—转向灯开关

（b）翼片式闪光器结构

1、6—支架 2—叶片 3—膨胀条 4—动触点 5—静触点 7—转向灯开关 8—指示灯 9—转向信号灯

图 6-22 闪光器

当汽车转向时，接通转向灯开关 6，蓄电池即向转向信号灯供电，电流由蓄电池正极→接线柱 B→支架 1→叶片 2→膨胀条 3→动触点 4→静触点 5→支架 6→接线柱 L→转向灯开关 7→转向信号灯 9 和指示灯 8→搭铁→蓄电池负极，形成回路，转向信号灯 9 立即发亮。

这时膨胀条 3 因通过电流而发热伸长，叶片 2 突然绷直，动触点 4 和静触点 5 分开，切断电流，于是转向信号灯 9 熄灭。

当通过转向信号灯的电流被切断后，膨胀条开始冷却收缩，又使叶片突然弯成弓形，动触点 4 和静触点 5 再次接触，接通电路，转向信号灯再次发光，如此反复变化使转向信号灯一亮一暗地闪烁，标示车辆的行驶方向。

③ 电子闪光器。电子闪光器分为触点式和无触点式，如图 6-23 所示。在此主要介绍触点晶体管式电子闪光器。

微课视频：汽车雾灯和转向灯的工作原理

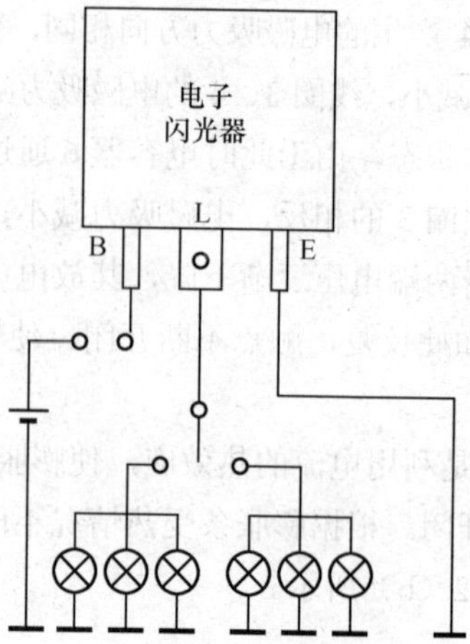

带继电器的触点式闪光器

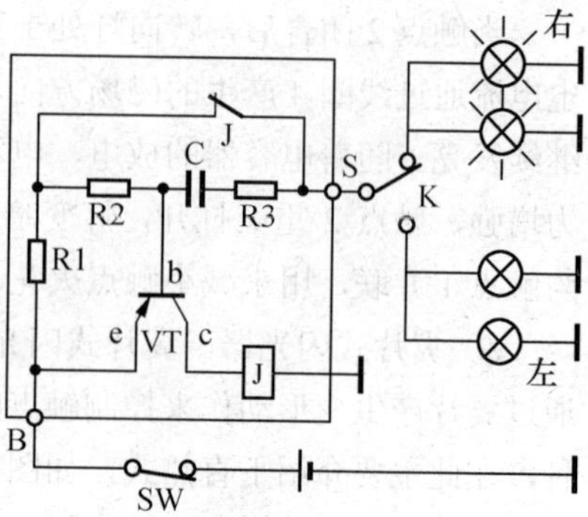

带触点晶体管式闪光器结构

图 6-23 闪光器

当汽车向右转弯时，接通电源开关 SW 和转向灯开关 K，电流由蓄电池正极→电源开关 SW→接线柱“B”→电阻 R1→继电器 J 的常闭触点→接线柱“S”→转向灯开关 K→右转信号灯→搭铁→蓄电池负极，右转向信号灯亮。

当电流通过 R1 时，在 R1 上产生电压降，晶体管三极管 VT 因正向偏压而导通，集电极电流 I_c 通过继电器 J 的线圈，使继电器常闭触头立即断开，右转向信号灯熄灭。

晶体三极管 VT 导通的同时，VT 的基极电流向电容器 C 充电。充电电路是：蓄电池正极→ 电源开关 SW→接线柱 B→VT 的发射极 e、基极 b→电容器 C→电阻 R3→接线柱 S→转向灯开关 K→右转向信号灯→搭铁→蓄电池负极。在充电过程中，随着电容器电荷的积累，充电电流 I_b 逐渐减小，三极管 VT 的集电极电流 I_c 也随之减小，当此电流不足以维持衔铁的吸合而释放时，继电器 J 的常闭触点 J 又重新闭合，转向信号灯再次发亮。这时电容器 C 通过电阻 R2、继电器的常闭触点 J、电阻 R3 放电。放电电流在 R2 上产生的电压降为 VT 提供反向偏压，加速了 VT 的截止，使继电器 J 的常闭触点 J 迅速断开。当放电电流接近零时，Rl 上的电压降又为 VT 提供正向偏压使其导通。这样，电容器 C 不断地充电和放电，三极管 VT 也就不断地导通与截止，控制继电器的触点反复闭合、断开，使转向信号灯发出闪光。

2. 转向电路工作电路原理

转向灯工作情况如图 6-24 所示。打开右转向开关，其回路：前 BCM 车身控制器接受信号，发出指令，接通右转向电路，其回路：前 BCM 车身控制器→右前、右后转向灯→31 号线→蓄电池负极，形成闭合回路，右前、右后转向灯亮。

打开左转向开关，前 BCM 接受到左转向开关闭合的信号，发出指令，接通左转向电路。前 BCM 给出正极信号，其回路：前 BCM 车身控制器→左前、左后转向灯→31 号线→蓄电池负极，形成闭合回路，左前、左后转向灯亮。

（四）转向灯的常见故障诊断与排除

转向灯的常见故障有灯光不亮、灯光常亮不闪烁、灯光闪烁频率过快等。

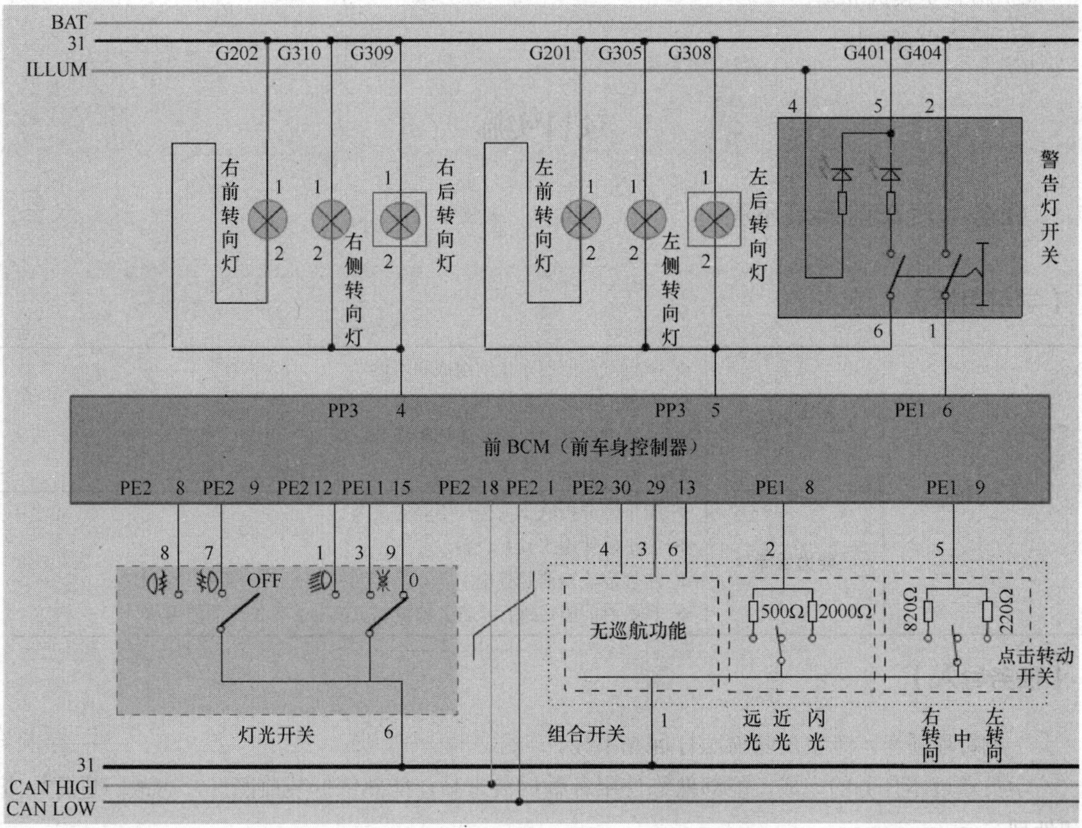

图 6-24　转向灯工作电路

1. 转向灯不亮

（1）故障原因。转向灯灯泡损坏、转向灯熔丝烧断、灯光开关损坏、闪光器损坏、车身数据总线或线路断路等。

动画：转向灯工作原理图

（2）诊断思路如下。

① 检查转向灯灯泡。

② 检查转向灯熔断器，如有熔断应予以更换。

③ 检查转向灯开关。

④ 检查闪光器。

⑤ 检查灯光线路和总线，检查各处接线情况是否有松动、脱落或断路。

2. 转向灯常亮不闪烁

（1）故障原因。闪光器损坏、线路连接错误等。

（2）诊断思路如下。

① 检查闪光器。

② 检查线路连接。

3. 转向灯闪烁频率过快

（1）故障原因。灯泡的功率不适合，闪光器工作不好，电源电压过高或过低等。

（2）诊断思路如下。

① 检查灯泡功率。

② 检查更换闪光器。

③ 检查电源电压。

项目实施

任务　汽车前照灯不亮

【学习目标】

学习目标	知识目标	❖ 掌握汽车照明系统的组成和用途 ❖ 掌握前照灯的结构和工作原理 ❖ 掌握前照灯常见的故障诊断和分析 ❖ 能看懂给定的“检测工艺流程”，对测试结果进行分析
	能力目标	❖ 能正确分析汽车前照灯不亮的原因 ❖ 能正确使用工具和设备 ❖ 能规范检查前照灯电路 ❖ 具备对前照灯进行检查、检测、更换安装等工作的能力

【任务导入】

一辆奇瑞轿车，车主反映前照灯远光不亮。

学员通过本任务的完成，能够熟练使用各种拆装工具，能熟练拆装前照灯，对故障进行检查和处理。

【任务准备】

1. 工具

拆装工具盒、万用表。

2. 设备

每小组奇瑞轿车一辆、前照灯灯泡一只、组合开关一只、前照灯远光继电器一只及奇瑞 A3 轿车的维修手册一本。

3. 防护用品

车辆防护用的车辆挡块、地板垫、座椅套、转向盘套、护裙等各一套，如图 1-64 所示。

【检修工艺】

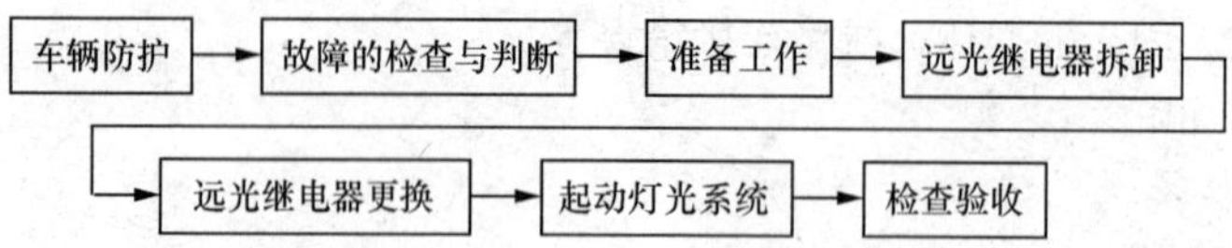

【操作步骤】

（一）车辆防护

1．安装车辆挡块。

2．安装尾气收集管。

3．打开车门，安装地板垫、座椅套、转向盘套。

4．进入车内，将点火开关旋至“ON”位，打开主驾驶侧电动车窗。

5．确认灯光、空调、音响等用电设备处于关闭状态，将点火开关旋至“OFF”位。

6．确认变速杆置于“P”挡，拉紧驻车制动杆。

7．拉动发动机罩释放杆，关闭车门。

8．打开发动机罩，安装护裙。

（二）故障的检查与判断

1．根据前照灯常见故障和诊断分析可知，远光不亮，故障可能是变光开关接触不良、双灯丝灯泡远光灯丝损坏、熔断器断路、远光继电器损坏等。

2．为了进一步确认故障部位，我们设计了故障的诊断与排除线路图，如图 6-25 所示。

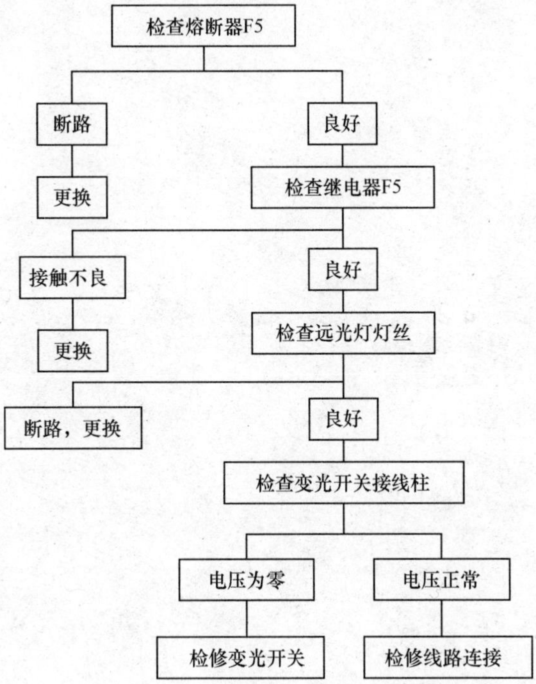

图 6-25　汽车前照灯不亮故障诊断与排除

（三）准备工作

1．穿戴防护服、手套。

2．确定电路中的测量点。

3．找出故障汽车中保险丝、开关、继电器及灯泡的位置。

（四）实施

1．进行各保险丝、继电器、灯泡、灯光开关、线束插接器的检测。

2．进行电路检测，并对检测结果进行分析。

3．根据需要进行保险丝、继电器、灯泡、灯光开关、线束插接器等的更换。

4．设置不同的故障现象，反复训练以达到操作的熟练和正确。

（五）检查评估

1．试车，检查故障是否已排除。

视频：检查保险丝

2．取下转向盘套，取下座椅套，取下地板垫。

3．取下护裙，闭合发动机罩。

4．卸下尾气收集管。

5．取下车辆挡块。

6．整理工具材料，工具材料完整齐全。

7．清点工具、设备和防护用品，工具、设备和防护用品应无丢失，整理擦拭工具和设备，注意工作场地文明化。

8．将车辆交付使用，核算维修工作成本和利润，记录整个工作任务过程，形成资料。

9．填写任务工单。

项目七 汽车仪表与报警系统

汽车仪表是供我们初步判断汽车怠速或行驶状态的工作状况，以便驾驶员及时发现问题，避免不必要的事故发生。汽车仪表一般安装在驾驶室工作台、方向盘的前方台板上。

学习导航

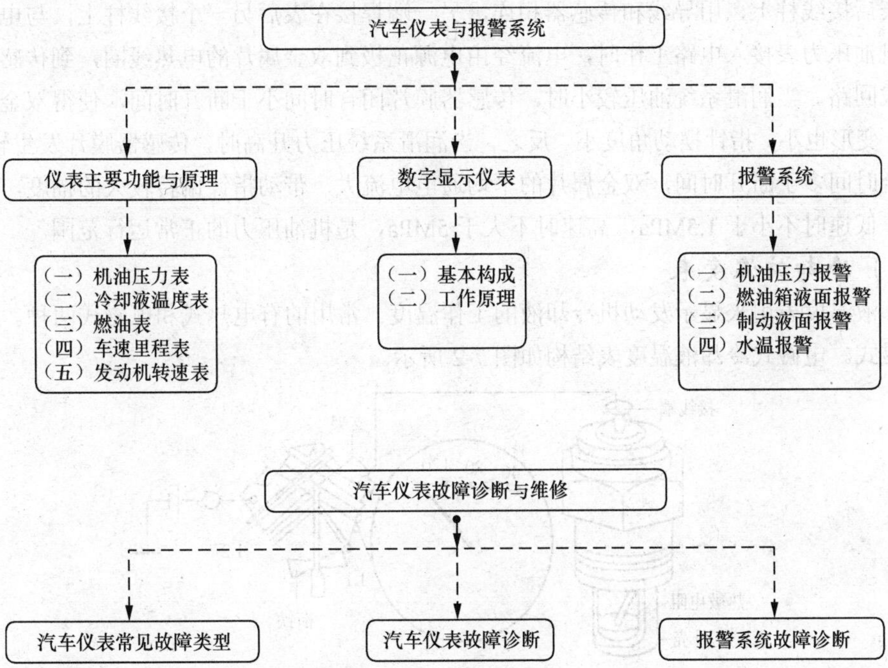

相关知识

一、汽车仪表主要功能与原理

（一）机油压力表

机油压力表用来显示发动机机油压力大小和发动机润滑系工作是否正常，它由装在仪表板上的油压指示表和装在发动机主油道上的传感器组成。电热式机油压力表电路连接如图 7-1 所示。

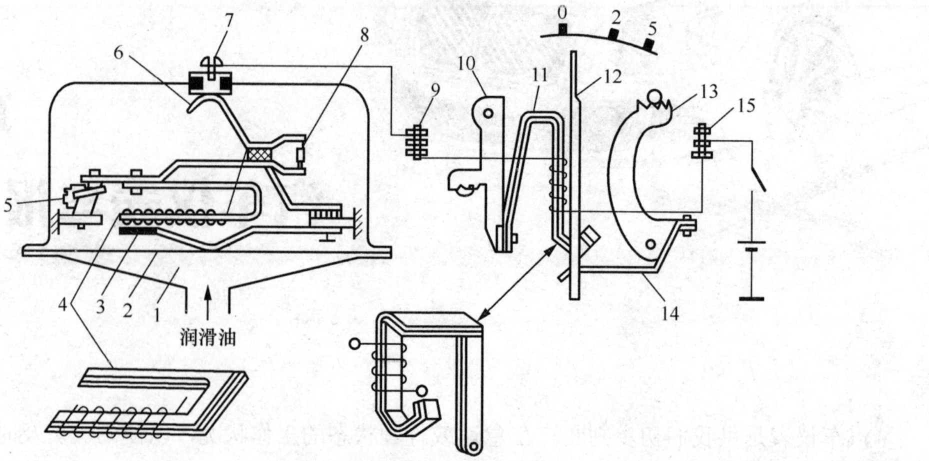

图 7-1　电热式机油压力表

1—油腔；2—膜片；3—弹簧片；4—双金属片；5—调节齿轮；6—接触片；7—传感器接线柱；8—校正电阻；9—机油压力表传感器接线柱；10、13—调节齿扇；11—双金属片；12—指针；14—弹簧片；15—机油压力表电源接线柱

机油压力表内装双金属片，双金属片作成钩型扣在指针上，上面绕有电热线圈，线圈一端焊在指示表后接线柱上，用导线和传感器相连，另一端焊接在表后另一个接线柱上，与电源正极相连。当机油压力表接入电路工作时，电流经由电源正极到双金属片的电热线圈，到传感器，最后搭铁形成回路。当润滑系统油压较小时，传感器膜片闭合时间小于断开时间，使得双金属片通电电流小，变形也小，指针摆动角度小。反之，当润滑系统压力升高时，传感器膜片发生较大变形，触点闭合时间多于断开时间，双金属片的平均通电电流大，带动指针偏转较大的幅度，故指示读数也高。低速时不小于 1.5MPa，高速时不大于 5MPa，是机油压力的正常运行范围。

（二）冷却液温度表

冷却液温度表用来显示发动机冷却液的工作温度。常用的有电热式和电磁式两种。下面主要介绍电磁式。电磁式冷却液温度表结构如图 7-2 所示。

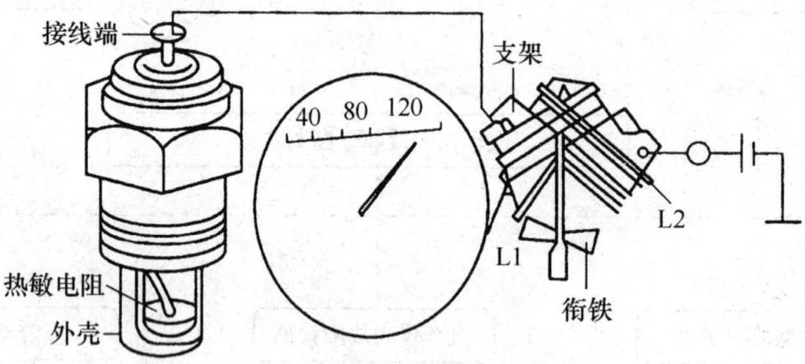

图 7-2　电磁式冷却液温度表结构

1. 结构

冷却液温度表由装在气缸盖水套中的热敏电阻传感器和装在仪表板上的冷却液温度显示表两部分组成。传感器由外壳、接线端子、负温度系数热敏电阻（有些车型采用正温度系数热敏电阻）组成，冷却液温度显示表由塑料支架、带指针的衔铁，以及两个串联线圈 L1、L2 等组成。

2. 工作原理

当电源开关接通时，电流由蓄电池正极→点火开关→线圈 L1→分两路（一路流经热敏电阻；另一路流经线圈 L2）→搭铁→蓄电池负极构成回路。当冷却液温度低时，传感器中热敏电阻的阻值大，电流经 L1 后，大部分流入 L2 中，产生的合成磁场使带指针的衔铁向左偏转，使表针指向低温刻度；当冷却液温度高时，传感器中热敏电阻的阻值减小，L2 中的电流相对减少，产生的合成磁场使带指针的衔铁向右偏转，使表针指向高温刻度。

（三）燃油表

燃油表用来显示燃油箱内燃油的多少。常用的有电热式、电磁式、电子式三种。下面主要介绍电磁式和电子式燃油表。

1. 电磁式燃油表

（1）结构。电磁式燃油表如图 7-3 所示，由装在燃油箱内的浮筒传感器和装在仪表板上的燃油指示表组成。浮筒传感器如图 7-4 所示，由电阻、滑杆、浮子组成。燃油指示表由两个绕在铁心上的线圈、转子、指针、分流电阻等组成。

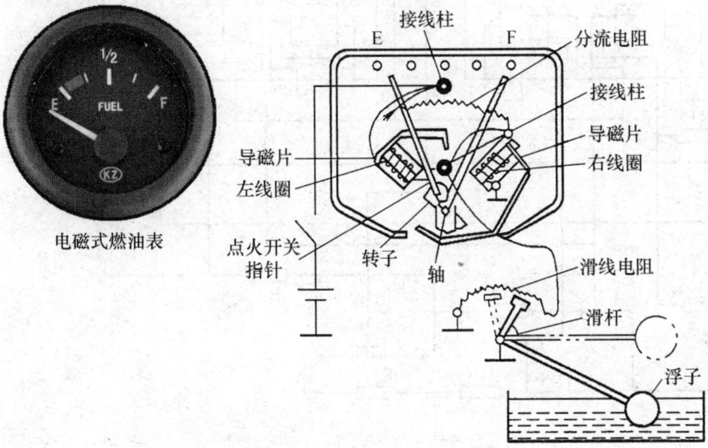

图 7-3 电磁式燃油表

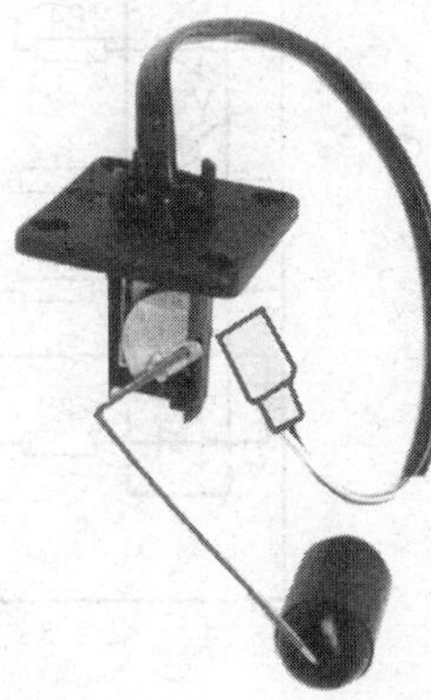

图 7-4 浮筒传感器

（2）工作原理。当油箱无油时，浮子下沉，滑线电阻上的滑片移至最右端，将右线圈短路，电流由蓄电池正极→点火开关→接线柱（上）→左线圈→接线柱（下）→浮子滑片→滑杆→搭铁→蓄电池负极。左线圈产生的磁场使转子带动指针左偏，使指针在“E”位上。

当油量增加时，浮子上升，滑线电阻部分接入，这一部分电阻与右线圈并联，同时又与左线圈串联，电流由蓄电池正极→点火开关→接线柱（上）→左线圈→接线柱（下）→两路（其中一路经滑线部分电阻；另一路经右线圈）→搭铁→蓄电池负极。左线圈由于串联了电阻使左线圈中的电流相对减小，磁场减弱，而右线圈中有电流通过，电流相对增大，合成磁场使转子带动指针右偏，指示出油箱中的油量。

当油箱中装满油时，浮子带着滑片移到电阻的最左端，电阻全部接入电路中。此时左线圈中电流更小，磁场更弱，而右线圈中电流增大，磁场加强，转子便带着指针向右移，使指针在“F”（满）位上。

2. 电子式燃油表

（1）结构。电子式燃油表外形如图 7-5 所示。

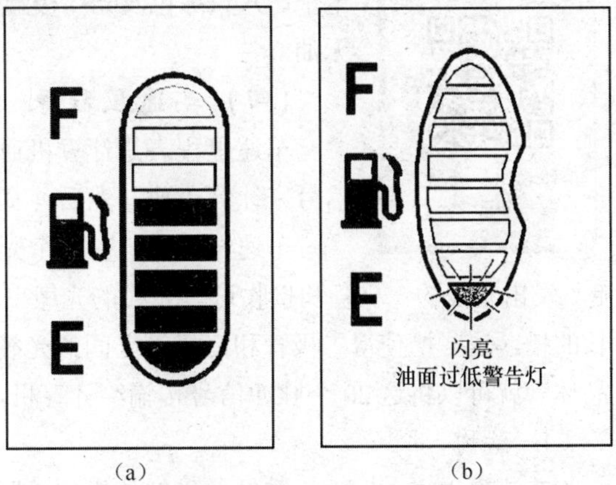

图 7-5 电子式燃油表外形

（2）工作原理。电路由两块 IC 电压比较器及相关电路、发光二极管显示器、浮筒传感器三大部分组成，如图 7-6 所示。RX 是传感器的可变电阻，电阻 R15 和二极管 VD8 组成稳压电路，给 IC1、IC2 两块电压比较器反向输入端提供基准电压信号。电容 C 和电阻 R16 组成延时电路，接到电压比较器的同向输入端，RX 产生的变化电压信号经延时后与基准电压信号进行比较放大。

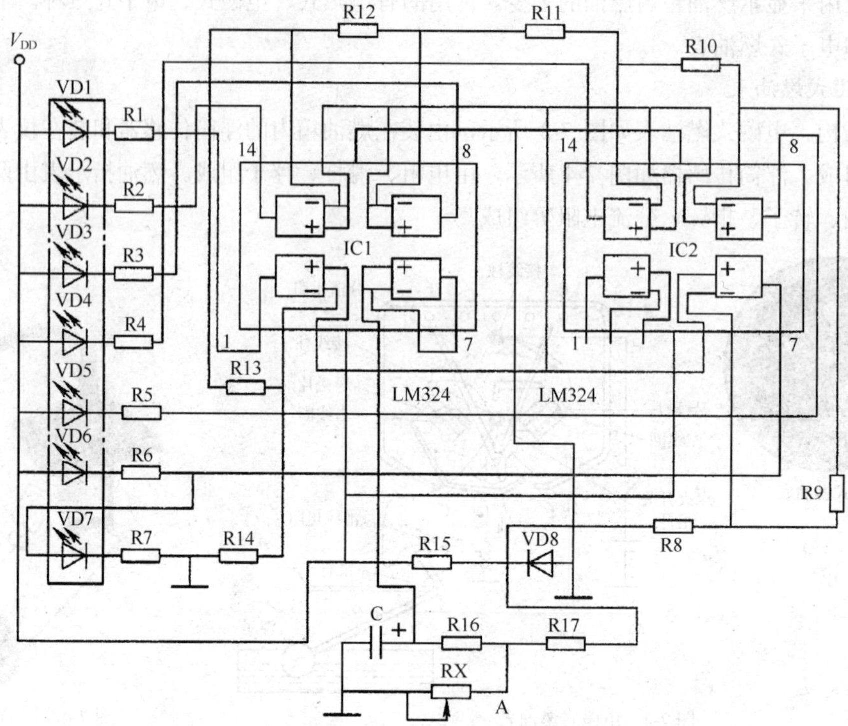

图 7-6　电子式燃油表电路图

当油箱内燃油加满时，RX 阻值最小，A 点电位最低，IC1、IC2 两块电压比较器输出为低电平，六只绿色发光二极管全部点亮，而红色发光二极管 VD1 熄灭，表示油箱已满。当油箱内的燃油量逐渐减少时，RX 阻值逐渐增大，A 点电位逐渐增高，绿色发光二极管 VD7，VD6，VD5…VD2，依次熄灭。燃油量越少，绿色发光二极管亮的个数越少。

当油箱内燃油用完时，RX 的阻值最大，A 点电位最高，IC1、IC2 两块电压比较器输出为高电平，六只绿色发光二极管全部熄灭，而红色发光二极管 VD1 亮，表示油箱无油。

二维动画：车速里程表电路原理

（四）车速里程表

车速里程表是计算机通过在一段预定的时间内从车速传感器发出的脉冲信号来计算车速，然后使真空荧光显示器发光，显示出车速。

车速传感器内有一个光电耦合器，将发光二极管和光敏三极管组合在一起。发出光线的二极管和接收这些光线的光敏三极管之间有一个转轮在旋转，转轮上开有 20 个狭长的槽，这些槽使得二极管和三极管之间的光线不断隔断和接通，从而使光敏三极管时通时断，晶体管就可以将这 20 个脉冲信号传输给计算机，转换成车速信号在仪表显示。

1．结构

车速表由永久磁铁、带轴及指针的铝碗、罩壳、刻度盘组成，里程表由三对蜗轮蜗杆、中间齿轮、里程计数器等组成。表的主动轴由变速器输出轴通过齿轮啮合及软轴驱动。

2. 工作原理

汽车静止时，在游丝的作用下，铝碗指针位于刻度盘零位。汽车行驶时，主动轴带着永久磁铁旋转，磁感线磁化铝碗，使铝碗产生磁场，永久磁铁磁场与铝碗磁场相互作用产生力矩，克服游丝的弹力，指针被铝碗带着转动一个与主动轴转速大小成正比例的角度，即在刻度盘上显示出相应的车速。

主动轴与蜗轮蜗杆机构具有一定的传动比，汽车行驶时，软轴带动主动轴，并经三对蜗轮蜗杆减速后，驱动里程表右边第一数字轮，并从右向左逐级传到其余的数字轮，累计出行驶里程。同时，里程表上的齿轮通过中间齿轮，驱动短里程表数字轮，并向左逐级传到其余的数字轮，记录短程行驶里程。当需要清除短程行驶里程记录时，按一下短里程表复位杆，可使短里程表计数器的指示回零。

（五）发动机转速表

发动机转速表（见图 7-7）一般有机械式和电子式两种，它用以指示发动机的运转速度。电子式转速表结构简单，指示精确，安装方便，因此已被广泛应用。

电子式转速表的转速信号可以从发动机转速传感器、发电机或者点火系统获取脉冲电压信号。汽油发动机电子式转速表都是用点火系统的初级电路为触发信号。

电子式转速表原理图如图 7-8 所示，当点火控制器给初级点火线圈通电时，开关管 VT 截止，电容 C2 被充电，电流流向为蓄电池正极→电阻 R3→电容 C2→二极管 VD2→蓄电池负极。当点火控制器断开初级电路时，VT 的基极得到正电位而使三极管导通，电容 C2 通过导通的 VT→电流表 A→二极管 VD1→C2 另一端，形成放电回路，从而驱动电流表。

当发动机工作过程中，点火初级电路不断地导通和截止，这种通断的次数与发动机转速成正比，而这种通断又不断地给电容 C2 充、放电，放电电流的平均值与发动机转速成正比，于是将电流平均值标定成发动机转速。

图 7-7 发动机转速表

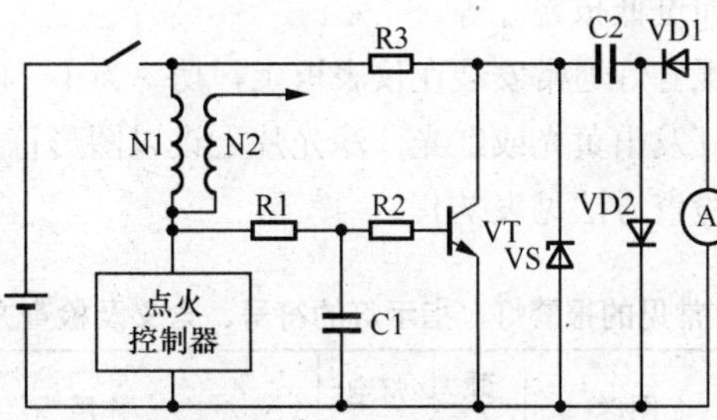

图 7-8 发动机电子转速表原理图

微课视频：汽车仪表的作用及分类

二、数字显示仪表

1. 汽车仪表电子化的优点

为了满足汽车性能提高的要求，现代汽车广泛采用了电子显示装置，其优点概括如下。

（1）能提供大量、复杂的图文信息。

（2）结构简单、质量轻、安装布置方便。

（3）信息显示灵敏性、即时性好。

（4）显示精度高、故障率低。

（5）具有一表多用的功能。图 7-9 所示为通电状态的 2012 款旗云电子式组合仪表外观，时速和转速都是采用纯数字式，不过有的电子式仪表在外侧也有模拟的时速和转速刻度表。

2. 数字式仪表系统

数字式仪表系统是由各种传感器、控制单元和显示器三大部分组成的。而显示部分一般由发光二极管、液晶显示器和真空荧光管组成。

3. 典型的数字式仪表

典型的数字式仪表如荣威 550 型汽车（见图 7-10），仪表板采用了数字化，但发动机转速表还保留了原来的圆形指针式，其他的仪表信息都采用高科技的数字量化显示。而标致新 408 型汽车的仪表板，发动机转速表既保留了圆形指针式，也同步在仪表板上显示数字化转速指示。

图 7-9　数字显示仪表

图 7-10　典型的数字式仪表

三、报警系统

（一）常见报警、指示灯

为了警示汽车、发动机或某一系统处于不良或特殊状态，引起驾驶员的注意，保证车辆可靠工作和安全行驶，汽车上安装了多种报警装置。报警装置由报警灯和报警开关组成，当被监测的系统或总成工作不正常时，开关自动接通，使报警灯发亮。常见的报警灯有冷却液温度报警灯、机油压力报警灯、燃油不足报警灯、制动灯断线报警灯和液面过低报警灯等。

微课视频：常见汽车仪表指示含义

报警灯通常安装在仪表板上，功率为 1～4W，在灯泡前设有滤光片，使报警灯发出黄光或红光，滤光片上设以图形符号。常见的报警图形符号、含义及检查方法见表 7-1。

表 7-1　　常见的报警灯、指示灯的符号、含义及检查方法

序号	名称	图形	颜色	灯泡/W	作用	灯泡断路检查
1	蓄电池液面过低报警灯	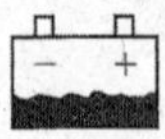	红	1～4	蓄电池的液面比规定值低时灯亮	发动机停止时，由于点火开关接通，灯亮
2	机油压力报警灯	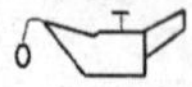	红	1～4	发动机机油压力在 0.01MPa 以下时灯亮	发动机停止时，由于点火开关接通，灯亮
3	充电指示灯	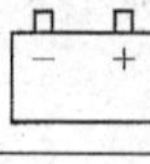	红	1～4	硅整流发电机不发电时灯亮	发动机停止时，由于点火开关接通，灯亮
4	预热指示灯		黄	1～4	点火开关闭合时灯亮，预热结束时灯灭	发动机停止时，由于点火开关接通，灯亮
5	燃油滤清器积水报警灯		红	1～4	燃油滤清器内积水时灯亮	发动机停止时，由于点火开关接通，灯亮

续表

序号	名称	图形	颜色	灯泡/W	作用	灯泡断路检查
6	远光指示灯		蓝	1～4	使用前照灯远光时灯亮	接通远光灯时灯亮
7	散热器液量不足报警灯		黄	1～4	散热器的液量比规定少时灯亮	发动机停止时，由于点火开关接通，灯亮
8	转向指示灯	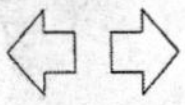	绿	1～4	开转向灯时，灯亮	开转向灯时灯亮
9	驻车制动报警灯	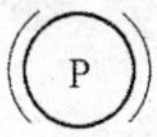	红	1～4	驻车制动器起作用时灯亮	拉起驻车制动手柄时灯亮
10	车轮制动失效报警灯		红	1～4	制动器失效时灯亮	发动机停止时，由于点火开关接通，灯亮
11	燃油箱存油量报警灯		黄	1～4	燃油余量在10L以下时灯亮	发动机停止时，由于点火开关接通，灯亮
12	安全带报警灯		红	1～4	不管是否装上安全带扣，发动机起动后约7s灯灭	发动机停止时，由于点火开关接通，灯亮
13	车门未关报警灯		红	1～4	车门打开或半开时灯亮	发动机停止时，由于点火开关接通，灯亮
14	制动灯或后示位灯失效报警灯		黄	1～4	制动灯或后示位灯断路时灯亮	发动机停止时，由于点火开关接通，灯亮
15	洗涤器液面过低报警灯		黄	1～4	洗涤器液面过低时灯亮	发动机停止时，由于点火开关接通，灯亮
16	安全气囊报警灯	AIR BAG	黄	1～4	安全气囊失效时灯亮	接通点火开关，灯亮6s后灭
17	ABS失效报警灯	ABS	红	1～4	ABS电控部分有故障时灯亮	接通点火开关，灯亮6s后灭
18	发动机故障报警灯	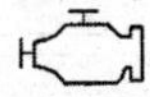	红	1～4	发动机电控系统有故障时灯亮	发动机停止时，由于点火开关接通，灯亮

（二）仪表报警装置结构原理

1. 蓄电池液面过低报警装置

蓄电池液面过低报警装置的组成部分有铅棒和加液塞构成的传感器，VT1、VT2构成的放大器，发光二极管构成的报警灯等。传感器安装在蓄电池单格内（一般为正极侧第三格）。当电解液液面高度为10～15mm时，铅棒与电解液化学反应后，产生的电动势（约为+8V）使VT1导通，VT2因无正偏压而截止，报警灯中无电流通过而不亮。当电解液液面低于10mm时，铅棒无法与电解液接触，电动势为零，故VT1截止，VT2得到正偏压而导通。报警灯中有电流通过，报警灯亮，从而提醒驾驶员补充蒸馏水。

2. 机油压力报警装置

机油压力报警装置有膜片式和弹簧管式两种，图7-11所示为最常见的弹簧管式机油压力报警装置。它由装在发动机主油道内的弹簧管式传感器和装在仪表板上的报警灯两部分组成。传感器内的管形弹簧一端与发动机主油道连接，另一端与动触点连接，静触点经导电片与接线柱连接。

当润滑系统机油压力低于允许值时，如 EQ1090 汽车为 50～90kPa，管形弹簧几乎无变形，动、静触点闭合，报警灯中有电流通过，灯亮，提醒驾驶员注意。当润滑系统机油压力达到允许值时，管形弹簧变形程度增大，使动、静触点分开，报警灯中无电流通过，灯灭。

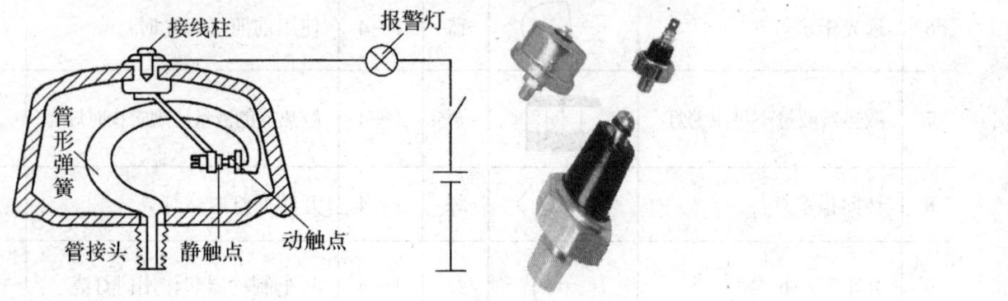

图 7-11　弹簧管式机油压力报警装置

3. 冷却液温度报警装置

图 7-12 所示为常见的冷却液温度报警装置。它由双金属片式温度传感器、仪表板上的冷却液温度报警灯两部分组成。当发动机冷却液的温度达到或超过极限温度时，传感器内双金属片温度高，变形程度大，使其内动、静触点闭合，报警灯中有电流通过，灯亮。提醒驾驶员及时停车检查和冷却。当发动机冷却液的温度正常时，传感器内双金属片温度较低，变形程度小，其内动、静触点断开，报警灯中无电流通过，灯灭。

4. 燃油量报警装置

图 7-13 所示为常见的燃油量报警装置。它由负温度系数热敏电阻传感器、仪表板上的燃油量报警灯两部分组成。当油箱燃油量较多时，热敏电阻完全浸泡在燃油中，由于其散热快，温度低，阻值大，报警灯电路中相当于串联了一个很大的电阻，流过报警灯的电流很小，灯灭。当燃油减少到热敏电阻露出油面时（规定值以下），温度升高，散热慢，电阻值减小，流过报警灯的电流增大，灯亮。

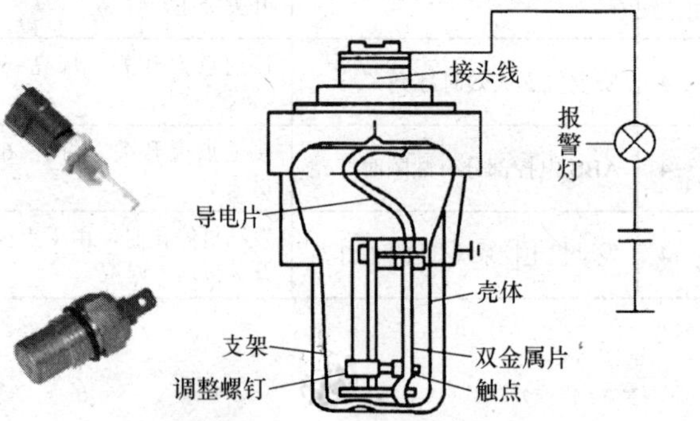

图 7-12　冷却液温度报警装置

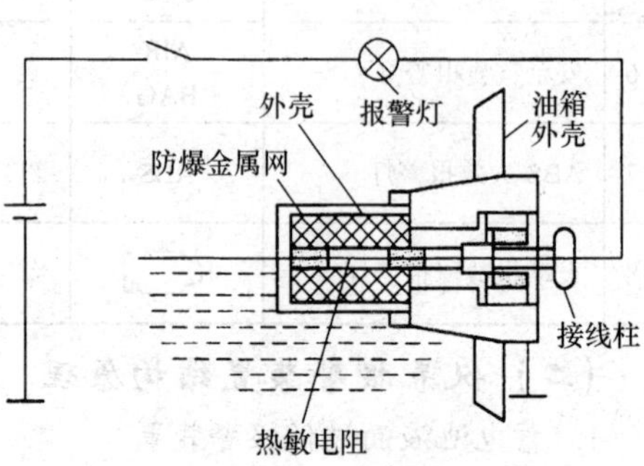

图 7-13　燃油量报警装置

5. 制动系统低气压报警灯

在采用气压制动的汽车上，当制动系统气压过低时，制动系统低气压报警灯立即点亮，以引起汽车驾驶员注意。低气压报警灯开关装在制动系统储气筒或制动阀压缩空气管路中，红色报警灯装在仪表板上，其电路如图 7-14（a）所示；低气压报警灯开关的结构如图 7-14（b）所示。

当制动系统储气筒内的气压下降到 350kPa 时，由于作用在低气压报警灯开关膜片上的压力减小，低气压报警灯发亮。于是，膜片在复位弹簧的作用下向下移动而使触点闭合，电路接通，触点打开。当储气筒中的气压升高到 450kPa 以上时，膜片推力增大，使触点复位，电路切断，低气压报警灯熄灭。

6. 制动信号灯断线报警灯

如图 7-15 所示，在制动信号灯电路中接有两个电磁线圈，分别与左右两侧的制动信号灯串联。

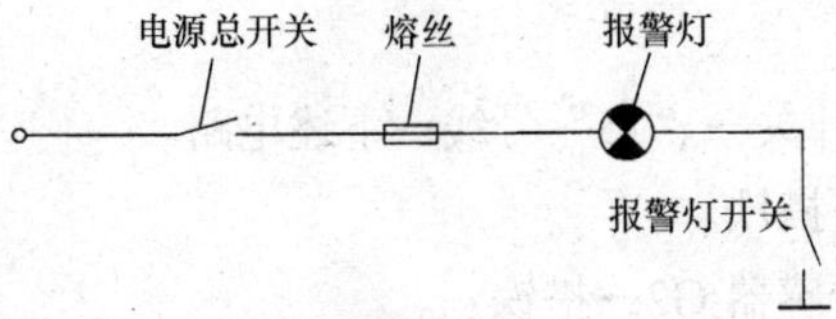

（a）报警灯电路

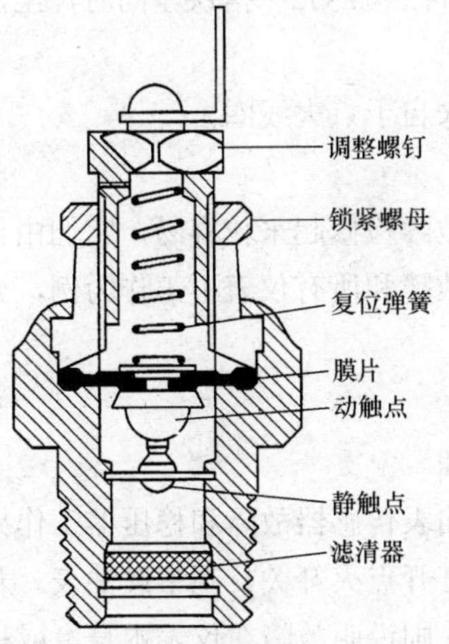

（b）报警灯开关

图 7-14　制动系统低气压报警灯

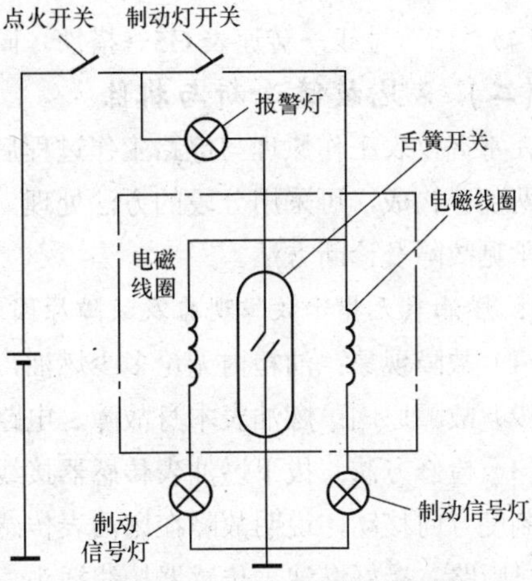

图 7-15　制动信号灯断线报警灯

在正常制动时，踩下制动踏板，制动灯开关接通，电流分别流经电磁线圈，此时两线圈所产生的磁场互相抵消，报警灯不亮。若左（或右）制动信号灯线路断路（或灯丝烧断），制动时，该侧电磁线圈无电流通过，另一侧线圈所产生的磁场吸动舌簧开关，而触点闭合，报警灯点亮。

四、汽车仪表故障诊断与维修

（一）仪表电路图的分析

桑塔纳轿车仪表电路如图 7-16 所示。所有仪表由点火开关控制，点火开关接通后，仪表及传感器进入正常工作状态。

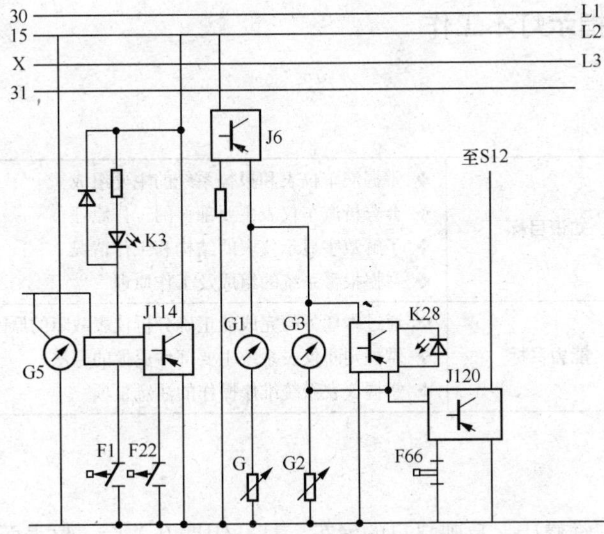

图 7-16　桑塔纳轿车仪表电路

工作过程如下。

点火开关置于1挡时，电流由蓄电池正极→点火开关→“15”号线→下述电路。

（1）稳压器J6→燃油表G1→浮筒燃油传感器G→搭铁。

（2）稳压器J6→冷却液温度表G3→冷却液温度传感器G2→搭铁。

（3）稳压器J6→冷却液液位报警灯K28→冷却液温度传感器G2→搭铁。同时，至液位控制器J120→水位不足开关F66→搭铁。

（4）“15”号线→转速表G5→搭铁。同时，转速信号来自于点火线圈。

（二）常见故障诊断与排除

在掌握仪表工作原理与电路工作过程后，仪表电路的故障检修起来较容易，它们由传感器和仪表两部分构成，可采用分段的方法处理。下面以燃油表故障和所有仪表不工作为例，介绍仪表电路常见故障及诊断方法。

1. 燃油表无指示故障现象及故障原因

（1）故障现象：油箱内无论多少燃油，指针总显示无油。

（2）故障原因：燃油表本身故障、电路有断路处、燃油表传感器故障和稳压器工作异常等。

（3）检修方法：拔下燃油表传感器接线插头并搭铁；打开点火开关，观察燃油表。若指针向满油刻度方向移动，说明故障在燃油表传感器；若无反应，则说明故障在仪表本身，或稳压器或电路已断路。接好燃油表传感器接线插头，打开点火开关，用万用表测量仪表上的电源线电压，若有电压，则说明燃油表内部已损坏；若无电压，则说明稳压器已坏或电路已断。

2. 所有仪表无指示故障现象及故障原因

（1）故障现象：打开点火开关，所有仪表均无指示。

（2）故障原因：熔丝熔断、稳压器故障和电路接线断等。

（3）检修方法：先检查熔丝是否熔断，然后检查电路接线头是否松动、脱落，搭铁是否良好，最后用万用表测量稳压电源电压。

项目实施

任务　仪表盘指示灯不工作

【学习目标】

学习目标	知识目标	❖ 掌握汽车仪表和报警系统的主要组成 ❖ 会分析汽车仪表主要部件的工作原理 ❖ 了解数字显示仪表的结构和工作情况 ❖ 掌握报警系统的组成及工作原理
	能力目标	❖ 通过本任务的完成能正确分析仪表故障的原因 ❖ 掌握判断仪表系统主要部件更换的方法 ❖ 掌握仪表系统维修操作的注意事项

【任务导入】

一位车主来到汽车维修店，反映自己的爱车，打开钥匙开关后，仪表面板中若干指示灯不能正常点亮，起不到警示作用。这给驾驶员正常行驶带来不便。

根据车主描述的故障症状，维修技师对车辆仪表系统进行了检查。通过故障诊断后，确定为仪表盘相关指示灯损坏，应进行仪表盘内部指示灯组件的更换。

【任务准备】

1. 工具

组合工具一套、常用工具一套、万用表一块。

2. 设备

丰田轿车一辆。

3. 防护用品

车辆防护用的车辆挡块、地板垫、座椅套、转向盘套、护裙等各一套，如图 1-64 所示。

4. 操作注意事项

① 汽车电子仪表装置比较精密，对其维修技术要求较高。维修检查时应遵循各汽车使用维修手册的有关规定，必要时应由专业修理厂承修。

② 汽车电子仪表显示板和母板（逻辑电路板）不仅较易损坏，而且价格较贵，因此在检查时应多加保护和特别谨慎。除有特殊说明外，不能用蓄电池的全部电压加于仪表板的任何输入端。

③ 当需要拆卸电子仪表板时，要按拆装顺序进行。拆装时注意不要猛敲猛打，以防本来状况良好的元器件因敲打而损坏。

④ 在拆卸仪表板总成之前，应首先切断电源。

⑤ 新的电子仪表元件应放置在镀镍的包装袋里，需要更换时，再从袋中取出，取出时注意不要碰触各部接头，不要提前从袋中取出。

⑥ 在处理电子车速/里程表的电路芯片时，必须使用原有的塑料盒，以免因静电放电而损坏。

⑦ 在检查电子仪表板时，必须用静电防护装置。

【检修工艺】

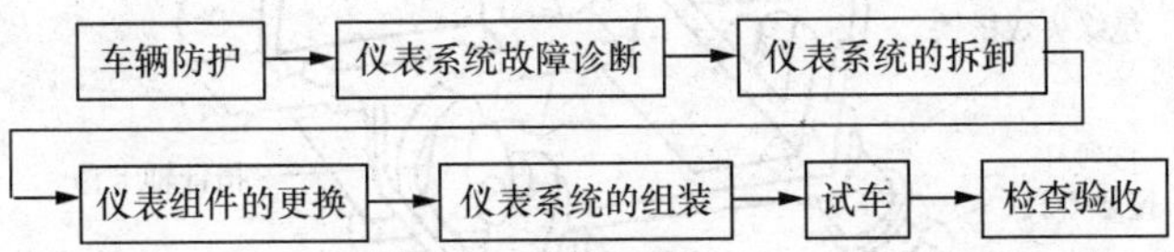

【操作步骤】

（一）车辆防护

1. 安装车辆挡块。
2. 安装尾气收集管。
3. 打开车门，安装地板垫、座椅套、转向盘套。
4. 进入车内，将点火开关旋至“ON”位，打开主驾驶侧电动车窗。
5. 确认灯光、空调、音响等用电设备处于关闭状态，将点火开关旋至“OFF”位。

6．确认变速杆置于“P”挡，拉紧驻车制动杆。

7．拉动发动机罩释放杆，关闭车门。

8．打开发动机罩，安装护裙。

（二）仪表系统故障诊断

现代汽车仪表板常将若干仪表机芯、指示灯、报警灯、仪表稳压器组合在一起。为便于检修，仪表制成可拆式结构（见图 7-17）。由于仪表线路较为复杂，为简化结构，提高可靠性，仪表板内各元件连接常采用印制线路连接。

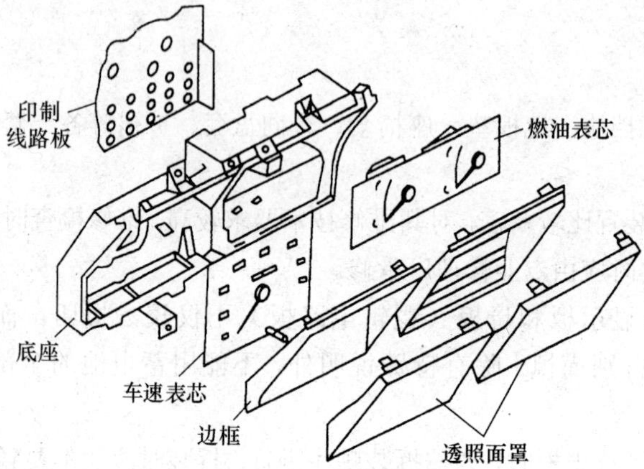

图 7-17　组合式仪表板

1．电流表的检修

电流表容易出现故障的部位如图 7-18 所示。常见故障有示值不准、偏摆不灵活、内部搭铁、充放电指示相反等故障。

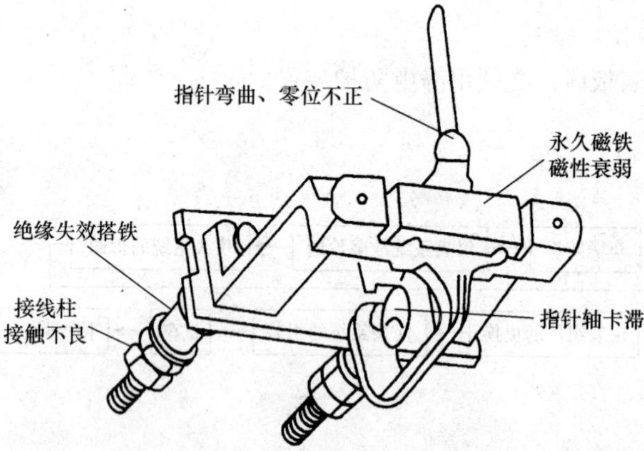

图 7-18　电流表易出现故障的部位

（1）示值不准。将被测试电流表与标准电流表及可变电阻串联后接上电源，逐渐减少可变电阻值，仔细比较两表读数，其误差不得大于标准值的 20%，如被测电流表读数偏高，说明表内永久磁铁磁性过弱，电流表误差过大，应及时更换。

（2）偏摆不灵活。指针偏摆不灵活一般是由接线柱接头松动，导致接触不良引起的。应将接触面上的锈斑刮除，拧紧螺母，将线头压紧。指针轴锈蚀、弯曲，指针与面板相碰，也会出现指针偏置阻滞现象。

（3）内部搭铁。金属外壳的电流表当接线柱绝缘垫破损、老化、漏装时，易造成搭铁故障。出现此故障会频繁烧断总熔丝，用手摸电流表接线柱有发烫现象。CA1091 汽车电流表，当接线柱绝缘套（塑料件）受热熔化后，易出现搭铁故障。查明故障后，可改用较厚的胶木绝缘垫。

（4）充放电指示相反。充放电指示相反一般是正负极接线颠倒所致。正确接线应是电流表正极（+）接线柱接向硅整流发电机正极（+）接线柱，电流表负极（–）接线柱接向蓄电池正极（+）。永久磁铁安装反向时，也会出现充放电指示相反的现象。

2. 机油压力表的检修

机油压力表线路的故障部位如图 7-19 所示。常见故障有示值不准、表针不动等。

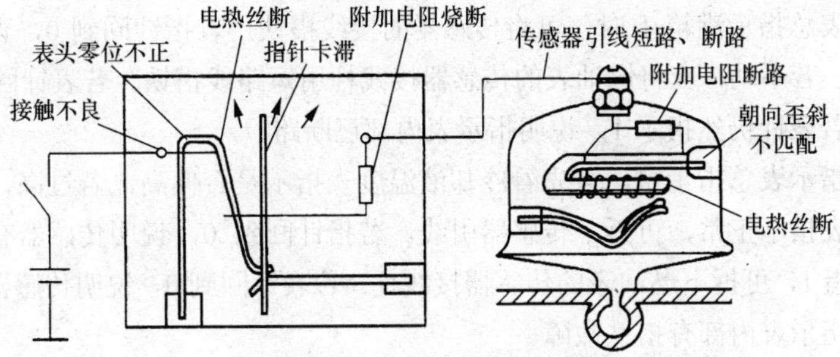

图 7-19 机油压力表线路的故障部位

（1）示值不准。正常情况下，未接通点火开关，指针应位于零位以下。若表针这时就指在零位或零位以上，说明指示表零位不准。接通点火开关但未起动时，指针应指在零位，若高于零位，说明传感器装歪或传感器与指示表不匹配；若指针走向最大极限，说明指示表到传感器之间有搭铁故障。发动机怠速时，指针应指在 0.15～0.20MPa，高速时不应超过 0.5MPa。切断点火开关，指针应缓慢退回到零位稍下位置。

若指示表到传感器间有搭铁故障，可先拆下传感器引线，看表的指针是否从最大值处退回原点。若能退回原点，说明传感器内部有搭铁故障；若拆线后仍不退回原点，可再拆下指示表传感器接线柱上的引线。若表针退回原点，说明导线有搭铁故障；若还是不能回原位，说明指示表内部有搭铁故障。

（2）表针不动。接通点火开关，其他表指示正常，但机油压力表指针不动，说明机油压力表电路有断路故障。检查时，可用导体将传感器引线搭铁，若表针摆动，说明机油压力指示表及接线均良好，应检查传感器。可拆下传感器，用细钢丝插入传感器油孔内顶压膜片，若指针移动，说明故障不在电路，而在润滑系统不能建立油压；若仍不能移动，说明传感器已损坏。

短接传感器后，若机油压力表仍不动，可将机油压力表的传感器接线柱对搭铁短接。若表针移动，说明指示表到传感器连线断路；若表针仍不移动，但用试灯触试指示表进线有电压，说明指示表内部断路，应更换油压指示表。

3. 燃油表的检修

燃油表常见故障有示值不准、指针不动。

（1）表针指 0。电磁式燃油表无论油箱存油多少，接通点火开关后始终指示 0 位，说明传感器电路有搭铁故障。可拆下传感器引线，若表针指向 1，说明传感器有搭铁故障；若表针不动，拆下指示表的传感器引线后，指针指向 1，说明传感器引线有搭铁故障；若指针仍然不动，说明指示表内部搭铁。

电热式燃油表遇此情况，说明有断路故障，可接通点火开关，先观察冷却液温度表指针是否正常。若冷却液温度表也不动，应检查稳压器断路故障；若冷却液温度表指示正常，可将燃油表传感器引线搭铁。若表针位置变化，说明传感器失效；引线搭铁后仍不动，可用短接线将燃油表的传感器接线柱搭铁。若指针示值变化，说明燃油表到传感器之间的连接线断路；若指针仍不动，说明燃油表内部断路。

（2）表针指 1。接通点火开关，燃油表指针总是指示满油箱 1，这种故障对电磁式燃油表来说，说明有断路故障；对电热式燃油表则表示短路故障。

电磁式燃油表总指示满箱 1 时，可将传感器的接线搭铁，若指针回到 0，说明传感器内部断路或浮子轴锈死；若不动，应将燃油表的传感器接线柱用短路线搭铁。若表针回到 0， 说明传感器连线已断路；若表针仍然指示 1，说明指示表内部已断路。

电热式燃油指示表总指示 1，可先看冷却液温度表指示是否偏高，若过高，说明稳压器已失效；冷却液温度表指示正常，可拆下传感器引线。若指针回到 0，说明传感器有搭铁故障或浮子轴锈死；指针仍指 1，可拆下燃油表的传感器接线柱。若表针回到 0，说明传感器连接线搭铁；若表针不动，说明指示表内部有搭铁故障。

（3）示值不准。若燃油表指示误差很大，应检查传感器滑片与电阻丝片接触是否不良、电阻丝是否有断路现象。检查时，拆下传感器，用万用表电阻 R×Ω 挡测量传感器浮子在不同位置时的阻值，其阻值应与标准相符，且浮子升降时，阻值应变化圆滑。

4. 冷却液温度表的检修

冷却液温度表常见故障有指针不动、指针偏转到最右极限、示值误差等。

（1）指针不动。若发动机运转一段时间，冷却液温度高于 40℃时，冷却液温度表指针仍停留在原点不动，可先看其他仪表示值是否正常。若不正常，应检查公共电路是否断路；若正常，可将传感器接线柱搭铁。搭铁后，若表针偏转，说明传感器已损坏；若仍不偏转，可将冷却液温度表接传感器的接线柱用短接线搭铁。若表针移动，说明传感器连线断路；表针不动，说明指示表内部有断路。

（2）指针偏转到最右极限。接通点火开关，指针偏转到最右极限，说明传感器线路有搭铁故障。检查时，可拆去传感器引线，表针退回，说明传感器内部搭铁；若表针不动，可拆去冷却液温度表传感器引线。若指针退回，说明传感器连线有搭铁故障；若仍不退回，说明冷却液温度表内有搭铁故障。

（3）示值误差。造成冷却液温度表示值误差的原因常见的有稳压器失效和传感器失效。稳压器失效可从燃油表示值比较得知，或用万用表测量其输出电压判断得知。在使用中，冷却液温度传感器常常会出现随发动机冷却液温度变化的电阻值与标准变化电阻值不符合、电阻完全失效处于开路状态等故障。稳压器和传感器失效，则无法将冷却液温度与进气温度的示值准确地传输给仪表，需要更换传感器。

5. 仪表电源稳压器的检修

仪表稳压器常见故障为断路、电压偏高。

（1）断路故障。当发现冷却液温度表和燃油表不工作，而其他仪表均指示正常时，可用短接线将稳压器的输入、输出端短接，这时若冷却液温度表针立即偏转，说明稳压器触点氧化、烧蚀或触点调整不当。遇此故障，可拆开稳压器外壳，清除动、静触点间的氧化层，或锉平触点上的烧蚀、毛刺，并重新调整电压。

（2）电压偏高。当冷却液温度表和燃油表均指示偏高时，可用短接线将稳压器搭铁端重复搭铁。若冷却液温度表、燃油表指示变为正常，说明稳压器搭铁不良；若重复搭铁后，两表针指示值偏高，说明稳压器调节过高或加热线圈烧断或触点烧结。

6. 发动机转速表的检修

汽车用发动机转速表一般由集成电路和毫安表组成。集成电路是把点火系统断电器触点（或信号发生器）产生的电压信号传给校准过刻度盘的毫安表。集成电路安装于组合仪表印制电路板上，常见故障为指针零位不准、指针不动。

（1）指针零位不准。一般是拆开组合仪表后未将指针安装准确，可重新拆开校正。

（2）指针不动。一般为信号引线脱落、折断或插头接触不良所致。

7. 车速里程表检修

软轴驱动式车速里程表常见故障部位如图 7-20 所示。常见故障有指针不动、指针不稳、里程表计数鼓发卡等。

（1）指针不动。车辆行驶时，车速表不动，可先检查软轴轴头与仪表驱动端及变速器输出端是否安装到位，大多是软轴已断或软轴端头四方体已磨成圆形、车速表针轴缺油造成的。

（2）指针不稳。车速表指针不稳定，一般是软轴的钢丝芯轴扭结所致。扭结的原因可能是芯轴本身弯曲造成的，也可能是里程表计数鼓发卡。检查时，可将软轴两端全部拆下，用手捻动芯轴插头，如果有忽大忽小的阻力感觉，应拆换芯轴或换用新的芯轴。若阻力均匀无卡滞感，可检查里程表计数鼓，若计数鼓发卡，应立即更换。

（3）示值不准。图 7-21 所示为车速表试验台，用来测试车速表的误差。测量时，先保证轮胎气压符合要求，升起中间举升器，让汽车驱动轮垂直驶入滚筒，降下举升器，起动发动机，逐渐升挡，使驱动轮带动滚筒运转，当试验台车速表指示值为 40km/h 时，被测车辆的车速表示值应在 38.5～41.5km/h 之间。发现误差超限应更换表头。

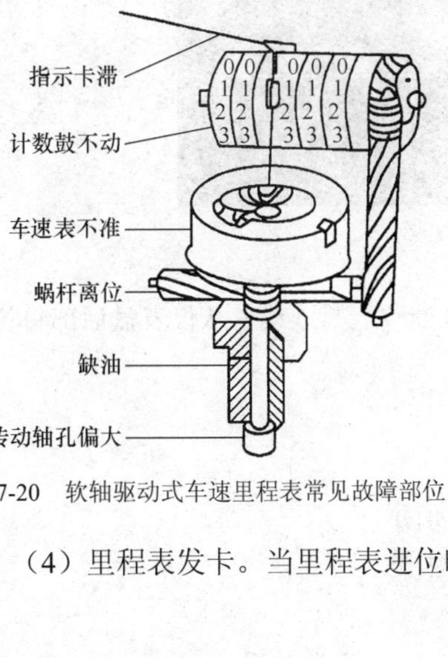

图 7-20　软轴驱动式车速里程表常见故障部位

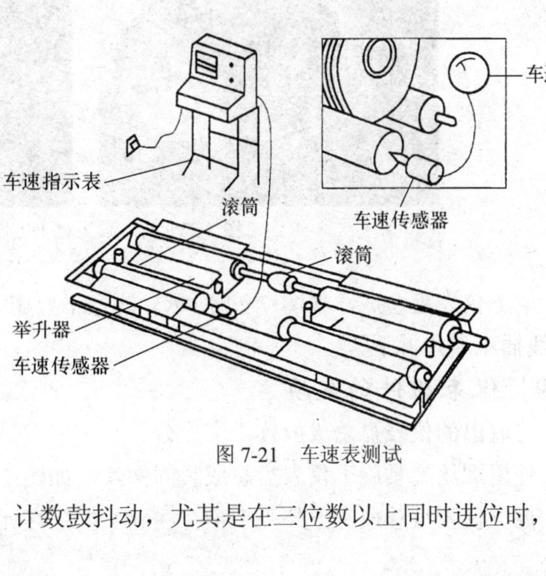

图 7-21　车速表测试

（4）里程表发卡。当里程表进位时，计数鼓抖动，尤其是在三位数以上同时进位时，计数鼓转动困难。此故障检修时应拆掉软轴，用手转动里程表。如果阻力很大，可不装软轴将车辆送修，以免扭断软轴和损坏车速里程表内的零件。

安装软轴时，应将方形接头与里程表及变速器接头可靠连接，并确保锁紧装置安装到位。注意锁紧装置的曲率半径不得小于 150mm，并且芯轴应留有 1～3mm 的轴向间隙。车速表转轴处开有注油小孔，应定期注入机油。软轴在每行驶 20000km 左右后维护时，应拆下接头，拔出芯轴，蘸上机油，再插回轴管，重新使用。当判明软轴芯轴损坏时，允许单独更换芯轴。

（三）仪表系统的拆卸

1．关闭点火开关，关闭所有用电设备，断开蓄电池负极。

2．拆下仪表盘下方的固定螺丝盖罩。

3．拆下仪表盘下方的两个固定螺丝，如图 7-22 所示。

微课视频：汽车仪表系统的工作原理及其拆装

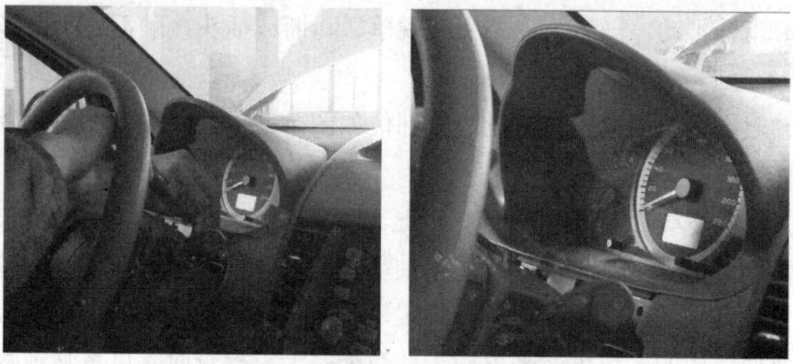

图 7-22　拆下仪表盘下方的固定螺丝

4．取下仪表盘外护罩，注意不要损伤仪表面板。

5．拆下仪表盘上方固定螺丝，如图 7-23 所示。

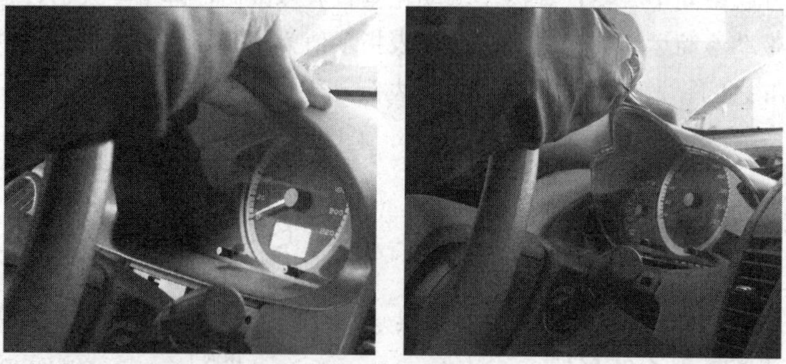

图 7-23　拆下仪表盘上方固定螺丝

6．取下仪表盘总成，如图 7-24 所示。注意不要用力扯断仪表盘连线。从仪表盘后部将仪表板连接线插座卡扣拆下。

（四）仪表组件的更换

1．将取出的仪表盘总成放置于工作台。

2．使用螺丝旋具旋下仪表盘总成紧固螺丝，如图 7-25 所示。

3．拆下仪表盘总成上下外壳卡箍。注意不要损坏元件总成。

图 7-24　取下仪表盘总成

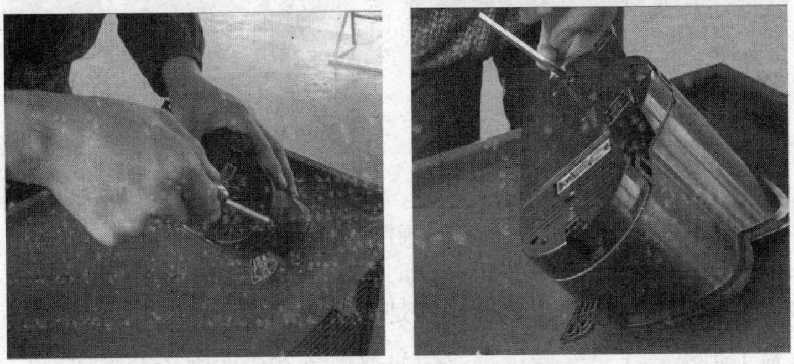

图 7-25　旋下仪表盘总成紧固螺丝

4．分解仪表盘总成，并分别放置于工作台上，如图 7-26 所示。

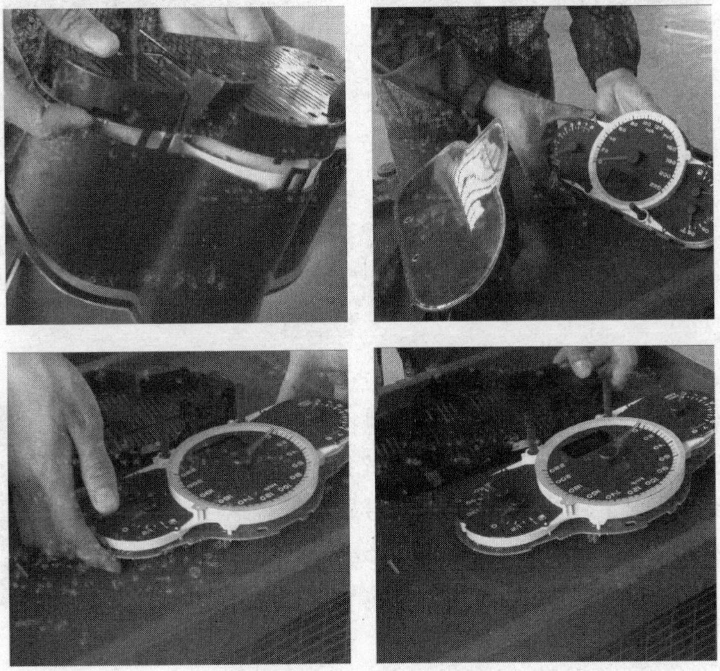

图 7-26　分解仪表盘总成

5．检查具体的损坏部位，予以更换。现在仪表板电路中多为 LED 灯泡，在更换时多为更换整个总成。如果需要更换单独的LED灯泡，需要使用专用的工具及操作，如果没有相关指导，请勿拆卸更换。

（五）仪表系统的组装

系统的组装过程基本与拆卸过程相反。

1．组装仪表盘总成。注意上下外壳卡箍为塑料材料，安装时不要损坏。

2．将车上仪表盘总成插接器安装于仪表盘总成，如图7-27所示。

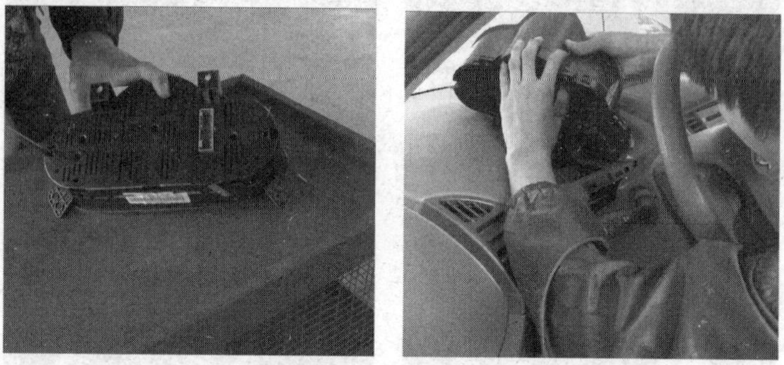

图7-27　插接器的安装

3．扣死仪表盘插接器卡箍，并检查插接器是否插接牢固。

4．安装仪表盘上护罩。注意安装位置及与总成衔接处，如图7-28所示。

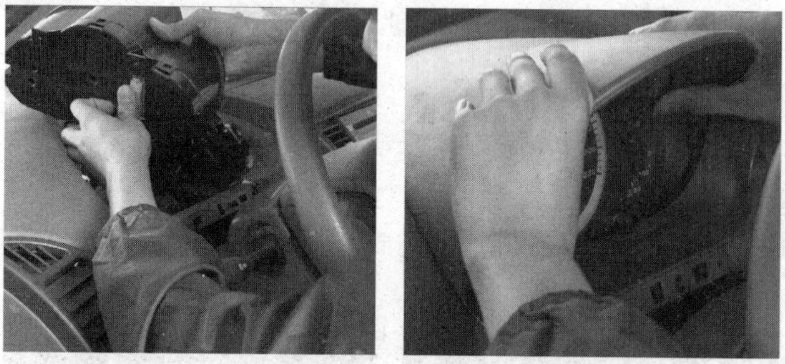

图7-28　检查插接牢固性及安装仪表盘护罩

（六）试车

图7-29　观察仪表指示灯

1．打开点火开关，观察仪表盘指示灯有无点亮，如图7-29所示，同时观察指针读数有无变化（如燃油箱油量指示表指针）。

2．打开灯光组合开关，观察仪表盘有无灯光指示灯显示。打开转向灯开关，观察仪表盘上有无转向灯指示信号显示。

3．打开其他相关警示灯开关或触发相关警示灯信号开关，如双闪警示灯、驻车制动警示灯、安全带警示灯等，观察警示灯有无点亮。

4．起动发动机，触发其他警示灯点亮信号，并观察其他警示灯有无点亮。

（七）检查验收

1．取下转向盘套，取下座椅套，取下地板垫。

2．取下护裙，闭合发动机罩。

3．卸下尾气收集管。

4．取下车辆挡块。

5．整理工具材料，工具材料完整齐全。

6．清点工具、设备和防护用品，工具、设备和防护用品应无丢失，整理擦拭工具和设备，注意工作场地文明化。

7．填写任务工单。

项目八
电动车窗及座椅

车窗（windows）是整个汽车车身的重要组成部分，是为了满足车内采光、通风及驾驶员和乘坐人员的视野需要而设计的，我们只需要操纵车窗的升降开关，就可以使车窗上升和下降。现代汽车为了方便驾驶员和乘客，大部分采用电动车窗。

汽车座椅的主要功能是为驾驶员及乘员提供便于操作、舒适又安全、不易疲劳的驾乘位置。汽车座椅应满足以下要求：（1）在车厢的位置要合适，尤其是驾驶员的座椅，必须处于最佳的驾驶位置；（2）外形必须符合人体生理功能，在不影响舒适性的前提下，要美观大方；（3）必须安全可靠，应具有良好的强度、刚度和耐久性；（4）应具有良好的震动特性，能吸收从车厢传来的震动；（5）应具有各种调节功能结构，可适应不同的驾驶员与乘客人员。

学习导航

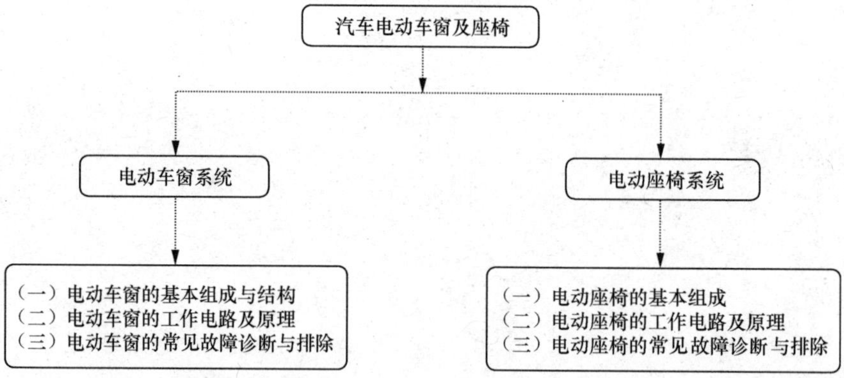

相关知识

一、汽车电动车窗系统

（一）电动车窗的基本组成与结构

汽车车窗按玻璃安装位置不同分为前、后风窗，侧窗和门窗。电动车窗系统由车窗、车窗玻璃升降器、电动机、开关等组成，如图 8-1 所示。

1. 车窗玻璃

车窗玻璃一般是钢化玻璃，有些高档车使用防弹玻璃。

2. 玻璃升降器

玻璃升降器是电动车窗的重要部件，作用是减速增扭、实现运动形式的转换及传递动力。根据工作原理的不同，主要有蜗轮蜗杆升降器、齿轮扇形升降器及齿轮齿条式升降器三种形式。

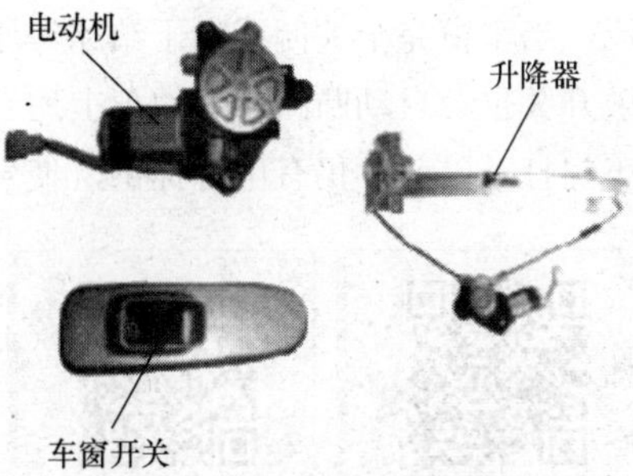

图 8-1　电动车窗内部结构

（1）蜗轮蜗杆升降器。大多数车型使用的都是蜗轮蜗杆升降器，如图 8-2（a）所示。蜗轮蜗杆升降器主要由蜗轮蜗杆机构、绕线轮、钢丝、导轨和滑动支架等组成。工作时，电动机带动蜗轮蜗杆并带动转丝筒旋转，使钢丝拉动玻璃支架上的滑动支架在导轨中上下运动，使玻璃升降。

三维动画：蜗轮蜗杆升降器

（2）齿轮扇形升降器。图 8-2（b）所示为齿轮扇形玻璃升降器。齿扇上连有螺旋弹簧。当车窗上升时，弹簧伸展，能量被释放，减轻电机负荷，帮助电机做工；当车窗下降时，弹簧压缩，吸收能量，从而使车窗无论上升还是下降，电动机的负荷基本相同。

（3）齿轮齿条式升降器。齿轮齿条式升降器主要由齿轮和柔性齿条组成，如图 8-2（c）所示。车窗连接在齿条的一端，工作时电机通过齿轮使齿条移动，从而实现玻璃的升降。

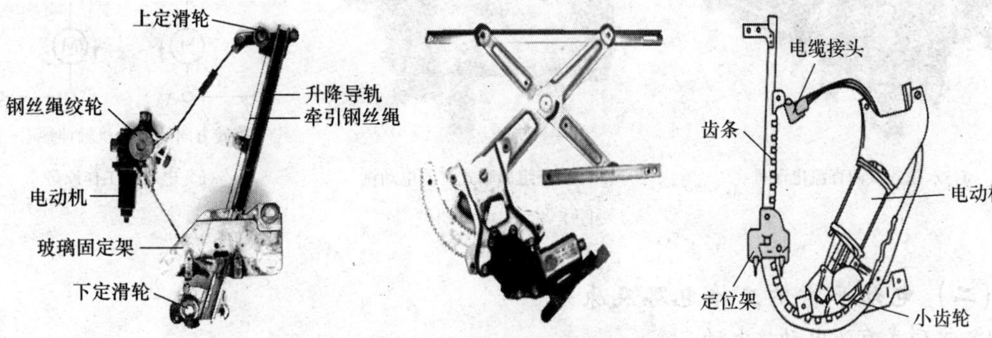

（a）蜗轮蜗杆升降器　（b）齿轮扇形升降器　（c）齿轮齿条式升降器

图 8-2　玻璃升降器

3. 车窗控制开关

控制开关通常位于驾驶员侧车门上或选挡杆前方，可分为主控和分控开关，如图 8-3 所示。主控开关为驾驶员控制的开关，对车窗系统进行总的操控；分控开关为其他乘员控制的开关，安装在每个车门的中间或车门把手上，受主控开关控制。

分控开关也在主控开关上装有断路开关，若断开，分控开关不起作用。

4. 车窗电动机

如图 8-4（a）、（b）所示，车窗电动机可分为永磁式双向直流电动机和双绕组串励式直流电动机。前者较为常用，通过改变电动机的两根导线的极性，使电动机双向旋转，并通过升降器控制玻璃升降，如图 8-4（c）所示。

5. 热敏断路开关

为了防止电路过载，在电路或电动机内装有一个或多个热敏断路开关，用以控制电机中的电流。当车窗完全关闭或由于结冰等原因使车窗玻璃不能自如运动时，即使操纵开关没有断开，热敏开关也会自动断路。有的车上还专门装有一个延迟开关，在点火开关断开后约 10min 内，或在车门打开以前，仍有电源提供，使驾驶员和乘客有时间关闭车窗。

三维动画：分控开关

三维动画：主控开关

微课视频：电动车窗的作用及组成

三维动画：电动机

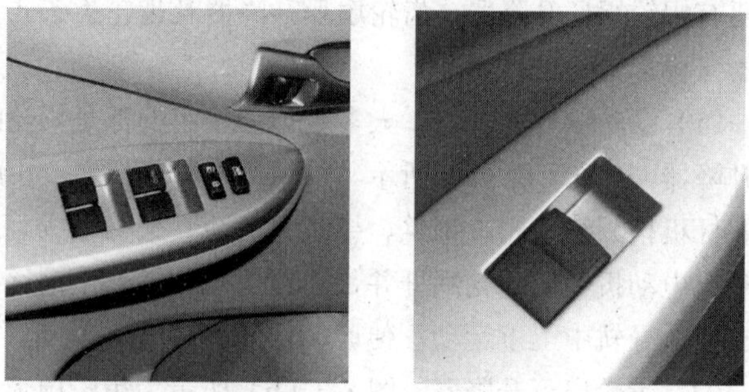

（a）主控开关　（b）分控开关

图 8-3　车窗控制开关

（a）永磁式双向直流电动机　（b）双绕组串励式直流电动机　（c）电动机工作原理

图 8-4　车窗电动机

（二）电动车窗的工作电路及原理

1. 永磁式直流电动机电动车窗

永磁式直流电动机通过改变电枢的电流方向来改变电动机的旋转方向，使车窗玻璃上升或下降。图 8-5 所示为日本凌志 LS400 轿车电动车窗控制电路。

当点火开关打至点火挡时，电动车窗主继电器工作，触点闭合，给电动车窗提供了电源；如将主开关上的窗锁开关闭合，所有车窗均可随时进入工作状态；如果将主开关上的窗锁开关断开，那么只有驾驶员侧车窗可进行工作。此外，驾驶员侧的车窗开关还可以由点触式电路控制，驾驶员要使车窗玻璃上升时，只要点触一下上升开关，车窗玻璃就会自动上升到最高点，并且在上升过程中，如果要使玻璃停止在某一位置时，只要再点触一下开关即可。

2. 双绕组串励式直流电动机电动车窗

双绕组串励式直流电动机有两个绕向相反的磁场绕组，一个为“上升”绕组，另一个是“下降”绕组。在给不同的绕组接通电源时，产生相反方向的磁场，电动机的旋转方向也会不同，从而实现车窗玻璃的上升或下降。控制电路如图 8-6 所示。

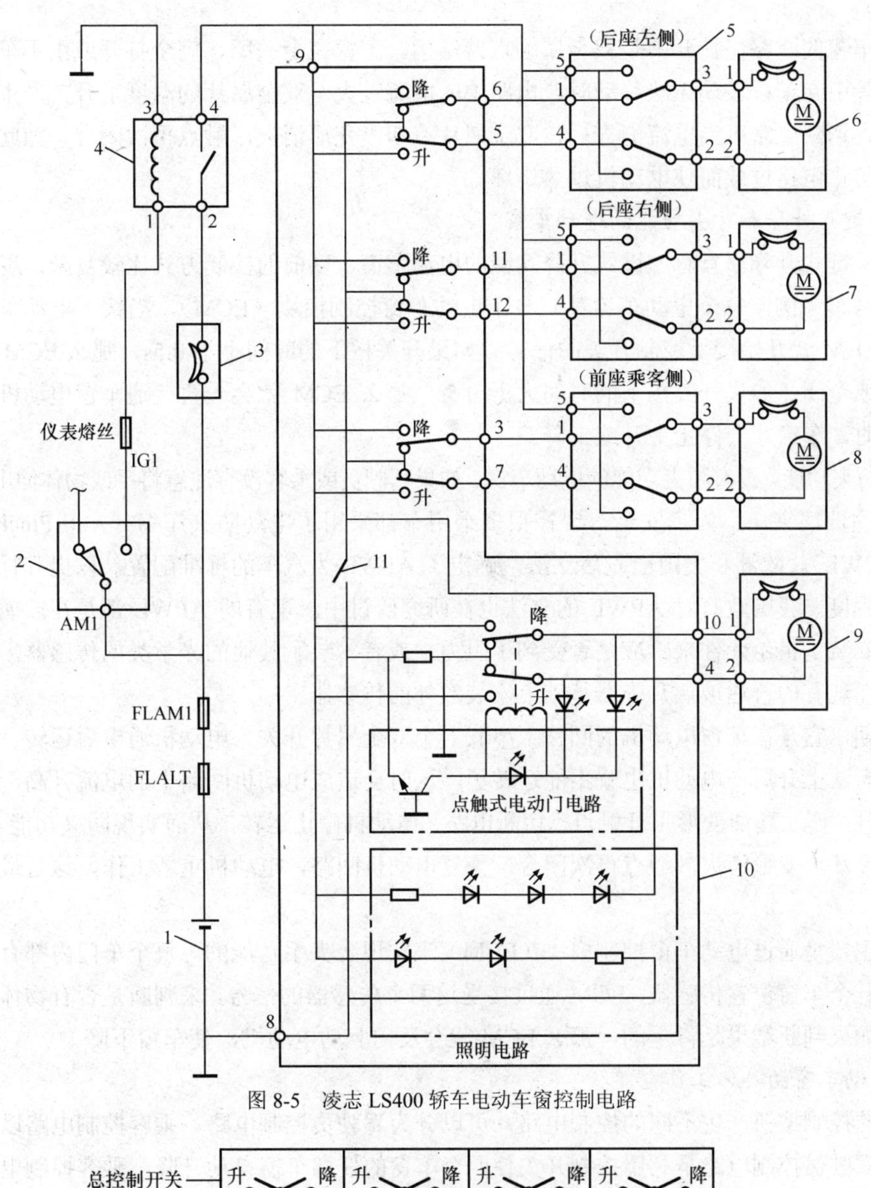

图 8-5　凌志 LS400 轿车电动车窗控制电路

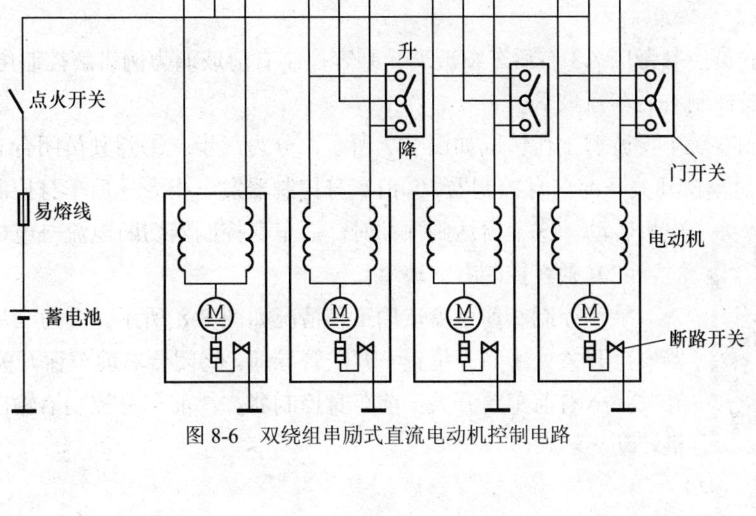

图 8-6　双绕组串励式直流电动机控制电路

电动车窗的断路保护开关是双金属触点臂结构。车窗完全关闭、完全打开或由于车窗玻璃结冰、卡滞等引起车程玻璃无法移动时，电路中的电流过大，双金属片的温度上升，产生翘曲变形张开触点，切断电路；当电流消失后，双金属片冷却，变形消失，触点再次闭合。如此周期性循环动作，防止电路过载而使电动机过热烧坏。

3. 一键式升降和防夹功能的电动车窗

（1）一键式升降。具有一键式升降功能的电动车窗，以前的控制方式比较复杂，现在比较容易。以宝马车为例，每个电动车窗都有一个电动车窗控制模块（ECM），当按下电动车窗的控制开关时，ECM 就开始接受控制开关的信号。如果开关按下的时间小于 0.5s，那么 ECM 就会控制车窗全开或全闭；如果开关按下的时间大于 0.5s，那么 ECM 就会一直接通车窗电动机，只有当开关断开时，车窗才会停止上升或下降。

（2）防夹功能。没有防夹功能的电动车窗，如果驾驶员或乘客没有注意将手或物体伸出车外，容易被上升的玻璃夹伤。为了安全，现在很多乘用车都采用了电动防夹车窗（Anti-Pinch Window Lifter，APWL）。欧洲和美国已先后立法，确定了 APWL 为汽车的标准配置，以提升行车安全和人性化的程度。我国政府对 APWL 的立法也在研究研讨中。现有的 APWL 都是在玻璃升降器的电动机上安装了霍尔元件来感应是否受到了阻力，或者安装了其他的光学类的传感器。这种电动车窗需要在现有的普通玻璃升降器基础上安装额外的传感器。

在早期，它是在车窗电动机的回路上串联一个双金属片开关。电动机通电后运转，当车窗遇到障碍而无法上升后，电动机也就不能运转了，这时会造成电动机回路上的电流升高，双金属片的温度上升，产生翘曲变形张开触点，切断电路，电动机停止运转，从而实现防夹功能。断电后，双金属片冷却，变形消失，触点再次闭合，恢复电动机回路，电动机重新工作，这是最早最老的方法。

现在主要是通过电动车窗控制模块（ECM）来实现防夹手功能的。每个车门内都有一个阻力传感器和一个车窗位置传感器，ECM 通过接受这两个传感器的信号，来判断是否有物体阻碍了车窗上升，如果判断结果是肯定的，那么 ECM 就会反向驱动电动机，使车窗下降。

4. 电动车窗的具体工作电路

不同的控制按钮产生不同的控制电路，可以分为驾驶员控制电路、乘客控制电路以及锁止控制电路。驾驶员控制电路是利用控制开关使四个车窗的任意车窗自动升降。乘客控制电路只能使所在车窗的车窗玻璃自动升降。锁止控制电路是按下锁止开关乘客侧车窗开关被禁用，再次按下可取消禁用。

下面以驾驶员控制奇瑞 A3 右后车窗玻璃、乘客控制右前玻璃为例讲解控制电路原理。

（1）驾驶员控制右后车窗玻璃

驾驶员控制右后车窗玻璃工作情况如图 8-7 所示。分为三步：①驾驶员闭合右后车窗开关，“地”信号→右后车窗开关→前车身控制器。②前车身控制器发出指令→后车身控制器输出电流→电机转动。③车窗达到顶部时，后车身控制器切断电流→电机停止转动。

二维动画：右后车窗玻璃升降电路图

（2）乘客控制右前玻璃

乘客控制右前车窗玻璃工作情况如图 8-8 所示。分为三步：①玻璃升降器安全开关处于断开位置→开关管导通。②闭合右前车窗开关，“地”信号→开关管→右前车窗开关→前车身控制器。③前车身控制器输出电流→右前电机转动。

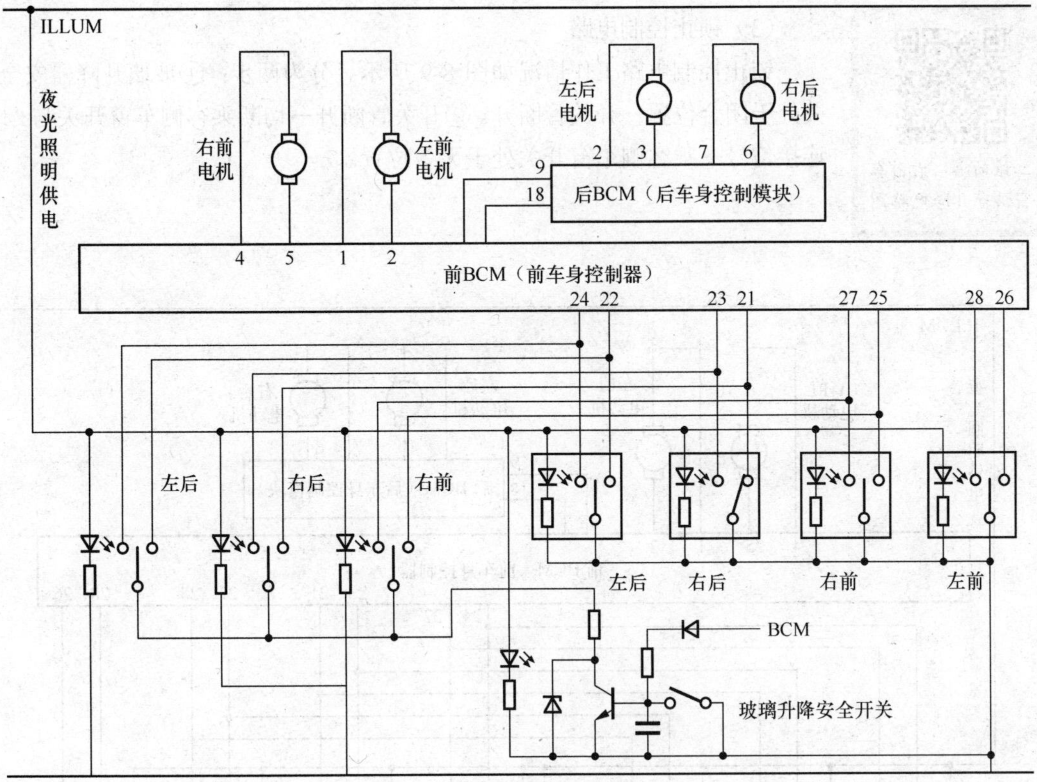

图 8-7 驾驶员控制右后车窗玻璃

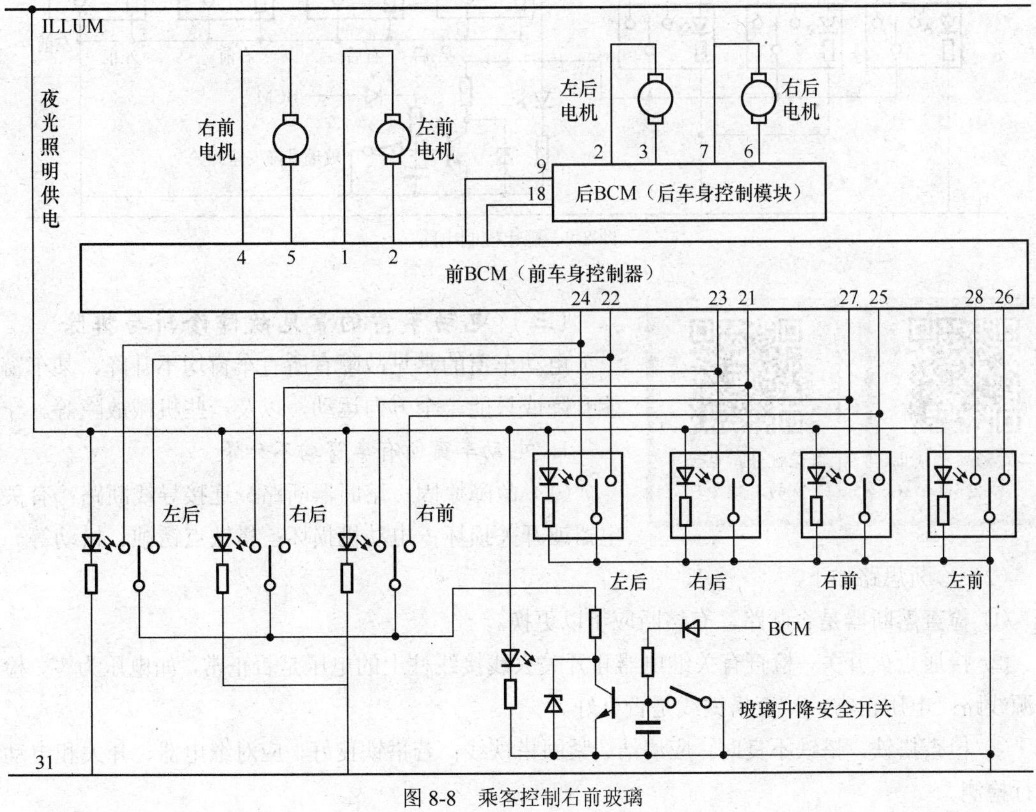

图 8-8 乘客控制右前玻璃

二维动画：右前车窗玻璃升降电路图

（3）锁止控制电路

锁止控制电路工作情况如图 8-9 所示。分为两步：①玻璃升降器安全开关处于闭合位置→开关管断开。②开关管断开→切断乘客侧车窗开关与“地”连接信号→乘客侧车窗开关处于无效位置。

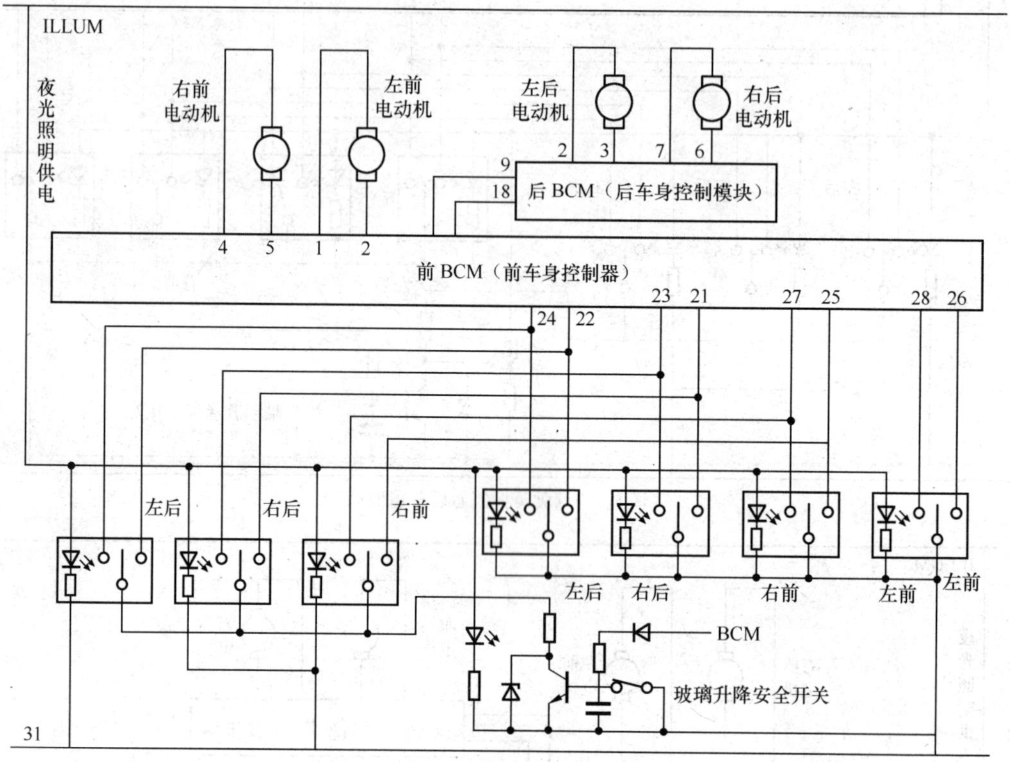

图 8-9　锁止控制电路

二维动画：锁止电路

微课视频：电动车窗的工作原理

（三）电动车窗的常见故障诊断与排除

电动车窗的常见故障有所有车窗均不升降、某车窗不能升降或只能一个方向运动，以及一些机械故障等。

1. 电动车窗所有车窗均不升降

（1）故障原因。熔断器断路；连接导线断路；有关继电器或开关损坏；电动机损坏；搭铁点锈蚀、松动等。

（2）诊断思路如下。

① 检查熔断器是否断路，有熔断应予以更换。

② 接通点火开关，检查有关继电器和开关火线接线柱上的电压是否正常，如电压为零，检查电源线路；电压正常，检查搭铁线是否良好。

③ 检查搭铁，搭铁不良时，应清洁、紧固搭铁线；若搭铁良好，应对继电器、开关和电动机进行检测。

2. 某车窗不能升或降或只能一个方向运动

（1）故障原因。车窗按键开关损坏；电动机损坏；连接导线断路；车窗开关故障等。

（2）诊断思路如下。

① 检查车窗开关是否工作。

② 检查电动机正、反转是否运转正常稳定。

③ 检查灯连接导线。

如果车窗只能一个方向运动，一般是按键开关故障或部分线路断路或接错所致，可以先检查线路连接是否正常，再检修开关。

二、汽车电动座椅

汽车座椅的主要功能是为驾驶员和乘坐人员提供便于操作、舒适而又安全、不易疲劳的驾乘位置。汽车座椅应满足以下要求。

（1）座椅在车厢内的布置要合适，尤其是驾驶员的座椅，必须处于最佳的驾驶位置。

（2）按照人体工程学的要求，座椅必须具有良好的静态和动态的舒适性。其外形必须符合人体的生理功能要求，在不影响舒适性的前提下，力求美观大体。座椅应设计成凹型，这样可以防止驾驶员和成员在汽车转弯时横向滑动，同时，座椅的前部可适当高于后部，这可以阻止驾驶员和乘员在汽车制动时向前滑动。另外，座椅的材料应有适当的粗糙度，以增大驾驶员和乘员与座椅之间的摩擦阻力，增加乘坐的稳定性。

① 座椅应采用最经济的结构，尽可能减少质量。

② 座椅必须安全可靠，应具有充分的强度、刚度与耐久性。对可调的座椅，要有可靠的锁止机构，保证安全。

③ 座椅应具有良好的震动性能，能吸收从车厢传来的震动。

④ 座椅应具有各种调节机构，可适应不同的驾驶员、乘员在不同的条件下获得最佳位置，提高乘坐的舒适性。

汽车座椅根据调节机构动力提供方式的不同，分为手动调节座椅和电动座椅，电动座椅是以电动机为动力，通过传动装置和执行机构来调节座椅的各种位置，使驾驶员或乘员乘坐舒适的座椅。

目前常见的有普通电动座椅和带记忆功能的电动座椅。带记忆功能的电动座椅自动化程度高，它能把驾驶员调定的位置靠电脑存储下来，以作为以后调节的依据。驾驶员要调节时，只要按一下按钮可自动调节到记忆的位置。

（一）电动座椅的基本组成

电动座椅一般由电动机、传动装置和座椅调节开关组成，如图 8-10 所示。

1. 电动机

电动机多采用体积小、功率大的永磁式双向直流电机，作用是为电动座椅的调节机构提供动力。电动机的数量取决于电动座椅的类型，通常两向移动座椅装有两个电机，四向移动的座椅装有四个电机，最多可达六个电机。电动机内装有熔断丝，以防止电动机的过载，确保电器的安全。

2. 座椅调节开关

座椅调节开关接受驾驶员或乘员的输入命令，控制执行机构完成电动座椅的调整。电动座椅组合开关包括前倾、后倾和四向（上下和前后）开关。电动座椅的组合开关有的安装在车门上，有的安装在座椅左侧，使驾驶员和乘员操作方便。

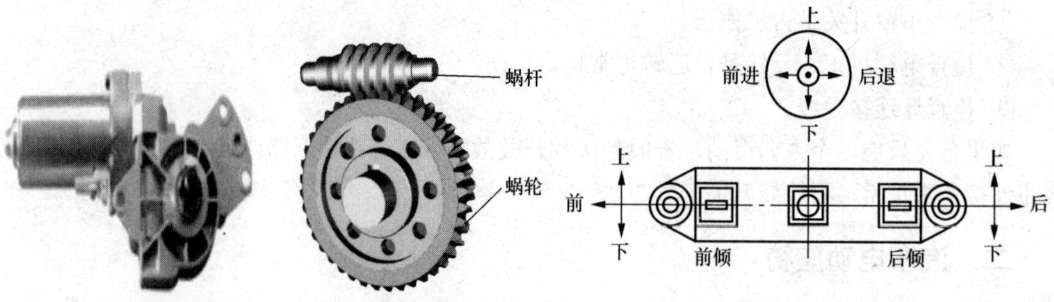

（a）电动机　（b）传动装置　（c）座椅调节开关

图 8-10　电动座椅的结构

3. 传动机构

传动机构的作用是将电动机产生的旋转动力变为座椅的位置调节。

前后调节传动机构如图 8-11 所示。它由蜗轮、蜗杆、齿条、导轨等组成，调节时，直流电机产生的力矩经蜗杆传至两侧的蜗轮上，经导轨上的齿条带动，使座椅前后移动。

上下调节传动机构如图 8-12 所示。蜗轮、蜗杆轴、芯轴等组成。调节时，直流电机产生的力矩带动蜗轮轴，带动蜗轮转动，使芯轴在蜗轮内旋进或旋出，带动座椅上下移动。

微课视频：电动座椅的作用及组成

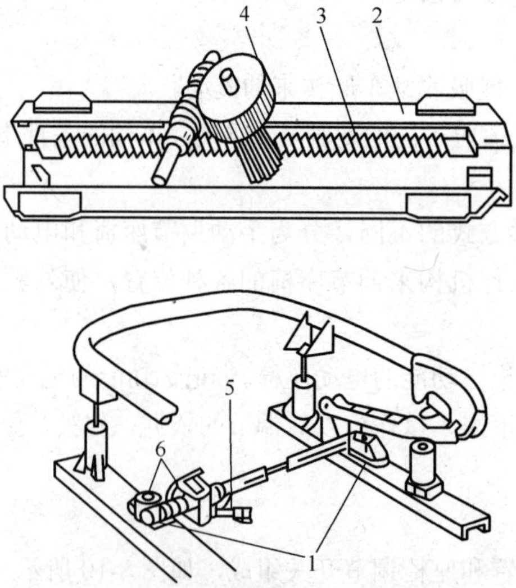

图 8-11　电动座椅的前后调节机构
1—支撑及导向元件；2—导轴；3—齿条；4—蜗轮；5—反馈信号电位计；6—调整电动机

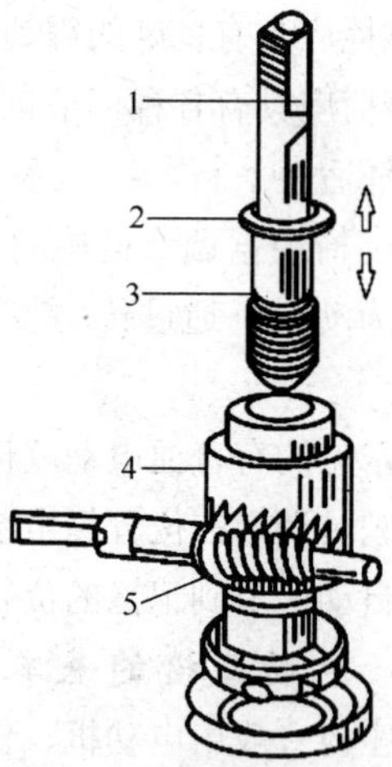

图 8-12　电动座椅的上下调节机构
1—铣平面；2—止推垫片；3—芯轴；4—蜗轮；5—挠性驱动蜗杆轴

（二）电动座椅的工作电路及原理

通过电动座椅调节开关，即可完成不同的调节功能，如电动座椅前端上下调节如图 8-13 和图 8-14 所示；后端上下调节如图 8-15 和图 8-16 所示。

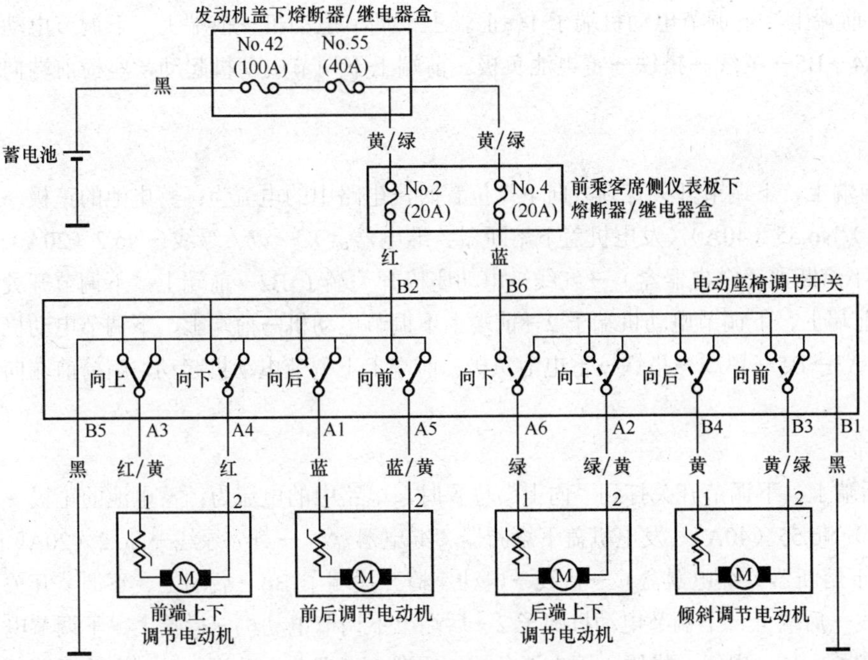

图 8-13 电动座椅前端向上调节电路

二维动画：座椅前端向上调节电流路径图

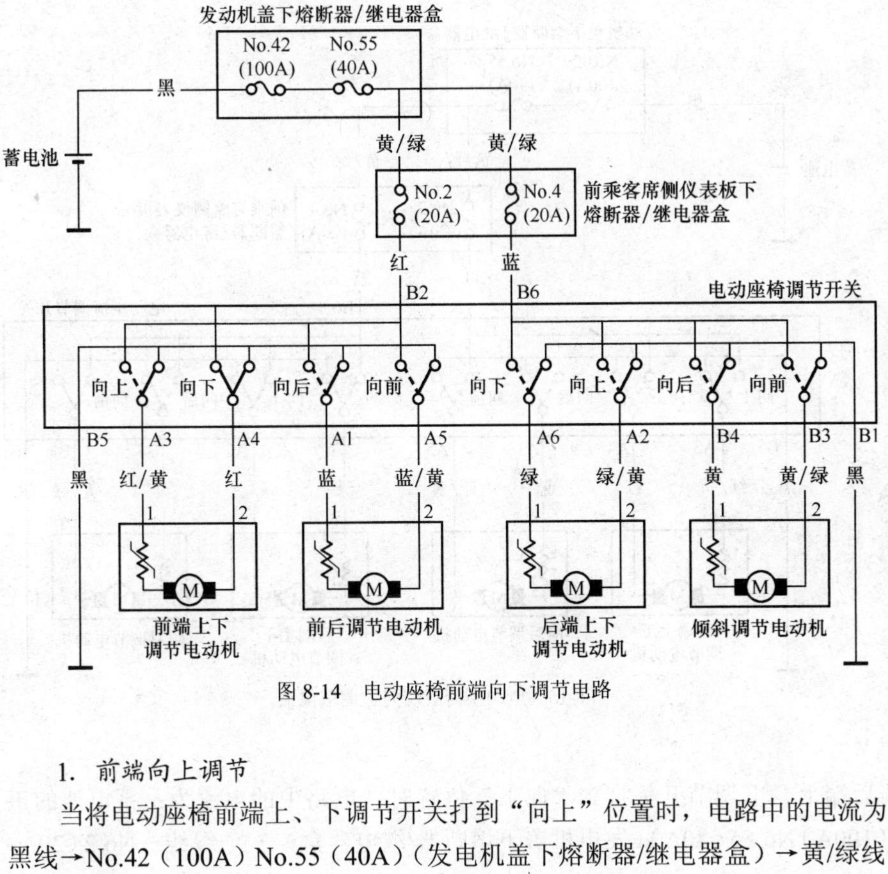

图 8-14 电动座椅前端向下调节电路

二维动画：座椅前端向下调节电流路径图

微课视频：电动座椅的工作原理

1. 前端向上调节

当将电动座椅前端上、下调节开关打到“向上”位置时，电路中的电流为：蓄电池的正极→黑线→No.42（100A）No.55（40A）（发电机盖下熔断器/继电器盒）→黄/绿线→No.2（20A）（前乘客席侧仪表板下熔断器/继电器盒）→红线→电动座椅开关端子 B2→前端上、下调节开关端子→A3→红/黄线→前端上、下调节电动机端子 1→前端上下调节电动机→前端上、下调节电动机端子 2→红线→A4→B5→黑线→搭铁→蓄电池负极。前端上下调节电动机起动，座椅前端向上移动。

2. 前端向下调节

当将电动座椅前端上、下调节开关打到“向下”位置时，电路中的电流为：蓄电池的正极→黑线→No.42（100A）No.55（40A）（发电机盖下熔断器 / 继电器盒）→黄 / 绿线→No.2（20A）（前乘客席侧仪表板下熔断器 / 继电器盒）→红线→电动座椅开关端子 B2→前端上、下调节开关端子→A4→红线→前端上、下调节电动机端子 2→前端上下调节电动机→前端上、下调节电动机端子 1→红 / 黄线→A3→B5→黑线→搭铁→蓄电池负极。前端上下调节电动机起动，座椅前端向下移动。

3. 后端向上调节

当将电动座椅后端上、下调节开关打到“向上”位置时，电路中的电流为：蓄电池的正极→黑线→No.42（100A）No.55（40A）（发电机盖下熔断器 / 继电器盒）→黄 / 绿线→No.2（20A）（前乘客席侧仪表板下熔断器 / 继电器盒）→蓝线→电动座椅开关端子 B6→后端上、下调节开关端子→A2→绿 / 黄线→后端上、下调节电动机端子 2→后端上下调节电动机→后端上、下调节电动机端子 1→绿线→A6→B1→黑线→搭铁→蓄电池负极。后端上下调节电动机起动，座椅后端向上移动。

二维动画：座椅后端向上调节电流路径图

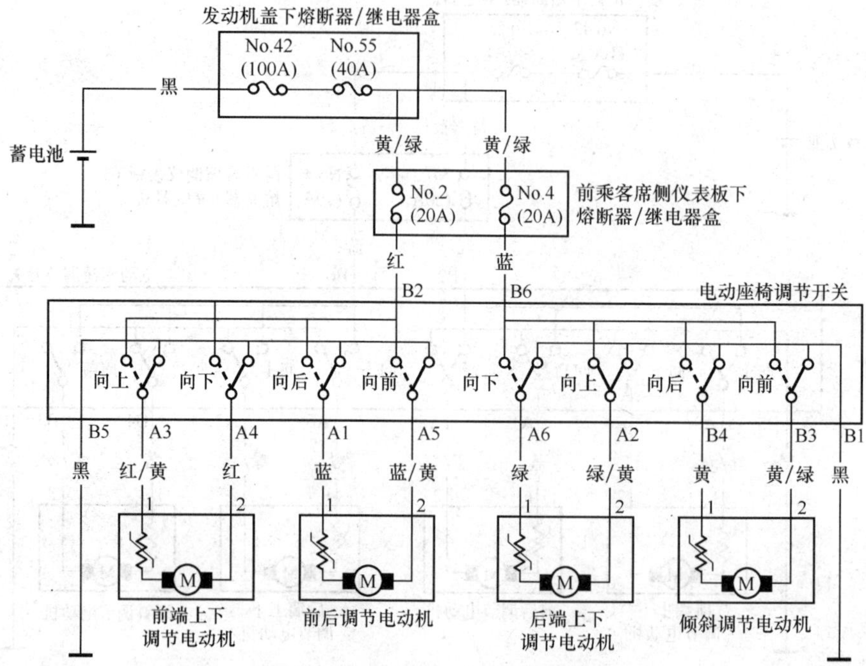

图 8-15 电动座椅后端向上调节电路

4. 后端向下调节

当将电动座椅后端上、下调节开关打到“向下”位置时，电路中的电流为：蓄电池的正极→黑线→No.42（100A）No.55（40A）（发电机盖下熔断器/继电器盒）→黄/绿线→No.2（20A）

（前乘客席侧仪表板下熔断器/继电器盒）→蓝线→电动座椅开关端子 B6→后端上、下调节开关端子→A6→绿线→后端上、下调节电动机端子 1→后端上下调节电动机→后端上、下调节电动机端子 2→绿/黄线→A2→B1→黑线→搭铁→蓄电池负极。后端上下调节电动机起动，座椅后端向下移动。

二维动画：座椅后端向下调节电流路径图

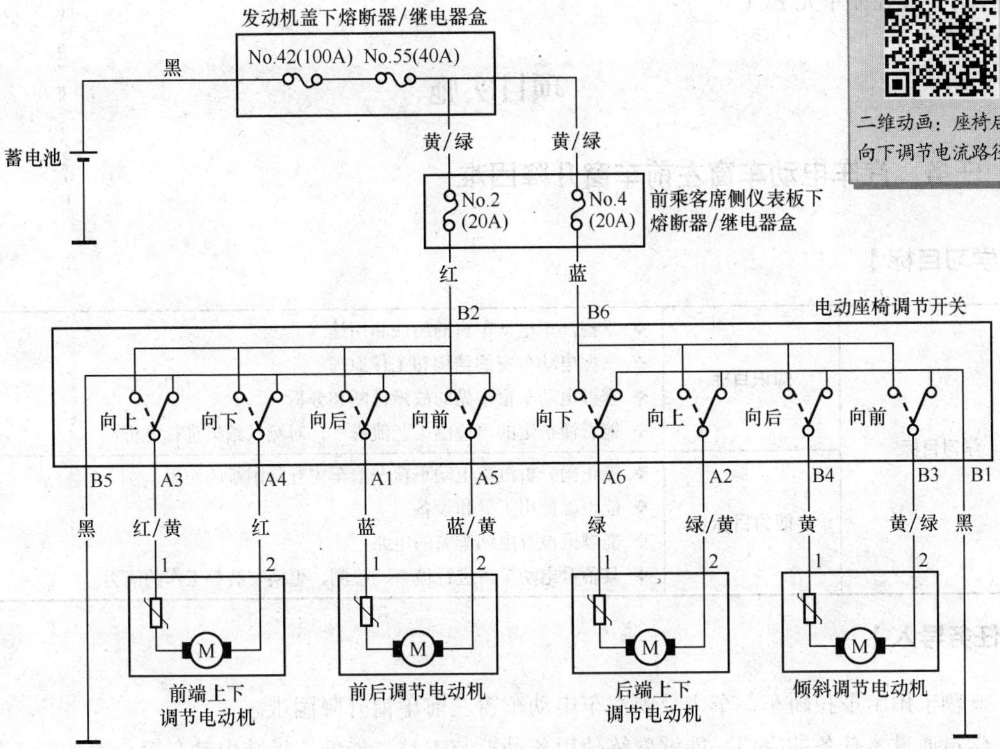

图 8-16　电动座椅后端向下调节电路

（三）汽车电动座椅常见故障诊断与排除

一般情况下，电动座椅是很少出现故障的，除非在使用过程中频繁调节，致使座椅的轨道或电动机出现问题。一般常见的座椅故障可分为机械故障和电控故障。

1. 电动座椅卡滞或卡死等机械故障

（1）故障原因。调节连杆或滑轴堵塞、不润滑导致。

（2）诊断思路如下。

① 检查座椅调节连杆，可能被氧化或润滑不足。

② 座椅使用过程中，有些时候移动不到位等机械故障。

2. 座椅某个方向不能调节

（1）故障原因。该方向对应的电动机损坏，或开关、连接导线断路。

（2）诊断思路如下。

① 检查线路。

② 检查开关。

③ 检查对应的电动机。

3. 电动座椅失灵，无法正常工作

（1）故障原因。一般是线路出现问题。

（2）诊断思路如下。

① 检查线路连接是否正常。

② 检查开关。

③ 检查控制单元 ECU。

项目实施

任务　汽车电动车窗左前车窗升降困难

【学习目标】

学习目标	知识目标	❖ 掌握汽车电动车窗的组成和用途 ❖ 掌握电动车窗的结构和工作原理 ❖ 掌握电动车窗常见的故障诊断和分析 ❖ 能看懂给定的“检测工艺流程”，对测试结果进行分析
	能力目标	❖ 能正确分析汽车电动车窗左前车窗升降困难的原因 ❖ 能正确使用工具和设备 ❖ 能规范检查电动车窗的电路 ❖ 具备对电动车窗进行检查、检测、更换安装等工作的能力

【任务导入】

一辆丰田卡罗拉轿车，车主反映汽车电动车窗左前车窗升降困难。

学员通过本任务的完成，能够熟练使用各种拆装工具，能熟练拆装电动车窗，对故障进行检查和处理。

【任务准备】

1. 工具

拆装工具盒、万用表。

2. 设备

每小组丰田卡罗拉轿车一辆、组合开关一只及丰田卡罗拉轿车的维修手册一本。

3. 防护用品

车辆防护用的车辆挡块、地板垫、座椅套、转向盘套、护裙等各一套，如图 1-64 所示。

【检修工艺】

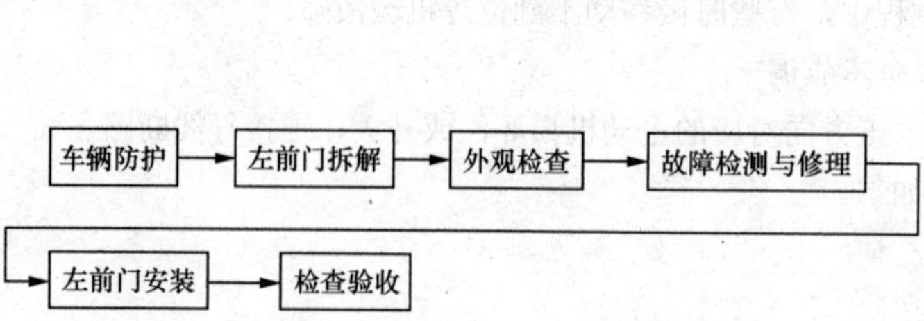

【操作步骤】

（一）车辆防护

1．安装车辆挡块。

2．安装尾气收集管。

3．打开车门，安装地板垫、座椅套、转向盘套。

4．进入车内，将点火开关旋至“ON”位，打开主驾驶侧电动车窗。

5．确认灯光、空调、音响等用电设备处于关闭状态，将点火开关旋至“OFF”位。

6．确认变速杆置于“P”挡，拉紧驻车制动杆。

7．拉动发动机罩释放杆，关闭车门。

8．打开发动机罩，安装护裙。

视频：左前门拆解

（二）左前门拆解

1．拆卸前门内把手框，如图 8-17 所示。

2．拆卸前扶手座上板，如图 8-18 所示。

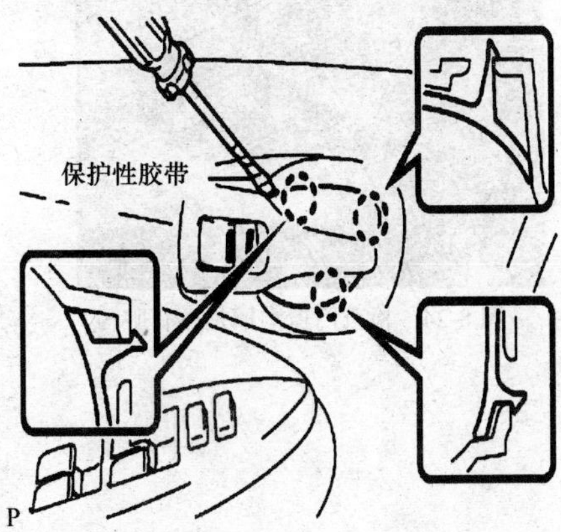

图 8-17　拆卸前门内把手框

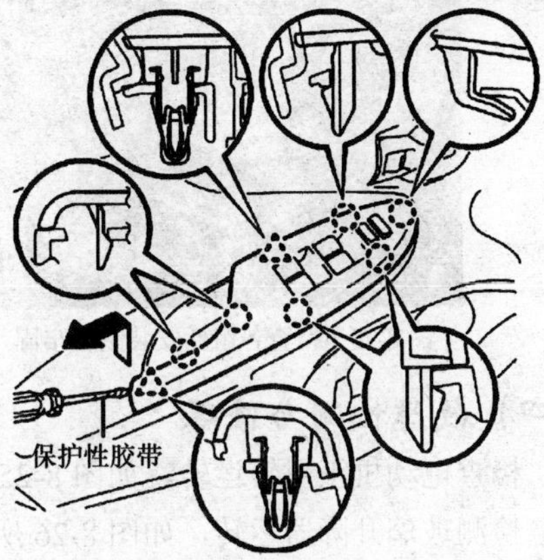

图 8-18　拆卸前扶手座上板

3．拆卸前门装饰板分总成，如图 8-19 所示。

4．拆卸前门装饰板支架，如图 8-20 所示。

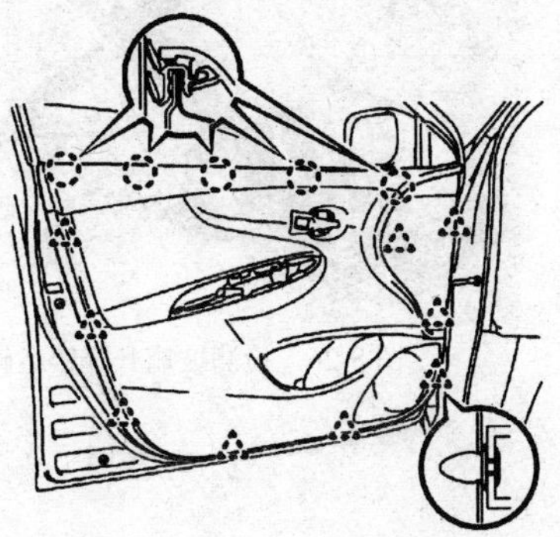

图 8-19　拆卸前门装饰板分总成

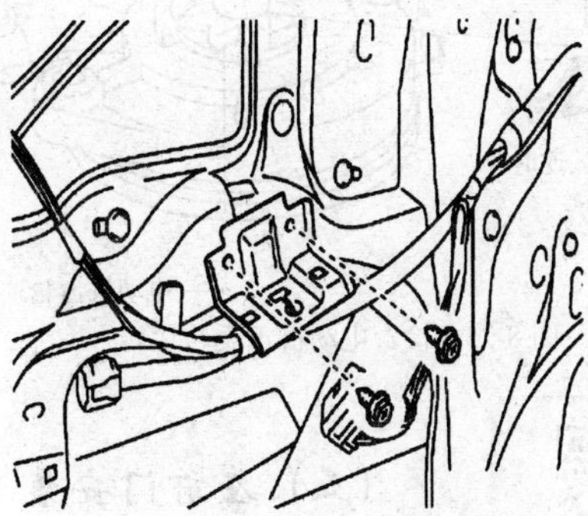

图 8-20　拆卸前门内装饰板支架

5．拆卸车门发动机总成，如图 8-21 所示。

6．拆卸玻璃升降器总成，如图 8-22 所示。

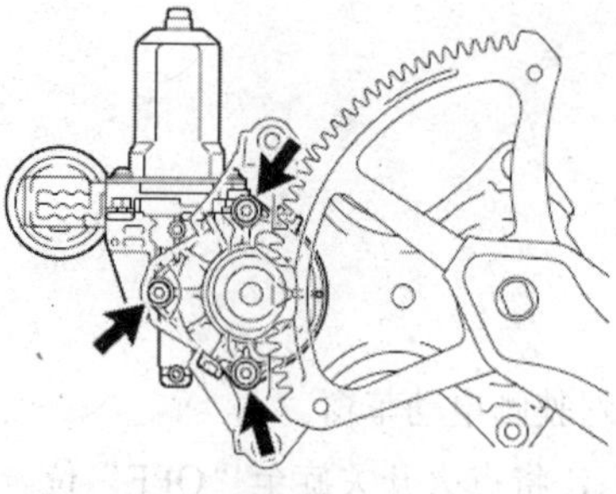

图 8-21　拆卸车门发动机总成

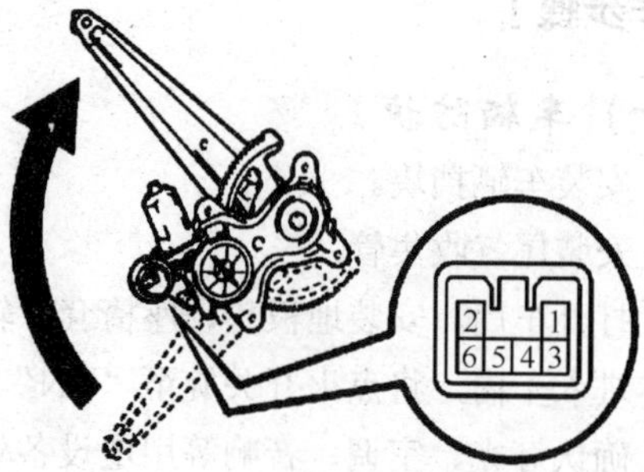

图 8-22　拆卸玻璃升降器总成

（三）外观检查

1．观察电动门窗内各组件安装是否牢固，如图 8-23 所示。

2．观察门窗沟槽内是否有脏污、杂质，如图 8-24 所示。

图 8-23　检查各组件安装是否牢固

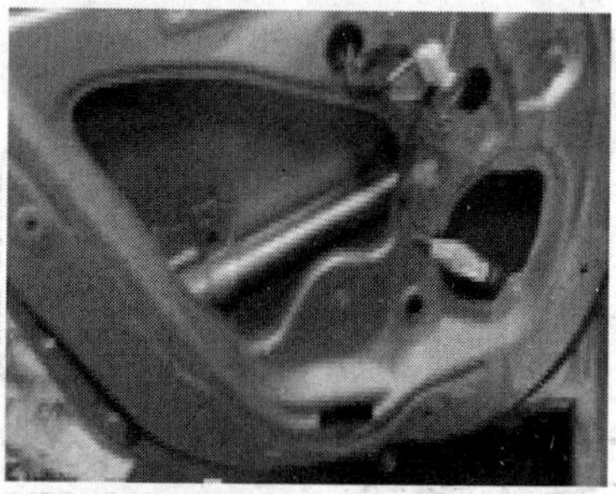

图 8-24　检查门窗沟槽是否有脏污

（四）故障检测与修理

1．检查电动机正反转运转，如图 8-25 所示。

2．检测玻璃升降器运转，如图 8-26 所示。

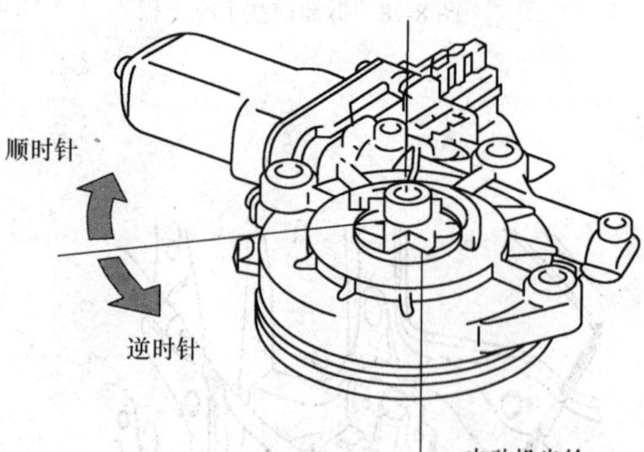

图 8-25　检查电动机正反转运转

图 8-26　检测玻璃升降器运转

视频：左前门安装

（五）左前门安装

1．安装玻璃升降器总成，如图 8-27 所示。

2．安装车门电动机总成，如图 8-28 所示。

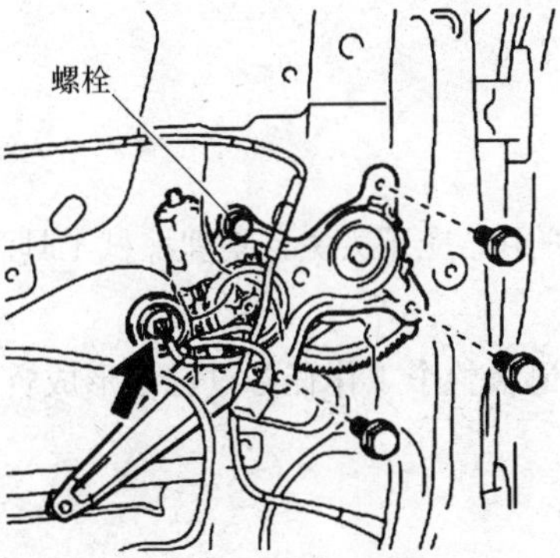

图 8-27　安装玻璃升降器总成

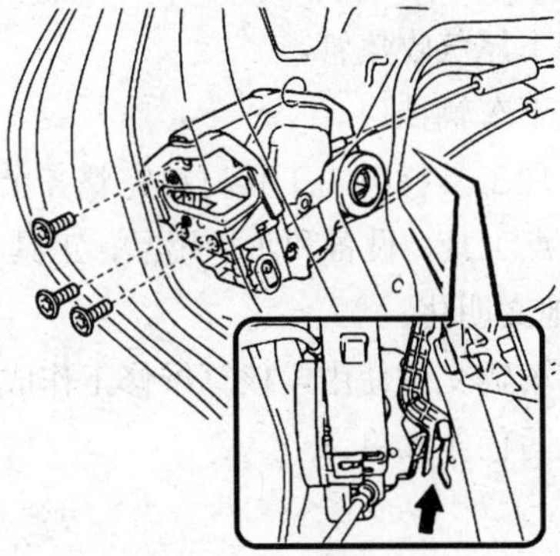

图 8-28　安装车门电动机总成

3．安装前门装饰板支架，如图 8-29 所示。

4．安装前门装饰板分总成，如图 8-30 所示。

图 8-29　安装前门装饰板支架

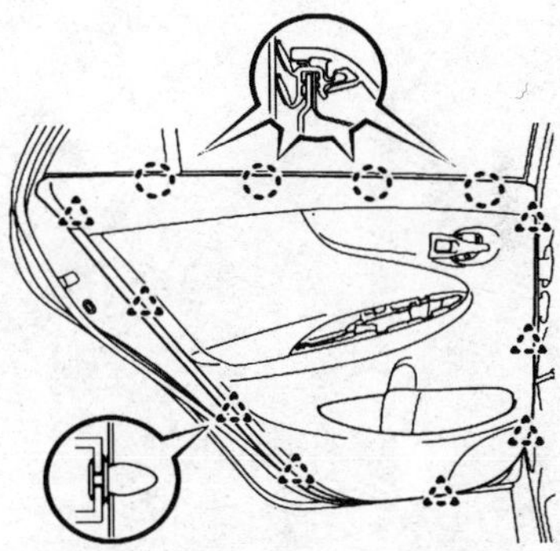

图 8-30　安装前门装饰板分总成

5．安装前扶手座上板，如图 8-31 所示。

6．安装前门内把手框，如图 8-32 所示。

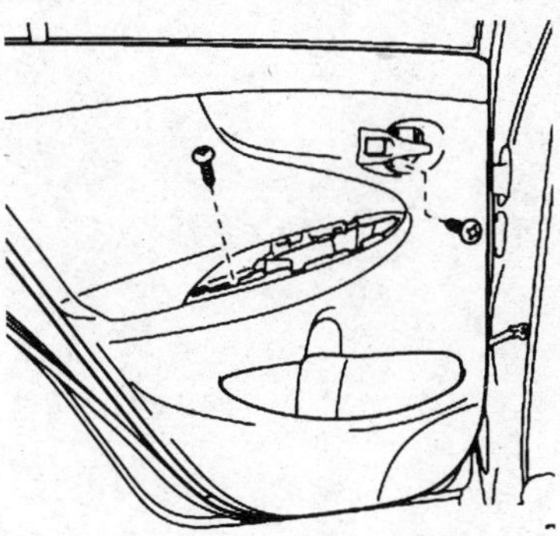

图 8-31　安装前扶手座上板

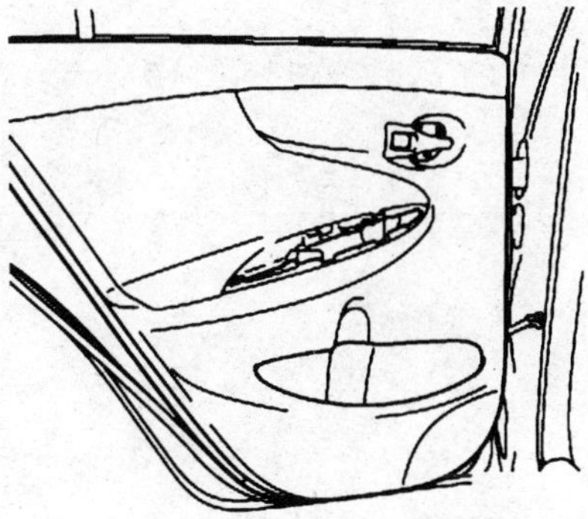

图 8-32　安装前门内把手框

（六）检查验收

1．试车，检查故障是否已排除。

2．取下转向盘套，取下座椅套，取下地板垫。

3．取下护裙，闭合发动机罩。

4．卸下尾气收集管。

5．取下车辆挡块。

6．整理工具材料，工具材料完整齐全。

7．清点工具、设备和防护用品，工具、设备和防护用品应无丢失，整理擦拭工具和设备，注意工作场地文明化。

8．将车辆交付使用，核算维修工作成本和利润，记录整个工作任务过程，形成资料。

9．填写任务工单。

项目九 电动刮水器

为保证驾驶员在不良天气时仍有良好的视线，汽车上均安装电动刮水器。电动刮水器一般装有1～3个橡皮刷，由驱动装置带着来回摆动，以除去风窗玻璃上的水、雪及沙尘等。

学习导航

- 汽车电动刮水器
  - 电动刮水器组成
    - （一）刮水电机
    - （二）刮水器支架及联动机构
    - （三）刮水片
    - （四）其他电器元件结构及作用
  - 电动刮水器工作原理
    - （一）刮水器间歇控制
    - （二）刮水器低速挡控制
    - （三）刮水器高速挡控制
    - （四）风窗洗涤装置
    - （五）风窗洗涤装置控制电路

- 汽车电动刮水器更换
  - 电动刮水器的检查
  - 电动刮水器拆卸
  - 刮水器的更换
  - 刮水器的调整

相关知识

一、电动刮水器的组成

电动刮水器主要由以下部分组成：刮水电机、刮水器支架、联动机构、刮水片，如图9-1所示。其控制电路主要还由刮水器保险、刮水器开关及间歇继电器组成。

（一）刮水电机

刮水电机为直流变速电机，内有快、慢两个线圈，电动机输出经蜗轮减速器减速，并改变输

三维动画：电动刮水器的组成

出方向。如图 9-2 所示，电机输出轴蜗杆带动蜗轮旋转，减速输出动力。在蜗轮上覆有一圈带缺口的导电盘，通电的两个弹片压在导电盘上。当弹片经过导电盘没有缺口处时，两个弹片导通；当蜗轮旋转，使导电盘缺口转到弹片处时，两个弹片断路。利用此缺口，可以使电机永远停止在某个固定的地方，即刮水器永远停止在不遮挡视线的固定地方。

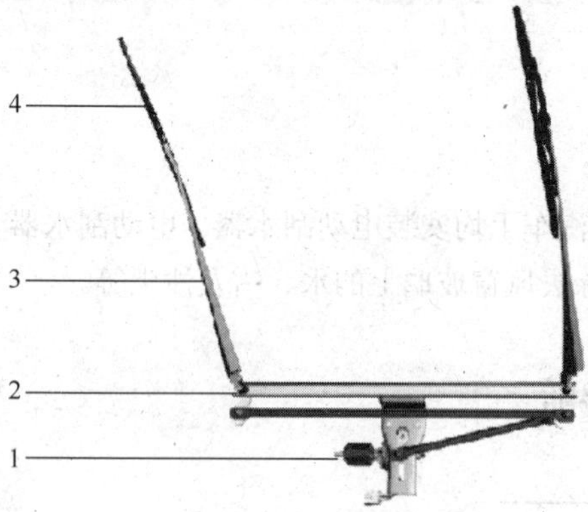

图 9-1　电动刮水器组成

1—刮水电机；2—刮水器支架；3—联动机构；4—刮水片

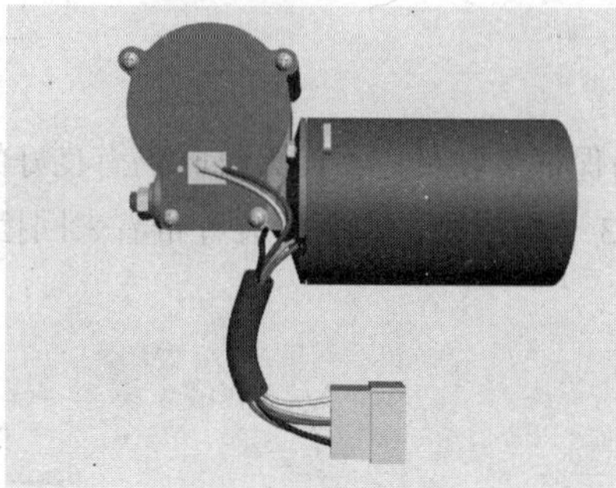

图 9-2　永磁式直流刮水电机

刮水器电机有五根接线：一根地线、一根高速线、一根低速线、两根弹片输出线。永磁式直流刮水电机内部结构，如图 9-3 所示。

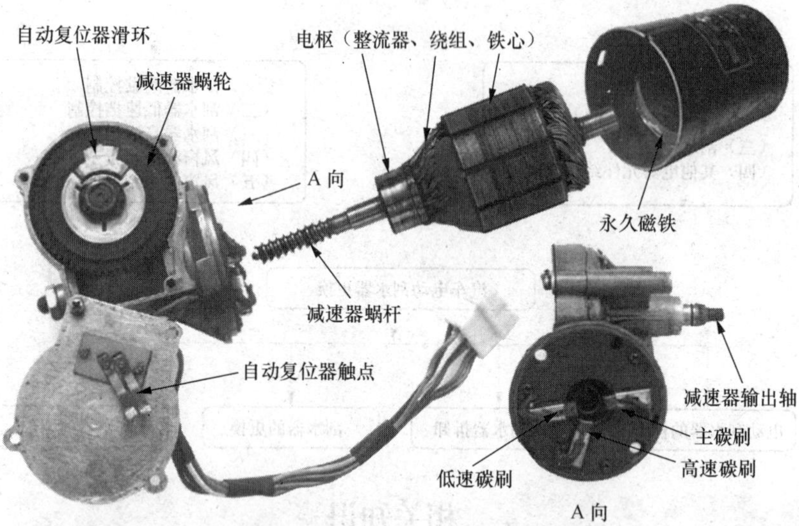

图 9-3　永磁式直流刮水电机内部结构图

三维动画：刮水电机结构

三维动画：电机减速机构

三维动画：电刷

三维动画：电机工作过程

（二）刮水器支架及联动机构

刮水器支架用于将刮水器安装在汽车风窗玻璃前，以及刮水器系统的各部件的安装。

联动机构把电动机的旋转输出运动传递到刮水臂，并转化为摆动运动。

如图 9-4 所示，刮水电机和联动机构组合在一起，同时驱动两根刮水器臂摆动。具有结构紧凑，刮水面积大的特点，适用于风窗玻璃较大的车辆。

图 9-4 刮水器支架及联动机构

三维动画：刮水器联动机构

三维动画：刮水器臂整体结构

三维动画：刮水器臂的拆卸

三维动画：刮水器臂结构

（三）刮水片

刮水片（又称雨刷）的作用是将玻璃表面的雨水抹平形成均一的水层，使光线顺利穿过，不会产生折射和弯曲变形干扰视线。刮片是刮水器系统的执行器件，它由四连杆机构通过安装在前围板上的转轴来带动，刮刷风窗玻璃。刮片的材料一般为氯丁胶与天然橡胶的合成胶。刮水器按结构可分为有骨刮水器和无骨刮水器。有骨刮水器（见图 9-5（a））是通过骨架上的若干支撑点把刮水片压在玻璃上，使刮水片上的各个支撑点的压力平均。无骨刮水器（见图 9-5（b））是靠一整根导力条来分散压力，使得刮片各部分的受力均匀，可以减少水痕、擦痕的产生，达到更好的刮刷效果。

（a）有骨刮水器

（b）无骨刮水器

图 9-5 刮水片总成

（四）其他电器元件结构及作用

1. 刮水器保险

刮水器保险的作用是保护电路及用电设备。刮水器系统在使用过程中，若整个系统不工作，则可能是保险丝烧毁，需及时检测更换。

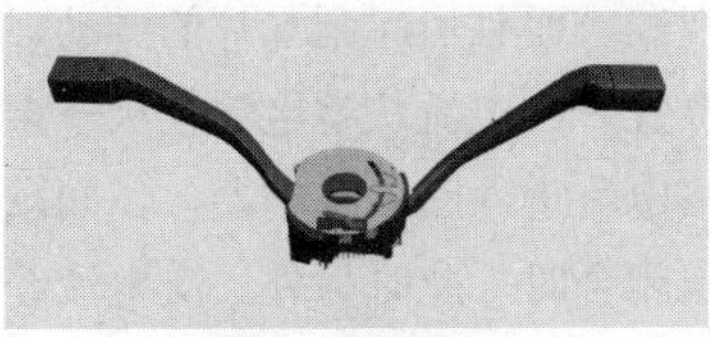

图 9-6 刮水器开关

2. 刮水器开关（见图 9-6）

一般情况下，在汽车组合开关手柄上有刮水器控制旋钮，设有低速、高速、间歇和复位四个挡位。手柄顶端是洗涤器按键开关，按下开关有洗涤水喷出，配合刮水器洗涤挡风玻璃。

3. 刮水器间歇继电器（见图 9-7）

刮水器间歇继电器有六个接脚，分别是：31 与 T 之间是控制线圈；53M 与 51 之间是常闭触点；53M 与 15 之间是常开触点；J 脚是间歇触发端。

三维动画：刮水器开关

三维动画：刮水器和继电器组

三维动画：刮水器的保险

微课视频：刮水器的作用、结构及分类

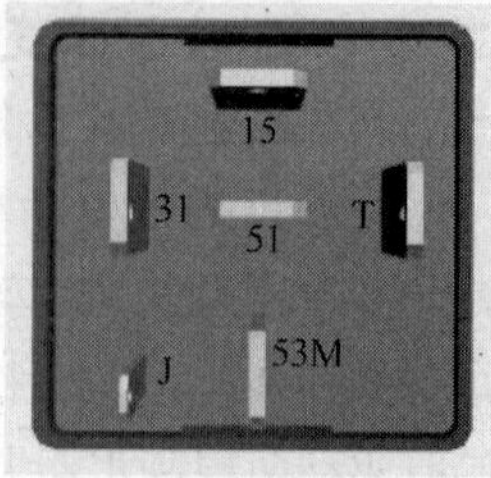

图 9-7　刮水器间歇继电器

二、电动刮水器电路的工作原理

电动刮水器电路除了控制刮水器实现间歇、低速、高速及刮水器自动复位的功能外，还具有控制风窗洗涤装置的功能。刮水器电路图如图 9-8 所示。

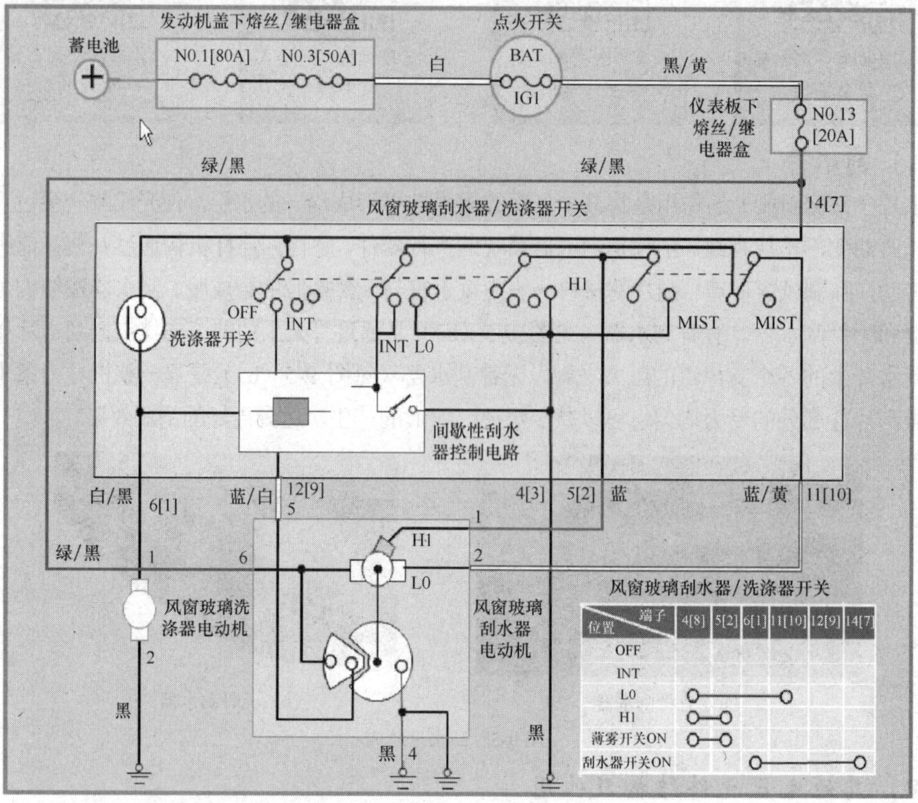

图 9-8　刮水器电路图

（一）刮水器间歇控制（见图 9-9）

汽车在小雨或雾天行驶，风窗玻璃上微量水分和灰尘会形成一层发粘的表面，如果刮水器仍像原来那样不断地工作，会使玻璃模糊影响视线，而且引起刮水片的颤动，同时也会对玻璃有损伤。当将开关置于间歇位置时，电流从蓄电池正极→熔断丝，此时电流分成两个支路，其中一个支路电流进入间歇继电器，使间歇继电器常开触点闭合。当间歇继电器常开触点闭合时，此时另外一支电流经过电机的接柱 6→电机的正电刷→电枢绕组→负电刷→电机的接柱 2→除雾开关→间歇继电器开关→搭铁构成闭合回路，电动机以低速运转。实现刮水器 2～12s 一次的频率运动，主要适用于蒙蒙细雨天气。

二维动画：刮水器间歇控制

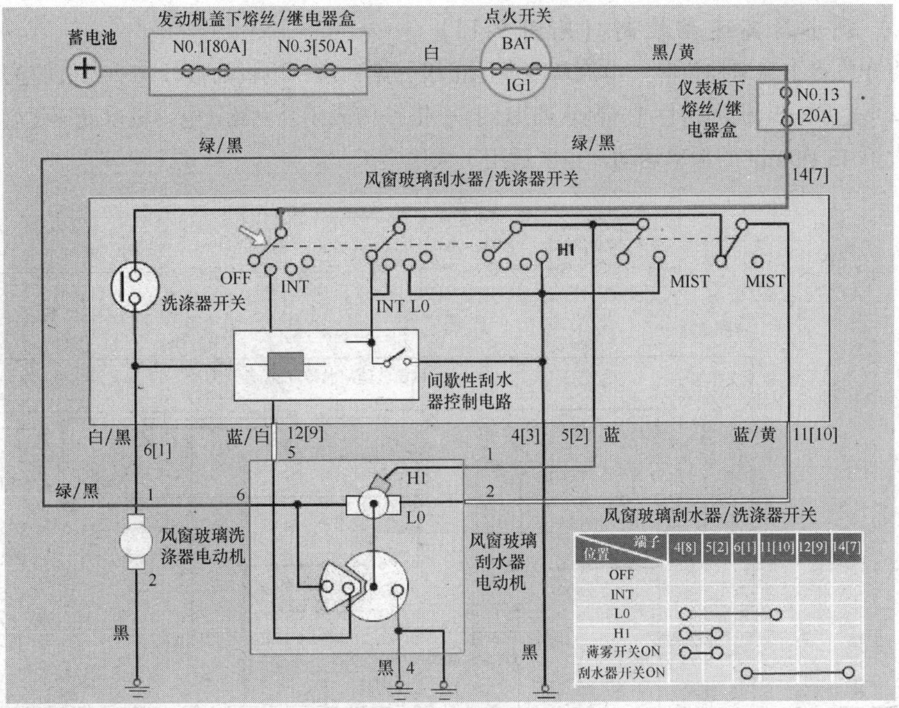

图 9-9　刮水器间歇控制图

（二）刮水器低速挡控制（见图 9-10）

接通电源开关，并将刮水器开关拨到低速挡位置时，电流从蓄电池正极→熔断丝→电机的接柱6→电机的正电刷→电枢绕组→负电刷→电机的接柱2→除雾开关→刮水器LO挡→搭铁构成闭合回路，电动机以低速运转。实现刮水器20～45次/min，主要适用于中、小雨雪天气。

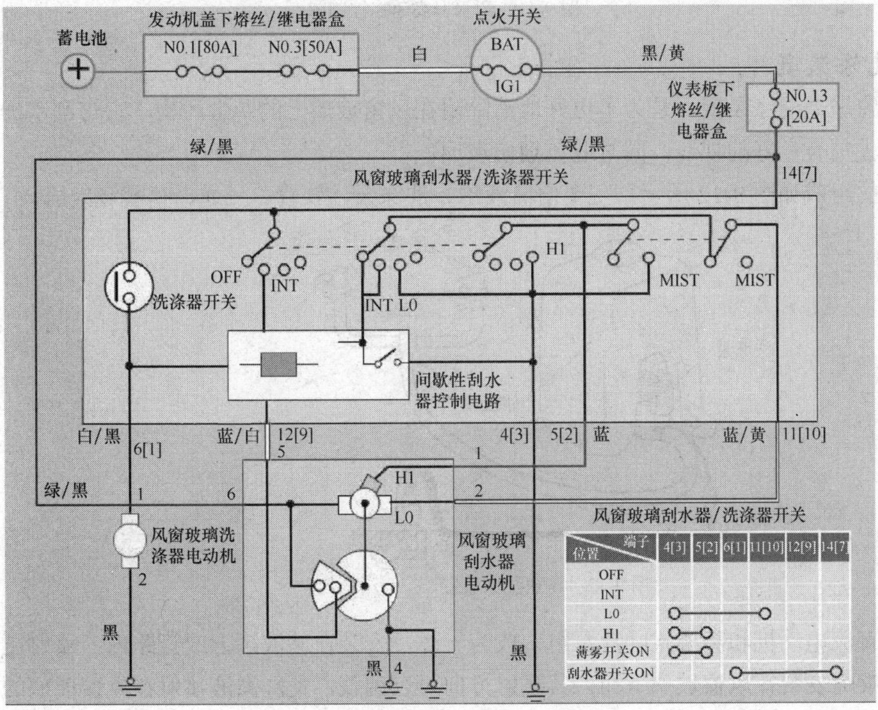

视频：刮水器低速挡控制原理

图 9-10　刮水器低速挡控制图

（三）刮水器高速挡控制（见图 9-11）

当将开关置于高速挡位时，电流从蓄电池正极→熔断丝→电机的接柱 6→电机的正电刷→电枢绕组→负电刷→电机的接柱 1→刮水器 H1 挡→搭铁构成闭合回路，电动机以高速运转。实现刮水器以大于 45 次/min 的频率运动，主要适用于大雨雪天气。

二维动画：刮水器高速挡控制原理

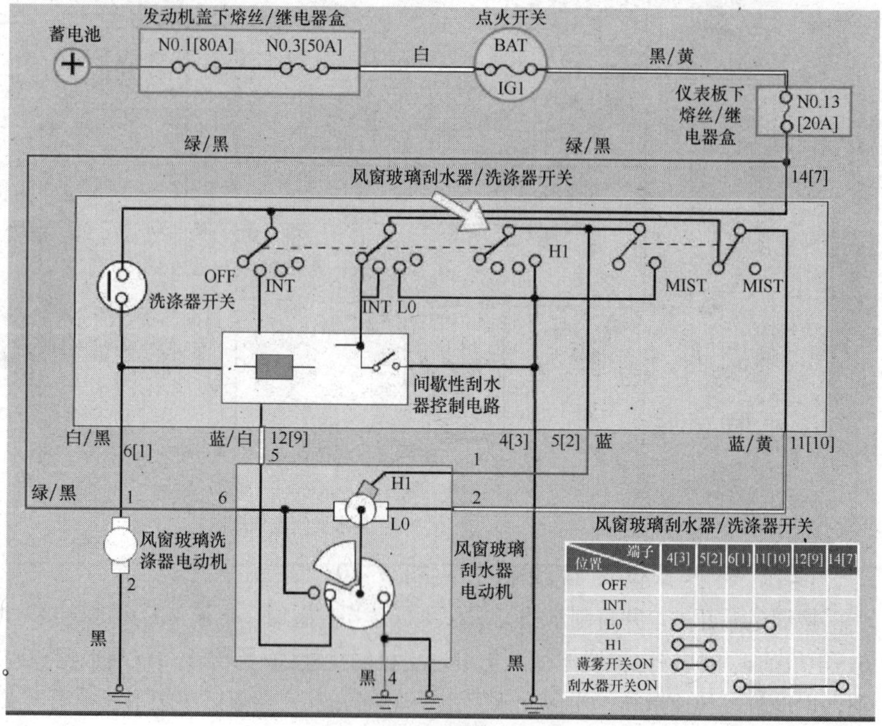

图 9-11　刮水器高速挡控制图

（四）风窗洗涤装置

汽车上增加风窗玻璃洗涤装置，是为了更好地消除附在风窗玻璃上的灰尘污物，它与刮水器配合使用，保证驾驶员有良好的视线，同时避免划伤玻璃。

风窗洗涤装置的组成如图 9-12 所示，主要由储液罐、洗涤泵、软管、三通、喷嘴等组成。

二维动画：刮水器洗涤装置控制原理

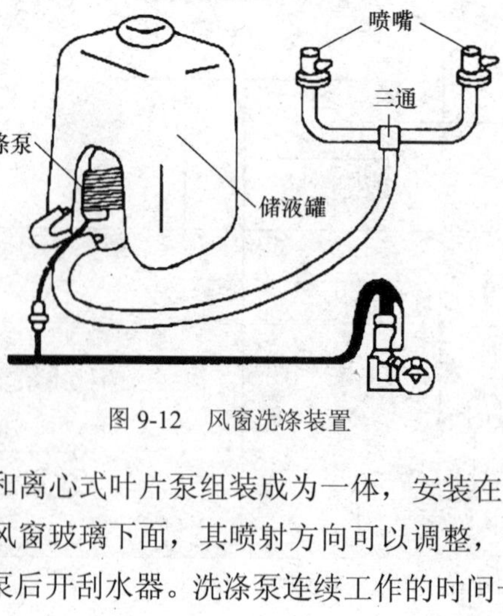

图 9-12　风窗洗涤装置

洗涤泵由永磁直流电动机和离心式叶片泵组装成为一体，安装在储液罐上或管路内，喷射压力达 70～88kPa。喷嘴安装在风窗玻璃下面，其喷射方向可以调整，使洗涤液喷射在风窗玻璃的合适位置，使用时应先开洗涤泵后开刮水器。洗涤泵连续工作的时间一般不超过 1min。在喷水停止后，刮水器应继续刮 2～5 次，以达到较好的洗涤效果。

视频：刮水器的主要部件、工作原理及其维护和保养

（五）风窗洗涤装置控制电路

风窗洗涤装置工作过程如下，如图 9-13 所示。

接通点火开关，接通洗涤开关，电流从蓄电池正极→熔断丝→洗涤器开关→风窗洗涤器电动机→搭铁形成闭合回路。此时洗涤泵开始工作，将洗涤液从储液罐泵出，经过软管及喷嘴，喷射到前挡风玻璃。同时，电流通过间歇性刮水器控制电路，接通控制电路开关，使得刮水器配合洗涤器间歇工作一段时间。

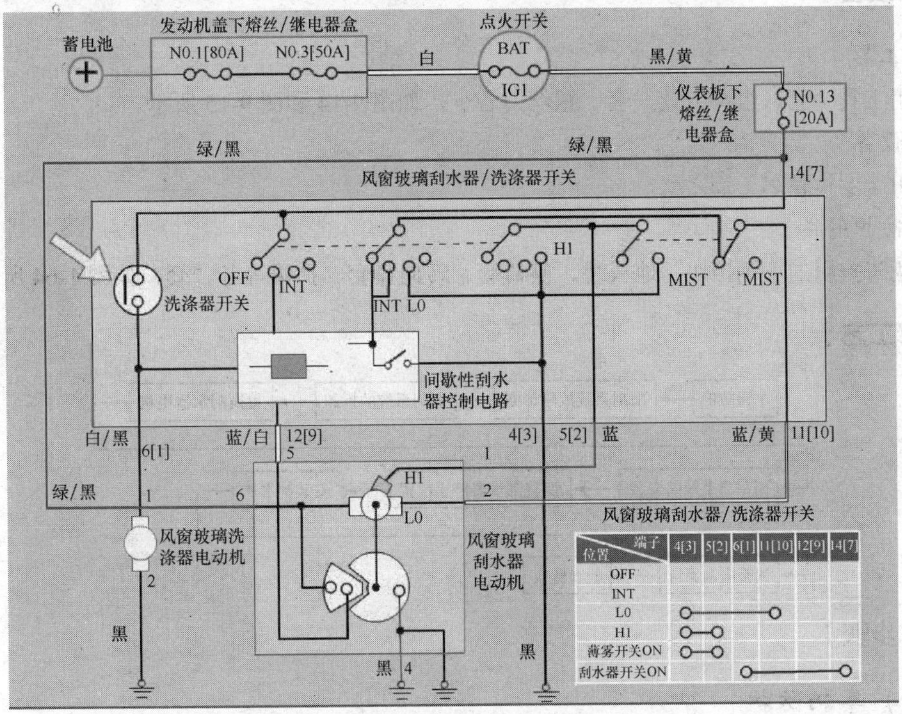

图 9-13 风窗洗涤装置控制电路图

项目实施

任务 电动刮水器更换

【学习目标】

<table>
<tr><td rowspan="2">学习目标</td><td>知识目标</td><td>❖ 掌握汽车刮水器的功用及组成
❖ 掌握刮水器各部件的工作原理
❖ 掌握刮水器控制电路的控制方式</td></tr>
<tr><td>能力目标</td><td>❖ 能正确分析刮水器各种故障原因
❖ 掌握汽车刮水器各种故障诊断方法
❖ 能正确更换刮水器部件</td></tr>
</table>

【任务导入】

一位车主来到汽车维修店，反映自己卡罗拉轿车，在使用刮水器时，刮水器虽然能够动作，

但只有低速、高速挡位，没有间歇挡位，并且刮水器刮水效果不好，有明显残留水渍，严重影响驾驶员视线。

根据车主描述的故障症状，维修技师对车辆刮水器器进行了检查，确定刮水器系统出现的故障，而后对刮水器电机及刮水器片进行了更换。

学员通过本任务的完成，能正确分析刮水器系统故障的原因，掌握刮水器系统主要部件更换的方法，掌握刮水器系统维修操作的注意事项，具备分析刮水器系统电路图的能力。

【任务准备】

1. 工具

常用工具一套、组合工具一套、螺丝刀若干，如图 9-14 和图 9-15 所示。

2. 设备

丰田卡罗拉轿车一辆。

3. 防护用品

车辆防护用的车辆挡块、地板垫、座椅套、转向盘套、护裙等各一套，如图 1-64 所示。

【检修工艺】

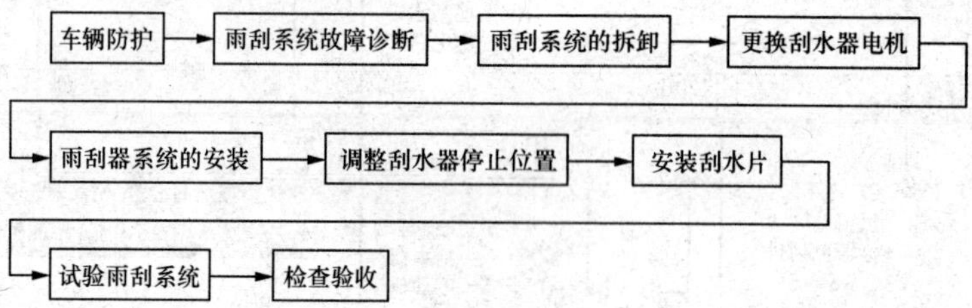

【操作步骤】

（一）车辆防护

1. 安装车辆挡块。

2. 安装尾气收集管。

3. 打开车门，安装地板垫、座椅套、转向盘套。

4. 进入车内，将点火开关旋至“ON”位，打开主驾驶侧电动车窗。

5. 确认灯光、空调、音响等用电设备处于关闭状态，将点火开关旋至“OFF”位。

6. 确认变速杆置于“P”挡，拉紧驻车制动杆。

7. 拉动发动机罩释放杆，关闭车门。

8. 打开发动机罩，安装护裙。

（二）刮水器系统故障诊断

1. 检查打开开关时电机能否旋转，先排除机械卡滞原因，若无问题检查电路。

2. 检查开关。给刮水电机触点通电，同时给刮水系统开关通电，若电机能够旋转，则为开关问题；若仍不转，需排查开关火线至电机火线。

3. 将开关打到间歇挡，听声音或用手指放在继电器盒盖上判断有无触点闭合动作，若无动作，应重点检查继电器线圈电路；若有动作，应重点检查继电器常开触点。短接常开触点，若电机能转即为触点问题，否则应检查触点火线及其输出线。

根据检查结果，对照刮水器系统故障表（见表 9-1），找出具体故障原因及部位，制定相应诊断及维修方案。

表 9-1　　刮水器系统故障表

故障现象	产生原因	检修方法
刮水器不工作，刮水器电动机发烫或发出嗡嗡声	直流电动机损坏	检修或更换电动机
	连杆弯曲变形	校正或更换连杆
	传动机构安装不当	检修传动机构
刮水电动机无电流通过，刮水器不工作	熔丝烧断	更换同一型号的熔丝
	导线松脱或变形	检查、整理导线
	控制开关失效	检修控制开关
刮水电动机工作正常，刮水器不工作	传动机构连杆脱开	重新连接或更换连杆
	传动机构铰链点脱开	重新连接或更换刮水器
电动刮水器工作噪声大	传动机构连接处过紧或旷量过大	检修、调整传动结构
	刮水片与风窗玻璃接触位置不当	调整刮水片工作面、使之与风挡玻璃表面相吻合
	直流电动机工作时有噪声	检修、调整直流电动机

（三）拆卸刮水器臂

视频：拆卸主副雨刷

视频：拆卸挡雨板

1．取下刮水片。

2．用螺丝刀撬下刮水器臂上的两个盖帽。

3．松开六角螺母（见图 9-14 箭头位置），但不要完全拧下。

4．轻轻转动以松开刮水器臂（见图 9-14 中 1 位置）。

5．完全拧下六角螺母，并取下刮水器臂。

6．拔下前罩板上的三个卡夹。

7．撬下挡风玻璃边缘的前罩板（见图 9-14 中 2 位置）。

8．取下前罩板。

（四）拆卸带拉杆和电机的刮水器框

1．拧下三个六角螺栓（见图 9-15 中 1 位置）。

2．从后部向上翻转刮水器框（见图 9-15 中 2 位置），然后向右将总成从流水槽内取出。

3．拔下刮水器电机插头。

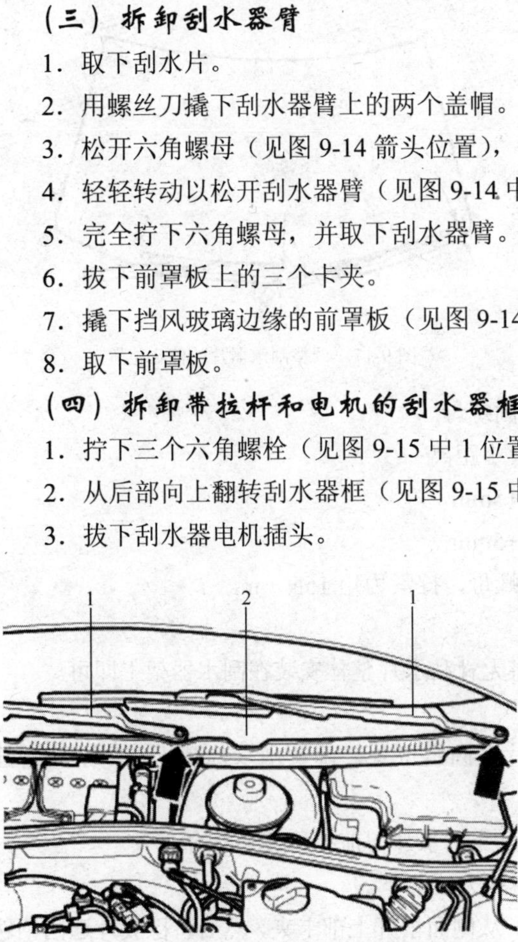

图 9-14　拆卸刮水器臂

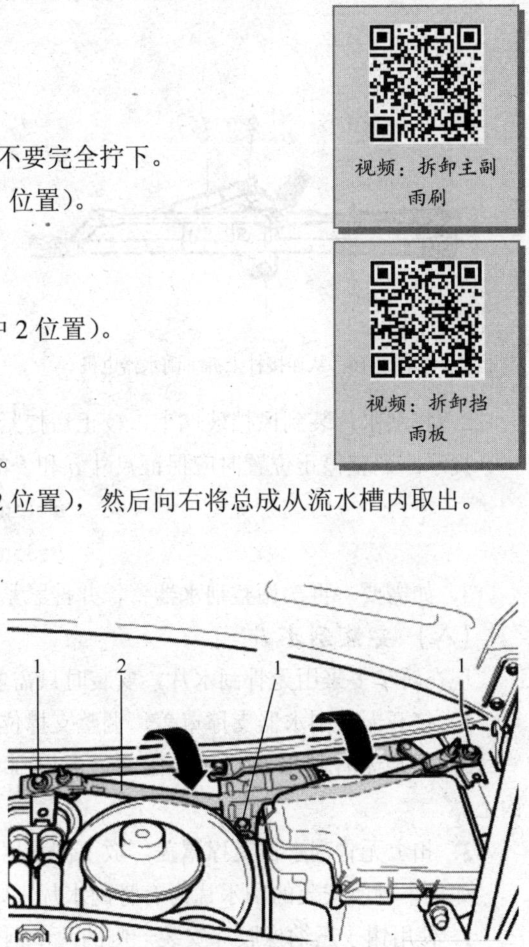

图 9-15　拆卸刮水器框

视频：拔下刮水器电机插头

视频：拆下刮水器电机总成

（五）从连接杆上拆下刮水器电机

1．从球头节上撬下连接杆（见图 9-16 中 3 位置）。

2．拧下刮水器电机支架上的三个六角螺栓（见图 9-16 中 2 位置）。

3．从支架上取下刮水器电机。注意：不可松开刮水器电机曲柄上的六角螺母。

（六）更换刮水器电机

1．将新的刮水器电机（见图 9-16 中 1 位置）连同曲柄一同拧到刮水器电机支架上。

2．接上连接杆（见图 9-16 中 3 位置），在图 9-16 所示 a 位置处调整其停止位置。

3．插上刮水器电机插头。

4．安装刮水器框时，电机朝前，然后将框装入流水槽内。

5．向前翻转框架并用 8N·m 拧紧螺栓。

6．再往下安装可按与拆卸相反的顺序进行。

（七）调整刮水片的停止位置

1．使刮水器电机回到停止位置，如图 9-17 所示。

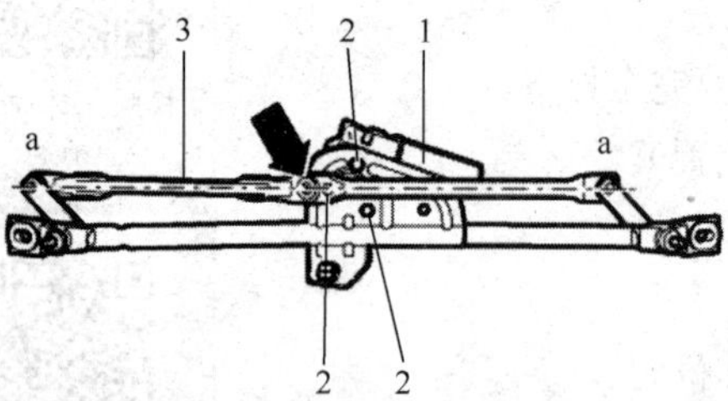

图 9-16　从连接杆上拆下刮水器电机

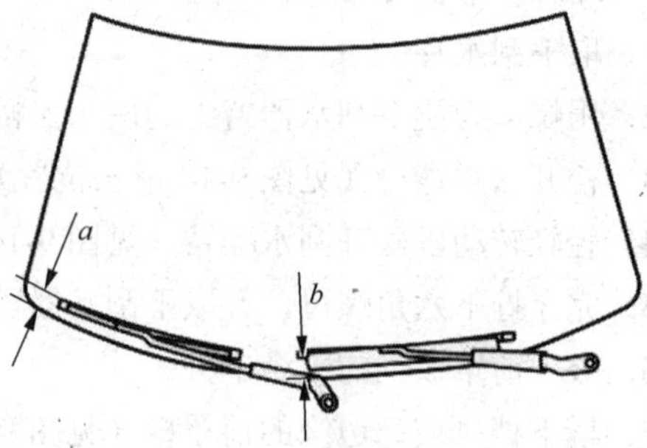

图 9-17　调整刮水器片的停止位置

2．将刮水片装到风挡玻璃上，校正后拧紧紧固螺母。

提示：调整停止位置时应保证尺寸 a 和 b 的最小距离：

$$a=15\text{mm}+5\text{mm}$$

$$b=35\text{mm}+5\text{mm}$$

3．如需要，再次调整刮水器臂，并拧紧紧固螺母，拧紧力矩 16N·m。

（八）安装刮水片

现在轿车多采用无骨刮水片，安装时只需要将无骨刮水片整体安装在刮水器架上即可。

1．打开无骨刮水器支撑罩盖，调整支撑位置。

2．安装无骨刮水器到刮水器臂，上提刮水片到固定位置，确认刮水片锁止在刮水器臂挂钩上。

3．扣上无骨刮水器支撑罩盖，放下刮水器臂，令刮水片与前挡风玻璃贴合。

如果车辆所安装的刮水片为有骨刮水片，则更换方式如下。

1．使用钳子压缩橡胶片安装一侧的两个钢轨，从侧面松开上部卡夹，然后将橡胶片连同钢轨从其余卡夹上拆下。

2．将新的雨刮橡胶片先卡入下部的卡夹内。

3．将两条钢轨装入橡胶片第一个槽内，钢轨凹处指向橡胶片，橡胶片凸缘卡入槽内。

4．再用钳子压缩两钢轨和橡胶片，装入上部卡夹，保证卡夹凸缘在两面都卡入橡胶片（见图9-18中箭头所示）。

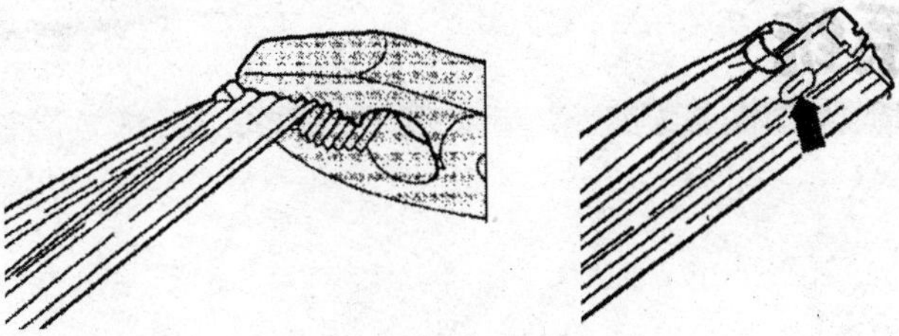

图9-18　安装雨刮片

（九）试验刮水器系统

1．进入驾驶室，将点火开关置于“ON”位，打开刮水器开关，观察刮水器动作情况。

2．分别拨动刮水器挡位开关，观察刮水器有无其他挡位。

3．关闭刮水器开关，观察刮水器能否正常复位。

4．观察刮水器刮水效果，玻璃上有无明显刮痕及水渍。

（十）检查验收

1．取下转向盘套，取下座椅套，取下地板垫。

2．取下护裙，闭合发动机罩。

3．卸下尾气收集管。

4．取下车辆挡块。

5．整理工具材料，工具材料完整齐全。

6．清点工具、设备和防护用品，工具、设备和防护用品应无丢失，整理擦拭工具和设备，注意工作场地文明化。

7．填写任务工单。

项目十 汽车空调系统

汽车空调就是汽车空气调节器的简称，通过对车室内空气的温度、湿度、流速和清洁度等参数进行调节，使乘员感到舒适；并预防或去除风窗玻璃上的雾、霜和冰雪，保障乘员的健康和行车安全。

学习导航

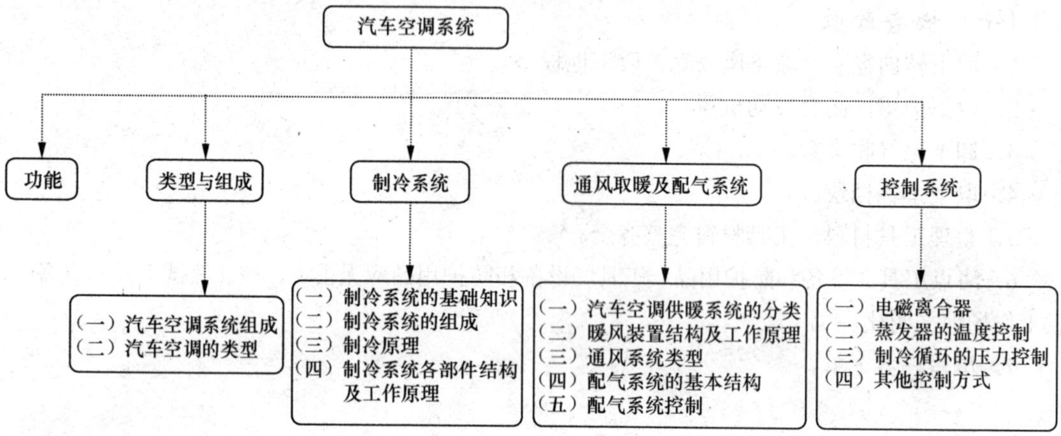

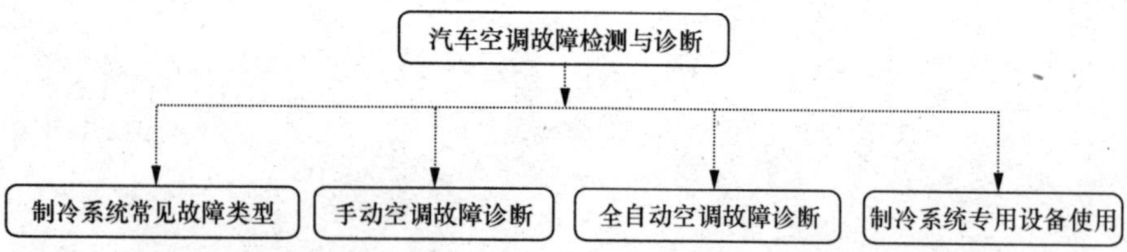

相关知识

一、汽车空调系统

（一）汽车空调的功能

汽车空调可以改善驾驶员的工作条件和提高乘员的舒适性。汽车空调需要具有如下几个功能，就基本能满足人们舒适性的要求。

1. 汽车空调能调节车内空气的温度

在夏季人感到舒适的温度是22℃～28℃，冬季是16℃～18℃。温度低于14℃，人会感到“冷”，温度越低，手脚动作就会越僵硬，驾驶员将不能灵活操作。温度超过28℃，人就会觉得燥热，精神集中不起来，思维迟钝，容易造成交通事故。超过40℃，则称为有害温度，将对人体的健康造成损害。另外，人体面部所需求的温度比足部略低，既要求“头凉足暖”，温差大约为2℃。

2. 汽车空调能调节车内空气的湿度

人觉得舒适的相对湿度是50%～60%，冬季是40%～50%。在这种湿度环境中，人会觉得心情舒畅。湿度过低，皮肤会痒，这是由于湿度太低时，皮肤表面和衣服都比较干燥，它们之间摩擦产生静电的原因；湿度过高，人会觉得闷，这是由于人体皮肤的水分蒸发不出来，干扰了人体正常的新陈代谢过程。

3. 汽车空调能调节车内空气的流速

人在流动的空气中要比在静止的空气中要舒适，这是因为流动的空气能促进人体的散热。所以，空气流速是汽车空调的重要内容之一。空气流速在0.2m/s以下为好，并且低速变动为佳。

微课视频：汽车空调发展历史与环境保护

4. 汽车空调能过滤并净化车内空气

由于车内空间小，乘员密度大，车内极易出现缺氧和二氧化碳浓度过高的情况，所以进气门应处于外循环，以不断向车内补充外界的新鲜空气的强制通风，或采用自然通风装置，防止车内人员缺氧，产生疲劳、头晕和恶心等症状。车内每位乘员所需新鲜空气量为20～30m/h，二氧化碳浓度应保持在0.1%以下。

（二）汽车空调的基本组成和类型

1. 汽车空调的组成

汽车空调系统按其功能分为制冷系统、取暖系统、通风配气系统、空气净化系统、控制操纵系统。

（1）制冷系统。对车内空气或由外部进入车内的新鲜空气进行冷却，来实现降低车内温度的目的。

（2）暖风系统。汽车空调采暖系统是将车外新鲜空气引入热交换器，吸收其中某种热源的热量，从而提高空气的温度，并将热空气送入车内的装置。同时还可以对前风窗玻璃进行除霜、除雾。

（3）通风配气系统。汽车室内或室外未经调节的空气，经鼓风机作用送至蒸发器或暖风芯片处，此时已被调节成冷空气或暖空气的空气流，根据风门模式伺服电机开启角度位置而流向相应的出风口。

（4）空气净化系统。汽车空调具有补充车外新鲜空气、过滤和净化车内空气的功能。一般汽车空调装置上都设有进风门、排风门、空气过滤装置和空气净化装置。

（5）控制系统。控制系统由电气元件、真空管路和操纵机构组成。一方面用以对制冷和暖风系统的温度、压力进行控制，另一方面对车室内空气的温度、风量、流向进行操纵。现在中高级轿车上普遍采用了电脑自动控制，大幅度降低了人工调节的麻烦，提高了空调经济性和空调效果。

2. 汽车空调的类型

（1）按驱动方式分独立式空调和非独立式空调。

① 非独立式空调：空调制冷压缩机由汽车发动机驱动（多用于小客车和轿车上）。

② 独立式空调：用一台专用空调发动机来驱动空调制冷压缩机（多用于大、中型客车上）。

（2）按功能分单一功能型和冷暖一体型。

① 单一功能型：将制冷系统、取暖系统、强制通风系统各自独立安装（多用于大型客车和载货汽车上）。

② 冷暖一体型：制冷、取暖和通风共用一台鼓风机，共用一个风道送风口，都在同一控制板上控制（多用于轿车上）。

（三）汽车空调制冷系统

1. 制冷系统的基础知识

（1）温度。“温度”是热量的度量。温度可用温度计和其他装置测量。温度可用下列三种温标测量：摄氏度数记为℃，华氏度数记为℉，热力学温度记为 K。中国常用摄氏度数表示，国外常用华氏度数表示。

摄氏度与华氏度之间换算公式如下：

℃=5/9（℉–32）　　℉=9/5（℃+32）

（2）压强。压强是描述压力的作用效果的物理量，是物体单位面积上受到的压力。其实也是汽修行业常讲的压力。国际单位是帕斯卡（Pa），常用的单位有千克力（kgf/cm^2）、千帕（kPa）、每平方多少英寸（psi）、大气压（bar）。

1Pa=1kPa

1psi=6.89kPa

$1kgf/cm^2$=98.07kPa

1bar=100kPa

1bar=14.5psi

（3）湿度。空气中的湿度是指空气中含有水蒸气量的多少。湿度是指用以表示空气干湿的术语。我们周围的空气是由不含水蒸气的空气（干燥空气）和含水蒸气的空气组成的。这两种空气混合在一起。空气中的水蒸气量就称为“湿度”。

空气中的湿度有三种表示方法：绝对湿度、含湿量、相对湿度。最常用的是相对湿度。

（4）制冷剂。制冷剂也称冷媒，是空调系统的一个重要组成，是制冷系统中的一种工作介质，通过自身的“相态”变化来实现热交换，从而达到制冷的目的。通过状态变化吸收和放出热量，因此要求制冷剂在常温下很容易汽化，加压后很容易液化，同时在状态变化时要尽可能多吸收或放出热量（较大的汽化或液化潜热）。同时制冷剂还应具备以下的性质：不易燃、不易爆；无毒；无腐蚀性；对环境无害。

制冷剂（Refrigerant），常用其英文首字母 R 来代表制冷剂，后面表示制冷剂名称，如 R12、R22、R134a 等。

过去常用的制冷剂是 R12（又称为氟立昂），这种制冷剂各方面的性能都很好，但是有一个致命的缺点，就是对大气环境的破坏，它能够破坏大气中的臭氧层，使太阳的紫外线直接照射到地球，对植物和动物造成伤害。我国目前已停止生产用 R12 作为制冷剂的汽车空调系统。

R12 的替代品目前汽车上广泛采用的是 R134a，在大气压下的沸腾点为–26.9℃，在 98kPa 的压力下沸腾点为–10.6℃。如果在常温常压的情况下，将其释放，R134a 便会立即吸收热量开始沸腾并转化为气体，对 R134a 加压后，它也很容易转化为液体。R134a 特性曲线如图 10-1 所示，该曲线上方为气态，下方为液态，如果要使 R134a 从气态转变为液态，可以降低温度，也可以提高压力，反之亦然。

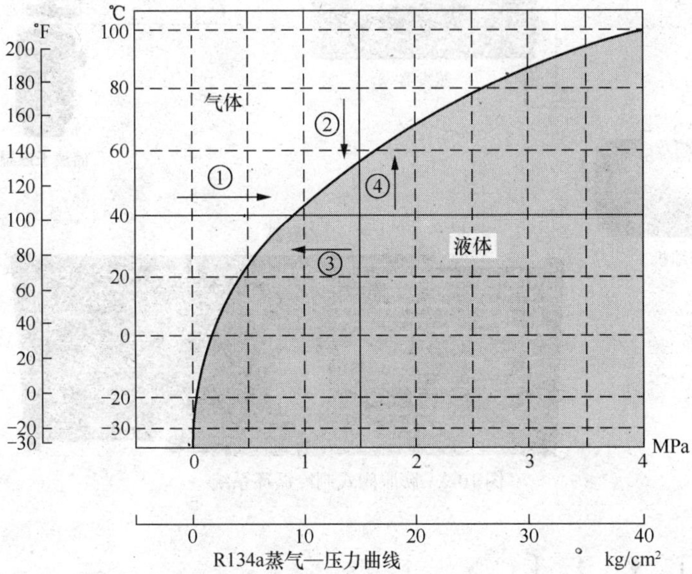

图 10-1　R134a 特性曲线

微课视频：汽车空调制冷系统基础知识

（5）冷冻润滑油。在空调制冷系统中有相对运动的部件，需要对其润滑。由于制冷系统中的工作条件比较特殊，所以需要专门的润滑油——冷冻润滑油。冷冻润滑油除了起到润滑作用以外，还可以起到冷却、密封和降低机械噪声的作用。在制冷系统中的润滑油还有一个特殊的要求，就是要与制冷剂相容，并且随着制冷剂一起循环。因此在冷冻润滑油的选用上，一定要注意正确选用冷冻润滑油的型号，切不可乱用，否则将造成严重后果。

2. 制冷系统的分类及组成

从前述的基础知识我们已经知道，通过制冷循环可以将车内的热量转移到车外。根据目前车辆上采用的循环系统，大致可以分为膨胀阀式和节流管式两种循环方式。另外，根据压缩机和控制元件的不同，膨胀阀式制冷循环系统可分为循环离合器式节流管系统（CCOT）、可变排量式节流管制冷系统（VDOT）、循环离合器式膨胀阀制冷系统（CCTXV）和可变排量式膨胀阀制冷系统（VDTXV）。

（1）膨胀阀式制冷循环系统。循环系统主要包括压缩机、冷凝器、储液干燥罐、膨胀阀、蒸发器和管路等主要部件。图 10-2 所示为膨胀阀式的制冷循环系统。这种循环系统中的膨胀阀可以根据制冷负荷的大小调节制冷剂的流量。

（2）节流管式制冷循环系统。节流管式的制冷循环系统从制冷的工作原理来看，与膨胀阀式的制冷循环系统无本质的差别，只不过将可调节流量的膨胀阀换成不可调节流量的节流管，使其结构更加简单，其制冷循环如图 10-3 所示。为了防止液态的制冷剂进入压缩机而造成压缩机的损坏，故这种循环系统将储液干燥罐安装在蒸发器的出口，并按照它所起的作用更名为集液器，同时进行气液分离，液体留在罐内，气体进入压缩机，其他部分的工作过程与膨胀阀式的制冷循环相同。

三维动画：制冷系统工作过程

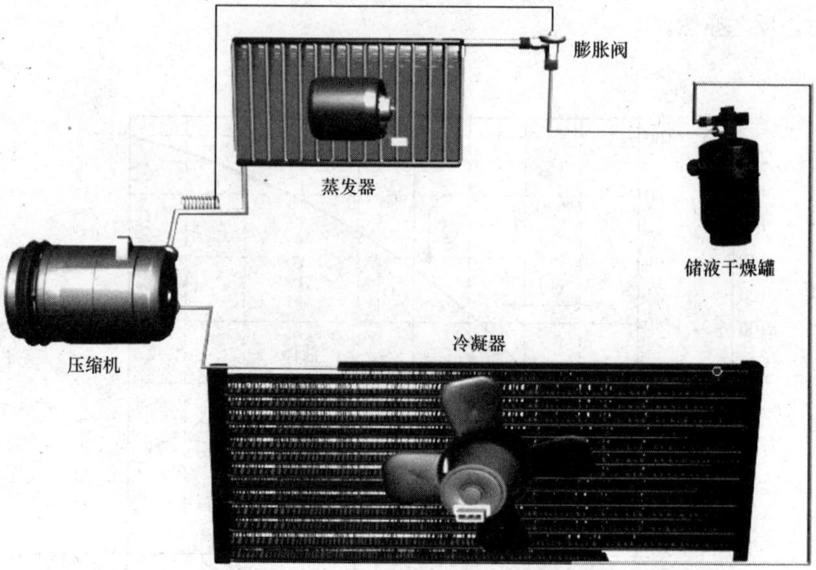

图 10-2　膨胀阀式制冷循环系统

微课视频：汽车制冷系统分类

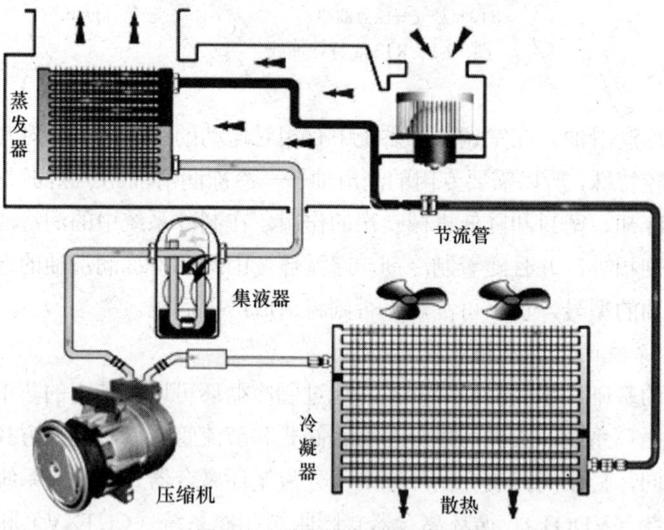

图 10-3　节流管式制冷循环系统

3. 制冷原理

各部件之间采用铜管（或铝管）和高压橡胶管连接成一个密闭系统。制冷系统工作时，制冷剂不同的状态在这个密闭系统内循环流动，每个循环又分四个基本过程。

（1）压缩过程：压缩机吸入蒸发器出口处的低温低压的制冷剂气体，把它压缩成高温高压的气体排出压缩机。压缩机将蒸发器低压侧（温度约为 0℃、压力约为 0.15MPa）的低温低压气态制冷剂压缩成高温（70℃～80℃）、高压（约 1.5MPa）的气态制冷剂，送往冷凝器。

（2）放热过程：高温高压的过热制冷剂气体进入冷凝器，由于压力及温度的降低，制冷剂气体冷凝成液体，并放出大量的热。送往冷凝器的过热气态制冷剂，被冷凝成中温、压力为 1.0～1.2MPa 液态制冷剂。

（3）节流过程：温度和压力较高的制冷剂液体通过膨胀装置后体积变大，压力和温度急剧下降，以雾状（细小液滴）排除膨胀装置。冷凝后的液态制冷剂经过膨胀阀（节流管）后体积增大，其压力和温度急剧下降，变成低温（约–5℃）、低压（约为 0.15MPa）的湿蒸气，进入蒸发器中迅速吸热蒸发。

（4）吸热过程：雾状制冷剂液体进入蒸发器，因此时制冷剂沸点远低于蒸发器内温度，故制冷剂液体蒸发成气体。液态制冷剂通过膨胀阀变为低温低压的湿蒸气，流经蒸发器不断吸热汽化转变成低温（约为 0℃）、低压（约为 0.15MPa）的气态制冷剂，吸收车内空气的热量。在蒸发过程中大量吸收周围的热量，而后低温低压的制冷剂蒸气又进入压缩机。上述过程周而复始地进行下去，便可达到降低蒸发器周围空气温度的目的。

4. 制冷系统各部件结构及工作原理

制冷循环系统主要由压缩机、冷凝器、蒸发器、节流装置、储液干燥罐（集液器）及风机等各主要部件组成。下面对各主要组成部件分别予以介绍。

微课视频：汽车制冷系统组成

（1）压缩机。空调压缩机是空调系统的核心部件。随着人们对汽车舒适性的要求越来越高，各种新式空调系统不断出现，这也推动了空调压缩机制造技术的不断进步。

① 对压缩机的要求如下所述。

汽车运行的动态特征与多变的外界环境对汽车空调压缩机的性能和结构提出了一些特殊要求，表现在以下几方面。

a. 要有良好的低速性能，要求压缩机在汽车发动机低速和空载时有较大的制冷能力和较高的效率。

b. 汽车高速行驶时输入功率低，如此不仅节省油耗，而且能降低发动机用于空调方面的功率消耗，提高汽车自身的动力性能。

c. 压缩机要小型轻量化，如此可以节省汽车空间，安装位置方便，且节省质料和燃料的消耗。

d. 要能经受很坏运行条件的考验，有高度的可靠性和耐久性。在怠速时，汽车发动机舱内温度有时候高达 80℃，冷凝压力高，就要求压缩机能承受高温及高压和有限的过载。汽车行驶在道路上总有颠簸震动，这也要求压缩机有良好的抗震性能，并把制冷剂的泄漏减小到最低程度。

e. 对汽车不要产生不利的影响。要求压缩机运转平稳，震动小，噪声低，起停对发动机转速的影响小，起动力矩小。

② 功能。空调压缩机的功能是借助外力（如发动机动力）维持制冷剂在制冷系统内的循环，吸入来自蒸发器的低温、低压的制冷剂蒸气，压缩制冷剂蒸气使其温度和压力升高，并将制冷剂蒸气送往冷凝器，在热量吸收和释放的过程中，就实现了热交换。

③ 分类和特点。

a. 汽车空调压缩机的驱动方式可根据其驱动源而分为两种类型，非独立式和独立式。

- 非独立式是由汽车的主发动机来驱动压缩机，这种驱动方式适合于汽车主发动机有余热而压缩机功率又不太大的车型，如小轿车、面包车、工程车等。这种驱动方式占用空间小，维护简便。但由于压缩机消耗主发动机部分动力，会影响车辆的加速性能，且空调装置的冷量会随车速的变化而变化。
- 独立式（或称匡助式），即另行配置发动机以驱动压缩机。由于另设专用驱动机，所以汽车行驶与空调装置的制冷效果之间互不影响。但这种驱动方式要占据一定的汽车空间，成本较高，噪声较大，而且使发动机的维护更复杂，所以应用范围不广。

无论是主机驱动还是辅机驱动，汽车空调压缩机都是采用开启式，即压缩机主光轴的功率输入端伸出机体之外，通过皮带轮与驱动机连接。轴伸出机体部位装有轴封，以防制冷剂外泄。

b．根据工作原理的不同，空调压缩机可以分为定排量压缩机和变排量压缩机。

• 定排量压缩机。定排量压缩机的排气量是随着发动机转速提高而成比例提高。它不能根据制冷的需求而自动改变功率输出，而且对发动机油耗的影响比较大。它的控制一般通过采集蒸发器出风口的温度信号，当温度达到设定的温度，压缩机电磁离合器松开，压缩机停止工作。当温度升高后，电磁离合器结合，压缩机开始工作。定排量压缩机也受空调系统压力的控制，当管路内压力过高时，压缩机停止工作。

• 变排量压缩机。变排量压缩机可以根据设定的温度自动调节功率输出。空调控制系统不采集蒸发器出风口的温度信号，而是根据空调管路内压力的变化信号控制压缩机的压缩比来自动调节出风口温度。在制冷的全过程中，压缩机始终是工作的，制冷强度的调节完全依赖装在压缩机内部的压力调节阀来控制。当空调管路内高压端的压力过高时，压力调节阀缩短压缩机内活塞行程以减小压缩比，这样就会降低制冷强度。当高压端压力下降到一定程度，低压端压力上升到一定程度时，压力调节阀则增大活塞行程以提高制冷强度。

c．根据工作方式的不同，压缩机一般可以分为往复式和旋转式。常见的往复式压缩机有曲轴连杆式和轴向活塞式；常见的旋转式压缩机有旋转叶片式和涡旋式。

• 曲轴连杆式压缩机。曲轴连杆式压缩机（见图 10-4）是第一代压缩机。曲轴连杆式压缩机的工作过程可以分为四个，即压缩、排气、膨胀、吸气。曲轴旋转时，通过连杆带动活塞往复运动（见图 10-5），由气缸内壁、气缸盖和活塞顶面构成的工作容积便会发生周期性变化，从而在制冷系统中起到压缩和输送制冷剂的作用。

图 10-4　曲柄连杆式压缩机

曲轴连杆式压缩机应用比较广泛，制造技术成熟，结构简单，而且对加工材料和加工工艺要求较低，造价比较低，适应性强，能适应广阔的压力范围和制冷量要求，可维修性强。但是曲轴连杆式压缩机也有一些明显的缺点，例如，无法实现较高转速，机器大而重，不容易实现轻量化；排气不连续，气流容易出现波动，而且工作时有较大的震动。

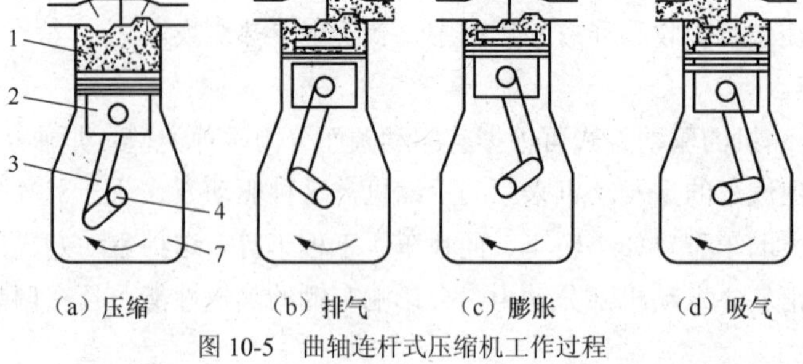

图 10-5　曲轴连杆式压缩机工作过程

1—气缸；2—活塞；3—连杆；4—曲轴；5—排气阀；6—吸气阀；7—曲轴箱

由于曲轴连杆式压缩机的上述特点，已经很少有小排量压缩机采用这种结构形式。曲轴连杆式压缩机目前大多应用在客车和卡车的大排量空调系统中。

• 轴向活塞式压缩机。轴向活塞式压缩机可以称为第二代压缩机，常见的有摇板式或斜盘式压缩机（见图 10-6），这是汽车空调压缩机中的主流产品。斜盘式压缩机的主要部件是主轴和斜盘。各气缸以压缩机主轴为中心圆周布置，活塞运动方向与压缩机的主轴平行。

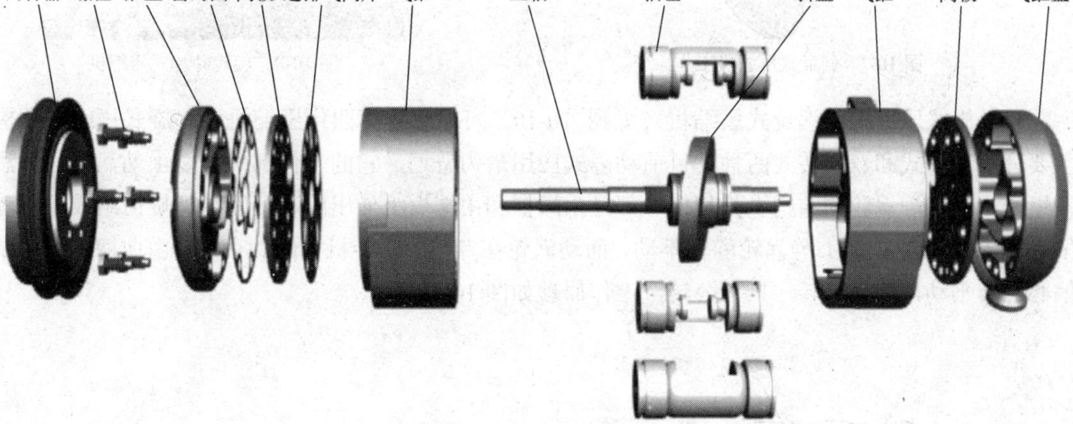

图 10-6 斜盘式压缩机

大多数斜盘式压缩机的活塞被制成双头活塞，工作原理如图 10-7 所示。例如，轴向六缸压缩机，则三缸在压缩机前部，另外三缸在压缩机后部。双头活塞在相对的气缸中一前一后的滑动，一端活塞在前缸中压缩制冷剂蒸气时，另一端活塞就在后缸中吸入制冷剂蒸气。各缸均配有高低压气阀，另有一根高压管，用于连接前后高压腔。斜盘与压缩机主轴固定在一起，斜盘的边缘装合在活塞中部的槽中，活塞槽与斜盘边缘通过钢球轴承支承。当主轴旋转时，斜盘也随着旋转，斜盘边缘推动活塞做轴向往复运动。如果斜盘转动一周，前后两个活塞各完成压缩、排气、膨胀、吸气一个循环，相当于两个气缸工作。如果是轴向六缸压缩机，缸体截面上均匀分布三个气缸和三个双头活塞，当主轴旋转一周，相当于六个气缸的作用。

斜盘式压缩机比较容易实现小型化和轻量化，而且可以实现高转速工作。它的结构紧凑，效率高，性能可靠，在实现了可变排量控制之后，目前广泛应用于汽车空调。

• 旋转叶片式压缩机。旋转叶片式压缩机（见图 10-8）的气缸形状有圆形和椭圆形两种。转子上的叶片将气缸分成几个空间，当主轴带动转子旋转一周时，这些空间的容积不断发生变化，制冷剂蒸气在这些空间内也发生体积和温度上的变化。旋转叶片式压缩机没有吸气阀，因为叶片能完成吸入和压缩制冷剂的任务。如果有两个叶片，则主轴旋转一周有两次排气过程。叶片越多，压缩机的排气波动就越小，工作原理如图 10-9 所示。

作为第三代压缩机，由于旋转叶片式压缩机的体积和质量可以做到很小，易于在狭小的发动机舱内进行布置，加之噪声和震动小，以及容积效率高等优点，在汽车空调系统中也得到了一定的应用。但是旋转叶片式压缩机对加工精度要求很高，制造成本较高。

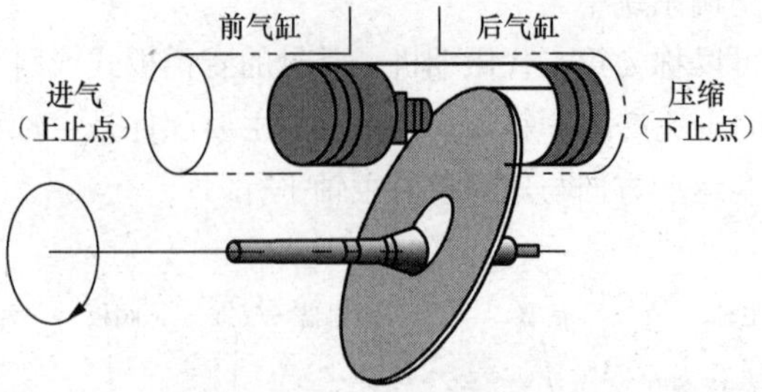

图 10-7　斜盘式压缩机工作原理

图 10-8　旋转叶片式压缩机

• 涡旋式压缩机。涡旋式压缩机（见图 10-10）可以称为第四代压缩机。涡旋式压缩机结构主要分为动静式和双公转式两种。目前动静式应用最为普遍，它的工作部件主要由动涡轮与静涡轮组成，动、静涡轮的结构十分相似，都是由端板和由端板上伸出的渐开线型涡旋齿组成，两者偏心配置且相差 180°，静涡轮静止不动，而动涡轮在专门的防转机构的约束下，由曲柄轴带动做偏心回转平动，即无自转，只有公转，工作原理如图 10-11 所示。

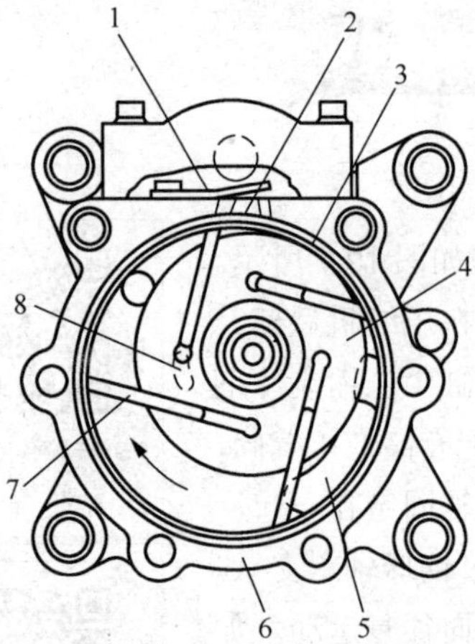

图 10-9　旋转叶片式压缩机工作原理

1—排气阀；2—排气孔；3—转子和气缸接触点；4—转子；5—吸气孔；6—气缸；7—叶片；8—油孔

图 10-10　涡旋式压缩机

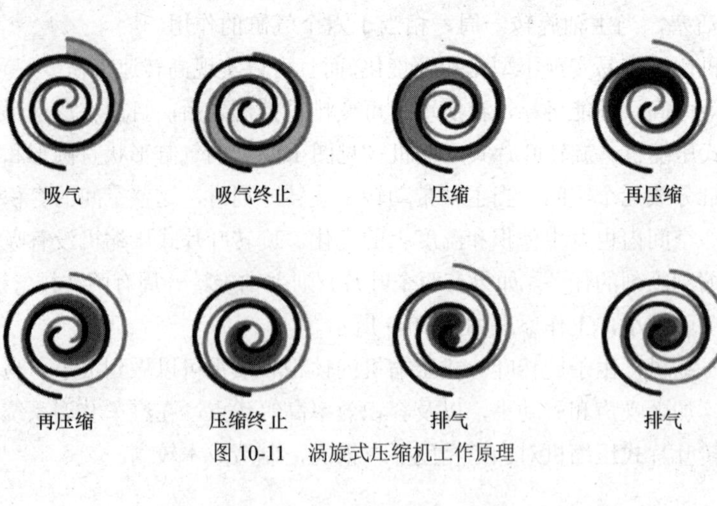

图 10-11　涡旋式压缩机工作原理

汽车空调压缩机的生产主要集中在日本、美国及德国等几大公司中，例如，日本电装、松下、东芝、三菱重工及美国德尔福等公司，其中以日系厂家产量最大，这些公司在中国大都有合资或独资生产厂。另外，随着我国经济的发展，我国的压缩机设计制造技术也有了长足的发展，上海三电贝洱、牡丹江富通汽车空调机厂等合资企业也占有一定的压缩机市场份额。

（2）冷凝器和蒸发器。冷凝器和蒸发器是汽车空调器中双重要的组件，其作用是实现两种不同流体之间的热量交换。所以，蒸发器和冷凝器都是换热器。

① 换热器的基本原理。汽车空调中所采用的冷凝器和蒸发器都是制冷剂和空气之间被壁面（如金属管）隔离，二者不直接接触来实现温差传热的换热器。从传热角度考虑，换热的根源是两种流体之间存在温差，并且是温度高的流体将热量传递给温度低的流体。把温度高的流体称为热流体，把温度低的流体称为冷流体。在冷凝器中，制冷剂称为热流体，那么空气就是冷流体。在蒸发器中恰好相反，空气是热流体，制冷剂却成了冷流体。所以蒸发气和冷凝器是实现热流体和冷流体之间热量转换的设备。在汽车空调中冷凝器放出制冷剂储存的热量，而蒸发器使制冷剂吸收空气中的热量。

② 冷凝器。冷凝器是将压缩机排出的高压过热制冷剂蒸气，通过它放出热量后，凝结成液体或过冷液体的换热设备。在汽车空调中，冷凝器都是采用空气冷却方式，或叫作风冷方式。其特点是不需要用水和水源，使用和安装方便。在汽车空调中，采用的冷凝器首要有以下几种。

a．管片式冷凝器。管片式冷凝器是由铜质或铝质圆管套上散热片组成，如图 10-12 所示。片与管组装后，经胀管处理，使散热片与散热管紧密接触，使之成为冷凝器总成。这种冷凝器结构比较简单，加工方便，但散热效果较差。一般用在大中型客车的制冷装置上。

b．管带式冷凝器。管带式冷凝器是由多孔扁管与 S 形散热带焊接而成，如图 10-13 所示。管带式冷凝器的散热效果比管片式冷凝器好一些（一般可高 10%左右），但工艺复杂，焊接难度大，且材料要求高。现代轿车大部分都采用管带式冷凝器。

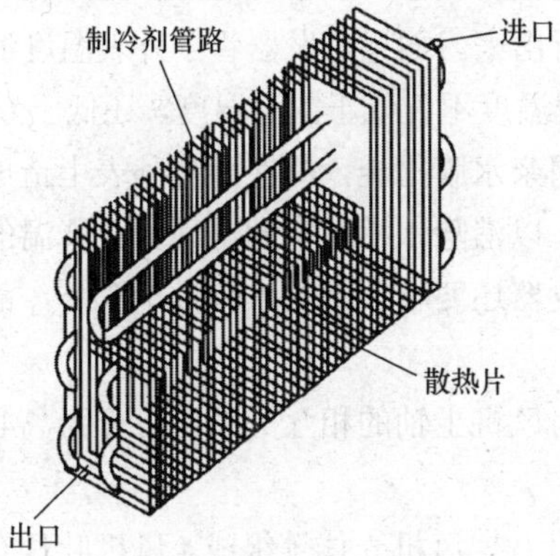

图 10-12 管片式

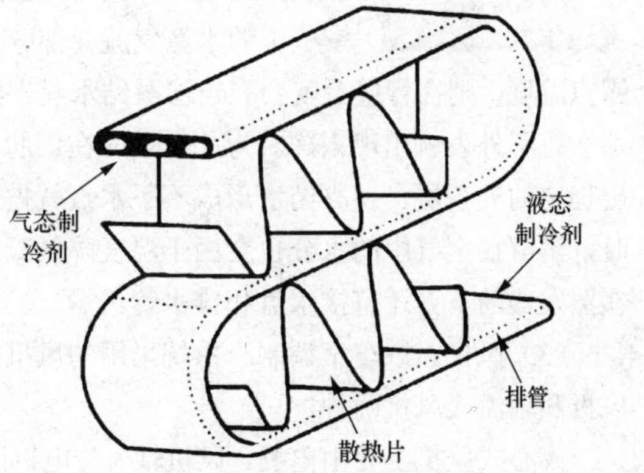

图 10-13 管带式

c．鳍片式冷凝器。鳍片式冷凝器是在扁平的多通管道表面直接锐出鳍片状散热片，然后装配成冷凝器，如图 10-14 所示。由于散热鳍片与管子为一个整体，因而不存在接触热阻，故散热性能好。另外，管、片之间无需复杂的焊接工艺，加工性好，节省材料，而且抗震性也特别好。所以，是目前较先进的汽车空调冷凝器。

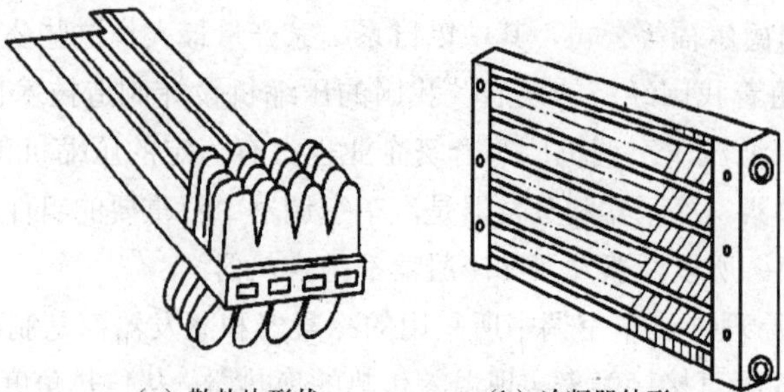

（a）散热片形状　　（b）冷凝器外形

图 10-14　鳍片式冷凝器

对于轿车，冷凝器一般安装在发动机冷却系统散热器之前，利用发动机冷却风扇吹来的新鲜空气和行驶中迎面吹来的空气流进行冷却。对于一些大、中型客车和一些面包车，则把冷凝器安装在车厢两侧或车厢后侧和车厢的顶部。当冷凝器远离发动机散热器时，在冷凝器旁都必须安装辅助冷却风扇进行强制风冷，加速冷却。经常有地面上的尘土和泥浆水飞溅在冷凝器上。其既增加了热阻，降低了传热性能，冷凝器的管子又受到这种酸性物质的腐蚀，管子容易烂穿。所以，在使用时应经常对冷凝器外貌进行清理。

③ 蒸发器。蒸发器也是一个热交换器。蒸发器将节流后的液体释放其中，低温的冷凝“液”体通过蒸发器与外界的空气进行热交换，“气”化吸热，实现了对空气的降温或降温除湿作用。被冷却的空气，在通风机的作用下，以强制的方式送入车室内，并直接与车室内空气混合，使车室内的温度降低到要求的程度。

三维动画：管带式蒸发器

蒸发器采用管片式、管带式和层叠式几种结构形式。

蒸发器的换热特点：空气将热量传递给制冷剂而温度降低。大家知道，当空气中的含湿量一定时，如果温度不断降低，则空气的相对湿度就不断增加，当温度降低到露点温度时，就达到饱和状态。如果再进一步冷却，那么空气中的水蒸气就会部分地凝结成水析出来。如果蒸发器管子外表温度低于露点温度，则在管壁上就会有一层凝结水膜。如果管子外表温度不仅低于露点温度，还低于0℃，那么管子外表就出现霜冻。为此一般应在铝肋片外表上采用亲水膜措施，即在肋片外表上造成一层稳定的外表层，使凝结水形成不了水点就被亲和成膜状，以消除水桥征象的出现。在降温的同时，溶解在空气中的水分也会由于温度降低凝结出来，蒸发器还要将凝结的水分排出车外，故而在蒸发器的下方还有接水盘和排水管。

（3）风机。汽车空调制冷系统采用的风机按气体流向与风机主轴的相互关系，可分为离心式风机和轴流式风机两种。

离心式风机主要由电机、风机轴（与电机同轴）、风机叶片、风机壳体等组成。风机叶片有直叶片、前弯片、后弯片等形状，随叶轮叶片形状不同，所产生的风量和风压也不同。离心式风机的空气流向与风机主轴成直角，它的特点是风压高、风量小、噪声也小。蒸发器采用这种风机，因为风压高可将冷空气吹到车室内每个乘员身上，使乘员有冷风感。噪声小使乘员不会感到不适而过早疲劳。

三维动画：轴流式风扇

三维动画：离心式风机

轴流式风机的空气流向与风机主轴平行。它的特点是风量大、风压小、耗电省、噪声大。冷凝器采用这种风机，因为风量大可将冷凝器四周的热空气全部吹走；风压小不影响冷凝器正常工作。另外，冷凝器安装在车室外面，风机噪声大也不影响到车内。

三维动画：鼓风机与冷却风扇位置

（4）储液干燥罐和集液器。

① 储液干燥罐。储液干燥罐用于膨胀阀式的制冷循环，其作用如下所述。

a．暂时存储制冷剂，使制冷剂的流量与制冷负荷相适应。

b．去除制冷剂中的水分和杂质，确保系统正常运行（如果系统中有水分，有可能造成水分在系统中结冰，堵塞制冷剂的循环通道，造成故障。如果制冷剂中有杂质，也可能造成系统堵塞，使系统不能制冷）。

c．部分储液干燥罐上装有观察玻璃，可观察制冷剂的流动情况，确定制冷剂的数量。

d．有些储液干燥罐上装有易熔塞，在系统压力、温度过高时，易熔塞熔化，放出制冷剂，保护系统重要部件不被破坏。

e. 还有些储液干燥罐上安装有维修阀，供维修制冷系统安装压力表和加注制冷剂之用。

f. 有些车型的储液干燥罐上装有压力开关，可在系统压力不正常时，中止压缩机的工作。

储液干燥罐的结构如图 10-15 所示，干燥罐内有滤网和干燥剂，罐的上方有观察玻璃及进口和出口。

三维动画：储液干燥罐外部结构

② 集液器。集液器用于节流管式的制冷系统，安装在蒸发器出口处的管路中。由于节流管无法调节制冷剂的流量，因此蒸发器出来的制冷剂不一定全部是气体，可能有部分液体，为防止压缩机损坏，故在蒸发器出口处安装集液器，一方面将制冷剂进行气液分离，另一方面起到与储液干燥罐相同的作用，其结构如图 10-16 所示。制冷剂进入集液器后，液体部分沉在集液器底部，气体部分从上面的管路出去进入压缩机。

（5）膨胀阀和节流管。

① 膨胀阀。膨胀阀安装在蒸发器的入口处，其作用是将储液干燥罐来的高温、高压的液态制冷剂从膨胀阀的小孔喷出，使其降压，体积膨胀，转化为雾状制冷剂，在蒸发器中吸热变为气态制冷剂，同时还可根据制冷负荷的大小调节制冷剂的流量，确保蒸发器出口处的制冷剂全部转化为气体。

膨胀阀的结构形式有三种，分别为外平衡式膨胀阀、内平衡式膨胀阀和 H 型膨胀阀，下面分别予以介绍。

a．外平衡式膨胀阀。外平衡式膨胀阀的结构如图 10-17 所示，膨胀阀的入口接储液干燥罐，出口接蒸发器。膨胀阀的上部有一个膜片，膜片上方通过一条细管接一个感温包，感温包安装在蒸发器出口的管路上，内部充满制冷剂气体，蒸发器出口处的温度发生变化时，感温包内的气体体积也会发生变化，进而产生压力变化，这个压力变化就作用在膜片的上方。膜片下方的腔室还有一根平衡管通蒸发器出口。阀的中部有一阀门，阀门控制制冷剂的流量，阀门的下方有一调整弹簧，弹簧的弹力试图使阀门关闭，弹簧的弹力通过阀门上方的杆作用在膜片的下方。可以看出，膜片共受到三个力的作用，一个是感温包中制冷剂气体向下的压力，一个是弹簧向上的推力，还有一个是蒸发器出口制冷剂的压力，作用在膜片的下方。阀的开度取决于这三个力综合作用的结果，工作原理如图 10-18 所示。

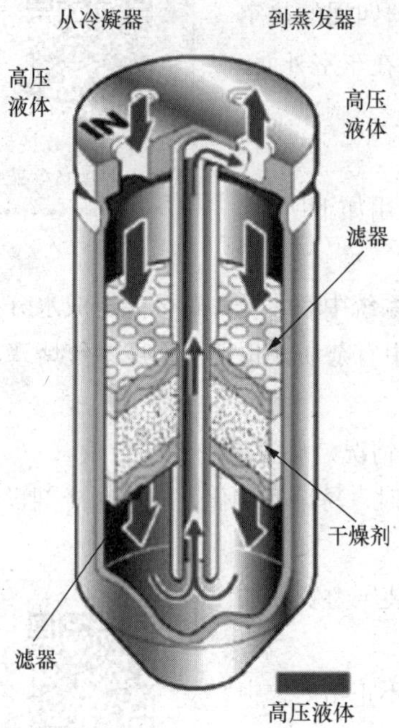

图 10-15　储液干燥罐

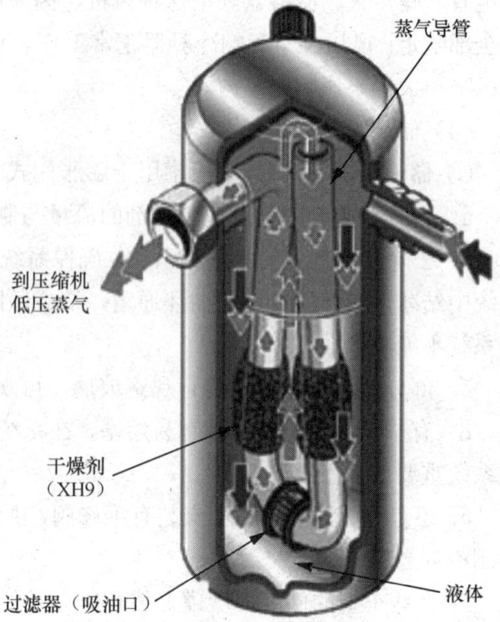

图 10-16　集液器

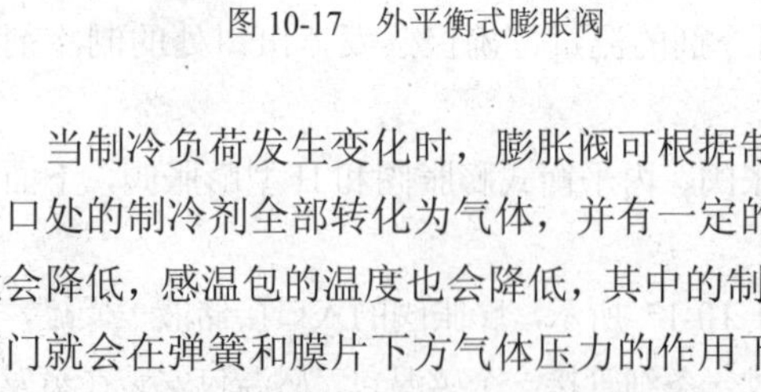

图 10-17　外平衡式膨胀阀

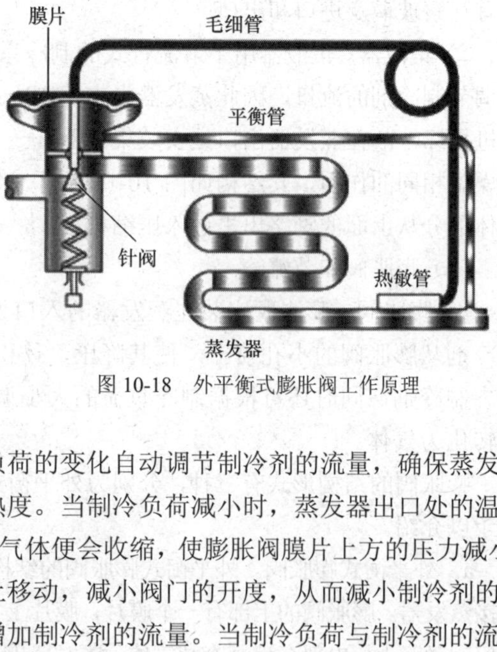

图 10-18　外平衡式膨胀阀工作原理

当制冷负荷发生变化时，膨胀阀可根据制冷负荷的变化自动调节制冷剂的流量，确保蒸发器出口处的制冷剂全部转化为气体，并有一定的过热度。当制冷负荷减小时，蒸发器出口处的温度就会降低，感温包的温度也会降低，其中的制冷剂气体便会收缩，使膨胀阀膜片上方的压力减小，阀门就会在弹簧和膜片下方气体压力的作用下向上移动，减小阀门的开度，从而减小制冷剂的流量。反之制冷负荷增大时，阀门的开度会增大，增加制冷剂的流量。当制冷负荷与制冷剂的流量相适应时，阀门的开度保持不变，维持一定的制冷强度。

b．内平衡式膨胀阀。内平衡式膨胀阀的结构与外平衡式膨胀阀的结构大同小异，如图 10-19 所示。不同之处在于内平衡式膨胀阀没有平衡管，膜片下方的气体压力直接来自于蒸发器的入口。内平衡式膨胀阀的工作过程与外平衡式膨胀阀的工作过程完全相同，工作原理如图 10-20 所示。内平衡膨胀阀的安装位置如图 10-21 所示。

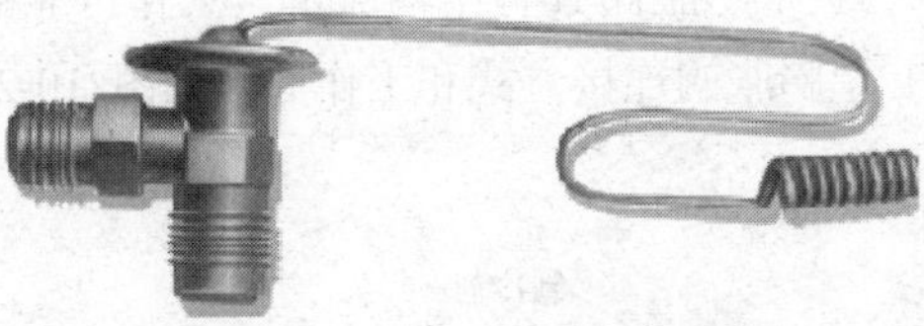

图 10-19　内平衡式膨胀阀

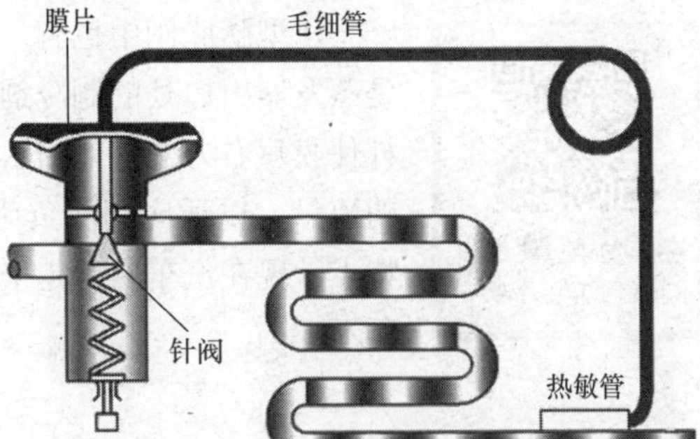

图 10-20　内平衡式膨胀阀工作原理

三维动画：内平衡式膨胀阀

三维动画：内平衡式膨胀阀内部结构

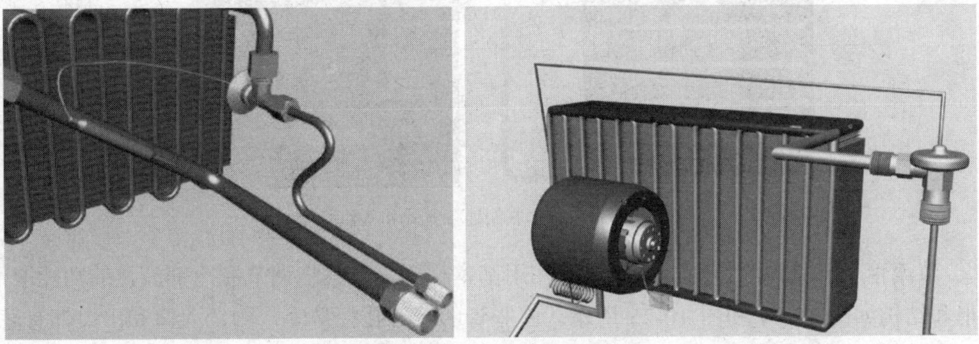

图 10-21　内平衡式膨胀阀安装位置

c. H 型膨胀阀。采用内、外平衡式膨胀阀的制冷系统，其蒸发器的出口和入口不在一起，因此需要在出口处安装感温包和管路，结构比较复杂。如果将蒸发器的出口和入口做在一起，就可以将感温包的管路去掉，这就形成了所谓的 H 型膨胀阀，外部结构如图 10-22 所示。

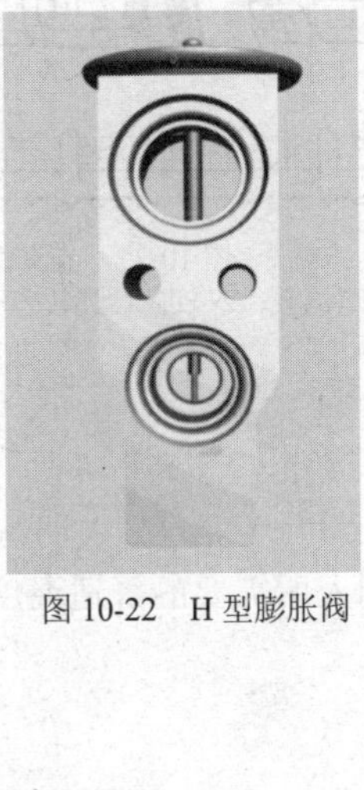

图 10-22　H 型膨胀阀

三维动画：H 型膨胀阀外部结构

二维动画：H 型膨胀阀工作原理

H 型膨胀阀中也有一个膜片，膜片的左方有一个热敏杆，热敏杆的周围是蒸发器出口处的制冷剂，制冷剂的温度变化（制冷负荷变化）可通过热敏杆使膜片右方的气体的压力发生变化，从而使阀门的开度变化，调节制冷剂的流量，以适应制冷负荷的变化。H 型膨胀阀具有结构简单、工作可靠的特点，现在汽车应用越来越广，H 型膨胀阀连接方式和工作原理如图 10-23 所示。

图 10-23　H 型膨胀阀连接方式和工作原理

② 节流管。节流管的作用与膨胀阀的作用基本相同，只是将调节制冷剂流量的功能取消了。其外形和结构如图 10-24 和图 10-25 所示。膨胀管的节流孔径是固定的，入口和出口都有滤网。由于节流管没有运动部件，具有结构简单、成本低、可靠性高、节能的优点，因此美、日等国有许多高级轿车采用膨胀管式制冷循环。

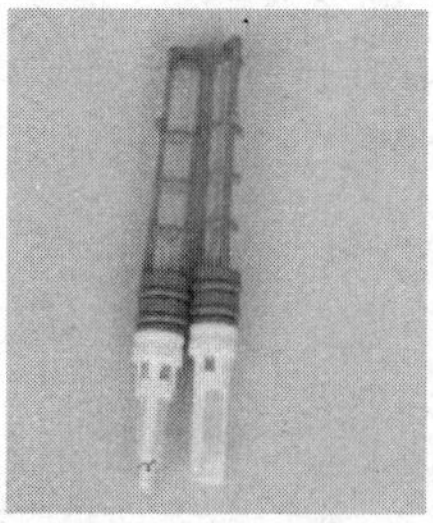

图 10-24　节流管实物

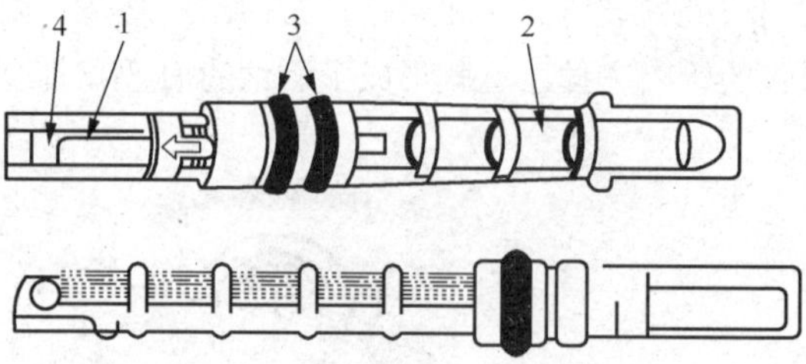

图 10-25　节流管内部结构

1—节流孔；2—进口滤网；3—密封圈；4—出口滤网

（四）空调取暖、通风配气及净化系统

1. 暖风系统

（1）汽车空调供暖系统的主要作用。

① 加热器和蒸发器一起将冷热空气调节到人所需要的舒适温度。现代汽车空调已经发展到

冷暖一体化的水平，可以全年对车厢内的空气温度进行调节。

② 冬季供暖。冬天由于天气寒冷，人在运动的汽车内会感到更寒冷。这时，汽车空调可以向车内提供暖气，以提高车厢内的温度，使乘员感觉到舒适。

③ 车上玻璃除霜。冬季或者春秋季，室内外温差较大，车上玻璃会结霜或起雾，影响司机和乘客的视线，这样不利于行车安全，这时可以用热风除霜和除雾。

（2）汽车空调供暖系统的分类。

① 根据热源不同，汽车暖风装置可分为如下几种形式。

a. 利用发动机冷却液的热量，称为水暖式暖风装置，这种形式多用于轿车、大型货车及采暖要求不高的大客车上。

b. 利用发动机排气系统的热量，称为气暖式暖风装置，这种形式多用于风冷式发动机汽车和有特殊要求的汽车上。

c. 装有专门燃烧的机构，称为独立燃烧式暖风装置，这种形式多用在大客车上。

d. 既利用发动机冷却液的热量，又装有燃烧预热器的综合加热装置，称为综合预热式暖风装置，这种形式多用于豪华大客车。

② 根据空气循环方式，汽车供暖系统又可分为以下几种。

a. 内气式（又称内循环式）：是指利用车内空气循环，将车厢内部空气（用过的）作为载热体，让其通过热交换器升温，使升温后的空气再进入车厢内取暖。这种方式消耗热源少，升温快，但从卫生标准看，是最不理想的。

b. 外气式（又称外循环式）：是指利用车外空气循环，全部使用车外新鲜空气作为载热体，让其通过热交换器升温，使升温后的空气再进入车厢内取暖。从卫生标准看，外气式是最理想的，但消耗热源也最大，初始升温慢，经济性较差。

c. 内外气并用式（又称内外混合式）：是指既引进车外新鲜空气，又利用部分车内的原有余气，以新旧空气的混合体作为载热体，通过热交换器，向车厢里供暖。从卫生标准和热源消耗看，正好介于内气式和外气式之间，但此种方式控制比较复杂，多应用在高档轿车自动空调系统中。

不论是利用何种热源，热量都是通过热交换装置传递给空气，并通过风机把热空气送入车厢的。

（3）水暖式暖风装置结构及工作原理。

水暖式暖风装置一般以水冷式发动机冷却系统中的冷却液作为热源，将冷却液引入车辆内的热交换器中，使鼓风机送来的车厢内空气（内气式）或外部空气（外气式）与热交换器中的冷却液进行热交换，鼓风机将加热后的空气送入车厢内。

轿车、载货车和中小型客车需要的热量较少，可以用发动机冷却液的余热来直接供暖。余热供暖设备简单，使用安全，运行经济。但其缺点是热量较小，受汽车运行工况的影响，发动机停止运行时，即没有暖气提供。

水暖式暖风系统（见图 10-26）的热源通常采用发动机的冷却水，使冷却水流过一个加热器芯，再使用鼓风机将冷空气吹过加热器芯加热空气，使车内的温度升高。从发动机出来的冷却液经过节温器，在温度达到 80℃时，节温器开启，让发动机冷却液流到供暖系统的加热器，在节温器和加热器之间设置了一个热水阀，用来控制热水的流动，冷却液的另一部分流到散热器。冷却液在加热器散热，加热周围的空气，然后再用鼓风机送到车内；冷却液从加热器出来，在水泵的泵吸下，又重新进入发动机的散热器内，冷却发动机，完成一次供暖循环。

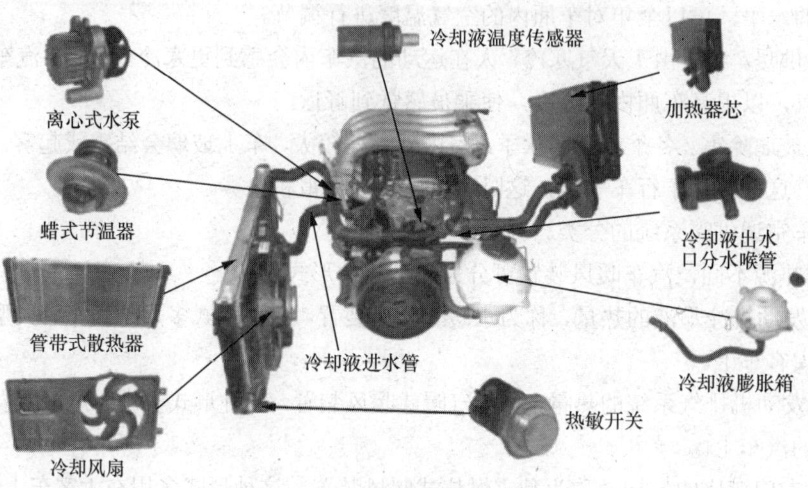

图 10-26　水暖式暖风系统

（4）水暖式暖风系统调节温度的方式。

就暖风系统而言，其温度的调节方式有两种，一种是空气混合型，另一种是水流调节型。

空气混合型暖风系统在暖风的气道中安装空气混合调节风门，这个风门可以控制通过加热器芯的空气和不通过加热器芯的空气的比例，实现温度的调节。目前绝大多数汽车均采用这种方式。

水流调节型暖风系统采用前述的水阀调节流经加热器芯的热水量，改变加热器芯本身的温度，进而调节温度。

（5）其他取暖方式。

余热水暖式暖风装置的优点是供热可靠，不另需燃料，只要发动机工作温度升高，热水即可产生出来，另外使用较安全。其缺点是采暖必须在发动机冷却水温度上升到大循环时才能供暖，在寒冷季节供暖量显得有些不足，甚至导致发动机过冷，严重时会影响其正常工作。对于一些大型客车仅依靠水暖式暖风装置难以满足取暖要求，因此必须采取其他取暖方法。

① 气暖式供暖系统是利用发动机的排气余热进行车厢采暖。在汽油机中，发动机排气带走的热量约占 36%，在柴油发动机中，则占有 30%左右。气暖式供暖系统是最早采用的空调形式之一，它是让排气管通过驾驶室直接供暖，例如，早期的北京吉普车，以及北方寒冷地带的长途客车。

② 燃气取暖系统，在大、中型客车上，仅靠发动机冷却水的余热取暖是远远满足不了要求的，为此，在大客车中常采用燃气取暖系统。燃油和空气在燃烧室中混合燃烧，加热发动机的冷却水，加热后的水进入加热器芯向外散热，降温后返回发动机再进行循环。

2. 通风系统

为了健康和舒适，车内空气要符合一定的卫生标准，要尽量提高空气中的氧含量和降低 CO_2、灰尘、烟气等有害气体的浓度。为此，需要输入一定量的新鲜空气进入车内。将新鲜空气引进车内更新污浊空气的过程，称为通风。

根据我国对轿车、客车的空调新鲜空气要求，新鲜空气的换气量按人体卫生标准最低不少于 $20m^3/h$ 每人，即每小时每人应输入新鲜空气量最低不小于 $20\ m^3$。车内的 CO_2 一般控制在 0. 03%以下，风速在 0.2 m/s 以内。

（1）动压通风。动压通风也称自然通风，它利用汽车行驶时对车身外部所产生的风压为动力，在适当的地方开设进风口和排风口，以实现车内的通风换气的目的。

进、排风口的位置决定于汽车行驶时车身外表面的风压分布状况和车身结构形式。进风口应设置在正风压区，并且离地面尽可能高，以免进入汽车行驶时所扬起的带有尘土的空气。排风口则设置在汽车车厢后部的负压区，并且应尽量加大排气口的有效流通面积，提高排气效果，还必须注意到灰尘、噪声及雨水的侵入。

车身外部大多受到负压，只有在车前及前风窗玻璃周围为正压区。因此，轿车的进风口设在车窗的下部正风压区，而且此处都设有进气阀门和内循环空气阀门，用来控制新鲜空气的流量。一般在空调系统刚起动，而且车内、外温差较大时，关闭外循环气道，采用内循环方式工作，这样可以尽快降低车内温度。排风口设置在轿车尾部负压区。

动压通风时，车内空气的流动如图 10-27 所示。

图 10-27　动压通风车内空气流动图

由于动压通风不消耗动力，且结构简单，通风效果也较好，因此，轿车大都设有动压通风口。

三维动画：动压通风车内空气流动

（2）强制通风。强制通风是利用鼓风机强制将车外空气送入车厢内进行通风换气的通风方式。这种方式需要能源和通风设备。在冷暖一体化的汽车空调上，大多采用通风、供暖和制冷的联合装置，将外部空气与空调冷暖空气混合后送入车内，此种通风装置常见于高级轿车和豪华旅行车上。

（3）综合通风。综合通风是指一辆汽车上同时采用动压通风（自然通风）和强制通风两种通风方式。采用综合通风系统的汽车比单独采用强制通风或自然通风的汽车结构要复杂得多。最简单的综合通风系统是在自然通风的车身基础上，安装强制通风扇，根据需要可分别使用和同时使用。这样，基本上能满足各种气候条件下的通风换气要求。

综合通风系统虽然结构复杂，但省电，经济性好，运行成本低。特别是在春秋季节的天气，用动压通风导入凉爽的室外空气，以取代制冷系统工作，同样可以保证舒适性要求。这种通风方式近年来在汽车上的应用逐渐增多。

3. 净化系统

汽车空调系统采用的空气净化装置通常有空气过滤式和静电集尘式两种。前者是在空调系统的送风和回风口处设置空气滤清装置，它仅能滤除空气中的灰尘和杂物，因此，结构简单，只需定期清理过滤网上的灰尘和杂物即可，故广泛用于各种汽车空调系统中。后者则是在空气进口的过滤器后再设置一套静电集尘装置或单独安装一套用于净化车内空气的静电除尘装置。它除具有过滤和吸附烟尘等微小颗粒的杂质作用外，还具有除臭、杀菌、产生负氧离子以使车内空气更为新鲜洁净的作用。由于其结构复杂，成本高，所以只用于高级轿车和旅行车上。

（1）滤网吸附。采用风扇强制换气，利用多孔性滤材，如活性炭、滤纸、纤维、泡棉等（目前吸附能力最强的滤材为 HEPA），也就是医疗界对空气品质所要求标准的高密度空气滤材，对空气中的悬浮颗粒、有害气体进行吸附，从而使车用净化器可以有效过滤悬浮物和少量有害物质，对臭味异味、病原菌、病毒、微生物及装饰材料造成的空气污染有一定作用。其结构比较简单。用纤维状活性炭滤网及静电滤尘网进行净化空气。

（2）静电集尘。静电滤网的原理是在无纺布纤维内植入正负向永久性电荷，使布面上充满高伏特数的强力静电，用来吸附空气中的悬浮粒子，使有害人体的分子在通过滤网时被吸附在滤网内。滤网清净效率可从 7%到滤芯集尘 95%。首先，永久性网孔预过滤器将风机带进的脏空气和大型颗粒如毛发和纤维屑网住。其次，空气清洁器的空气净化滤网内的高压电离器使空气中的污染物小到如细菌和病毒这样 0.01μm 的微粒带电，并被吸附在收集盘中，这样可以阻止有害的刺激物在室内流通。然后，活性炭过滤器吸收异味。最后，净化后的空气又回到了车厢内。通过定期洗涤，可以很方便地更新空气净化滤网。

（3）臭氧杀菌。臭氧消毒是属于用车内的空调循环系统进行消毒的方式，使用专用的消毒液进入循环系统，可将车内的异味除去，有一定的消毒除菌作用，特别是针对胺、烟碱、细菌等。

（4）负氧离子。用负氧离子空气净化器利用高压放电，有选择性地对空气中氧原子进行电离，产生负氧离子。负氧离子具有十分活泼的化学特性，它能迅速与空气中其他化合物结合，使其形成新形态的氧化物，进而使某些气态物质转化为晶态物达到净化空气目的。

4. 配气系统

汽车空调已由单一制冷或取暖的方式发展到冷暖一体化方式，由季节性空调发展到全年性空调，真正起到空气调节的作用。系统根据空调的工作要求，可以将冷、热风按照配置送到驾驶室内，满足调节需要。

（1）配气系统的基本结构。图 10-28 所示为汽车空调配气系统的基本结构，它通常由三部分构成：第一部分为空气进入段，主要由用来控制新鲜空气和室内循环空气的风门叶片和伺服器组成；第二部分为空气混合段，主要由加热器、蒸发器和调温门组成，用来提供所需温度的空气；第三部分为空气分配段，使空气吹向面部、脚部和风窗玻璃上。它们是通过手动控制钢索（手动空调）、真空气动装置（半自动空调）或者电控气动（全自动空调）与仪表板空调控制键联合动作，执行配气工作的。

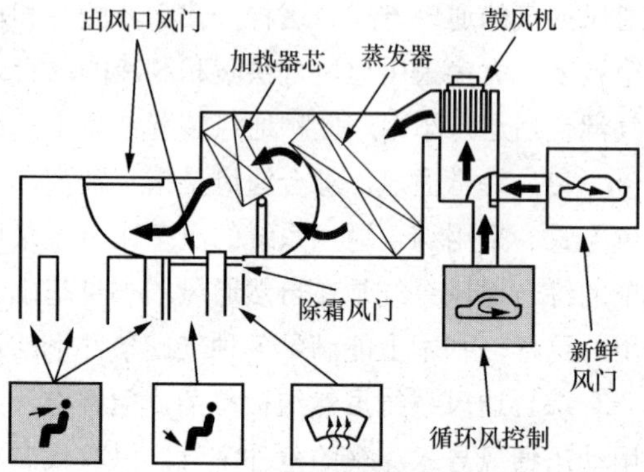

图 10-28　汽车空调送风系统

（2）配气系统控制。

① 拉线控制。拉线是空气分配风门最基本的控制形式，拉线如图 10-29 所示。这种控制使用一个可绕中心转动的手动操纵杆或旋钮，在操纵杆或旋钮的另一端接有一根拉线。转动操纵杆或旋钮时，拉线便拉动与所控制风门相连的一个摇臂。这种控制形式可用于任何分配风门。

② 真空阀控制。真空阀也由旋钮或操纵杆的位置控制，真空阀如图 10-30 所示。推拉操纵杆或旋钮时，真空便会克服真空马达内部橡皮膜的作用而流动。橡皮膜一侧的真空与对侧的大气压力作用于与膜片相连的一个杆件，使空气分配风门开启或关闭。

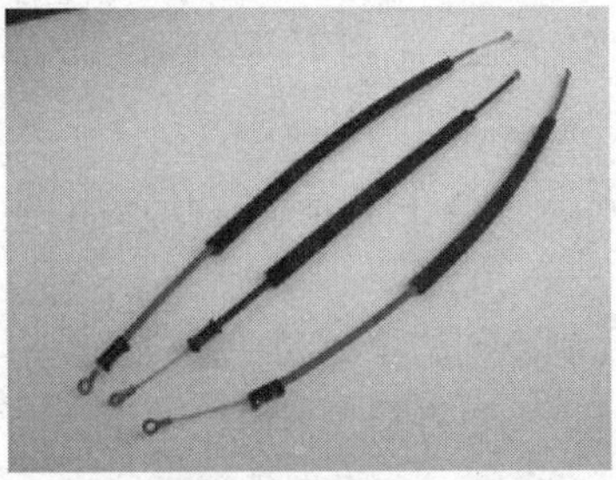

图 10-29　拉线

图 10-30　真空阀

③ 电子执行器控制。电子执行器可以精确控制空气分配风门的开度，并向控制电脑提供反馈。按钮、操纵杆或旋钮都可以用来操纵电子风门执行器。电子执行器如图 10-31 所示。

（五）空调控制系统

空调控制系统的功能是保证空调制冷系统正常运转，同时也要保证空调系统工作时发动机的正常运转。空调控制系统主要是通过控制压缩机电磁离合器的结合与分离实现温度控制与系统保护，通过对鼓风机的转速控制调节制冷负荷。

1. 电磁离合器

电磁离合器安装在压缩机上，其作用是控制发动机与压缩机的动力传递。空调制冷系统工作时，使发动机能驱动压缩机运转。制冷系统停止运行时，切断发动机到压缩机的动力传递。

三维动画：电磁离合器

电磁离合器的结构如图 10-32 所示，主要包括压力板、皮带轮和定子线圈等主要部件。压力板与压缩机轴相连，皮带轮通过轴承安装在压缩机的壳体上，皮带轮通过皮带由发动机驱动，定子线圈也安装在压缩机的壳体上。

图 10-31　电子执行器

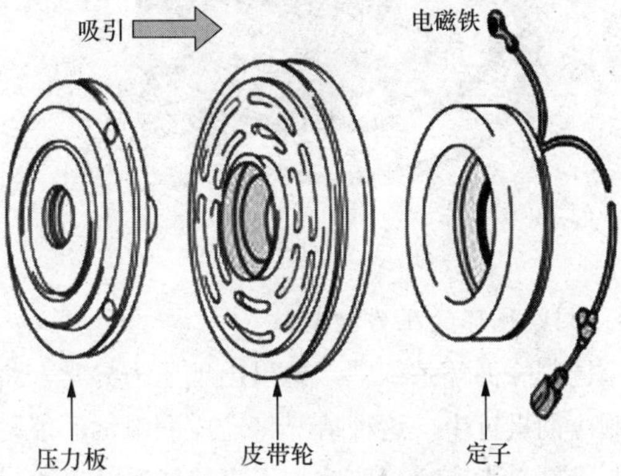

图 10-32　电磁离合器的结构

当接通空调开关使空调制冷系统进入工作状态时，电磁离合器的定子线圈通电，线圈通电后产生磁力，将压力板吸向皮带轮，使两者结合在一起，发动机的动力便通过皮带轮传递到压力板，带动压缩机运转。当空调制冷系统停止工作时，电磁离合器的定子线圈断电，磁力消失，压力板与皮带轮分离，此时皮带轮通过轴承在压缩机的壳体上空转，压缩机停止运转。

2. 蒸发器的温度控制

蒸发器温度控制的目的是防止蒸发器结霜。如果蒸发器的温度低于 0℃，凝结在蒸发器表面的水分就会结霜或结冰，严重时将会堵塞蒸发器的空气通路，导致系统制冷效果大大降低。

为了避免这种情况的发生，就必须控制蒸发器的温度在0℃以上。控制蒸发器温度的方法通常有两种，一种是用蒸发压力调节器控制蒸发器的压力来控制蒸发器的温度，另一种是利用温度传感器或温度开关控制压缩机的运转来控制蒸发器的温度。汽车空调中往往常用第二种控制方式。

（1）蒸发压力调节器（EPR）。根据制冷剂的特性，只要制冷剂的压力高于某一数值，其温度就不会低于0℃（对于R134a，此压力大约为0.18MPa）。因此只要将蒸发器出口的压力控制在一定的数值，就可以防止蒸发器表面结霜或结冰。蒸发压力调节器可以根据制冷负荷的大小调节蒸发器出口处的压力，确保蒸发器出口的压力使制冷剂不低于0℃。

三维动画：温度开关

二维动画：温度开关工作原理

（2）蒸发器温度控制电路。目前蒸发器的温度控制电路有两种形式。一种是用温度开关又称恒温器（见图10-33）直接控制压缩机电磁离合器，蒸发器温度开关安装在蒸发器的中央，当蒸发器表面温度低于某一设定值时，温度开关切断压缩机电磁离合器电路，使压缩机停止工作，防止蒸发器结冰。

另一种是用热敏电阻（见图10-34），将热敏电阻安装在蒸发器的表面，当蒸发器表面的温度低于某一设定值时，热敏电阻的阻值变化给空调ECU低温信号，空调ECU控制继电器切断压缩机电磁离合器电路，使压缩机停转，控制蒸发器温度不低于0℃。

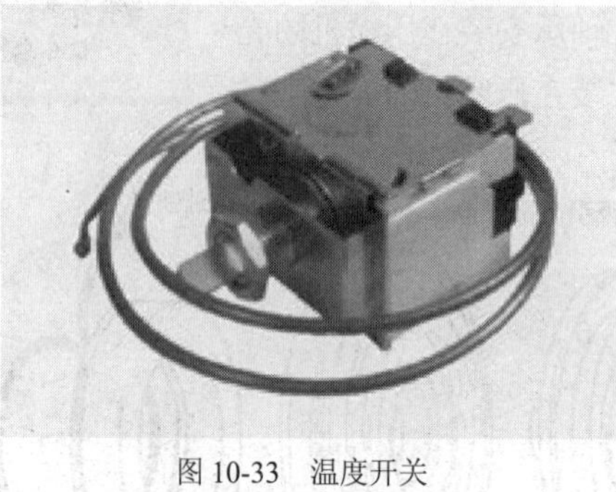

图10-33　温度开关

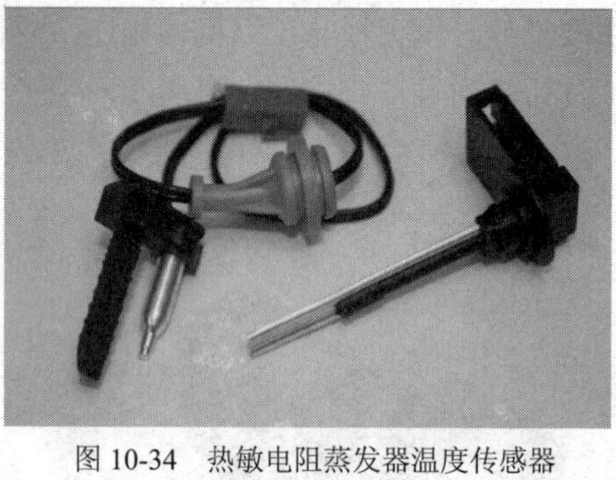

图10-34　热敏电阻蒸发器温度传感器

3. 制冷循环的压力控制

空调制冷循环系统中，如果出现压力异常，将会造成系统不减的损坏。如果系统压力过低，说明制冷剂量过少，这种情况将造成润滑油不能随制冷剂一起循环，使压缩机缺油而损坏。如果由于制冷剂量大或冷凝器冷却不良造成系统压力过高，有可能造成系统部件损坏。因此，在空调制冷系统工作时，必须对系统压力进行监测，防止出现上述两种情况。

常采用的方法是在系统的高压管路中安装压力开关。压力开关有低压开关和高压开关之分。低压开关安装在制冷循环系统中的高压管路中，用于监测制冷循环系统中高压管路压力是否过低，如果压力低于规定值，低压开关将切断压缩机的电路使压缩机停止工作。高压开关也安装在高压管路中，监测高压管路中压力是否过高，如果压力过高，有两种处理方法，一种是加强对冷凝器的冷却强度，使压力降低；另一种是切断电磁离合器的电路，使压缩机停止运转。目前空调系统中的压力开关通常都是将低压开关和高压开关制成一体，称为组合压

微课视频：汽车空调制冷系统的控制

力开关或多功能压力开关。多数组合压力开关可实现低压切断离合器控制电路、高压接通冷凝器风扇高速挡或切断离合器控制电路的双重功能，还有部分压力开关将上述三种功能集于一身，形成三功能压力开关。通常低压切断离合器电路的压力约为 0.2 MPa，高压接通冷凝器风扇高速挡的压力约为 1.6 MPa，高压切断电磁离合器的压力约为 3.2 MPa。

4. 其他控制

（1）发动机的怠速提升控制。在车流量较大的道路上行驶，汽车发动机经常处于怠速运转状态，发动机的输出功率低，如果此时开启空调的制冷系统，可能会造成发动机的过热或停机，为防止这种情况的发生，在空调的控制系统中采用了怠速提升装置。当接通空调制冷开关（A/C）后，发动机的控制单元（ECU）便可接收到空调开启的信号，控制单元便控制怠速控制阀将怠速旁通气道的通路增大，使进气量增加，提高怠速。如果是节气门直动式怠速控制机构，控制单元便控制电机将节气门开大，提高怠速。

（2）发动机失速控制。发动机带空调怠速运转时，一旦有其他影响因素使发动机转速下降，将造成发动机失速而熄火，为防止这种情况发生，空调控制电路中设有防止发动机失速的控制电路。空调的控制单元通过检测点火线圈的脉冲来计算发动机的转速，当发动机的转速低于一定值时，将压缩机电磁离合器切断。

（3）冷却液温度控制。为防止冷却液温度过高，有些空调控制电路中设有冷却液温度开关或传感器，当冷却液的温度高过一定值（一般为 105℃）时，切断压缩机电磁离合器电路，使压缩机停止运转，在温度下降到某设定值（大约为95℃）时，再接通电磁离合器电路，使空调重新工作。

（4）制冷剂温度控制。在部分叶片式压缩机和斜盘式压缩机上装有制冷剂温度开关，防止压缩机温度过高而损坏。当制冷剂的温度超过 180℃时，此开关就断开，切断了压缩机电磁离合器的电路。

（5）环境温度控制。部分车辆在控制电路中设有环境温度开关，在环境温度低于规定值时，环境温度开关断开，切断压缩机电磁离合器的电路，使空调的制冷系统不能工作。环境温度高于规定值时，制冷系统才能进入工作状态。

二、汽车空调系统的故障检测与诊断

（一）制冷系统常见故障类型

1. 制冷剂泄漏

（1）故障特征。制冷系统完全没有冷气吹出。

（2）故障原因。制冷系统中无制冷剂或制冷剂泄漏。

（3）检修方法。制冷剂泄漏后，首先要查明漏点，并将其修复好，再重新抽真空，灌注制冷剂。

2. 制冷系统严重堵塞

（1）故障特征。用压力表检测制冷系统的高、低压侧的压力值，可发现高压侧压力值比正常时低，而低压侧的压力值成真空状态，且堵塞部位前后有明显的温差，这一般出现在储液干燥罐或膨胀阀内。

（2）故障原因。当压缩机工作时，若制冷系统中某个部位严重堵塞，没有制冷剂循环流动，则就失去了制冷作用。

（3）检修方法。可用氮气对着储液干燥罐或膨胀阀的进口或出口吹气，如不通畅，说明其堵塞，需更换。

3. 压缩机部件损坏

（1）故障特征。用压力表检测压缩机工作时的进气压力和排气压力，可发现两者压力相同或相差不大，提高发动机转速时，其压力值仍无明显变化。用手触摸压缩机上的进气管和排气管，可感觉两者温差不大。当压缩机出现缸垫窜气时，用手触摸压缩机会感觉非常烫手。

（2）故障原因。压缩机缸垫窜气、进排气阀损坏，均能造成压缩机不能压缩制冷剂或压缩不良。

（3）检修方法。一般需更换损坏的部件。

4. 输出的制冷剂不足

造成输出的制冷量不足（即吹出的冷气不凉）的原因和检修如下所述。

（1）制冷剂不足。

① 故障特征。高、低压侧的压力值均会比正常时低，且从观察窗内可看到气泡流动。

② 故障原因。制冷系统中循环制冷剂不足。

③ 检修方法。在检查系统无泄漏后，应添加适量的制冷剂。

（2）制冷剂过多。

① 故障特征。系统的高、低压侧压力值比正常时高；用手触摸高压管，感觉烫手；断开空调开关约 45s 后，从观察窗中仍看不见有泡沫状态的制冷剂流过。

② 故障原因。如充注的制冷剂量超过制冷系统的正常容量，必然使冷凝器内液体制冷剂增加，从而减少了散热面积，使冷却效率降低。

③ 检修方法。需从低压侧放掉适量的制冷剂，使其达到正常的排气压力和温度。

（3）散热效果差。

① 故障特征。系统的高、低压侧压力值过高和排气温度过高，且用手触摸从冷凝器出来的高压管时有烫手的感觉。

② 故障原因。冷凝器散热片变形，表面过脏或散热风扇电动机转速下降，均会使散热效果变差。

③ 检修方法。需对相应部件进行修复或更换。

（4）膨胀阀开得过大。

① 故障特征。系统的高压值比正常时偏低，而低压值比正常时高。从蒸发器出来的低压管温度比蒸发器表面温度还低。

② 故障原因。膨胀阀温包与蒸发器出口包扎不好，或膨胀阀本身有问题，均会引起膨胀阀开得过大。

③ 检修方法。需检查膨胀阀温包与蒸发器出口是否包扎良好，必要时更换膨胀阀。

（5）制冷系统脏堵。

① 故障特征。系统的低压值过低，储液干燥罐前后的管子有明显的温差，或膨胀阀处结霜。

② 故障原因。由于压缩机长期运转，机械磨损产生的杂质可使储液干燥罐或膨胀阀轻微堵塞，从而导致输出的制冷量不足。

③ 检修方法。需更换储液干燥罐或清洗制冷系统。

（6）制冷系统内有空气。

① 故障特征。从观察窗内能看到大量泡沫状态的制冷剂流过。

② 故障原因。由于抽真空不够彻底，或制冷剂泄漏后，引起制冷系统低压端成真空状态而吸入了外界的空气。由于空气很难压缩成液化，因此制冷系统内进入空气后，会使压缩机排气压力和排气温度增高，从而导致输出的制冷量下降。

③ 检修方法。需在系统重新抽真空，再灌注制冷剂。

（二）汽车空调故障诊断的常用方法

汽车空调故障检修是通过看、听、摸、测等手段来进行的。同时还应仔细向驾驶员询问故障情况，判断是操作不当，还是设备本身造成的故障。若属前者，则应向驾驶员详细介绍正确的操作方法；若属后者，就应按上述四个方面进行综合分析，找出故障所在。查出故障原因，然后再进行修理。看、听、摸、测的具体应用如下。

1. 看现象

用眼睛来观察整个空调系统。观察窗的指示图谱如图 10-35 所示。

（1）察看储液干燥罐视液镜中制冷剂的流动状况。若流动的制冷剂中央有气泡，说明系统内制冷剂不足，应补充至适量。若视液窗呈透明，则表示制冷剂加注过量，应缓慢放出部分制冷剂。若流动的制冷剂呈雾状，且水分指示器呈淡红色，则说明制冷剂中含水量偏高，应缓慢放尽系统中的原有制冷剂，拆下储液干燥罐，将其置于 100℃烘箱内，对干燥剂做干燥处理，排除水分后再用。

（2）察看系统中各部件与管路连接是否可靠密封，是否有微量的泄漏。若有泄漏，在制冷剂泄漏的过程中常夹有冷冻油一起泄出，故在泄漏处有潮湿痕迹，并依稀可见粘附上的一些灰尘。此时应将该处的连接螺帽拧紧，或重做管路喇叭口并加装密封橡胶圈，以杜绝慢性泄漏，防止系统内制冷剂的减少。

（3）察看冷凝器是否被杂物封住，散热翅片是否倾倒变形。若有此现象将影响流过冷凝器的冷却空气流量，导致冷凝器冷凝效果变差，使流经膨胀阀的制冷剂温度偏高，从而影响系统的制冷效果。这时应将冷凝器清扫干净，将变形的散热翅片修正。

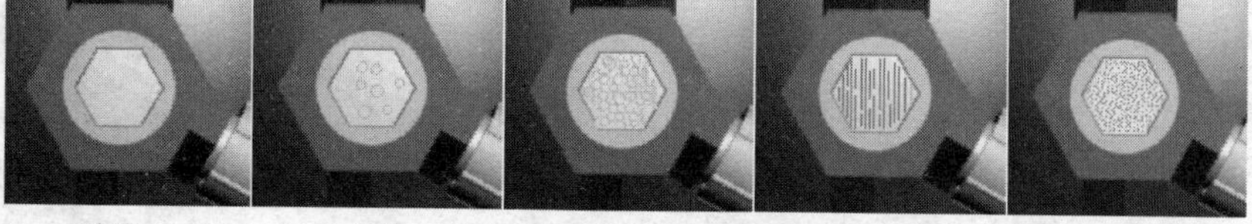

透明　　气泡　　泡沫　　油纹　　雾状

图 10-35　观察窗的指示图谱

2. 听响声

用耳朵聆听运转中的空调系统有无异常声音。首先，听压缩机电磁离合器有无发出刺耳噪声。若有噪声，则多为电磁离合器磁力线圈老化，通电后所产生的电磁力不足或离合器片磨损引起其间隙过大，造成离合器打滑而发出尖叫声。这时应重绕离合器磁力线圈或抽掉 1～2 片离合器调整垫片，减小离合器间隙，防止其打滑，以消除噪声。其次，听压缩机在运转中是否有液击声。若有此声，则多为系统内制冷剂过多或膨胀阀开度过大，导致制冷剂在未被完全汽化的情况下吸入压缩机。此现象对压缩机的危害很大，有可能损坏压缩机内部零件，应缓慢释放制冷剂至适量，或调整膨胀阀开度，及时加以排除。

3. 摸温度

在无温度计的情况下，可用手触摸空调系统各部件及连接管路的表面。触摸高压回路（压缩机出口—冷凝器—储液罐—膨胀阀进口），应呈较热状态，若在某一部位特别热或进出口之间有明显温差，则说明此处有堵塞。触摸低压回路（膨胀阀出口—蒸发器—压缩机进口）应较冷。若压缩机高、低压侧无明显温差，则说明系统存在泄漏或制冷剂不足的问题。

4. 测数据

通过看、听、摸这些过程，只能发现不正常的现象，但要做最后的结论，还要借助于有关仪表来进行测试。在掌握第一手资料的基础上，对各种现象做认真分析，才能找出故障所在，然后予以排除。

视频：汽车空调系统检漏

（1）用检漏仪检漏。用检漏仪检查整个系统各接头处是否泄漏。

（2）用万用表检查。用万用表可以检查出空调电路故障，判断出电路是断路还是短路。

（3）用温度计检查。用温度计可以判断出蒸发器、冷凝器、储液罐的故障。正常工作时，蒸发器表面温度在不结霜的前提下越低越好；冷凝器入口管温度为 70℃～90℃，出口管温度为 50℃～65℃；储液罐温度应为 50℃左右，若储液罐上下温度不一致，说明储液罐有堵塞。

（4）用歧管压力表检查。歧管压力表组如图 10-36 所示。将歧管压力计的高、低压表分别接在压缩机的排气、吸气口的维修阀上，在新鲜空气温度 30℃～35℃，发动机转速 1500～2000r/min，风扇速度开关在最大，冷度开关在最强时，从歧管压力表上读取压力值。R134a 空调系统歧管压力表读数：低压侧为 0.15～0.25MPa，高压侧为 1.37～1.81MPa。R12 空调系统歧管压力表读数：低压侧为 0.147～0.196MPa；高压侧读数为 1.442～1.471MPa。

三维动画：低压管路接头

三维动画：高压管路接头

三维动画：歧管压力表组

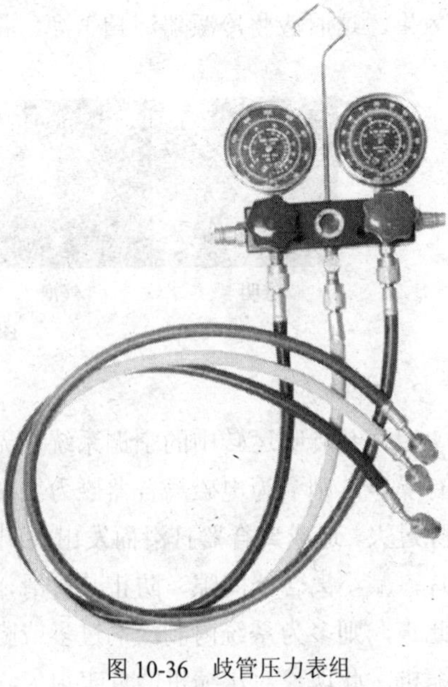

图 10-36 歧管压力表组

连接好歧管压力表后，读取高低压力表的显示值，环境温度为 35℃时，制冷系统的正常压力值如图 10-37 所示。环境温度不同时，制冷剂系统正常压力值也不同，见表 10-1。

图 10-37 高、低压力的正常值显示

表 10-1 制冷系统正常压力值

环境温度/℃	发动机不运转时制冷循环压力/kPa	发动机运转时制冷循环压力/kPa	
		高压	低压
25	550	1050～1250	100～150
30	660	1350～1550	150～200
35	750	1450～1810	200～250
40	880	1850～2530	250～300
45	980	—	—

① 高压表和低压表压力均较低。高压表和低压表显示值比正常值低，如图 10-38 所示。另外，从视液镜内看到有气泡，冷气不凉，高压管温热，低压管微冷，温差不大。

故障原因：制冷剂不足或有泄漏。

排除方法：

- 用检漏仪或人工寻找泄漏处，并予以修复；
- 加注制冷剂。

② 高压表和低压表压力均太高。高压表和低压表显示值比正常值高很多，如图 10-39 所示。另外，从视液镜偶尔可看见气泡，冷气不凉。

故障原因：制冷剂过多；制冷剂系统中有空气；冷凝器冷却不足。

排除方法：

- 充分抽真空，重新充注制冷剂；
- 更换储液干燥罐，清洗或更换冷凝器，检查风扇电动机及其电路。

图 10-38　高压表和低压表显示值比正常值低

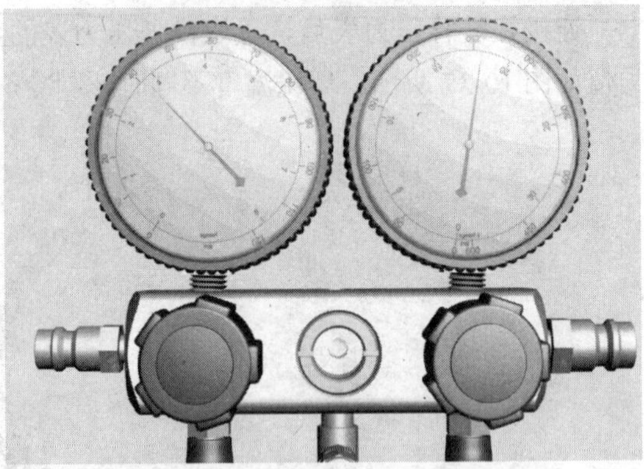

图 10-39　高压表和低压表显示值比正常值高

③ 低压表压力有时为负压（真空）。低压表压力显示值有时为负压（真空），有时正常，如图 10-40 所示。另外，系统间歇制冷或不制冷。

故障原因：制冷系统存在水分。

排除方法：

- 更换储液干燥罐；
- 用管道清洗液清洗空调系统；
- 反复抽负压（真空）；
- 充注制冷剂适量。

④ 低压表压力为负压（真空），高压表压力很低。低压表压力显示值为负压（真空），高压表压力显示值很低，如图 10-41 所示。另外，在储液干燥罐或膨胀阀前后管路上结霜或有露水。系统不制冷或间歇制冷。

图 10-40　低压表压力有时为负压

图 10-41　低压表压力为负压、高压表压力很低

故障原因：制冷剂不循环。

排除方法：

- 按制冷剂系统中存在水分处理；
- 更换膨胀阀；
- 更换储液干燥罐；
- 检查制冷剂是否被污染。

⑤ 低压表压力太高、高压表压力太低。系统不制冷，低压表压力显示值很高，高压表压力显

示值很低，如图 10-42 所示。

故障原因：压缩机内部故障。

排除方法：更换损坏的零件或总成。

⑥ 低表压力太低、高压表压力太高。低压表压力显示值很低，高压表压力显示值很高，如图 10-43 所示。另外，冷凝器上部和高压管路温度高，而储液干燥罐并不热。

图 10-42　低压表压力太高、高压表压力太低

图 10-43　低压表压力太低、高压表压力太高

故障原因：高压管路堵塞或被压扁。

排除方法：

- 清洗或更换零件；
- 检查冷冻机油是否被污染。

⑦ 其他故障诊断与排除方法见表 10-2。

表 10-2　用歧管压力表进行故障诊断与排除

故障现象	状况	可能的原因	诊断	排除方法
制冷不足	① 高低压两端压力均偏低 ② 在观察窗要可连续看到气泡 ③ 制冷不足	制冷系统漏气	① 系统中制冷剂不足 ② 制冷剂泄漏	① 用检漏仪检测并修理 ② 抽空重新灌制冷剂
	① 高低压两端压力均偏低 ② 储液罐至制冷装置之间的管路结霜	储液罐中的杂物阻碍制冷剂的流动	储液罐堵塞	① 更换储液罐 ② 抽空重新灌制冷剂
	① 低、高压端压力均过高 ② 即使降低发动机转速，在观察窗也见不到气泡	① 系统中制冷剂过量 ② 冷凝器散热不良（冷凝器散热片堵塞或风扇电动机故障）	① 检查冷凝器散热 ② 检查风扇电动机 ③ 检查制冷剂量是否过多	① 清洗冷凝器 ② 修理风扇或线路，或更换 ③ 放出多余制冷剂
	① 低、高压端压力均过高 ② 高压表针来回摆动 ③ 从观察窗中看到气泡	空气进入系统	空气进入系统	① 抽真空 ② 重新加入制冷剂
	① 高、低压端压力均过高 ② 低压端管路上出现大量露珠	膨胀阀存有故障或热敏管安装不当	① 低压管路制冷剂过多 ② 膨胀阀开启角度过大	① 检查安装热敏管 ② 检查膨胀阀，如有故障更换
不制冷	① 低压端压力太高 ② 高压端压力太低	压缩机漏气	① 压缩机故障 ② 压缩机气门漏气或断裂	修理更换压缩机

续表

故障现象	状况	可能的原因	诊断	排除方法
断续制冷	运行时低压端压力时而真空时而正常	进入制冷系统的水分在膨胀阀处冻结，使循环过程暂时停止，并在冻结融化后一段时间循环过程又恢复正常	① 干燥瓶干燥剂处于饱和状态 ② 制冷剂系统中的湿气在膨胀阀处冻结，从而阻止制冷剂循环	① 更换干燥瓶 ② 反复抽空，排出空气，以除去循环中的湿气 ③ 制冷不足，充入适量的新制冷剂
	① 低压端出现真空示值，高压端出现很低的压力示值 ② 储液罐/干燥罐或膨胀阀的前后管结霜或见到露珠	① 系统中的湿气或杂质阻碍制冷剂的流动 ② 膨胀阀热敏管漏气妨碍制冷	制冷剂不循环	① 检查热敏管膨胀阀和蒸发器压力调节器 ② 清洗或更换膨胀阀，更换干燥瓶 ③ 抽空加制冷剂

三、暖风系统故障的诊断及排除

（一）不供暖或暖气不足故障诊断

1. 送风系统故障及排除

（1）通常为鼓风机或其控制电路故障，用万用表检查鼓风机电动机电阻，如鼓风机电动机电阻过大或过小，则应更换。

（2）风机继电器、调温器故障，用万用表测继电器线圈电阻和调温器电阻，如为零或无穷大，则应更换。

（3）热风管道堵塞故障，清除堵塞物。

（4）温度门真空驱动器故障，检查真空驱动管路是否漏气，检查相关真空部件是否正常。如都正常更换真空驱动器。

2. 加热器系统故障及排除

（1）加热器漏风故障，应更换加热器壳。

（2）加热器芯内部有空气，应排出其内部空气。

（3）加热器翅片变形造成通风不良故障，对翅片校正或更换。

（4）温度门加热器管道积垢堵塞故障，应除垢使管道疏通。

3. 冷却液管路故障及排除

（1）冷却液流动不畅，应维修或更换。

（2）热水开关或真空驱动器失效故障，应检修或更换。

（3）发动机冷却液石蜡节温器失效故障，应更换节温器。

（4）冷却液不足，应首先补足冷却液，并检查散热器盖是否漏气。

（二）送风故障及排除

（1）风机电路或其控制电路熔丝熔断或开关接触不良，更换熔丝或开关。

（2）风机电动机绕组短路或断路，维修或更换风机电机。

（3）风机调速电阻断路、风机继电器故障、风机电路导线连接故障等，应维修或更换。

（三）管路泄漏故障诊断

（1）管路老化故障，更换软管。

（2）接头不牢、密封不严故障，检修紧固接头。

（3）热水开关不能闭合故障，修复热水开关。

（四）供暖过热故障诊断

（1）调风门调节不当，应重新调整。

（2）发动机节温器损坏，应更换节温器。

（3）风扇调速电阻损坏，应更换调速电阻。

（五）除霜热风不足故障诊断

（1）除霜门调整不当，应重新调整。

（2）出风口堵塞，应清堵。

（六）操作不灵敏故障诊断

（1）操作机构卡死故障，应重新调定。

（2）风门过紧，应修理。

（3）真空器失灵，应检查真空系统是否漏气，如真空系统正常，则更换真空驱动器。

四、全自动空调系统故障诊断与排除

自动空调和手动空调的区别主要在控制方式上，而其基本装置是一样的。因此，当自动空调系统出现故障时，先检查其基本装置有无故障，然后再检查电子控制系统。先易后难，能够比较快地确认故障所在。对于电路故障，则可通过其故障自诊断系统，采用读取故障码的方法进行诊断。同时，可根据电路图进行查找确认。在维修自动空调系统时，先用自我诊断功能来获取汽车空调系统故障的第一手资料，如读取故障码、数据流、做元器件动作测试等，根据获取的信息进行检查和维修。只要能够对上述工作原理有详细了解，按照正确的方法和程序进行检修，就可以收到事半功倍的效果。

（一）就车提取故障码

大多数自动空调系统都能把存储器中的故障码在电子仪表板上显示出来。对不同的车型，提取故障码所用的方法不尽相同，维修时必须参阅维修手册中的正确操作规程。根据系统设计，一般计算机可以把代码存储很长一段时间，但当点火开关关闭时，会丢失一些故障码。对于点火开关关闭时不能保持故障码的系统，则需要驾驶汽车让其故障重现。一旦计算机探测到故障，必须在再次关闭点火开关之前提取故障码。

需要注意的是，故障码未必指明故障部件，它只指出系统不正常的电路。例如，显示出的代码表示空调系统制冷剂高压侧温度传感器有问题。这并不意味着该传感器已经损坏了，可能是与其相关的导线、连接点有问题，查找故障时一定要以维修手册的诊断操作规程为准。

（二）使用故障诊断仪

现代轿车都应用了许多计算机模块，它们通过 CAN 总线共享信息，使用故障诊断仪，将其连接到诊断接口，就可以读出故障码和数据流，按照检修程序手册，便能迅速地找到故障点。

（三）使用普通仪表检修

由于 ECU 系统软件是预先写入且固化好的，很少会出现问题，所以，故障出现概率大的是在传感器信号输入和输出控制部分。在不具备专业检测设备或无法读出故障码的条件下，只要掌握了 ECU 工作原理和检修规律，使用普通仪表（如万用表）也可以排除故障。

其基本方法如下。

（1）首先要判断 ECU 系统主模块的工况。一般情况下，状态指示灯能正常点亮，系统控制部件有一部分能工作，计算机就不会有大的故障存在。此时检查熔断器和相应的接线端子，有无磨损、短路、断路。

（2）检查对执行器的控制情况（如对风机电动机、压缩机电磁离合器的控制），这个信号通常是开关数字信号，当指令不同时，输入到执行器的电压决定了输出的工作状态，这个数值可以用万用表测量。这是与普通轿车控制信号明显的不同之处。

（3）当输入正常时，可进一步测量继电器、电动机的状态，判断其好坏，然后进行检修与更换。如果输入正常而没有输出，则很可能是 ECU 输出单元损坏。应急处理方法是可以临时接入机械开关手动控制。

项目实施

任务　汽车空调断续制冷

【学习目标】

学习目标	知识目标	❖ 掌握汽车空调的功能和基本组成 ❖ 能正确描述汽车空调的制冷系统工作原理 ❖ 能正确描述制冷系统各部件工作原理 ❖ 掌握制冷系统控制电路的知识
	能力目标	❖ 能正确分析汽车空调断续制冷的原因 ❖ 掌握判断汽车空调各种故障诊断的方法 ❖ 能正确使用汽车空调专用工具 ❖ 具备正确对空调系统进行抽真空、制冷剂加注等工作的能力

【任务导入】

一辆丰田卡罗拉轿车，车主反映空调系统工作时好时坏，有时出风口吹冷风，有时则吹热风。在吹热风时，断开空调开关后，过一段时间再接通，空调系统则能恢复正常工作，而且好与坏的时间长短毫无规律。在制冷效果变差时，出风口的风量没有变化。

学员通过本任务的完成，能够熟练使用空调专用设备。

【任务准备】

1．工具

歧管压力表组、电子检漏仪。

2．设备

每小组带空调轿车一辆、检漏工具一套、制冷剂回收加注机一台，如图 10-44 到图 10-46 所示。

3．防护用品

车辆防护用的车辆挡块、地板垫、座椅套、转向盘套、护裙等各一套，如图 1-64 所示。

图 10-44 制冷剂回收/加注机

图 10-45 电子检漏仪

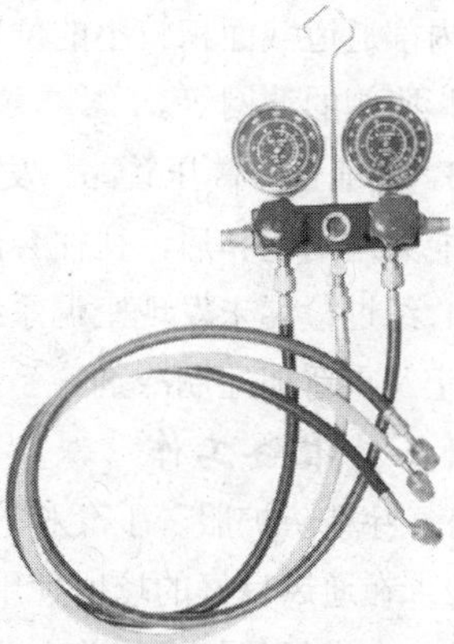

图 10-46 歧管压力表组

【检修工艺】

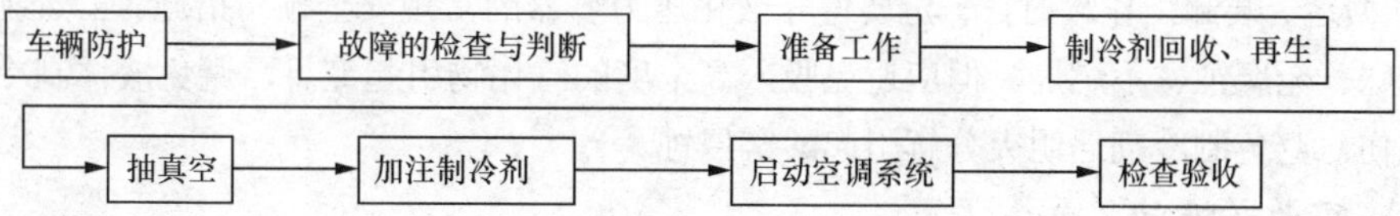

【操作步骤】

（一）车辆防护

1．安装车辆挡块。

2．安装尾气收集管。

3．打开车门，安装地板垫、座椅套、转向盘套。

4．进入车内，将点火开关旋至“ON”位，打开主驾驶侧电动车窗。

5．确认灯光、空调、音响等用电设备处于关闭状态，将点火开关旋至“OFF”位。

6．确认变速杆置于“P”挡，拉紧驻车制动杆。

7．拉动发动机罩释放杆，关闭车门。

8．打开发动机罩，安装护裙。

视频：车辆防护

（二）故障的检查与判断

1．根据空调系统制冷原理可知：空调通风系统、鼓风机控制系统没有问题，故障可能是空调其他电路方面引起的，也可能是空调管路系统相关部件引起的。

2．为了进一步确认故障部位，将压力表分别接在空调管路中的高、低压侧。

视频：空调系统与设备连接

起动发动机，在空调运转后，高压表显示基本正常，而低压表指示接近零，压力表的指针产生不规则的剧烈摆动，无法读清具体数值。仔细观察该车故障现象，车内送风凉与不凉与空调压缩机离合器的工作与否并无直接关系，很有可能该车制冷系统内部有水。水在管路循环系统中冻结形成冰塞，将会阻塞制冷剂在管路中的循环流动，一旦冰塞融化，制冷系统便又恢复正常工作状态。冰塞现象往往会发生在制冷系统内部通道截面积较小的位置，易于堵塞的部件绝大部分处于制冷系统的高压侧，如储液干燥罐、膨胀阀的滤网等。

3．仔细查看高压管路，发现膨胀阀附近有轻微结霜现象。当制冷系统内部存在水分或干燥剂吸湿能力达到饱和后，往往会出现空调制冷效果时好时坏的现象。

4．经过检漏未发现空调系统有泄漏点，故需要使用冷媒回收充注机对系统进行制冷剂的回收、抽真空及重新加注制冷剂。

（三）准备工作

1．穿戴防护服、手套和护目镜。

2．在通风良好的场所使用该设备。

3．在进行任何操作前，要查阅汽车 A/C 系统所用的制冷剂是否与该设备一致。

4．设备工作时，不要在设备附近吸烟。

5．不要在热源、明火或产生火花的附近使用该设备。

6．在连接电源前，检查电源是否与该设备电源相一致，并且必须有接地保护线。

7．在搬运、装卸工作罐时，一定要遵守液化压力容器的常规安全预防措施。虽然制冷剂本身无毒、无味、无腐蚀、不燃烧，但应避免吸入高浓度的汽化物引起窒息，避免液体制冷剂喷射人体引起冻伤，避免制冷剂遇明火分解引起酸雾侵蚀。

（四）回收/排油/再生

1．打开设备的高、低压阀门（系统只有单个接口时，只打开其中之一）。

2．按动选择（SEL）键，直到对应的“回收”指示灯点亮，再按起动（START）键。此时，回收/再生过程开始，“回收”指示灯闪亮，在此过程中从系统中回收的制冷剂数量显示出来，单位为 kg。回收过程完成时，自动切换到“排油”过程，“排油” 指示灯点闪亮，设备自动排放从系统中回收的废油。排油过程约 2min，2min 后，如果系统中残留的制冷剂压力增加，则设备自动回到“回收”过程重新回收制冷剂。

特别注意：

① 在“回收”过程中，若系统内无压力（无制冷剂），按起动（START）键后，则设备报警，显示屏显示“Er.01”的出错字样，可以免除该项操作，直接选择抽真空过程；

② 在“排油”过程中，若中途按“停止键”，则设备报警，显示屏显示“Er.03”的出错字样，设备停止排油。

经过上述过程，系统里的制冷剂已经回收并再生完毕，设备自动进入下一个过程。

（五）抽真空

1．使用制冷剂回收加注多功能机

（1）在完成回收过程后，设备会自动进入抽真空过程，“真空”指示灯闪亮，按照上一次设定时间开始抽真空，显示屏会显示抽真空的剩余时间。当运行到显示器的读数为 00.00 时，真空泵自动停机，设备报警，1min 后报警停止，抽真空完毕。

视频：制冷剂回收

（2）也可手动进入抽真空过程。按动选择（SEL）键，直到对应的“真空”指示灯点亮，此时显示屏显示上一次设定时间（设备出厂时预设定的抽空时间为 20min），按确认（ENTER）键确认，此时第一位数字会闪烁。当需要更改时间时，按“循环键”移位及按“+”号键来更改数值，设置想要的时间，按确认（ENTER）键确认，再按起动（START）键，真空泵起动运行，按设置的时间开始对系统抽真空。当不需要更改时间时，直接可按起动（START）键，真空泵起动运行开始对系统抽真空。抽真空阶段，“真空” 指示灯点亮，显示屏会显示抽真空的剩余时间。当运行到显示器的读数为 00.00 时，真空泵自动停机。

特别注意：

① 当按起动（START）键后，若系统内有压力（有制冷剂），则设备报警，显示屏显示“Er.02”的出错字样，设备拒绝执行操作，应先进行回收操作；

视频：空调系统抽真空

② 关闭设备高、低压阀门，读出面板上高、低压压力表的真空值，大约 2min 后，检查此期间高、低压压力表的真空值不应回升。如果真空值有回升，说明系统有泄漏现象或外部连接有泄漏现象，确定泄漏部位并排除之，再重新起动抽真空操作，直至系统完全抽空（无泄漏）。

2. 使用歧管压力表组

抽真空是为了排除制冷系统内的空气和水汽，抽真空并不能直接把水分抽出制冷系统，而是产生真空后降低了水的沸点，水汽化成蒸汽后被抽出制冷系统。因此，抽真空时，时间越长，系统内残余的水分就越少。为最大限度地将系统内的空气及湿气抽出，必须采用重复抽真空法，即第一次抽真空完毕后，再连续抽 30min 以上。

（1）将歧管压力计上的两根高、低压力软管分别与压缩机上的高低接口相连，将歧管压力计上的中间软管与真空泵相连。

（2）打开歧管压力计上的手动高、低压阀，起动真空泵，并观察两个压力表，将系统抽真空至 98.70～99.99kPa。

（3）关闭歧管压力计上的手动高、低压阀，观察压力表指示压力是否回升。若回升，则表示系统泄漏，此时应进行检漏和修补。若压力表指针保持不动，则打开手动高、低压阀，起动真空泵继续抽真空 15～30min，使真空压力表指针稳定。

视频：手动抽真空

（4）关闭歧管压力计上的手动高、低压阀。

（5）关闭真空泵。先关闭手动高、低压阀，然后关闭真空泵，以防止空气进入制冷系统。

（六）加注制冷剂

当制冷系统抽真空达到要求，且经检漏确定制冷系统不存在泄漏部位后，既可向制冷系统充注制冷剂。充注前，先确定充注制冷剂的数量，充注数量过多或过少，都会影响空调制冷效果。压缩机的铭牌上通常都标有所用的制冷剂的种类及其充量。充注制冷剂时，可采用高压端充注或低压端充注。

注意：加注过程为液态加注，严禁在系统运行状态下加注。

1. 使用制冷剂回收加注多功能机

（1）按选择（SEL）键，手动选择到“加注”功能，此时“加注”指示灯点亮，显示屏显示前一次设置的加注量（检查设备高、低压阀门是否打开）。

（2）如果不改变上次的加注量，按起动键开始加注。

（3）如需重新设置加注量（建议按系统供应商提供的加注量+软管内残留量约 100g），按确认

（ENTER）键，显示器左边的第一位数字闪亮，此时按“循环键”移位及按“+”号键来更改数值，设置想要的加注量，按确认（ENTER）键确认，再按起动（START）键，开始按设置的加注量加注，“加注”指示灯点闪亮。

- 当加注到设定值时，加注自动停止，此时关闭设备高、低压阀门。
- 起动系统运行，待系统运行处于稳定状态时（至少 3min 后），检查设备上高、低压压力表表压，看是否符合系统的运行工况。若不符合一般采用停机后补充加注、开机运行察看并手动纠正，多次往复直至正常。

（4）旋出（关闭）红、蓝快速接头旋钮（此时注意红快速接头烫手），关闭系统，停止运行，拔出红、蓝快速接头。

（5）打开设备高、低压阀门，起动回收功能回收管内残留的制冷剂，完毕后再关闭设备高、低压阀门。

2. 使用歧管压力表组

（1）高压端充注制冷剂。从压缩机排气阀（高压阀）的旁通孔（多用通道）充注，充入的是制冷剂液体，特点是安全快速，适用于制冷系统的第一次充注，经检漏、抽真空后的系统充注。但用该方法时必须注意，充注时不可开启压缩机（发动机停转），且制冷剂罐要求倒立。

① 当系统抽真空后，关闭歧管压力计上的手动高、低压阀。

② 将中间软管的一端与制冷剂罐注入阀的接头连接，打开制冷剂罐开启阀，再拧开歧管压力计软管一端的螺母，让气体溢出几分钟，然后拧紧螺母。

③ 拧开高压侧手动阀至全开位置，将制冷剂罐倒立。

④ 从高压侧注入规定量的液态制冷剂。关闭制冷剂罐注入阀及歧管压力计上的手动高压阀，然后卸下仪表。从高压侧向系统充注制冷剂时，发动机处于非工作状态（压缩机停转），不要拧开歧管压力计上的手动低压阀，以防产生液压冲击。

视频：加注制冷剂和冷冻油

视频：手动低压端加注制冷剂

视频：手动高压端加注制冷剂

（2）低压端充注制冷剂。从压缩机吸气阀（低压阀）的旁通孔（多用通道）充注，充入的是制冷剂气体，特点是充注速度慢，可在系统补充制冷剂情况下使用。

① 将歧管压力计与压缩机和制冷剂罐连接好。

② 打开制冷剂罐，拧松中间注入软管在歧管压力计上的螺母，直到听见有制冷剂蒸汽流动声，然后拧紧螺母，从而排出注入软管中的空气。

③ 打开手动低压阀，让制冷剂进入制冷系统。当系统压力达到 0.4MPa 时，关闭手动低压阀。

④ 起动发动机，接通空调开关，并将鼓风机开关和温控开关都调至最大。

⑤ 再打开歧管压力计上的手动阀，让制冷剂继续进入制冷系统，直至充注剂量达到规

定值。

⑥ 向系统中充注规定量制冷剂后，观察视液窗，确认系统内无气泡、无过量制冷剂。随后将发动机转速调至 2000r/min，将鼓风机风量开到最高挡，若气温为 30℃～35℃，则系统内低压侧压力应为 0.147～0.192MPa，高压侧压力应为 1.37～1.67MPa。

⑦ 充注完毕后，关闭歧管压力计上的手动低压阀，关闭装在制冷剂罐上的注入阀，使发动机停止运转，从压缩机上卸下歧管压力计，动作要迅速，以免过多的制冷剂泄出。

我国是《保护臭氧层维也纳公约》和《蒙特利尔议定书》的缔约国，同时也是《京都议定书》签约国。作为发展中国家，我国承诺并履行上述协定。资料表明，大气中 CFC 族物质中大约有 27%来源于制冷剂排放，其余的来源于溶剂、发泡剂等。目前，此类物质已禁止使用，在汽车制造过程中，CFC-12 已被 HFC-134a 所取代。

传统的加注方式就是：先排出残余制冷剂，然后抽真空，最后表组加注。资料表明，汽车空调使用的 HFC-134a 制冷剂平均每年有 8.2%被直排到大气中，在缓慢氧化分解过程中，生成大量的温室气体，对环境的破坏力同样不可小视。在这样的背景下，现在全国各级行管部门纷纷出台文件要求，对于汽车空调中的残余制冷剂不能随意排放，应该回收。回收制冷剂除了可以带来较好的社会效益外，它身后所蕴含的巨大经济效益也是不容忽视的。

在制冷设备维修与报废之前，将系统中的制冷剂回抽到专用的容器中，收集与储存。回收的制冷剂通过基本净化过程，如过滤和干燥，就地将其充入设备内循环使用。回收的制冷剂集中送至再生中心，通过过滤、干燥、蒸馏和化学处理后，使其质量提高，恢复到原来的规定标准。因而回收制冷剂—再生净化制冷剂—系统抽真空—加注这样一种科学、环保、经济的制冷剂加注方式正在日益得到人们的重视与使用。

（七）冷冻机油的加注

压缩机冷冻油的加注方法主要有三种：一是直接加注，二是从高压侧加注，三是从低压侧加注。

1．直接加注，应先进行回油操作，即在怠速时开动压缩机，控制系统处于最冷和高风机速度下工作 20～30min，使机油返回压缩机，然后熄火，放掉制冷剂，从车上拆下压缩机，倒掉旧油，直接加注或补充新油。

2．高压侧加入，抽真空到 98kPa，关闭高压侧手动阀，关闭压缩机上的检修阀；把高压侧软管从压力表表头端卸下，插入冷冻油中；打开检修阀，冷冻油即被吸入系统，吸油快完时立即关闭检修阀，以免吸入空气；然后将高压软管装回表头上，打开高压侧手动阀，继续抽真空后再加氟。加油时，发动机、真空泵均不应工作。

3．低压侧加入，不需检修阀，抽真空到 98kPa 后，将低压侧手动阀关闭，真空泵继续抽真空；保持高压侧手动阀开启状态，把低压侧软管从压力表表头端卸下，插入冷冻油中，吸取冷冻油，吸毕将软管装回原位；打开低压侧手动阀，继续抽真空，抽毕即可进行加氟作业。注意，冷冻油过多制冷不良，过少压缩机易坏，一定要按该车辆规定数量加注。

（八）检查故障处理情况

1．拆下高低压连接软管，扣回空调系统防尘帽。

2．进入驾驶室，打开点火开关，起动发动机，发动机运转正常后打开空调系统，检查空调运行情况。

（九）检查验收

1．收回冷媒回收充注机及相关附件。

2．取下转向盘套，取下座椅套，取下地板垫。

3．取下护裙，闭合发动机罩。

4．卸下尾气收集管。

5．取下车辆挡块。

6．整理工具材料，工具材料完整齐全。

7．清点工具、设备和防护用品，工具、设备和防护用品应无丢失，整理擦拭工具和设备，注意工作场地文明化。

8．填写任务工单。